해커스공무원

이 중 석

맵핑 한국사

올 인 원

블랭크노트

폰 안에 쏙! 블랭크노트 정답 (PDF)

이용방법

해커스공무원(gosi.Hackers.com) 접속 후 로그인 ▶ 상단의 [교재·서점 → 무료 학습 자료] 클릭 ▶
본 교재의 [자료받기] 클릭

해커스공무원 온라인 단과강의 20% 할인쿠폰

BD22ED87D432DC3W

이용방법

해커스공무원(gosi.Hackers.com) 접속 후 로그인 ▶ 상단의 [나의 강의실] 클릭 ▶
좌측의 [쿠폰등록] 클릭 ▶ 위 쿠폰번호 입력 후 이용

* 등록 후 7일간 사용 가능(ID당 1회에 한해 등록 가능)
* 기타 쿠폰 이용 문의는 해커스공무원 고객센터(1588-4055)로 연락 부탁드립니다.

해커스공무원

이중석 선생님의 **맵핑**이 담긴 **블랭크노트**만의 **특별한 장점**

01 한국사의 전체 흐름을 도식화한 '맵핑 학습법' 적용!

한국사, 흐름을 이해해야 만점을 받을 수 있습니다.
[해커스공무원 이중석 맵핑 한국사 올인원 블랭크노트]는 한국사의 전체 흐름을 도식화한 이중석 선생님의 맵핑 학습법으로 방대한 한국사를 정리하였습니다. 이를 통해 한국사의 전체적인 그림을 시험 날까지 기억 속에 오래 저장할 수 있습니다.

02 빈칸을 채우며 한국사의 핵심 개념을 완벽 암기!

[해커스공무원 이중석 맵핑 한국사 올인원 블랭크노트]는 수업을 들으며 학습한 내용을 암기할 수 있도록, 중요 개념을 빈칸 처리하였습니다.
빈칸을 채워가며 학습한 내용을 복습하고 핵심 개념을 잘 외웠는지 스스로 점검해보면서 더욱 확실하게 암기할 수 있습니다.

03 완벽한 이해를 돕는 핵심 사료, 사진, 지도까지 한 권에 올인원!

공무원 한국사 시험에서 높은 점수를 얻기 위해서는 사료 학습이 필요합니다. 또한 방대한 양의 한국사를 효과적으로 이해하기 위해서는 지도 및 사진 등의 시각 자료를 활용해야 합니다. 이에, [해커스공무원 이중석 맵핑 한국사 올인원 블랭크노트]는 반드시 알아두어야 하는 필수 사료는 물론, 개념 이해에 도움을 주는 사진 · 지도 자료를 모아 '맵핑 핵심 자료'로 제공합니다.

한눈에 보는 **블랭크노트**의 **구성과 특징**

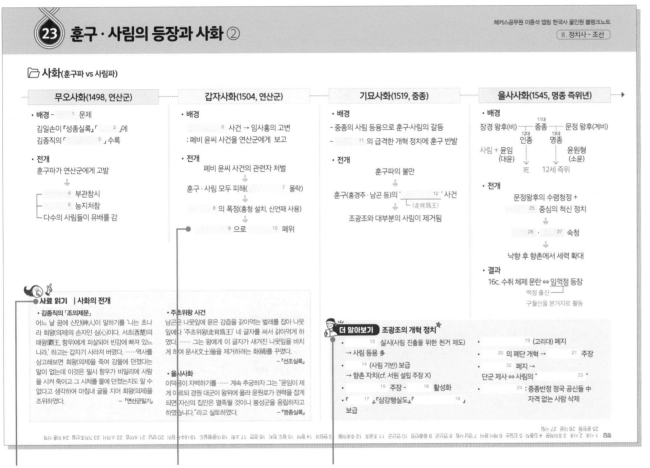

㉓ 훈구·사림의 등장과 사화 ②

📁 사화(훈구파 vs 사림파)

무오사화(1498, 연산군)

• 배경 - 　1　 문제
　김일손이『성종실록』　2　에,
　김종직의「　3　」수록

• 전개
　훈구파가 연산군에게 고발
　↓
　┌ 　4　 부관참시
　├ 　5　 능지처참
　└ 다수의 사림들이 유배를 감

갑자사화(1504, 연산군)

• 배경
　　6　 사건 → 임사홍의 고변
　: 폐비 윤씨 사건을 연산군에게 보고

• 전개
　폐비 윤씨 사건의 관련자 처벌
　↓
　훈구·사림 모두 피해(　7　 몰락)
　↓
　　8　 의 폭정(홍청 설치, 신언패 사용)
　↓
　　9　 으로 　10　 폐위

기묘사화(1519, 중종)

• 배경
- 중종의 사림 등용으로 훈구-사림의 갈등
- 　11　 의 급격한 개혁 정치에 훈구 반발

• 전개
　훈구파의 불만
　↓
　훈구(홍경주·남곤 등)의 '　12　' 사건
　　　　　　　(走肖爲王)
　↓
　조광조와 대부분의 사림이 제거됨

을사사화(1545, 명종 즉위년)

• 배경
　　　　　　11대
　장경 왕후(비)─중종─문정 왕후(계비)
　　　　│12대　│　　　│
　　　　인종　　명종
　사림 + 윤임　　　윤원형
　(대윤)　　　　　(소윤)
　　│
　死　12세 즉위

• 전개
　문정왕후의 수렴청정 +
　　25　 중심의 척신 정치
　↓
　　26　 ⇔ 　27　 숙청
　↓
　낙향 후 향촌에서 세력 확대

• 결과
　16c. 수취 체제 문란 ⇔ 임꺽정 등장
　　　　백정 출신─
　　　　구월산을 본거지로 활동

🔍 사료 읽기 | 사화의 전개

• 김종직의 「조의제문」
어느 날 꿈에 신인(神人)이 말하기를 '나는 초나라 회왕(의제)의 손자인 심(心)이다. 서초(西楚)의 패왕(霸王, 항우)에게 피살되어 빈강에 빠져 있느니라.' 하고는 갑자기 사라져 버렸다. ……역사를 상고해보면 회왕(의제)을 죽여 강물에 던졌다는 말이 없는데 이것은 필시 항우가 비밀리에 사람을 시켜 죽이고 그 시체를 물에 던졌는지도 알 수 없다고 생각하여 마침내 글을 지어 회왕(의제)을 조위하였다.
　　　　　　　　　　　　　　- 『연산군일기』

• 주초위왕 사건
남곤이 나뭇잎에 묻은 감즙을 갉아먹는 벌레를 잡아 나뭇잎에다 '주초위왕(走肖爲王)' 네 글자를 써서 갉아먹게 하였다. …… 그는 왕에게 이 글자가 새겨진 나뭇잎을 바치게 하여 문사(文士)들을 제거하려는 화(禍)를 꾸몄다.
　　　　　　　　　　　　　　- 『선조실록』

• 을사사화
이덕응이 자백하기를 …… 계속 추궁하자 그는 "윤임이 제게 이르되 경원 대군이 왕위에 올라 윤원로가 권력을 잡게 되면 자신의 집안은 멸족될 것이니 봉성군을 옹립하자고 하였습니다."라고 실토하였다.
　　　　　　　　　　　　　　- 『명종실록』

➕ 더 알아보기 | 조광조의 개혁 정치 ★

　13　 실시(사림 진출을 위한 천거 제도)
→ 사림 등용 多
　14　 (사림 기반) 보급
→ 향촌 자치(cf. 서원 설립 주장 X)
　15　 주장 → 　16　 활성화
「　17　」『삼강행실도』 　18
보급

• 　19　 (고리대) 폐지
• 　20　 의 폐단 개혁 → 　21　 주장
• 　22　 폐지 →
단군 제사 → 사림의 　23
• 　24　 : 중종반정 정국 공신들 中
자격 없는 사람 삭제

실전 대비를 위한 **사료 읽기**

한국사 핵심 개념을 암기·점검할 수 있는 **빈칸 구성**

고득점 달성을 위한 **'더 알아보기'**

Focus | 각 세력 간의 권력 흐름

시대와 사건 전체의 흐름을 맵핑으로 도식화한 'Focus'

단원의 필수 사료와 핵심 사진·지도를 모은 **'맵핑 핵심 자료'**

차례

스마트폰으로 간편하게 정답을 확인하는

**폰 안에 쏙!
블랭크노트 정답(PDF)**

- 해커스공무원(gosi.Hackers.com) 접속 후 로그인
  ▶ 상단의 [교재·서점] 클릭
  ▶ 좌측의 [무료 학습 자료] 클릭 후 이용

PART

01

해커스공무원 이중석 맵핑 한국사 **올인원 블랭크노트**

전근대사

📁 역사의 의미

┌ 과거에 있었던 사실

歷

" __1__ 로서의 역사"

과거에 있었던 사실 자체를
역사로 인식하는 시각

┌ 기록하다

史

" __2__ 으로서의 역사"

조사되어 기록된 역사

┌ 역사가의 개입X
객관적 의미의 역사

(역사가의 주관 배제)

┌ 역사가의 개입O
주관적 의미의 역사

(과거의 사실을 토대로 역사가의
조사·연구를 통해 과거의
사실을 재구성)

랑케, 앨버트 비버리지,
앨튼

┌ 절충주의
__3__ , 크로체, 콜링우드,
베커, 딜타이

"역사가는 자기 자신을 숨기고
사실 그것이 스스로 말하게 하라."
- 랑케

"역사란 현재와 과거 사실의 끊
임없는 대화이다."   - 카

"모든 역사는 현재의 역사이다."
- 크로체

📁 사료 비판

● **외적 비판** : 사료의 __4__ 판단

└ 外, 사료 밖에서 바라봄
⇨ TV 진품명품

● **내적 비판** : 사료 자체의 __5__ 판단

└ 內, 사료 안에서 바라봄
⇨ 혜경궁 홍씨의 『한중록』

📁 유물 사관 - 역사(사회) 발전의 원동력은 '__6__'에 달려 있다.(오직 물질로 역사를 바라봄.)

발전!
상부
하부
생산력↑
〈사회 구조〉

__7__ · __8__ 구조(생활사)
⇨ 정치·문화도 결정됨

생산력, 생산 관계
⇨ 물질 만듦(경제적 조건)

01 역사의 의미와 유물 사관 ②

📂 선사 시대의 구조적 이해

구석기 시대	신석기 시대	청동기 시대	철기 시대

사냥, 채집, 어로

(__1__ 경제)

★ ____4____, 목축의 시작

잡곡(조, 피, 수수), 벼농사X (생산 경제)

★ ____7____ 시작

____13____ 사용

철제 보습, 깊이갈이

짐승 같은 생활

무리 → 이동 생활

└ ____2____, 막집(강가)

연장자가 우두머리(__3__ 발생 X)

주술적 신앙 시작

└ 동굴 벽화, 조각품

⇨ 사냥의 성공과 풍요 기원

인간다운 생활

정착 생활(강가, 바닷가)

└ ____5____의 형성(움집)

____6____의 발생

└ 애니미즘, 토테미즘, 샤머니즘, 영혼 조상 숭배

토기의 필요 ⇨ 곡물 보관

야산, 구릉 지대 거주(배산임수)

____8____ 발생

⇩

• ____9____ 발생 ⇨ 빈부 격차

⇨ ____10____ 발생 ⇨ 법 ⇨ 국가의 형성

• 정복 전쟁 ⇨ 부족 간 통합

⇨ ____11____

└ 선민 사상, 천손 사상(정치 이데올로기의 등장)
→ 전쟁 없이 정복 가능, 지배의 정당성 확보

• ____12____ ⇨ 가부장제

생산력 증대 = 역사 발전

____14____ 형성

중국과 본격적 교역 시작

└ 명도전, 오수전
반량전, 다호리 붓

정답: 1 포획 2 동굴 3 계급 4 농경 5 씨족 사회 6 원시 신앙 7 청동기 8 농업 생산력 9 사유 재산 10 계급 11 선민 사상 12 잉여 생산물 13 철기 14 연맹 왕국

02 선사 시대 - 기록 이전의 시대 ②

중석기 시대

약 1만 2천 년 전 ~ 1만 년 전

중석기 시대 → 시기로는 후기 구석기

- 불 발견
- 해수면 −120m
- 뷔름빙기
- 구석기
- 빙기 / 빙기
- 덩치 큰 동물들 멸종
- 해수면 상승
- 신석기 시대
- 활과 창 고안: 이음도구
  - ⇩ 小
  - 잔석기 (슴베찌르개)

● 특징
빙하기가 지나고 기후가 온화해지면서 거대한 짐승이 사라지고
작은 동물과 식물 번성
⇨ 새로운 자연 환경에 적응하려는 노력으로 도구가 변화함

● 도구

____1____ 사용, 이음 도구 제작(톱, 활, 창, 창살)

- 돌
- 자루(=슴베) / 나무

활을 사용하여 작고 빠른 짐승 사냥
창, 작살 등을 이용하여 고기잡이

● 유적지
• 남한 지역
- 경남 통영 상노대도
- 강원 홍천 하화계리

• 북한 지역
- 함북 웅기 부포리
- 평양 만달리

신석기 시대(약 1만 년 전 ~)

● 경제 ★
____2____ · ____3____ 의 시작
└ 그러나 여전히 수렵·채집이 더 중요
⇨ 정착 생활, 원시 신앙 발생

● 부족 사회
혈연을 바탕으로 한 씨족 형성, 족외혼을 통해 부족
형성, 평등한 원시 공동체 사회

> **Focus** 선사 시대 사회 변화
>
> 구석기 무리 사회
> ↓
> 신석기 ____4____ 사회 ┐ 정착
> ↓   ┘
> **부족 사회**   ┐ 5
> ↓   ┘
> 청동기 ____6____ 국가 ┐ 전쟁
> ↓   ┘
> 철기 ____7____ 국가   ┐ 정치적 합의
>   ┘

● 원시 신앙
• ____8____ : 자연 현상·자연물에 정령이 있다고 믿음
• **토테미즘**: 자기 부족의 기원을 특정 동식물과 연결지어 숭배
• **샤머니즘**: 영혼과 하늘을 인간과 연결시켜 주는 무당을 믿음
• **영혼·조상 숭배**: 사람이 죽어도 영혼은 없어지지 않는다는 믿음

● 도구
• ____9____ : 농기구(돌보습, 돌괭이, 돌낫), 조리 도구(갈돌과 갈판)
• **수공업 도구:** ★ ____10____ , 뼈바늘(옷, 그물 제작)
⇨ 원시 수공업 시작

신석기 시대

● 토기 ★

	이른 민무늬 토기	초기에 제작
	____11____	토기 몸체에 덧무늬를 붙임
	눌러찍기무늬 토기	
	____12____	후기에 제작 첨저형(v형)

• 유물: 조개 껍데기 가면, 치레걸이(장식품)

● 유적지 ★
• **제주 한경 고산리**: 한반도 최고(最古) 신석기 유적지
• **강원** ____13____
• **함북 웅기 굴포리 서포항**: 인골 발견
  → 동침앙와신전장
  (시신의 머리가 동쪽을 향해 누워 있음)
• **황해 봉산 지탑리, 평양 남경**: 탄화된 좁쌀 발견
  └ 농경 시작의 증거
• **서울 암사동**: 신석기 시대 집터 발견
• ____14____ **(패총)**: 조개껍데기 가면, 흑요석 화살촉
  └ 조개더미   └ 원거리 교역의 증거

정답 1 잔석기 2 농경 3 목축 4 씨족 5 선민사상 6 군장 7 연맹 8 애니미즘 9 간석기 10 가락바퀴 11 덧무늬 토기 12 빗살무늬 토기 13 양양 오산리 14 부산 동삼동

청동기 시대(B.C. 2,000년경 ~ B.C. 1,500년경 시작)

● 경제 ★
┌─ ___1___ 시작 ⇨ 농업 생산력 증대 ⇨ 잉여 생산물 발생
└ but, 여전히 밭농사 중심(조·보리)

● 사회 ★

- ___2___ 발생, 계급 분화: 잉여 생산물의 발생이 빈부 격차와 계급 분화 촉진
  └ 계급 분화의 증거: 고인돌의 크기, 껴묻거리
- 남녀 역할 분화: 여자는 집안일, 남자는 농경이나 전쟁에 종사
- 족장(군장)의 출현: 청동 무기 사용으로 활발한 정복 활동 전개
  ⇨ 지배자와 피지배자의 분화 촉진
  ⇨ 지배자인 족장(군장)이 다스리는 사회 등장(___3___)
  우세한 부족은 선민 사상을 내세워 주변 부족을 통합

⊙ 반달 돌칼

● 도구

간석기: 농기구의 다양화(___4___ , 돌도끼, 홈자귀, 돌괭이 등) ⇨ 농경이 발달함
└ ★ 청동기가 아닌 석기

● 토기

덧띠새김 무늬 토기　　민무늬 토기　　___5___ 토기　　붉은 간 토기　　송국리식 토기
└ 신석기 말기에서 청동기 초기의 토기

● 유적지

- **평북 의주 미송리 동굴:** 미송리식 토기 발견
- **경기 여주 흔암리:** 탄화미 발견 (벼농사 시작의 증거)
- **충남 부여 송국리:** 탄화미 발견, 청동기 시대 유물 다량 출토
  (반달돌칼·홈자귀·붉은 간 토기·송국리식 토기 등)
- **울산 검단리:** 환호(도랑)로 둘러싸인 마을 유적 발견

더 알아보기　암각화 유적지(청동기)

울산 울주 대곡리 반구대 바위 그림	고령 양전동 알터 바위 그림
- 동물 그림	(= 고령 장기리 바위 그림)
→ 사냥·고기잡이의 성공과 다산 기원	- 기하학적 무늬(태양 숭배 의식 표현)
	└ 동심원, 십자형, 삼각형

Focus　신석기와 청동기의 움집 비교

신석기 시대	청동기 시대
강가, 바닷가	야산, 구릉 지대 - 배산임수 취락 방어 시설(___6___)
원형, ___7___	___8___
10호 미만(소규모) 발견 └ 씨족 사회, 크기 일정(주거용)	수십 호 이상 발견 = 크기 다양, 마을 형성 └ 주거용, 창고, 공동 작업장 등
강가, 바닷가 근처 ⇨ 추움	덜 추움, 건축 기술 발달

지표
지하 화덕
⇨
지표
___9___ 화덕 주춧돌

02 선사 시대 – 기록 이전의 시대 ④

📁 청동기 · 철기 시대 비교

청동기 시대
(B.C. 2,000년경 ~ B.C. 1,500년경 시작)

청동기 출현(청동기 ___¹ X)

⇨ 전문 장인 출현(농기구 X, 장식 무기 O, 공구 O)

철기 시대
(B.C. 5세기경 시작)

- ___² ⇨ 농업 생산력 증대
- **철제 무기** ⇨ 활발한 정복 전쟁
- **청동제** ⇨ 의기화(제사용 도구)
- **토기**

덧띠 토기   검은 간 토기
└ 입술 단면에 원형·방형·삼각형
  덧띠를 붙인 토기

🔴 북방 시베리아 계통의 청동기 문화

비파형 동검 ⟶

동검의 "토착화"
우리나라 체형에 맞게 청동기의 독자적 변화·발전

🔴 ___³ 청동기 문화

⁴ 동검 + 거푸집

⁵ 거울 ⟶

공예 기술 세련화

⁶ 거울

🔴 중국 계통의 철기 문화

활발한 교역: ___⁷, 반량전, 오수전

한자의 전래: 경남 창원 다호리붓

청동기 시대
(B.C. 2,000년경 ~ B.C. 1,500년경 시작)

- **고인돌**

탁자식   바둑판식   개석식

- **돌무지무덤**
- **돌널무덤**

- **선돌(입석)**

철기 시대
(B.C. 5세기경 시작)

- **널무덤(토광묘)**

- ___⁸ (옹관묘)

📁 고조선의 사회 모습

→ _____ 1 와 _____ 2 을 통해 고조선의 사회 모습을 추론할 수 있음

● 단군 신화★

- _____ 3 : '널리 인간을 이롭게 한다'는 통치 이념 제시
- _____ 4 **사회**: 단군(제사장) + 왕검(정치적 군장)
- **농경 사회**: 주로 구릉 지대에서 농경 생활, 풍백·우사·운사가 바람·비·구름 등 농경과 관계되는 일 주관
- **새로운 사회 질서 수립**: 사유 재산의 성립과 계급 분화 ⇨ 지배 계급이 피지배층을 통제
- _____ 5 : 곰과 호랑이를 숭배하는 부족이 존재함
- **부족의 연합**: 환웅 부족과 곰 숭배 부족의 연합, 호랑이 숭배 부족은 배제됨
- **선민 사상**: 환웅 부족은 하늘의 자손임을 강조 ⇨ 우월성 과시

● 8조법★ - 기록: 반고의 『_____ 6 』「지리지」(3개 조항만 남아 있음)

- **살인죄**: 살인자는 즉시 사형에 처한다. → 인간의 생명을 중시하는 사회
- **상해죄**: 남의 신체를 상해한 자는 곡물로 보상한다.
   → _____ 7 을 중시하는 농경 사회
- **절도죄**: 남의 물건을 도둑질한 자는 소유주의 집에 잡혀 들어가 노예가 됨이 원칙이며,
   자속하려는 자는 50만 전을 내놓아야 한다.
   → 사유 재산이 인정되는 계급 사회
- **기타**: 여성의 정절 중시 → 가부장제 사회

📁 고조선(단군 이야기) 관련 기록

● 중국의 고조선 관련 기록

- **『관자』**
   - 춘추 시대 정치가 관중(관자)의 사서로, 그 내용은 관중의 업적을 중심으로 후대인들이 기록
   - 기원전 7세기 혹은 4세기에 편찬된 것으로 추정 - 고조선 관련 기록: 고조선의 무역 관련 내용 기록
- **『산해경』**
   - 기원전 4세기경에 편찬된 것으로 추정
   - 고조선 관련 기록: '조선'이라는 나라 이름이 정확히 기록됨(but, 내용면에서 신뢰성이 떨어짐)

● 우리나라의 고조선 관련 기록

- 『_____ 8 ★』(일연): 고려 충렬왕 - 단군 신화 기록, _____ 9 중심설 주장
- 『_____ 10 ★』(이승휴): 고려 충렬왕
- **『세종실록』「지리지」**(춘추관): 조선 단종
- 『_____ 11 』(권람): 조선 세조 - _____ 12 중심설 주장
- **『삼국사절요』**(서거정): 조선 성종
- **『동국여지승람』**(노사신): 조선 성종
- 『_____ 13 』(서거정): 조선 성종 - 단군왕검의 고조선 건국 기록
- **『신증동국여지승람』**: 조선 중종
- **『표제음주동국사략』**(유희령): 조선 중종

🔍 사료 읽기 | 단군 신화와 8조법

· 단군 신화

『고기(古記)』에 이르기를, 옛날 환인의 서자 환웅은 항상 뜻을 인간 세상에 두고 인간 세상을 이롭게 하고자 하였다. 아버지 환인이 아들의 뜻을 알고 천부인 3개를 주어 세상에 내려 보내서 세상 사람을 다스리게 하였다. …… 그는 풍백, 운사, 우사를 거느리고 인간의 360여 가지 일을 맡아서 세상을 다스리고 교화하였다. 그때 곰과 호랑이가 와서 환웅에게 사람이 되게 해달라고 빌거늘, 신령스러운 쑥과 마늘을 주고 말하되, "너희들이 이것을 먹고, 100일 동안 햇빛을 보지 아니하면 곧 사람이 되리라." 하였다. …… 환웅이 잠깐 변하여 웅녀와 결혼해서 아들을 낳으니, 이를 단군왕검이라고 하였다. 단군왕검이 평양성에 도읍하고, 비로소 조선이라 하였다. - 『삼국유사』

· 8조법

(고조선에서는) 백성들에게 금하는 법 8조가 있었다. 그것은 대개 사람을 죽인 자는 즉시 죽이고, 남에게 상처를 입힌 자는 곡식으로 갚는다. 도둑질을 한 자는 노비로 삼는다. 용서받고자 하는 자는 한 사람마다 50만 전을 내야 한다. …… 이러해서 백성은 도둑질을 하지 않아 대문을 닫고 사는 일이 없었다. 여자는 모두 정조를 지키고 신용이 있어 음란하고 편벽된 짓을 하지 않았다. - 『한서』「지리지」

03 고조선 ②

📂 고조선의 성립과 발전

B.C. 2333

- _____1 이 고조선 건국
  - └ 제사장(단군) + 정치적 군장(왕검)
    = 제정 일치 사회
- 랴오닝 중심, 청동기 문화를 바탕으로 성장

● 고조선의 세력 범위

_____2 , _____3 거울,
미송리식 토기, 북방식 고인돌 중 2개 이상이
공통으로 발견되는 지역

B.C. 4c 경

★ 랴오시(요서)를 경계로
_____4 와 대립할 만큼 강성
  - └ 중국의 전국 7웅 중 하나

(지도: 랴오시(요서), 고조선, 연)

B.C. 3c 초

연나라 장수 _____5 의 고조선 침입

⇨ 서쪽 영토(요동) 상실

B.C. 3c 경

고조선의 국력↑(왕권 강화)

- **왕호 사용:** _____6 , _____7
- **일시적 왕위 세습**
- **관직 설치:** 상, 경, 대부, 대신, 장군, 박사 등

고조선의 중심지 이동

요동 → _____8 유역
  - └ 왕검성

① 요동 중심설
② 대동강 중심설
③ 중심지 이동설
  - └ 최근 학계의 정설

✦ Focus 단군 조선설과 기자 조선설

- **단군 조선설:** 우리나라의 주장

- **기자 조선설:** 조선 시대 사림의 주장 ⇨ 현재는 부정되는 학설
  - ┌ 소중화의 근거로 삼음
  - ├ 민족 문화에 대한 자부심 향상(오랑캐가 세운 나라가 아니라는 증거)
  - └ ex) 이이, 『_____9 』

정답│ 1 단군왕검 2 비파형동검 3 거친무늬 4 전국시대 5 진개 6 왕 7 부왕·준왕 8 대동강 9 기자실기

📁 고조선의 성립과 발전

B.C. 2c 초 ───── B.C. 194 ───────── B.C. 109 ~ 108

B.C. 2c 초

____1____ 시기 - 중국 혼란기
└ 진·한 교체기
　 (항우 vs 유방)

정벌 한 → 연 　위만 망명

연나라 ____2____ 이 고조선에 망명
+ 1천여 명 식솔(철제 장인 多)

준왕 - 위만 우대 ⇨ 관직 제수(박사)
　　　　　　　　서쪽 변경 수비 대장
　　　　　　　　　　⇩
　　　　　　　유이민 연합
　　　　　　　위만 세력 ↑

B.C. 194

위만이 준왕 축출
　⇩
남하하여 ____3____ (남방진) 건국
진왕(=한왕)이 됨
　⇩
★ ____4____ 의 성립

B.C. 109 ~ 108

한(漢) ____7____ 의 고조선 침략
└ B.C. 109 우거왕이 한(漢)의
　사신 ____8____ 를 살해
　⇩
전쟁 초기 고조선의 승리
(패수 전투)
　⇩
전쟁 장기화(1년)로 지배층 내분
・**주전파**: 우거왕, 대신(大臣) 성기
・**주화파**: 조선상 역계경, 이계상 삼
　⇩
____9____ 피살 ← 이계상 삼
└ 고조선의 마지막 왕
　⇩
왕검성 함락
고조선 멸망(B.C. 108)
↔ 성기 장군의 최후 항전

사료 읽기 | 위만 조선의 성립

연나라 사람 위만(衛滿)도 망명하여 호복(胡服)을 하고 동쪽의 패수를 건너 준왕에게 나아가 투항하였다. 위만은 준왕을 설득하여 서쪽 경계에 거주토록 해주면 중국의 망명자를 거두어 이를 조선의 번병(藩屏)으로 삼겠다고 하였다. …… 위만은 망명자의 무리를 꾀어 내어 무리가 점차 많아지자, 이에 사람을 보내 준왕에게 거짓으로 알리기를 '한나라의 군대가 10곳의 방향에서 쳐들어오니, 들어가 숙위하기를 청합니다.' 라고 하고, 마침내 돌아와 준왕을 공격하였다. 준왕은 위만과 싸웠지만 상대가 되지 못하였다.
　　　　　　　　　　　　　　　－『삼국지』「위서」동이전

👨 **Focus** 위만 조선의 성격

・단군 조선 계승 ┌ 위만의 남하 복장: 흰 옷, 상투 (조선인의 옷)
　　　　　　　　├ '조선'을 그대로 국호로 사용
　　　　　　　　└ 토착민을 고위 관리로 등용

5	6 본격 보급	영토 확장	중앙 정치 조직 정비

└ 임둔, 진번 지역

　　　　　　　　→ 이익 독점
　　┌─────┐
한 ─┤위만 조선├─ 예·진 　남방진 ⇨ **한 예 연합**
　　└─────┘ 　　　　　　　　└→ 족장 '남려'가 한나라에 투항
　　→ 한과 충돌 多
　　　　　　　　⇨ 예에 창해군 설치(B.C. 128)

📂 한(漢)의 고조선 지배

● _____ [1] (한4군) 설치 낙랑, 진번, 임둔, 현도
    └ 기존에 있었음
- 법 조항이 60여 개로 증가 ⇨ 풍속이 각박해짐
    └ 토착 세력의 반발
- 고조선 분열 정책을 추진

● 한 군현의 소멸
  - **낙랑군**: 고구려 _____ [2] 에 의해 멸망
  - **진번군**: 낙랑과 현도에 병합
  - **임둔군**: 낙랑에 병합
  - **현도군**: 고구려인의 저항으로 푸순 방면으로 축출

현도군
낙랑군
임둔군
진번군

더 알아보기 단군 조선과 위만 조선 비교

단군 조선	위만 조선
• 기원전 2333년 단군왕검이 건국	• 기원전 194년 위만이 성립
• _____ [3] 를 바탕으로 성장	• 본격적으로 _____ [5] 문화 수용
• 단군 신화	• _____ [6] 독점
→ 선민 사상, _____ [4] 반영	→ 한 - 위만 조선 - 예 · 진
• 연나라와 대립할 만큼 강성	• 한의 침략을 받아 멸망

더 알아보기 철기 시대 연맹 왕국의 등장

- 중국 측 기록
  _____ [7]

- 민족 구성
  = 북방 선진 이주민 + 토착민
    └ 부여, 고구려 특히 多

부여

→ 고구려, 백제의 뿌리
└ 6c 성왕 – 국호를 남부여,
　　　　　수도를 사비(現 부여)로 천도

● **정치**

중앙 통치, 외교, 전쟁 군사권

• _____ 1

• 1c 초부터 왕호 사용

• **관직명**: 대사자, 사자, …

_____ 2 : 행정 구역

군장: 가(加)

● **경제**
- 반농 반목(농경, 목축) + 수렵 발달(← _____ 3 유역 넓은 평야 지대)
- **특산물**: 말, 주옥, 모피
- 하호(하층 평민, 노비X)가 생산 활동 담당

● **제천 행사**: _____ 4 (12月) ☆ 겨울철 사냥 기원(← 수렵 사회의 전통 반영)

● **사회 풍습** ☆
- _____ 5 (껴묻거리), 국왕의 장례에 _____ 6 (옥으로 만든 갑옷) 사용
- 흰색 숭상(→ 흰 옷을 입음)
- _____ 7 (전쟁 미망인 사회 보호책) → 지배층의 혼인 풍습
- 우제점법(소굽점), _____ 8 (한의 역법) 사용
- **법률** – _____ 9 : 남의 물건을 훔치면 물건 값의 12배 배상
- 간음자, 투기가 심한 부인은 사형에 처함 (일부다처제)

● **변화 · 발전**
- **3c 말** 선비족의 침입으로 국력 쇠퇴 ⇒ 고구려 보호국으로 전락
- **5c 말** 고구려 문자왕에 의해 복속 ⇒ 중앙 집권 국가로 성장 X

고구려

→ 초반부터 강력한 왕권으로 시작

● **정치**

1c 초 이미 왕호 사용

왕

5부족 연맹체

계루부 · 절노부 · 소노부(연나부) · 순노부 · 관노부

왕족 · 왕비족 · 전(前) 왕족(종묘 O)

왕 → 대가(大加) → 고추가, 상가

사자 조의 선인 > 사자 조의 선인

_____ 10 加들이 모여 회의, 연맹 국가의 특징

왕 아래 관직의 힘이 더 ↑

● **경제**
- 산악 지대로 토지 척박 ⇒ _____ 11 경제(대상: 옥저, 동예)
- _____ 12 (창고): 약탈물 저장
- 특산물: 맥궁(전쟁용 활) → 상무적 기풍

● **제천 행사**: _____ 13 (10月) ☆ 국동대혈에 모여 조상신(주몽 & 유화부인)에 제사

● **사회 풍습** ☆
- _____ 14 (일종의 데릴사위제, 노동력 중시) → 지배층의 혼인 풍습
- **장례 풍습**: 돌을 쌓아 봉분을 만들고(돌무지무덤) 봉분 주변에 소나무, 잣나무를 심음
- **사회 풍습**: 부여의 영향을 받음 - _____ 15 , 우제점법
　　　- **법률**: 1책 12법, 투기가 심한 부인은 사형
　　　- 중대 범죄자 사형 · 가족은 노비 , 감옥 X
　　　　└ _____ 16 를 통해 결정

● **변화 · 발전**: 유일하게 중앙 집권 국가로 성장

옥저	동예	삼한

옥저

● 정치

군장 국가: 읍군, ___[1]___, 후가 통치
└ 대군장 X(왕 X)

→ 연맹 왕국으로 발전 X

● 경제

- 소금, 해산물 풍부
- 함흥 평야 → 농경 발달
⟹ ___[2]___ 에 공납

● 제천 행사

기록 X

● 사회 풍습 ★

- ___[5]___ (예부제)
- ___[6]___ (가족 공동 무덤)
└ 목곽 입구에 쌀 항아리를 매달아 놓음

동예

- 단궁(활), ___[3]___ (조랑말), 반어피(바다표범 가죽)
- 해산물, 신누에
└ 방직 기술 발달로 명주, 삼베 등 생산

___[4]___ (10月)

- 족외혼
- ___[7]___ ┐ 씨족 사회의 전통
└ 다른 부족의 영역을 침범하면 노비·소·말로 변상
- 철(凸)자형·여(呂)자형 집터

- 사람이 병으로 죽으면 집을 버리고 다른 집으로 이사

● 변화 · 발전

고구려에 복속 · 멸망

삼한

→ 78개 소국 연맹체

● 정치

마한	변한	진한
54부족	12부족	12부족
목지국	구야국	사로국

___[8]___ (한왕) ──────────→ 왕을 파견 · 통치
└ 삼한 전체의 왕

군장 ┌ 힘↑: ___[9]___, 견지 ⟹ 저수지 有
　　 └ 힘↓: ___[10]___, 부례 ⟹ 저수지 無

● 경제

└ 김제 벽골제, 제천 의림지 등
- 철제 농기구 사용으로 벼농사 발달 → 저수지 축조
- **변한:** 다량의 철 생산 → ___[11]___, ___[12]___ 에 수출, 화폐처럼 사용(덩이쇠)

● 제천 행사 ★

- ___[13]___ (5月) → 단오로 발전
- ___[14]___ (10月) → 추석으로 발전
- 군장 외에 ___[15]___ 이 존재 ⟹ ___[16]___ 에서 ___[17]___ (제사장)이 주도
　　　　　⟹ 제사장 힘↓, ___[18]___ 사회

 솟대(소도)

● 사회 풍습

- ___[19]___ : 공동 노동 조직 ← 벼농사 발달
- 풍습 ┌ ___[20]___ : 일본의 영향
　　　 └ ___[21]___ : 아이의 머리를 돌로 눌러 납작하게 만듦(일종의 성형)
- **주거:** 귀틀집, 초가집, 흙방(토실)
- **무덤:** 주구묘, 옹관묘

 흙방(토실) 주구묘

● 변화 · 발전

마한: 백제국 ⟹ ___[22]___ 로 발전　**변한:** 구야국 ⟹ ___[23]___ 로 발전　**진한:** 사로국 ⟹ ___[24]___ 로 발전

맵핑 핵심 자료

부여의 정치

벼슬은 여섯 가축의 이름을 따서 마가 · 우가 · 저가 · 구가 · 견사 · 대사자 · 사자라 칭했으며 …… 제가들은 별도로 사출도를 주관하는데 큰 곳은 수천 가이며 작은 곳은 수백 가였다. …… 옛 부여의 풍속에 장마와 가뭄이 연이어 오곡이 익지 않을 때, 그때마다 왕에게 허물을 돌려서 '왕을 마땅히 바꾸어야 한다.'라거나 혹은 '왕은 마땅히 죽어야 한다.'라고 하였다.

— 『삼국지』 「위서」 동이전

부여의 자연 환경과 사회

• 구릉과 넓은 못이 많아 동이 지역 중에서 가장 넓고 평탄한 곳이다. 토질은 오곡을 가꾸기에는 알맞지만 과일은 생산되지 않는다. 사람들 체격이 매우 크고, 성품이 강직하고 용맹하며, 근엄하고 후덕하여 다른 나라를 노략질하지 않았다. …… 사람이 죽으면 여름철에는 모두 얼음을 사용하여 장사를 지냈다. …… 장사를 후하게 지냈으며, 곽(槨)은 사용하였으나 관(棺)은 쓰지 않았다.

• 흰 옷을 좋아했고, 은력을 사용했으며 형사취수제와 일부다처제의 풍습이 있었다. 왕이 죽으면 많은 사람을 부장품과 함께 껴묻는 순장의 풍속이 있었다.

— 『삼국지』 「위서」 동이전

고구려의 정치

나라에는 왕이 있고, 벼슬로는 상가 · 대로 · 패자 · 고추가 · 주부 · 우태 · 승 · 사자 · 조의 · 선인이 있다. 신분이 높고 낮음에 따라 각각 등급을 두었다. 왕의 종족으로서 대가는 모두 고추가로 불린다. 모든 대가들은 사자 · 조의 · 선인을 두었는데, 명단을 반드시 왕에게 보고해야 한다.

— 『삼국지』 「위서」 동이전

고구려의 자연 환경과 풍습

• 부여의 별종이라 하는데, 말이나 풍속 따위는 부여와 많이 같지만 기질이나 옷차림이 다르다.

• 큰 산과 깊은 골짜기가 많고 평원과 연못이 없어서 계곡을 따라 살며, 골짜기 물을 식수로 마셨다. 좋은 밭이 없어서 힘들여 일구어도 배를 채우기는 부족하였다. 사람들의 성품은 흉악하고 급해서 노략질하기를 좋아하였다.

• 장례를 후하게 치러 금 · 은 재화를 무덤에 넣는다. 돌을 쌓아 봉분을 만들고 주위에 소나무와 잣나무를 심는다. — 『삼국지』 「위서」 동이전

옥저

고구려 개마대산 동쪽에 있는데 개마대산은 큰 바닷가에 맞닿아 있다. 지형은 동북간이 좁고 서남 간은 길어서 천리 정도는 된다. 북쪽은 읍루, 부여와 남쪽은 예맥과 접해 있다. …… 큰 나라 사이에서 시달리고 괴롭힘을 당하다가 마침내 고구려에 복속되었다. 고구려는 그 나라 사람 중에 대인을 뽑아 사자로 삼아 토착 지배층과 함께 통치하게 하였다.

— 『삼국지』 「위서」 동이전

동예

• 동예는 남쪽으로는 진한과 북쪽으로는 고구려, 옥저와 맞닿아 있고, 동쪽으로는 큰 바다에 닿았으니 오늘날 조선 동쪽이 모두 그 지역이다. …… 대군장이 없고 한대 이후로 후, 읍군, 삼로 등의 관직이 있어서 하호를 통치하였다. 해마다 10월이면 하늘에 제사를 지내는데 밤낮으로 술마시며 노래 부르고 춤추니, 이를 '무천'이라고 한다.

• 꺼리는 것이 많아서 병을 앓거나 사람이 죽으면 옛집을 버리고 곧 다시 새집을 지어 산다. …… 부락을 함부로 침범하면 노비, 소, 말로 배상하게 하는데 이를 책화라고 한다.

— 『삼국지』 「위서」 동이전

삼한

• 각기 장수(長帥)가 있어 세력이 큰 자는 스스로 신지라 부르고 그 다음 세력을 읍차라 한다. …… 5월이 되어 씨를 다 뿌리고 나면 귀신에게 제사를 올린다. 이 때는 모든 사람들이 모여서 노래하고 춤추며 술을 마시고 놀아 밤낮을 쉬지 않는다. …… 10월에 농사일이 끝나면 또 한번 이렇게 논다.

• 귀신을 믿기 때문에 국읍에 각각 한 사람씩 세워 천신의 제사를 주관하게 하는데, 이를 천군이라 한다. 여러 나라에는 각각 별읍이 있는데, 이를 소도라 하였다. 큰 나무를 세우고 거기에 방울과 북을 매달아 놓고 귀신을 섬겼는데, 사방에서 도망해 온 사람들은 모두 여기에 모여 돌아가지 않았다.

— 『삼국지』 「위서」 동이전

📂 고대 국가의 특징

• **중앙 집권화**: 지방 족장 세력의 중앙 관료화(=신하, 귀족)

  ¹ 정비, ² 정비 ⇨ 서열화

부족적 성격 ┈┈┈┈┈┈┈┈┈➤ 행정적 성격

└ ex. 제가 회의 → 오관 회의체

• **왕권 강화** ← ³ ⭐ **수용**: 왕즉불(王卽佛)

  └ 통치 이데올로기

  국가 정신 통일 + 지배의 정당성 확보

• ⁴ ⭐ **반포 = 형법 +** ⁵ (≒ 헌법, 통치 체제 성문화)

• **영역 국가의 모습 :** ⁶ **확정**

  └ 정복 전쟁 활발

• ⁷ ⭐ **차지의 의미 (=전성기)**

  - 중국과의 최단 교역로 ⇨ ⁸ 유입 용이

  - 황해 장악 = 삼국의 패권 장악(군사적으로 우위를 확보)

더 알아보기 **삼국의 중앙 집권화 비교**⭐

구분	고구려	백 제	신 라
체제 정비	태조왕(1c후)	⁹ (3c)	내물 마립간(4c)
부자 상속	¹⁰ (2c)	¹¹ (4c)	눌지 마립간(5c)
율령 반포	소수림왕(4c)	¹² (3c)	¹³ (6c)
불교 수용	소수림왕(4c)	¹⁴ (4c)	¹⁵ (5c) (→ 공인 : 법흥왕)
한강 차지	¹⁶ (5c)	고이왕(3c)	진흥왕(6c)

📂 삼국의 전성기와 연합도★

4c 백제 전성기	5c 고구려 전성기	6c 신라 전성기
→ 근초고왕 '마린보이'	→ 장수왕	→ 진흥왕

4c 백제 전성기

- ____¹ 정복
- 고구려 ____² 공격 ⇨ 고구려 고국원왕 전사(371)
- ____³ ·산둥·규슈 지방
  - ____⁴ 에 백제 군사 주둔
  - 삼국 중 유일하게 요서 지방 진출
- ____⁵ 과 수교(친선)

5c 고구려 전성기

- ____⁶ 천도(427) - ____⁷ 정책의 의지
  - 황해로의 적극 진출
    └ 국내성은 바다와 연결 X
- 남하 정책의 결과
  - ____⁸ 체결(433)
  - 백제의 한성 함락(475) ⇨ ____⁹ 사망,
    문주왕의 ____¹⁰ 천도(475)
  - 고구려가 남한강 상류까지 진출
    ⇨ 충주(중원) 고구려비 건립
  - 나·제 결혼 동맹 체결(493, 고구려 문자왕 시기)

6c 신라 전성기

- 한강 상류 차지 ⇨ ____¹¹ 건립(551)
  └ 진흥왕 순수비 X
- 백제가 차지한 한강 하류 지역 점령 ⇨ 나·제 동맹 결렬(553)
- ____¹² 전투(554, vs 백제) ⇨ 백제 성왕 전사
  └ 충북 옥천
- ____¹³ 확보 ⇨ 중국과 직접 교역 가능
  (북한산비 건립)

해커스공무원 이중석 맵핑 한국사 올인원 블랭크노트

05 **삼국 시대 – 중앙 집권 국가의 탄생** ③

Ⅱ. 정치사 – 고대

📁 삼국의 전성기와 연합도

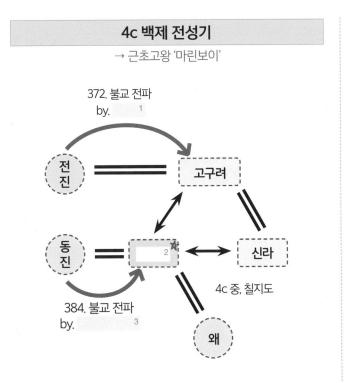

4c 백제 전성기
→ 근초고왕 '마린보이'

- 372. 불교 전파 by. ___1
- 전진 ═ 고구려
- 동진 ═ [___2 ★] ↔ 신라
- 384. 불교 전파 by. ___3
- 4c 중, 칠지도
- 왜

5c 고구려 전성기
→ 장수왕

- 북조, 남조 → 남·북조 동시 외교
- [___4 ★]
- 외교적 고립
- 백제 ═ 신라
  - 5 개로왕 문주왕 동성왕
  - 6 눌지 마립간
- 결혼 동맹 ___7
- 왜

7c 신라 전성기

- 돌궐 ═ 고구려
- 여·수 전쟁 / 여·당 전쟁
- 수·당
- 동북 아시아 ___9
- 남·북 vs 동·서
- 승리 = 신라의 ___10
- [___8 ★]
- 백제 ═ 왜

왕이 직접 살피며 돌아다닌 곳을 기념하기 위해 세운 비석

👦 **더 알아보기** **진흥왕 순수비**

- 북한산비(555)
  ⇓
- ___15 (561)
  ⇓
- ___16 · ___17 (568)

● ___11 **그릇** – "을묘년 국강상 광개토지호태왕호우십"

※ 4c 말 ~ 5c 초 한반도 정세

- **전개:** 왜의 신라 침입 ⇨ 고구려(고구려 군 5만 명)의 신라 지원 ⇨ 왜군 격퇴(by. 광개토 대왕)
  └ 백제와 연합 ⇨ 고구려 군의 신라 주둔

- **결과:** – 고구려의 신라 ___12 시작
  – 가야의 중심지 이동(___13 ⇨ ___14)

정답 1 전진 2 백제 3 마라난타 4 가야(대가야) 5 고구려 6 나제동맹 7 소지 마립간 8 당(나당) 9 외교적 10 삼국통일 11 호우명 12 간섭 13 금관가야 14 대가야 15 창녕비 16 황초령비 17 마운령비

📁 가야

● 정치
- 성립
  - 낙동강 하류 ____1____ 지역에서 성장
    ⇨ 해상을 통해 유입된 유이민 집단과 토착 세력이 결합
- **연맹 형성(6가야):** ____2____ (김해), ____3____),
  ____4____ (고령, ____5____), 성산가야(성주), 고령
  가야(진주), 아라가야(함안), 소가야(고성)

[지도: 백제, 신라, 가야 / 추풍령, 성산가야, 성주, 대가야, 고령, 후기 가야 연맹 맹주(562년 멸망), 덕유산, 낙동강, 비슬산, 가지산, 지리산, 아라가야, 함안, 금관가야, 김해, 고령가야, 진주, 소가야, 고성, 전기 가야 연맹 맹주(532년 멸망), 장산 해운대]

● 발전
- **전기 가야 연맹** ☆ - **건국:** 김수로가 ____6____ 지역에서 금관가야 건국(42), 인도 ____7____ 공주(허
  황옥)와 혼인
  - **발전:** 3c 경 정치 집단 간의 통합 ⇨ 금관가야 중심으로 연맹 왕국 발전 ⇨ 전기
    가야 연맹 형성
  - **쇠퇴:** 4c 초 백제·신라의 팽창으로 가야 세력 약화
  - **해체:** 4c 말~5c 초 신라를 후원하는 고구려 ____8____ 의 공격 ☆
    ⇨ 전기 가야 연맹 몰락(멸망한 것은x)
- 대가야(____9____)를 중심으로 후기 가야 연맹으로 재편성
- **후기 가야 연맹의 발전** - 5c 후반 중국의 남제와 수교, 백제·신라와 동맹하여 고구려에 대항
  - 6c 초 백제·신라와 대등하게 세력 다툼
    ⇨ 국제적 고립에서 벗어나고자 신라와 ____10____ 체결
    (522, 가야의 이뇌왕 & 신라의 ____11____)

● 멸망 ☆
- **금관가야 멸망:** 신라의 ____12____ 이 금관가야 정복
  ⇨ 가야 남부 지역을 신라와 백제가 분할 점령
- **대가야 멸망:** 가야가 백제를 도와 관산성 전투 참전(554) ⇨ 신라에 대패 ⇨ 신라 ____13____ 이 보낸
  장군 ____14____ 에 의해 대가야 멸망(562)
  └ 가야 멸망

● 경제
- **농경 문화 발달:** 일찍부터 벼농사 실시 → 농업 생산력 ↑
- **수공업 발달:** 토기 제작 기술이 보급되고 수공업 번성
- **중계 무역 발달:** 풍부한 ____15____ 의 생산과 해상 교통을 이용 ⇨ ____16____ 과 대방,
  └ 철을 화폐로 사용   일본 ____17____ 지방을 연결

● 문화
- **유적:** 김해 ____18____ 고분군, 고령 ____19____ 고분군, 부산 복천동 고분군, 함안 말이산 고분군,
  창녕 계남리 고분군
- **유물:** 고분에서 금동관, 철제 무기와 갑옷, 수레형 토기 등 출토
- **문화 전파:** 가야 수레형 토기 → 일본 ____20____ 에 영향을 줌
  ____21____ (가야금) · ____22____ (유학) · 김생(글씨) 등의
  대가야 출신 인물들이 신라에서 활약하며 문화 전파

📍 김해 대성동 고분군 유물

동북(청동솥)   철제 갑옷

📍 고령 지산동 고분군 유물

금동관   장경호
(목항아리)

정답 1 은하구 어어 2 금구가어 3 공주가어 4 대가어 5 이전가이아 6 김해 7 아유타국 8 광개토 대왕 9 이진아시왕 10 결혼 동맹 11 법흥왕 12 법흥왕 13 진흥왕 14 이사부 15 철 16 낙랑 17 규슈 18 대성동 19 지산동 20 스에키 토기 21 우륵 22 강수

해커스공무원학원·공무원인강·교재 Q&A gosi.Hackers.com   22

05 삼국 시대 - 중앙 집권 국가의 탄생 ⑤

고구려

B.C. 37 건국: 부여 계통의 유이민(주몽)과 압록강 토착 세력의 결합

● 태조왕(1c)
- _____¹ 의 왕위 세습, 형제 상속제
- (동) _____² 정복, 동예 · 현도군 공격
  ⇒ 만주 지방으로 세력 확대
- 5부 체제(부족적 성격) 정비

● 고국천왕(2c)
- 왕위 형제 상속제 → _____³
- 부족적 5부 개편 → 행정적 5부
  - 수평적   수직적
- _____⁴ 를 국상으로 기용
  ⇒ _____⁵ 실시(194, 을파소의 건의)
  └ 왕권↑, 귀족 견제, 농민 경제 안정

● 동천왕(3c)
- 오나라와 수교, 위나라 견제
- _____⁶ 공격
- 위나라 관구검의 침입 ⇒ 환도성 · 국내성 함락

(왼쪽 세로) 1~3세기

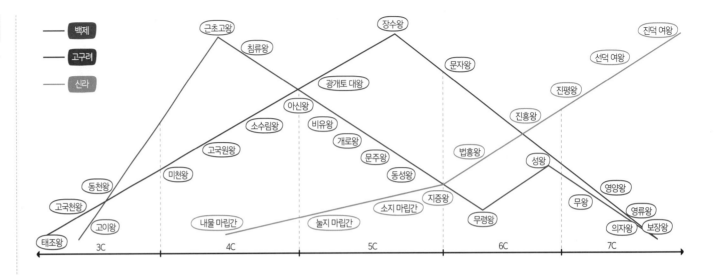

범례: 백제 / 고구려 / 신라

그래프 내 왕 이름:
- 백제: 태조왕, 고이왕, 근초고왕, 침류왕, 아신왕, 비유왕, 개로왕, 문주왕, 동성왕, 무령왕, 성왕, 무왕, 의자왕
- 고구려: 고국천왕, 동천왕, 미천왕, 고국원왕, 소수림왕, 광개토 대왕, 장수왕, 문자왕, 진흥왕(?)
- 신라: 내물 마립간, 눌지 마립간, 소지 마립간, 지증왕, 법흥왕, 진흥왕, 진평왕, 선덕 여왕, 진덕 여왕, 영양왕, 영류왕, 보장왕

시대: 3C, 4C, 5C, 6C, 7C

백제

B.C. 18 건국: 고구려 계통의 유이민(온조)과 한강 유역 토착 세력의 결합

● 고이왕(3c)
- 왕위 _____⁷ 상속제 확립
- _____⁸ (삼국 중 가장 먼저)
- 6좌평 · _____⁹ · 관복제(자 · 비 · 청색) 정비
- 남당(정사를 보는 관청) 설치
- 낙랑군, 대방군(진번) 공격 ⇒ 한강 유역 완전 장악
  └ _____¹⁰ 병합

신라

B.C. 57 건국: 경주 지역 토착민과 유이민(박혁거세) 집단의 결합

Focus   **신라의 왕호 변천 과정**

거서간	차차웅	_____¹¹
군장	제사장	연장자
1대	2대	3대
박혁거세	남해	유리

_____¹²	왕(王)
대군장	한자식 왕호
17대	22대
내물	지증

└┄> 김씨 왕위 세습

고구려 전성기

정답: 1 계루부 고씨 2 옥저 3 부자 상속제 4 을파소 5 진대법 6 서안평 7 부자 8 율령 반포 9 16관등제 10 목지국 11 이사금 12 마립간

4세기

● 미천왕(4c)
- ___1___ 점령(311)
- 낙랑군 · 대방군 축출(313~314) ⇒ 옛 고조선 땅 회복

● 고국원왕
- 전연(선비족) ___2___ 의 침입(342)
- 백제 ___3___ 침입 ⇒ 전사(371)

● 소수림왕
- 전진과 수교
  ⇒ 전진에서 ___4___ 수용, 공인(372, 순도)
  └ 삼국 중 최초
- ___5___ 설립(372)
- ___6___ 반포(373)

5세기

● 광개토 대왕(5c)✯ 연호: ___7___
- ___8___ 공격 ⇒ 요동 차지
- 백제 ___9___ 공격 ⇒ 백제 ___10___ 항복(396)
  └ 점령X
  한강 이북 차지
- ___11___ 구원(400) ⇒ 왜군 격퇴, 금관가야 공격
  ⇒ ___12___ 가야 연맹 해체

● 근초고왕(4c)✯
- 왕위 ___13___ 상속제 확립
- ___14___ · 산둥 · 일본의 규슈 진출
- ___15___ 정복 ⇒ 전라도 남해안 유역 진출
- 고구려 공격(고구려 ___16___ 전사)
- 『___17___』 편찬(고흥)
- 일본 왕에게 칠지도 하사

● 침류왕
동진에서 ___18___ 수용 · 공인(384)

🔖 **사료 읽기 | 백제의 요서 진출**
- 고려(고구려)가 랴오둥(요동)을 차지하니 백제는 랴오시(요서)를 차지하였다. 백제가 통치한 곳을 진평군(진평현)이라고 한다. – 『송서』
- 그 나라(백제)는 본래 (고)구려와 더불어 랴오둥(요동)의 동쪽에 있었다. 진(晉) 대에 (고)구려가 이미 랴오둥(요동)을 차지하니 백제 역시 랴오시(요서), 진평의 두 군(郡)의 땅을 차지하고 스스로 백제군을 두었다. – 『양서』

📍 칠지도

🔖 **사료 읽기 | 광개토 대왕의 신라 구원**
(영락) 9년(399) 기해에 백제가 서약을 어기고 왜와 화통하므로, 왕은 평양으로 순수해 내려갔다. 신라가 사신을 보내 왕에게 말하기를, '왜인이 그 국경에 가득 차 성을 부수었으니, 노객은 백성된 자로서 왕에게 귀의하여 분부를 청한다.'라고 하였다. …… 10년(400) 경자에 보병과 기병 5만을 보내 신라를 구원하게 하였다. …… 관군이 이르자 왜적이 물러가므로, 뒤를 급히 추격하여 임나가라의 종발성에 이르렀다. 성이 곧 귀순하여 복종하므로, 순라병을 두어 지키게 하였다. 신라의 농성을 공략하니 왜구는 위축되어 궤멸되었다.
– 광개토 대왕릉비

● 내물 마립간(4c)
- ___19___ 확립(기존: 박 · 석 · 김씨 교대)
- ___20___ 왕호 사용
- 고구려의 도움 - 전진과 수교
  └ 광개토 대왕 - ___21___

정답 1 사천행궁 2 모용황 3 근초고왕 4 불교 5 태학 6 율령 7 영락 8 후연 9 아신왕 10 아신왕 11 신라 12 금관가야 13 부자 14 요서 15 마한 16 고국원왕 17 서기 18 불교 19 김씨 왕위 세습 20 마립간 21 내물 마립간

05 삼국 시대 - 중앙 집권 국가의 탄생 ⑦

5세기

● 장수왕(5c)★

- 정복 활동
  - _____ 1 (북방 유목 국가)지역 분할 점령
    ⇨ 흥안령 일대의 초원 지대 장악
  - 백제의 ___ 2 함락(→ 개로왕 사살)
    ⇨ 남한강 차지 → _____ 3 고구려비 건립
- 남북조 동시 외교 ⇨ 백제 외교적 고립
- 광개토 대왕릉비 건립(414)
- _____ 4 (427)
  ⇨ 남하 정책 추진(남양만 일대까지)
- 지방 교육 기관인 ___ 5 (≒신라의 화랑도) 설립

● 문자왕

- ___ 6 복속(494) ⇨ 고구려 최대 영토 확보

6세기

● 비유왕(5c)

- _____ 7 체결(433, with 눌지 마립간)

● 개로왕★

- 북위에 원병 요청 ⇨ "개로왕 국서"
  └ 고구려의 공격에 맞서기 위해
- ___ 8 함락 ⇨ 개로왕 전사
  └ 고구려 장수왕의 침입

● 문주왕

- ___ 9 천도(475)

● 동성왕

- 신라와 _____ 10 체결(493, with 소지 마립간)
- _____ 11 복속(498)

● 무령왕(6c)

"사지절도독 백제제군사 _____ 12 백제왕"
= "백제 사마왕"

- _____ 13 설치 → 왕족 파견
- 남조의 _____ 14 와 수교
  └ 무령왕릉, 양직공도 →

● 눌지 마립간(5c)

- 왕위 ___ 15 상속제 확립
- _____ 16 수용(공인X, 민간 중심으로 비밀리에 포교)
- _____ 17 체결(433, with 비유왕)

● 소지 마립간

- 부족적 6촌 → _____ 18 로 개편
- _____ 19 (역참) 설치(국가 공문서 송달 목적)
- 경주에 ___ 20 (시장) 개설
- 백제와 ___ 21 동맹 체결(493, with 동성왕)

● 지증왕(6c)

- _____ 22 금지(502) - 농업 노동력 확보 목적
- ___ 23 제도화(502)
- _____ 24 정책 실시 ─ 사로 → 신라(503)
  └ 중국식 제도   ├ 마립간 → 왕(503)
                     └ 주·군 설치(주에 군주 파견, 505)
                       └ 최초 이사부
- 동시(시장, 509) 설치, _____ 25 (시장 감독)
- _____ 26 (울릉노) 정벌(512, 이사부)
- _____ 27 (현재의 경남 함안으로 추정) 소경 설치(514)
  - 최초의 소경

6세기

● **성왕(6c)** ✿

"지절도독 백제제군사 [6] 백제왕"

• [7] 천도(538), **국호**: 남부여

• 22부 설치, [8] (수도), [9] (지방) 체제 정비

• [10] 확립

• 일본에 [11] ← 노리사치계

• 신라와 연합, 일시적 한강 회복(551)

⇓

진흥왕의 배신, 한강 유역 상실(553)

⇓

신라와 [12] (554)

⇓

성왕 전사(554)

● **무왕(7c)**

• [13] 건립

• [14] 시도(→ 실패)

● **법흥왕** ✿ **연호**: 건원(536)

• [15] 설치(517)

• [16] 반포와 공복 제정(520) - 17관등제와 [17] 정비
   └ 자 · 비 · 청 · 황색

• 대가야와 결혼 동맹(522)

• [18] 공인(527) - 이차돈의 순교
   └ 이차돈의 순교비(백률사 석당 – 헌덕왕 대에 건립)

• [19] 설치(531, 최초의 상대등: 이찬 철부)

• [20] 정복(532)

● **진흥왕(6c)** ✿ "전륜성왕", **연호**: 개국, 대창, 홍제

• **경**: 관리 감찰 담당 ──┐
   [21] : 국가 재정 담당 ──┘ 설치

• [22] 정비(원화 제도) → 국가적인 조직으로 개편

• 『 [23] 』 편찬(거칠부)

• [24] (551), 진흥왕 순수비 건립
       북한산비([25])
       ⇓
       창녕비(561)
       ⇓
       황초령비 · 마운령비(568)

• 불교 진흥 ⇒ 황룡사, 흥륜사 건립

• [26] 정복(562)

● **진평왕(6~7c)** 연호: 건복

• 아차산성 전투(590, vs 고구려) ⇒ 온달 격퇴

• 수에 ' [27] '를 보냄
   └ 고구려 공격 요청 글, by. 원광 법사

• 남산 신성 축조 ⇒ [28] 건립(591)
   └ 경주 남산

7세기

● **영양왕(6~7c)**

• 한강 유역 공격(590, [1] 장군)

• 『 [2] 』5권 편찬(600, [3])

• 수 양제 침입 ⇒ [4] (612, [5])
   └ 청천강

• 일본에 고구려 문화 전파 ← 담징, 혜자

7세기

● **영류왕**
- [   ]¹ 친선책 → 연개소문과 대립
  → [   ]² 의 쿠데타(642)

● **보장왕(7c)**
- 당 태종 침입 ⇨ [   ]³ (645, 양만춘)
- 고구려 멸망(668, 신라 [   ]⁴)

● **의자왕**
- 신라의 40여 성 함락([   ]⁵ 함락, 642)
- 신라와 [   ]⁶ 전투에서 패배
  ⇓
  사비성 함락
  ⇓
  백제 멸망(660, 신라 [   ]⁷)

● **선덕 여왕** ✶ **연호**: 인평
- 황룡사 9층 목탑(자장), [   ]⁸ 건립
- [   ]⁹ , 분황사 [   ]¹⁰ 석탑, 영묘사 건립
- 백제 의자왕의 공격 ⇨ 대야성 함락(642)
  └ 신라와 백제의 주도권 핵심
- [   ]¹¹ · 염종의 난(647) ⇨ 김춘추, 김유신이 진압

● **진덕 여왕** 마지막 성골 왕, **연호**: 태화
- 김춘추 – [   ]¹² (648)
- 중국식 의관, 중국식 연호 사용(영휘)
- 당에 '[   ]¹³ '을 지어 보냄(650)

📖 맵핑 핵심 자료

📑 고구려 건국 신화

…… 금와는 이상히 여겨 그녀(유화)를 방에 가두었다. 햇빛이 그녀를 비추었다. 유화가 피해도 따라와 비추었다. 그로부터 태기가 있어 커다란 알 하나를 낳았다. …… 일곱 살이 되자 더욱 의젓해졌다. 스스로 활을 만들어 쏘았는데 백발백중이었다. 부여에서는 활 잘 쏘는 사람을 주몽이라 하였다. 이 때문에 이름을 주몽이라 하였다. …… 왕이 졸본천에 이르렀다. 땅이 기름지고 산천이 험하여 도읍으로 정하였다. 궁궐을 지을 겨를이 없어 비류수(환인)가에 집을 짓고 살면서 나라 이름을 고구려라 하고 성을 고씨라 하였다. ─ 『삼국사기』

📑 백제 건국 신화

백제의 시조는 온조왕이다. 아버지는 주몽이다. …… 주몽은 두 아들을 낳았는데, 첫 아들은 비류라 하고 둘째는 온조라 하였다. 주몽이 부여에 있을 때 낳은 유리가 찾아와서 태자로 책봉되었다. 비류와 온조는 태자가 자기들을 받아들이지 않을 것이라 두려워하였다. 마침내 자신을 따르는 신하들과 함께 남쪽으로 내려갔다. …… 온조는 하남 위례성에 도읍을 정하였다. 온조는 열 명의 신하와 함께 나라를 세우고 나라 이름을 십제라 하였다. …… 비류의 신하가 모두 위례에 합류하고 즐거이 온조를 따르게 되자 나라 이름을 백제라 고쳤다. 국왕의 핏줄이 고구려와 같이 부여에서 나온 것이라 하여 부여를 성씨로 삼았다. ─ 『삼국사기』

📑 신라 건국 신화

시조는 성이 박씨이고 이름은 혁거세이다. 전한 효선제 오봉 원년 갑자년 4일 병진날에 즉위하고 거서간이라고 불리었다. 그 때 나이 13세였으며, 나라 이름을 서라벌이라고 했다. 일찍이 조선 유민이 이곳에 와서 산골짜기에 나누어 살며 6촌을 이루고 있었다. 첫째는 알천 양산촌 …… 이것이 진한 6부였다.
어느 날 고허촌장 소벌공이 양천(남산) 아래를 바라보았다. 나정(蘿井) 곁 숲에 말이 무릎을 꿇고서 울고 있었다. 달려가 보니 말은 간데 없고 큰 알만 있었다. 알을 깨어보니 어린 아이가 나와 거두어 길렀다. …… 여섯 마을 사람들은 이상하게 태어난 아이라고 하여 임금으로 모시었다. 진 나라 사람들은 바가지를 박이라 하였다. 큰 알이 박과 같았기 때문에 박을 성씨로 삼았다. ─ 『삼국사기』

📑 가야의 건국 신화

• **금관가야의 건국**

천지가 개벽한 뒤로 가야 지방에는 아직 나라가 없고 또한 왕과 신하도 없었는데, 단지 아홉 추장이 각기 백성을 거느리고 농사를 지으며 살았다. …… 아홉 추장과 사람들이 노래하고 춤추면서 하늘을 보니 얼마 뒤 자주색 줄이 하늘로부터 내려와서 땅에 닿았다. 줄 끝을 찾아보니 붉은 보자기에 금빛 상자가 싸여 있었다. 상자를 열어 보니 황금색 알 여섯 개가 있었다. …… 열 사흘째 날 아침에 다시 모여 상자를 열어 보니 여섯 알이 어린 아이가 되어 있었다. …… 그 달 보름에 맏이를 왕위에 추대하고 수로라 하였다. 그가 곧 가라국 또는 가야국 왕이며, 나머지 다섯도 각각 다섯 가야의 임금이 되었다. ─ 『삼국유사』

• **대가야의 건국**

시조는 이진아시왕이다. 그로부터 도설지왕까지 대략 16대 520년이다. 최치원이 지은 『석이정전』을 살펴보면, 가야산신 정견모주가 천신 이비가지에게 감응되어 대가야의 왕 뇌질주일과 금관국왕 뇌질청예 두 사람을 낳았는데, 뇌질주일은 곧 이진아시왕의 별칭이고 뇌질청예는 수로왕의 별칭이라고 한다. ─ 『신증동국여지승람』

📑 근초고왕의 고구려 공격

고구려가 군사를 동원하여 공격해왔다. 왕이 이를 듣고 패하(예성강) 강가에 복병을 배치하고 그들이 오기를 기다렸다가 갑자기 공격하였다. 고구려 군사가 패배하였다. …… 겨울, 왕이 태자와 함께 정예군 3만 명을 거느리고 고구려에 침입하여 평양성을 공격하였다. 고구려왕 사유(고국원왕)가 필사적으로 항전하다가 화살에 맞아 죽었다. 왕이 군사를 이끌고 물러났다. ─ 『삼국사기』

📑 칠지도 명문 (백제와 일본과의 관계)

• (앞면) 태화 4년 5월 16일 병오일 정오에 무쇠를 백 번이나 두들겨서 칠지도를 만든다. 이 칼은 백병(재앙)을 피할 수 있다. 마땅히 후왕(侯王)에게 줄 만하다.

• (뒷면) 선세(先世) 이래로 아무도 이런 칼을 가진 일이 없는데, 백제 왕세자는 세세로 기생성음하므로 왜왕 지(旨)를 위하여 만든다. 후세에 길이 전할 것이다.

📖 맵핑 핵심 자료

▨ 고구려 장수왕의 한성 공격

- 63년(475) 9월에 왕(장수왕)이 군사 30,000명을 이끌고 백제에 침입하여 백제의 도읍 한성을 함락시키고 백제왕 부여경(개로왕)을 죽이고 남녀 8,000명을 사로잡아 돌아왔다.

- 임금(개로왕)은 고구려가 자주 변경을 침범한다 하여 위나라에 표문을 올려 병사를 요청하였으나 들어주지 않았다. …… 고구려왕 거련(장수왕)이 병사 3만 명을 거느리고 와서 한성을 포위하였다. …… 임금은 상황이 어렵게 되자 어찌할 바를 모르다가 기병 수십 명을 거느리고 성문을 나가 서쪽으로 달아났는데, 고구려 병사가 추격하여 임금을 살해하였다.　　　　　- 「삼국사기」

▨ 관산성 전투

- 성왕의 아들 부여 창(위덕왕)은 권신들의 반대에도 불구하고 관산성을 공격하였다. …… 성왕은 격려차 군대를 이끌고 전선으로 향했는데 미리 정보를 알고 매복하고 있던 신라인 고간 고도(苦都)에게 사로잡혔다. 잠시 후 성왕은 …… 머리를 늘여 베임을 당하였다.　　　　　- 「일본서기」

- 진흥왕 15년(554) 백제왕 명농(성왕)이 가량(加良)과 함께 관산성(管山城)을 공격해 왔다. …… 신주군주(新州軍主) 김무력이 주병(州兵)을 이끌고 나아가 교전함에, 비장(神將)인 삼년산군(三年山郡)의 고우도도(高于都刀)가 백제왕을 급히 쳐서 죽였다.　　　　　- 「삼국사기」「신라본기」

▨ 백제와 신라의 결혼 동맹

소지 마립간 15년(493) 백제왕 모대(동성왕)가 사신을 보내 혼인을 청하매, 왕은 이벌찬 비지의 딸을 보냈다. …… 17년 8월에 고구려가 백제 치양성을 포위하여 백제가 구원을 청하자 왕이 덕지에게 명하여 군사를 이끌고 가서 구원하게 하니, 고구려 군대가 무너져 달아났다.　　　　　- 「삼국사기」

▨ 가야의 멸망

• 금관 가야의 멸망

법흥왕 19년 금관국주 김구해가 아내와 세 아들(노종·무덕·무력)과 함께 가야의 보물을 가지고 와서 항복하였다. 왕은 예를 다하여 대접하고 상대등의 지위를 내려주었으며 그 나라를 식읍으로 주었다. 아들 무력은 벼슬이 각간에 이르렀다.　　　　　- 「삼국사기」

• 대가야의 멸망

진흥왕이 이찬 이사부에게 명하여 가라국(대가야)을 공격하도록 하였다. 이때 사다함은 나이 15,6세였음에도 종군하기를 청하였다. 왕이 나이가 아직 어리다 하여 허락하지 않았으나, 여러 번 진심으로 청하고 뜻이 확고하였으므로 드디어 귀당 비장으로 삼았다. …… 대가야 사람들이 뜻밖에 군사가 쳐들어오는 것을 보고 놀라 막지 못하였으므로 대군이 승세를 타고 마침내 대가야를 멸망시켰다.　　　　　- 「삼국사기」

▨ 신라의 의미

지증 마립간 4년(503) 10월에 여러 신하들이 아뢰기를, "시조가 창업한 이래로 나라 이름이 일정하지 않아 어떤 이는 사라(斯羅)라 하고 어떤 이는 사로(斯盧)라 하고 어떤 이는 신라(新羅)라 하였으나 신들은 생각건대 '신(新)'은 덕업이 날로 새롭다는 뜻이요(德業日新), '라(羅)'는 사방을 망라한다는 뜻이니(網羅四方) 이것으로 국호를 삼는 것이 좋을 것 같습니다."　　　　　- 「삼국사기」

▨ 아차산성 전투

영양왕이 왕위에 오르자 온달이 왕에게 아뢰었다. "신라가 우리 한강 북쪽 땅을 빼앗아 군, 현을 만들었습니다. 백성들이 원통하여 언제나 부모의 나라를 잊지 않고 있습니다. 불초한 신을 어리석게 여기지 마시고 군사를 주신다면 한번 나가 싸워서 반드시 우리의 땅을 회복하겠습니다." 왕이 허락하였다. 떠날 때 온달은 맹세했다. "계립현과 죽령 서쪽 땅을 되찾지 못한다면 나는 돌아오지 않겠다." 드디어 신라 군사와 아단성 밑에서 싸우다 적의 화살에 맞아 죽었다.　　　　　- 「삼국사기」

▨ 대야성 전투

선덕 여왕 11년 7월, 백제왕 의자가 군사를 크게 일으켜 서쪽 지방 40여 성을 공격하여 빼앗았다. 8월에 다시 고구려와 함께 당항성을 빼앗아 당나라로 가는 길을 막고자 하였다. 왕이 사신을 보내 당태종에게 급한 사정을 통보하였다. 백제 장군 윤충이 대야성을 공격하였다. 도독인 이찬 품석과 사지(13관등) 죽죽·용석 등이 전사하였다. 겨울에 왕이 백제를 공격하여 대야성의 패배를 보복하고자 이찬 김춘추를 고구려에 보내 군사를 보내줄 것을 요청하였다. 대야성 전투에서 죽은 품석의 부인은 김춘추의 딸이었다.　　　　　- 「삼국사기」

📁 고구려의 비석

● 장수왕 - 광개토 대왕릉비★ - 지역: 국내성(만주 지안시 일대)

- **비문의 내용**
  - [1] 기록 → 천하관, 천손 의식 표출
  - **왕의 계보 정리**: 추모왕(주몽) ⇒ 유류왕(유리왕) ⇒ 대주류왕(대무신왕)으로 이어지는 계보 정리
  - **광개토 대왕의 정복 활동 기록**: 만주 정복, 선비족(후연)·비려(거란족)·숙신(여진) 정복, 백제 공격 ([2] 항복), 왜 격퇴([3] 구원) 내용 정리
    - → cf. 고구려군의 신라 주둔 내용은 [4] 비문을 통해 알 수 있음
  - **왕릉 관리 실태(추정)**: 수묘인의 숫자·차출 방식·관리 규정 기록(비석을 관리하는 방식에 대한 기록)

- **역사 논쟁**: 신묘년 기사의 해석을 두고 한·일 역사 논쟁 발생
    "倭以辛卯年來渡海破百殘 △△△ 羅以爲臣民"
    → 바다 건너 신민(臣民)으로 삼은 주체가 누구인지 잘 드러나지 않아 해석상 이견 발생

문장의 주어가 일본이라는 해석 (일본의 주장)	VS	주어를 생략, 주어를 고구려로 해석 (한국의 주장)

최초: [5]

● 장수왕 - 중원 고구려비★ - 지역: 충주

- **비문의 내용**
  - ' [6] ' → 고구려군이 신라 영토 내에 주둔하고 있었다는 사실을 알 수 있음
  - 신라왕을 ' [7] '이라 낮추어 지칭 → 고구려의 우월 의식을 알 수 있음(고구려의 천하관)
  - 신라왕과 신하들에게 의복과 음식을 하사 → 고구려가 신라보다 우위에 있었음을 알 수 있음

- **의의**: 한반도에 남아 있는 유일한 고구려 비석

📁 백제의 비석

● 사택지적비 의자왕 때 귀족인 사택지적이 건립

- **비문의 내용**
  - 불당을 세운 내력
  - 지난날의 영광과 세월의 덧없음을 한탄하는 내용 → [8] 의 영향(도교)

📁 신라의 비석

● 지증왕

- **포항 중성리비**: 신라의 비석 중 최고(最古) ┐ 재산 분쟁과 관련된 소송의
- **영일 [9]**: 지증왕의 즉위 전 호칭인 '지도로 갈문왕' 기록 ┘ 판결 내용 기록

● 법흥왕

- **울진 [10]**: 신라 영토로 편입된 울진 거벌모라의 주민들의 저항을 진압했다는 내용 기록
- **영천 청제비**: 영천 청못(저수지)의 축조와 중수에 관한 내용 기록

● 진흥왕

- **단양 적성비★**(순수비X)
  - 고구려 영토였던 단양의 적성을 점령하고 세운 비석
  - 적성을 공략한 장수들(이사부, 거칠부, 김무력)과 공을 세운 토착인 야이차에게 포상하겠다는 내용 기록

- **진흥왕 순수비★** 왕이 직접 개척한 영토를 순행하고 이를 기념하기 위해 건립

[11] (555) 한강 진출	⇒	[12] (561) 비화가야 지역 정복	⇒	[13] [14] (568) 함경도 지역 정복

● 진평왕

- [15]: 경주 남산의 신성 축조에 동원된 인명과 붕괴 시 책임 소재를 서약

정답 | 1.고구려 건국 신화 2.아신왕 신라 3.신라 4.호우명 그릇 5.광개토 대왕릉비 6.고모루성수사 7.동이매금 8.노장사상 9.냉수리비 10.봉평비 11.북한산비 12.창녕비 13.마운령비 14.황초령비 15.남산 신성비

해커스공무원학원·공무원인강·교재 Q&A gosi.Hackers.com **30**

맵핑 핵심 자료

▨ 광개토 대왕릉비

▨ 충주(중원) 고구려비

5월에 고(구)려 대왕이 상왕공과 함께 신라의 매금을 만나 영원토록 우호를 맺기 위해 중원에 왔으나, 신라 매금이 오지 않아 실행되지 못하였다. 이에 고구려 대왕이 태자공과 전부 대사자 다우환노로 하여금 우벌성 부근에 있는 진영에 머물러 다시 신라 매금을 만나게 하였다. …… 동이 매금은 신하와 함께 우벌성에 이르러 고구려 대사자 다우환노와 만나 전부터 이곳에 주둔하고 있던 고구려 당주인 발위사자 금노로 하여금 신라 영토 내의 중인을 모아 내지(內地)인 우벌성 부근으로 이주하게 하였다.

▨ 사택지적 비문

"갑인년 정월 9일 내지성의 사택지적은 몸이 날로 늙어 가고 지난 세월을 돌이킬 수 없음을 한탄하고 슬퍼하여, 금을 뚫어 진귀한 당을 세우고 옥을 깎아 보배로운 탑을 세우니, 외외한 자비로운 모습은 신광(神光)을 토하여 구름을 보내는 듯하고 ……"

▨ 단양 적성비

▨ 진흥왕 순수비

• 북한산비

• 창녕비

• 황초령비

• 마운령비

📁 중앙 관제

구분	고구려	백제				신라
관등	10여 관등 ⌐ 1 ⌐ 계열 ⌐ 2 ⌐ 계열 ⋮ ⋮ 족장 세력 출신 행정 관리 출신	16관등(행정 관료) 6좌평(족장 세력) <table><tr><td>내신좌평</td><td>왕명 출납(수상)</td><td>위사좌평</td><td>숙위 담당(왕궁 수비)</td></tr><tr><td>내두좌평</td><td>재무 담당</td><td>조정좌평</td><td>법무 담당(형벌, 치안)</td></tr><tr><td>내법좌평</td><td>의례 담당(제사, 교육)</td><td>병관좌평</td><td>국방 담당</td></tr></table>⌐ 7 ⌐ 계열 ⌐ 8 ⌐ 계열 ⋮ ⋮ 자색 비색 + ⌐ 9 ⌐ 계열 ⋮ 청색				17관등 ┌─────────────────┐ ⌐ 12 ⌐ 계열 ⌐ 13 ⌐ 계열 (고위) 대나마, 이벌찬, 나마 이찬, 잡찬, 파진찬 등 └─────────────────┘ └ 골품제와 결합하여 운영 자·비·청·황색 공복
수상	대대로 (대막리지 – 연개소문)	상좌평 (내신좌평)				상대등
합의 기구	⌐ 3 ⌐ ⇩ 오관 회의체(대대로~조의두대형)	⌐ 10 ⌐				⌐ 14 ⌐ (만장일치제)
중앙 관부	⌐ 4 ⌐, ⌐ 5 ⌐, ⌐ 6 ⌐ (내무) (외무) (재정)	⌐ 11 ⌐ (6부) → 아래 직능별 행정 분담 ⇩ 22부 설치 (성왕, 사비 천도 이후)				10부(⌐ 15 ⌐ 포함) ⇨ 14부(통일 신라)

06 삼국 시대 - 삼국의 통치 체제 ②

🗁 지방 행정 조직 및 군사 조직 → 행정 조직과 군사 조직이 [   ]¹ (=미분화)

구분		고구려	백 제	신 라
지방 행정 조직	수도	5부	[ ]⁵	6부
	특수 행정 구역	3경 (국내성, 평양성, 한성) └ 서울X 황해도 재령	22담로([ ]⁶) → 왕족 파견	2소경 동원경, 중원경 (강릉) (충주) → [ ]⁸ 파견
	상위 조직	5부(大城) → [ ]² 파견	5방 → [ ]⁷ 파견	5주 → [ ]⁹ 파견
	하위 조직	성(小城) → 성주 파견 ([ ]³ , 도사)	군 → 군장 파견	군 → 당주 파견
군사 조직		[ ]⁴, 말객 (유사시 군대 지휘)	방령이 700~1,200명의 군대 지휘	군주가 군대 지휘

📂 고구려의 대외 항쟁 → 민족의 방파제 역할 + 동북공정의 극복

여·수 전쟁

6c 말

612

618

고구려 ___1___ - 수나라의 ___2___ 지방을
선제 공격(598)

⇨ 수 ___3___ 의 30만 대군이 고구려에 침입

⇨ 태풍으로 실패

수 ___4___ 의 100만 대군이 고구려에 침입

⇨ ___5___ ★ (612)

(고, ___6___ vs 수, 우중문)

여수장우중문시(조롱시)

⇨ 고구려 승리, 살수에서 수나라 군대 격파

└ 지금의 청천강

수나라는 2차례 더 고구려를 공격했지만
실패

⇨ 거듭된 전쟁으로 인한 국력 소모와
내란으로 ___7___

> **사료 읽기 | 여수장우중문시(을지문덕, 612)**
>
> 신묘한 계책은 천문을 꿰뚫었고, 기묘한 계획은 지리를
> 통달하였구나. 싸움마다 이겨 공이 이미 높았으니, 만
> 족함을 알고 그만둠이 어떠리. - 『삼국사기』

고구려 영양왕의 공격(598)
수 문제의 침입(598)
수 양제의 1차 침입(612)
수 양제의 2차 침입(613)
수 양제의 3차 침입(614)
★ 격전지

살수 대첩(612)

여·당 전쟁

631(~647)

645

648

고구려 - ___8___ 축조
(연개소문, 부여성 ~ 비사성)

→ 당나라 견제 목적

⇨ 연개소문이 쿠데타로 정권 장악(642)

└ 요동 지역 군사력 장악

⇨ 연개소문의 반대 세력 숙청

___9___

당 ___10___ - 고구려에 침입

⇨ ___11___ ★ (645)

(___12___ + 군·민 vs 당 군)

⇨ 고구려 승리

백제 의자왕 - 신라의 ___13___ 함락(642)

⇨ 신라는 고구려에 도움을 요청

but. 거절 ⇨ ___14___ 체결(648)

나·당 연합군 결성

당 태종의 1차 침입(645)
당 태종의 2차 침입(647)
당 고종의 1차 침입(661)
★ 격전지

천리장성(631~647)

안시성 싸움(645)

📁 **신라의 삼국 통일**

660

의자왕의 사치와 향락 국력 소모

⇒ _____ 1

(백), 계백 vs (신), 김유신
└ + 5천 결사대

⇒ 나·당 연합군 – 백제 _____ 2

⇒ 백제 멸망(의자왕) ----▶

● **백제 부흥 운동 전개** ★
- **주류성**: 복신, 도침
- **임존성**: _____ 3 , 지수신
  └ 왕자 ____ 4 추대
- ____ 5 전투(663): 일본 수군의 지원
  └ 나·당 연합군에 패배
  ⇒ 실패

668

고구려의 거듭된 전쟁 – 국력 소모
연개소문 사후 지배층 분열

⇒ 나·당 연합군(____ 6 의 활약)
  – 고구려 ____ 7 함락

⇒ 고구려 멸망(____ 8) ----▶

● **고구려 부흥 운동 전개** ★
- **오골성**: 고연무
- **한성(황해도 재령)**: ____ 9
- **금마저(전북 ____ 10)**: ____ 11
  └ 보장왕의 서자

⇒ 실패

웅진 도독부 설치
(웅진, 660)
▶

계림 도독부 설치
(경주, 663)
→ 당의 한반도 지배 야욕
▶

안동 도호부 설치
└ 도호부사: 설인귀
(평양, 668)
▶

나·당 전쟁 전개
(670)
▶

📁 **나·당 전쟁**

670

당이 한반도 지배 야욕 드러냄

⇒ 나·당 전쟁 전개

⇒ 신라 – 백제·고구려 유민과 연합
▼

- **웅진 도독부 축출**
  → ____ 12 설치(671)
- **안승 지원**
  → ____ 13 건국(674)

675

마전·적성 전투
└ 임진강
(신라 vs 당·말갈족·거란족 연합군)
⇓
____ 14 전투(육군)
└ 경기도 연천
(신라 vs (당) ____ 15 의 20만 대군)
⇓
신라가 전쟁의 주도권 장악

676

____ 16 전투(수군)
└ 금강 하구
(신라 vs (당) ____ 17 의 해군)
→ 안동 도호부 – 요동으로 축출
⇒ 나당 전쟁에서 신라 승리
⇒ 삼국 통일 달성(문무왕)
└ 대동강 ~ 원산만

● **신라의 삼국 통일**
- **한계**: 당의 지원, 협소한 영토
- **의의**: 삼국이 같은 민족임을 확인
  ⇒ 민족 문화 발전이 본격적으로
  시작

정답 1 황산벌 전투 2 사비성 함락 3 흑치상지 4 부여풍 5 백강(백촌강) 6 김인문 7 평양성 8 보장왕 9 검모잠 10 익산 11 안승 12 소부리주 13 보덕국 14 매소성 15 이근행 16 기벌포 17 설인귀

맵핑 핵심 자료

▨ 안시성 전투

보장왕 4년(645)에 (당의) 여러 장수가 안시성을 급히 공격하였다. …… 당은 성의 동남쪽 모서리에서 토산을 쌓고 성을 위협하였는데, 성 안에서도 또한 성벽을 높이 쌓고 그에 맞섰다. …… 토산이 무너지며 성을 눌러서 성이 무너졌다. 우리(고구려) 군사 수백인은 성이 무너진 곳으로 나아가 싸워 토산을 빼앗고 점거하였으며 해자(垓子)를 파서 이를 지켰다. …… 황제는 요동이 일찍 추워져서 풀이 마르고 물이 얼므로 군사와 군마가 오래 머물기 어렵고, 또한 군량이 떨어져갔으므로 명하여 철군하도록 하였다. - 『삼국사기』

▨ 나·당 전쟁의 원인

선왕(무열왕)께서 직접 받으신 태종 문황제의 조칙은 다음과 같았다. '내가 지금 고구려를 치려는 것은 너희 신라가 두 나라 사이에 끼어 매번 침략을 받아 편안한 날이 없음을 가련히 여겼기 때문이다. …… 두 나라를 평정하면 평양 이남 백제의 토지는 전부 너희 신라에게 주어 길이 편안토록 하겠다.' …… 백제의 옛 땅은 백제(웅진 도독부)로 돌려줄 것이라고 한다. - 『삼국사기』

▨ 백제·고구려 부흥 운동과 나·당 전쟁

▨ 백강 전투

(나·당 연합군이) 백강으로 가서 육군과 모여서 동시에 주류성으로 가다가 백강 어귀에서 왜국 군사를 만나 네 번 싸워서 다 이기고 그들의 배 4백 척을 불태우니 연기와 불꽃이 하늘을 찌르고 바닷물이 붉어졌다. - 『삼국사기』

▨ 신라의 삼국 통일

문무왕은 군신과 더불어 의논한 뒤에 당나라 조칙에 답하였다. "선왕 춘추는 자못 현덕이 있었고, 생시에 김유신이란 양신을 얻어 정치에 한마음으로 힘을 다하여 삼한을 일통하였으니, 공업이 많지 않다고 할 수 없다." - 『삼국사기』

▨ 신라의 삼국 통일에 대한 상반된 평가

• 백제는 말기에 와서 도리에 어긋나는 행동이 많았다. 대대로 신라와 원수 사이였다. 고구려와 손잡고 신라를 공격하였다. …… 당나라의 천자가 두 번이나 조서를 내려서 백제와 신라 사이의 원한을 풀기 위하여 노력하였다. 겉으로는 순종하는 듯 하면서도 안으로는 이를 어겨 대국에 죄를 지었다. 백제가 패망한 것도 당연한 일이었다. - 『삼국사기』

• 다른 종족들을 끌어들여 같은 종족을 멸망시키는 것은 도적을 불러들여 형제를 죽이는 것과 다를 바 없는 것이다. …… 혈기를 가진 자라면 이를 욕하고 꾸짖는 게 옳으며 배척하는 것이 옳거늘, 오늘날 그 본말을 따지지 않고, 다만 '우리나라 통일의 실마리를 연 임금이다.'라고 한다. - 신채호, 「독사신론」

08 남북국 시대 - 통일 신라의 발전 ①

📁 남북국 = 통일 신라 + 발해 → 반도 사관 극복

- 최치원: 발해를 "북국"
- 최초 "남북국 형세" → 유득공의 『발해고』
  └ 조선 후기 발해사 연구 활발

📁 통일 신라의 시대 구분

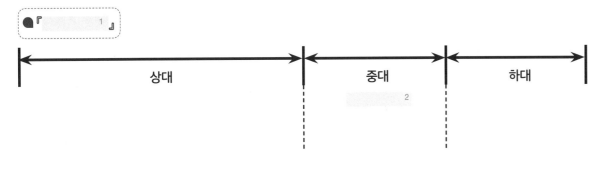

● 『   1 』

상대	중대	하대

2

● 『   3 』

상고	4	하고

불교식 왕명

혁거세 · 지증왕 · 법흥왕 · 진덕 여왕 · 무열왕 · 혜공왕 · 선덕왕 · 경순왕

📁 통일 신라의 구조적 이해(『삼국사기』)

📁 Focus 각 세력 간의 권력 흐름

중대 통일 신라 전성기(왕권⬆)

- 유학 교육 ⇨ 忠⬆
- ___7___ 교육 ⇨ 진골 귀족 견제 ◄ --------------

신라 국왕
8 / 9 / 시중

- 불국토의 이상 국가 건설 ◄ --------- 교종(불교)
- **이념**: 의상의 『___10___』
  "一卽多 多卽一" "하나가 우주 만물을 아우른다"
  └ 부처 = 왕(왕즉불)
    ⇨ 왕권 강화
- **조형 미술**: 불국사, 석굴암 본존불

하대 통일 신라 쇠퇴기(왕권⬇)

❶ 이행기의 보편성 → 나말 여초, 여말 선초

사회 모순 심화		[신라 말~고려 초]	[고려 말~조선 초]
	근본 원인	___12___ 의 모순	권문 세족의 횡포
새 시대 지향	주도 세력	호족(←6두품)	신진 사대부(← ___14___)
	주도 사상	___13___ (+ 풍수지리설 + 미륵 신앙)	___15___

❷ 신라 하대의 양상

- **중앙**: 왕위 쟁탈전(___16___) ⇨ 중앙 정부의 영향력 약화
  └ 155년 간 20명의 왕위 교체
- **지방** - 호족(성주·장군)의 ___17___ 상태 ← 사병 + 농장
  └ 몰락 진골, 촌주, 해상 세력, 군진 세력, 초적
  - 농민들을 이중 수탈 ⇨ 반란, ___18___ (원종·애노의 난, 적고적의 난)
    └ 9c 말(진성 여왕)

08 남북국 시대 - 통일 신라의 발전 ③

📁 통일 신라의 왕의 업적 - 중대: 통일 신라 "전성기"

7c 중반 ➡

무열왕 (김춘추, 654~661)

- 최초의 ___1___ 출신 왕(성골 폐지)
- **지배층 재편**
  - 가야 출신 김유신의 누이를 왕비로 맞음
    ⇨ 왕비족 박씨 종식
  - ___2___ 제도 폐지
- 중시(시중)의 기능↑(상대등↓)
- 중국식 시호 사용: 무열 / 묘호: 태종
- ___3___ 멸망(660)

문무왕 (661~681)

- ___4___ 멸망(668)
- 삼국 통일 완성(676)
- **관부 정비:** 우이방부, 선부 설치
- **주의 장관:** 군주 - 변경 → ___5___
- ___6___ 파견(지방관 감찰)

7c 후반 ➡

신문왕★ (681~692)

- **왕권 전제화:** ___7___, 감은사,
  └ 해중릉(대왕암)
  ___8___ 등
- ___9___ 모역 사건(681) → 귀족 세력 숙청
- **중앙:** 집사부 이하 ___10___ 부 완성
- **지방:** ___11___ 완비
- **군사:** 시위부 강화, 9서당(중앙군),
  └ 왕 친위 부대
  10정(지방군) 편성

- ___12___ 설치(682)
- **토지 제도 개편**
  - ___13___ (687)
  - ___14___ (689)
  - ___15___ (대구) 천도 시도(689)

7c 후반 ➡

효소왕 (692~702)

- 서시, 남시 설치

8c 초반 ➡

성덕왕 (702~737) "전성기"

- **국학 재정비:** 공자와 72제자의 화상을 국학에 안치
- ___16___ 지급(722)
- 당과의 국교 재개 → 당의 요청으로 발해(무왕) 공격
- 일본과 수교 → 견신라사 파견
  └ 일본→신라
- ___17___ 주조(우리나라 最古 동종)
- ___18___ 제시
  └ 관리들이 지켜야 할 계율 덕목

경덕왕★ (742~765)

- **중국식 명칭 사용(___19___)**
  - 중앙 관료의 칭호(중시 → 시중)
  - 군현의 이름(사벌주 → 상주 / 한산주 → 한주)
  - 국학 → ___20___
    └ 박사, 조교 설치
- ___21___ 부활(757)
- ___22___ · ___23___ 축조
- 성덕 대왕 신종 주조 시작

8c 후반 ➡

혜공왕 (765~780)

- 8살에 즉위, 태후 만월 부인이 섭정
  → 왕실의 권위 약화
- **진골 귀족들의 반란↑** ─ 전국에서 귀족들이 난에 동참
  - 대공·대렴의 난 → 96각간의 난(768)
    → 김양상이 진압
  - 김양상의 정권 장악(774)
  - ___24___ 의 난(780): 김양상에 의해 진압됨 → 난 진압 과정에서 혜공왕 피살됨
- ___25___ 주조 완성(771)

📁 통일 신라의 왕의 업적 - 하대: 통일 신라 "쇠퇴기"

8c 후반 ➡️

9c 초반 ➡️

선덕왕 (김양상, 780~785)

- [1   ] 정치
  → 귀족 연립 정권의 형태
- 왕권 약화: 상대등↑

원성왕 (김경신, 785~798)

- [2   ] 계의 왕위 계승
  : 무열왕계([3   ])를 몰아냄
- [4   ] (독서출신과) 실시
  : 최초의 관리 선발 제도 (→ 실패)
- 주의 장관: 총관 - 변경 → [5   ]

  군주 → 총관 → 도독
  ｜   ｜   ｜
  지증왕   문무왕   원성왕
  군사적 성격 → 행정적 성격

헌덕왕 (809~826)

- 지방 귀족 반란
  - [6   ]의 난(822): 父김주원이 왕위를
    계승하지 못한 데에 불만을 품은 [7   ]
    (공주) [8   ] 김헌창이 난을 일으킴
    (국호: [9   ], 연호: 경운)
  - **김범문의 난(825)**: 김헌창의 子 김범문이
    고달산(여주)에서 난을 일으켜 북한산주 공
    격

  ⇒ 무열계를 6두품으로 강등

흥덕왕 ⭐(826~836)

- 완도에 [10   ] 설치(828)
  → [11   ]
- 집사부 → [12   ]으로 개칭
- 사치 금지령 반포

📢 **사료 읽기** | **청해진 설치**

장보고가 귀국하여 흥덕왕을 뵙고 아뢰기를, "중
국의 어디를 가든지 우리나라 사람들을 노비로
삼고 있으니 청해에 진영을 설치하여 해적이 사
람들을 잡아 서쪽으로 데려가지 못하게 해 주십
시오."라고 하였다. 왕은 그 말에 따라 군사 만 명
을 주어 해상을 방비하게 하였다. - 「삼국사기」

9c 말~10c 초반 ➡️

진성 여왕 (887~897) ⭐

- 최치원의 < [13   ] >
  → 수용 X → 은둔 생활
- [14   ]의 난(889, 상주),
  [15   ]의 난(896)
- 「[16   ]」편찬(각간 위홍, 대구 화상)
  → 현존 X

경애왕 (924~927)

- 후백제 견훤에게 피살됨

경순왕 (김부, 927~935)

- 고려 왕건에게 항복(신라 멸망)

👷 **더 알아보기** 청해진 대사 장보고의 활약

- 당에 건너가 서주 무령군 소장이 됨
- 산둥 반도에 [17   ] 건립
- 완도에 청해진을 설치(해상 무역권 장악) → 해적 소탕
- 당에 [18   ], 일본에 [19   ]를 파견
  (당-신라-일본을 잇는 국제 무역 주도)
- 민애왕을 몰아내고 신무왕 옹립(839)

정답 1 내물왕 계통 2 원성왕 3 김주원 4 독서삼품과 5 도독 6 김헌창 7 김주원 8 웅천주 9 장안 10 청해진 11 해상 무역권 장악 12 집사성 13 시무 10조(시무책) 14 원종과 애노 15 적고적 16 삼대목 17 법화원 18 견당매물사 19 회역사

해커스공무원학원·공무원인강·교재 Q&A gosi.Hackers.com **40**

📁 발해의 건국 (698 ~ 926)

- **이원적 민족 구성 – 지배층:** 고구려 유민(" [1] ")
  - **피지배층:** 말갈인([2])

- **독자적 연호 사용** ⇨ **대외적:** 중국과의 대등 관계(자주성)
  - **대내적:** 왕권 강화

📁 발해의 고구려 계승 증거 (발해 = 고구려 baby)

- 대조영 – 고구려인

- 지배층 성씨 – 대·고·장·양·두·오·이씨 ⇨ [3   ]

- **일본에 보낸 국서**
  - 무왕 "우리는 고구려의 옛 땅을 회복하고 부여의 정통성을 이어받았다."
    - → [4   ] 국가임을 표방
  - 문왕 " [5   ] 대흥무"

- [6] 공주 묘 – 고구려식 굴식 돌방무덤의 [7   ] 구조

- 고구려 전통 양식 多 – 온돌 장치, 연꽃 무늬 장식의 와당, 이불병좌상, 석등

👦 더 알아보기 당의 문화 수용

- **중앙 관제** – 당의 3성 6부제를 [8   ] 으로 수용
- **상경 용천부(수도)의 도시 구조** – [9   ] 방식
  └ 당의 장안성 모방

주작대로를 기준으로 좌·우경으로 나누고,
이를 여러 조방(네모난 구획)으로 나눔

📂 발해의 건국

[효소왕 ──────→ 성덕왕]

고왕(698~719)

- **대조영, 연호:** [1]
- 고구려 장군 출신
- [2] 에서 발해 건국(698)
- 나라 이름을 진
  → 후에 발해로 변경(713)
    └ 당으로부터 '발해 군왕'이라는
      책봉호를 받음

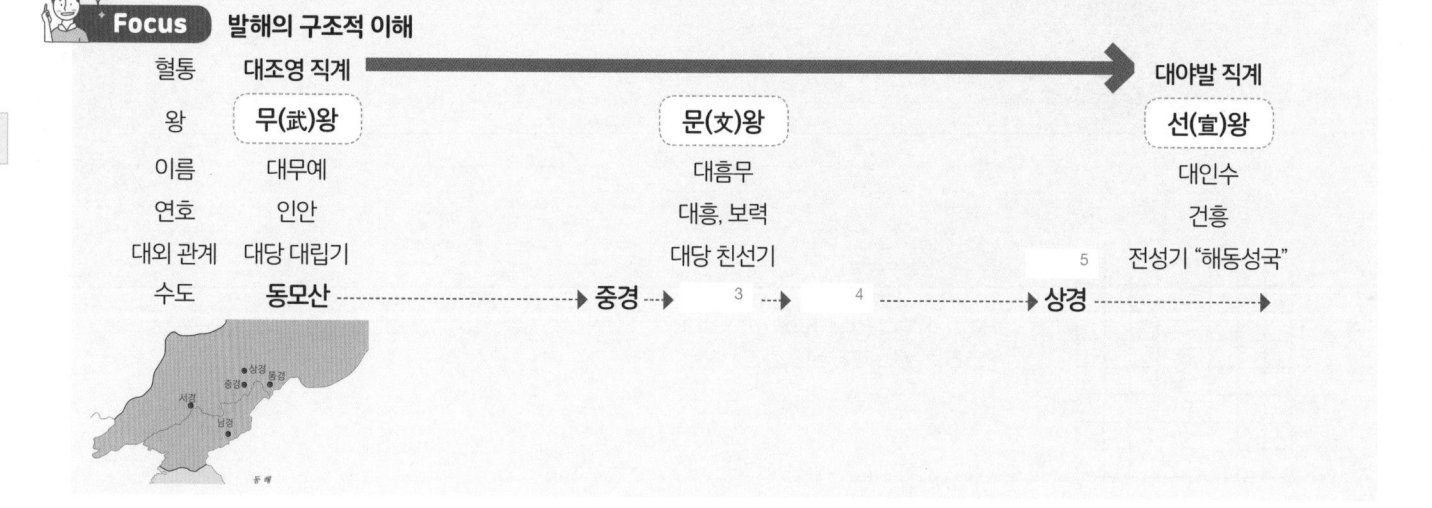

> 🔍 **Focus** 발해의 구조적 이해

혈통	대조영 직계		대야발 직계
왕	**무(武)왕**	**문(文)왕**	**선(宣)왕**
이름	대무예	대흠무	대인수
연호	인안	대흥, 보력	건흥
대외 관계	대당 대립기	대당 친선기	[5] 전성기 "해동성국"
수도	**동모산** ──────→ **중경** ▶ [3] ▶ [4] ──────→ **상경** ──────▶

📂 발해 왕의 업적

성덕왕 ────────────────→ 경덕왕 → 혜공왕 → 선덕왕 → 원성왕 → 헌덕왕 ────────────→ 흥덕왕

★**무왕(719~737)**

- **대무예, 연호:** [6]
- **대당 대립기:** 당과 흑수부 [7] 이 연합
  ⇩
  장문휴의 수군으로 [8] 의 산둥 반도 선제 공격(732)
- **영토 확장:** 동북쪽 방면으로 영토 확장
- [9] · [10] 과 우호
  (당 · 신라 견제 목적)
- 日에 보낸 국서 - 고구려 계승 국가임을 표방

★**문왕(737~793)**

- **대흠무, 연호:** [11] , 보력
- **대당 친선기:** 당의 문화를 수용하여
  [12] (중앙 관제) · 주자감(최고 교육 기관) 설치
- **신라와의 관계 개선:** [13] 개설
- **천도:** 동모산 ⇨ 중경 ⇨ [14] ⇨ [15]
  └ 체제 유지 목적
- 日에 보낸 국서 - '[16] ' 칭호 사용
- **황제국 표방:** '[17] ' 칭호 사용

★**선왕(818~830)**

- **대인수, 연호:** [18]
- 대조영의 동생 [19] 직계 왕위 계승 시작
- "[20] "(전성기)
  - 말갈족 대부분을 복속, 요동 지역 진출
    → 옛 고구려 땅 회복, 남쪽으로 신라와 국경을 접함
  - [21] 의 지방 조직 완비
  - 당의 빈공과에서 다수의 급제자 배출 → 문물 번성

애왕(906~926)

- 대인선
- 거란(요)의 침입(야율아보기)으로 발해 멸망(926)
  ⇨ 멸망 이후 고려(왕건) 지배층으로 편입
  ⇨ **부흥 운동:** 후발해국 · 대발해국 · [22]
    · [23] 건국 → but. 실패

■ 당에서의 발해와 통일 신라의 경쟁
- 쟁장 사건
- 등제 서열 사건

맵핑 핵심 자료

▨ 신문왕 즉위 교서 – 김흠돌 모역 사건

16일에 왕은 교서를 내렸다. " …… 상중(喪中)에 서울에서 반란이 일어날 줄은 누가 생각이나 했겠는가? 반란 괴수 흠돌, 흥원, 진공 등은 능력도 없으면서 높은 지위에 올라 제 마음대로 위세를 부렸다. 흉악한 무리를 끌어 모으고 궁중 내시들과 결탁하여 반란을 일으키고자 하였다. …… 군사를 모아 이 무도한 자들을 없애려 하였다."

– 『삼국사기』

▨ 만파식적 설화

파진찬 박숙청이 아뢰었다. "동해 가운데 작은 산이 감은사를 향해 와서 파도가 노는 대로 왔다 갔다 합니다." 왕이 이상하게 여겨 일관(천문을 맡은 관리)에게 점을 치게 하였다. 일관이 아뢰었다. "폐하께서 해변으로 나가 보신다면 반드시 값으로 칠 수 없는 큰 보물을 얻을 것입니다." …… 왕은 놀라고 기뻐하여 오색 비단과 금과 옥으로 보답하고 사자를 시켜 대나무를 베어서 바다에서 나오자, 산과 용은 갑자기 사라져 나타나지 않았다. 왕이 행차에서 돌아와 그 대나무로 피리를 만들었는데, 이 피리를 불면, 적병이 물러가고 병이 나으며, 가뭄에는 비가 오고 장마는 개며, 바람이 잦아지고 물결이 평온해졌다.

– 『삼국유사』

▨ 신라 하대의 사회 동요

▨ 문무왕릉(대왕암)

대왕이 죽고 난 뒤 동해 가운데 큰 바위 위에서 장사지냈다. 왕이 평소에 이르기를, "짐은 죽은 뒤에 호국대룡(護國大龍)이 되어 불법(佛法)을 받들고 나라를 수호하고자 한다."라고 하였다.

– 『삼국유사』

▨ 김헌창의 난

헌덕왕 14년 3월 웅천주 도독 김헌창은 그 아버지 주원이 왕이 되지 못한 이유를 내세워 반란을 일으켜 나라 이름을 장안이라 하고 연호를 경운이라 하였다. 무진주, 완산주, 청주, 사벌주의 4주 도독과 국원경, 서원경, 금관경의 사신과 여러 군현의 수령들을 위협하여 자기의 소속으로 삼았다.

– 『삼국사기』

▨ 대조영의 발해 건국

• 발해말갈의 대조영은 본래 고구려의 별종이다. 고구려가 망하자 대조영은 그 무리를 이끌고 영주로 이사하였다. …… 대조영은 드디어 그 무리를 이끌고 동쪽 계루의 옛 땅으로 들어가 동모산을 거점으로 하여 성을 쌓고 거주하였다. 대조영은 용맹하고 병사 다루기를 잘하였으므로, 말갈의 무리와 고구려의 남은 무리가 점차 그에게 들어갔다.

– 『구당서』

• 발해는 고구려 옛 땅에 세운 나라이다. 사방 이천 리이며 주현이나 관역이 없다. 곳곳에 마을이 있는데 모두 말갈 부락이다. 백성에는 말갈이 많고 토인이 적다. 토인이 촌장이 되었다. 큰 촌락은 도독이라 하고 다음 크기는 자사라 한다. 그 아래는 백성들이 모두 수령이라 부른다.

– 『유취국사』

▨ 진성 여왕 시기 농민 봉기

• **원종과 애노의 난(889):** 진성 (여)왕 3년, 국내 여러 주와 군에서 납세를 하지 않아 창고가 비고 국가 재정이 어려워지자, 왕이 사신을 파견하여 독촉하였다. 이로 인하여 도처에서 도적이 봉기하였다. 이때 원종, 애노 등이 사벌주에 웅거하여 반란을 일으키니 왕이 영기에게 잡도록 명령하였다. 그러나 영기는 적진을 쳐다보고는 두려워하여 나아가지 못하였다.

– 『삼국사기』

• **적고적의 난(896):** 도적이 서남쪽에서 일어나 붉은 바지를 입고 특이하게 굴어 사람들이 붉은 바지 도적이라 불렀다. 그들이 주현을 무찌르고 서울 서부 모량리까지 와서 민가를 약탈하여 갔다.

– 『삼국사기』

▨ 발해 무왕의 대당 강경책

무왕이 신하들을 불러, "처음에 흑수말갈이 우리의 길을 빌려서 당나라와 통하였다. …… 그런데 지금 당나라와 공모하여 우리를 앞뒤에서 치려는 것이다."고 말하였다. 이리하여 동생 문예가 외삼촌 임아상으로 하여금 군사를 동원하여 흑수말갈을 치도록 하였다. – 『발해고』

▨ 발해 무왕이 일본에 보낸 국서

"무예(武藝)가 아룁니다. …… 무예는 황송스럽게도 대국(大國)을 맡아 외람되게 여러 번(蕃)을 함부로 총괄하며, 고려의 옛 땅을 회복하고 부여의 습속(習俗)을 가지고 있습니다." – 『속일본기』

▨ 일본이 발해 문왕에게 보낸 국서

"천황이 삼가 고려 국왕에게 문안한다. 지금 보내온 글을 보니 …… 천손이라는 참람한 칭호를 써 놓았다. …… 다만 사신 만복(萬福) 등은 전의 허물을 깊이 뉘우치고 왕을 대신하여 사죄하므로 짐이 멀리서 온 것을 불쌍히 여겨 그 뉘우치고 고침을 들어 주었다. …… 바야흐로 이제 대씨(大氏)는 일찍이 아무 일 없이 편안한 연고로 함부로 외숙과 생질이라 칭하는데, (그것은) 예(禮)를 잃은 것이다." – 『속일본기』

📁 통일 신라의 통치 체제 → 특징: [1] 정책
(예: ❶ 9서당 ❷ 5소경)

● 중앙

- **수상**: 시중(中代), 상대등(下代)
- **귀족 회의 기구**: 화백 회의
- **집사부 이하** [2] (완성: [3])
  - 진덕 여왕 때 설치(진흥왕의 ' [4] ') 군국 기무, 왕명 집행, 최고 정무 기구

- **아래 13부**: 병렬적 위치, 장관을 2~3명을 둠(복수 장관제)

더 알아보기 진흥왕의 경 품주

- 사정부 (무열왕)
- 집사부
- 창부 (진덕 여왕)

법흥왕	진평왕				진덕 여왕			무열왕	문무왕		신문왕	
병부	[5]	**조부**	**승부**	[6]	[7]	[8]	**좌이방부**	[9]	[10]	**우이방부**	**선부**	**공장부**	**예작부**
군사, 국방	인사, 관리 선발	곡물, 부역	말 관리	의례, 교육	외교, 사신 접대	재정, 회계 (진흥왕의 "품주" 개편)	법률, 형벌	국가 기밀 (진흥왕의 "품주" 개편)	관리 감찰	법률, 형벌	선박	수공업	토목

- 진흥왕의 ' [11] ' 개편
- 내사정 + 외사정 (중앙) (지방)

📂 통일 신라의 통치 체제

● 지방 통치 체제

9주 ⭐ → 도독 파견 ← 총관 ← 군주(___1___)
                    3   2

5소경 ⭐ - 북원소경(원주)
         중원소경(___7___)
         서원소경(___8___)   ___9___ 파견
         남원소경(남원)
         금관소경(김해)   • 수도의 지나친 편재성을 보완
                          • 민족 융합 정책

향·부곡   ※ 소(所)X → 고려 시대부터~

• 특수 행정 구역, 법제적 ___10___ , 농업 종사
• 일반민에 비해 _____ ___11___ 를 받음
              └ 세금 부담 大, 거주 이전의 자유x

군·현   ___4___ 파견
       ___5___ 파견

촌   토착 세력을 ___6___ 로 두어 관리

• 상수리 제도 - 지방 귀족을 수도에 머물게 하여 지방 세력을 견제
            - 기인 제도(고려), 경저리(조선) 제도로 계승
• 외사정 파견(문무왕) - 지방 행정 통제와 지방관 감찰을 위해 설치한 외관직
            - 주마다 2인의 외사정 파견

● 군사 조직

중앙군

- 직업군 ┌ 신라인 + 고구려인 + 백제인 + 말갈인 모두 포함
  ⭐ ___12___ ⇒ ___13___ 정책, 군사력 강화 → 왕의 호위, 궁궐 수비, 수도 방어

신라인	녹금서당 자금서당 비금서당	고구려인	황금서당	보덕국인	적금서당 벽금서당
		백제인	백금서당 청금서당	말갈인	흑금서당

지방군

- 농민군
  ⭐ ___14___ ⇒ 지방 행정 조직과 ___15___
  └ ___16___ 에 ___17___ 의 정 + others주에 1개의 정을 배치

관할 지역	한주	상주	웅주	전주
10정	남천정	골내근정	음리화정	고량부리정	거사물정
관할 지역	양주	강주	무주	삭주	명주
10정	삼량화정	소삼정	미다부리정	벌력천정	이화혜정

특수군

- ___18___
- ___19___
- ___20___

정답 1 군사당 2 군감당 3 군정당 4 태수 5 현령·현재 6 촌주 7 충주 8 청주 9 사신 10 양인 11 차별대우 12 9서당 13 사병집 14 10정 15 일치대응 16 변방 17 2개 18 5주서 19 3변수당 20 만보당

해커스공무원학원·공무원인강·교재 Q&A gosi.Hackers.com **45**

📁 발해의 통치 체제

● **중앙 통치 체제** - 3성 6부제(문왕 때 정비)

※ 당의 3성 6부제 모방 → but, 독자성 유지

❶ _____¹ 중심(국가 최고 회의 기구)

❷ 6부의 이원화

❸ 6부에 유교적 명칭 사용

왕
(가독부)

_____² ★ 정책 결정(수상: _____³)
└ 국가 최고 회의 기구

선조성 정책 심의

중대성 정책 수립

6부 → (_____⁴)

좌사정
- 충 부 (이부) 문관의 임명, 관리 업적 평가
- 인 부 (호부) 토지 조사, 조세, 재정 관리
- 의 부 (예부) 의례와 제사, _____⁵, 외교

우사정
- 지 부 (병부) 군사 업무, 군사 양성
- 예 부 (형부) 법률·형법 관련 업무
- 신 부 (공부) 건설·토목 공사

_____⁶

_____⁷ ★ 관리 감찰 기구

_____⁸ 서적 관리, 비문·축문·제문 등 작성

_____⁹ 국립 대학(귀족 자제 교육)

※ 추가 기구
• **항백국**: 환관청
• **7시**: 궁중 실무 분담
  └ 전중시, 종속시, 태상시……

정답 1 정당성 2 정당성 3 대내상 4 6부의 이원화 5 교육(유학) 6 관리 감찰 7 중정대 8 문적원 9 주자감

10 남북국의 통치 체제 ④

📁 발해의 통치 체제

● **지방 통치 체제** - _____ [1] (_____ [2] 때 정비)

5경	전략적 요충지	→	15부	→	62주	→	현	→	촌
			[3] 파견		[4] 파견		[5] 파견		토착 세력을 ___ [6] 으로 두어 관리

● **군사 조직**

• **중앙군:** ([7]) - 왕궁과 수도 경비 담당
　　　　　　　　 - 대장군·장군이 지휘

• **지방군:** 농병 일치의 군대, 지방관이 지휘 → 지방 행정과 군사 조직의 _____ [8]

정답 1 5경 15부 62주 2 선왕 3 도독 4 자사 5 현승 6 촌장 7 10위 8 일원화체

11 고려의 건국과 후삼국 통일 ①

📂 후삼국 시대의 성립

후백제(892. 건국)	후고구려(901~918)

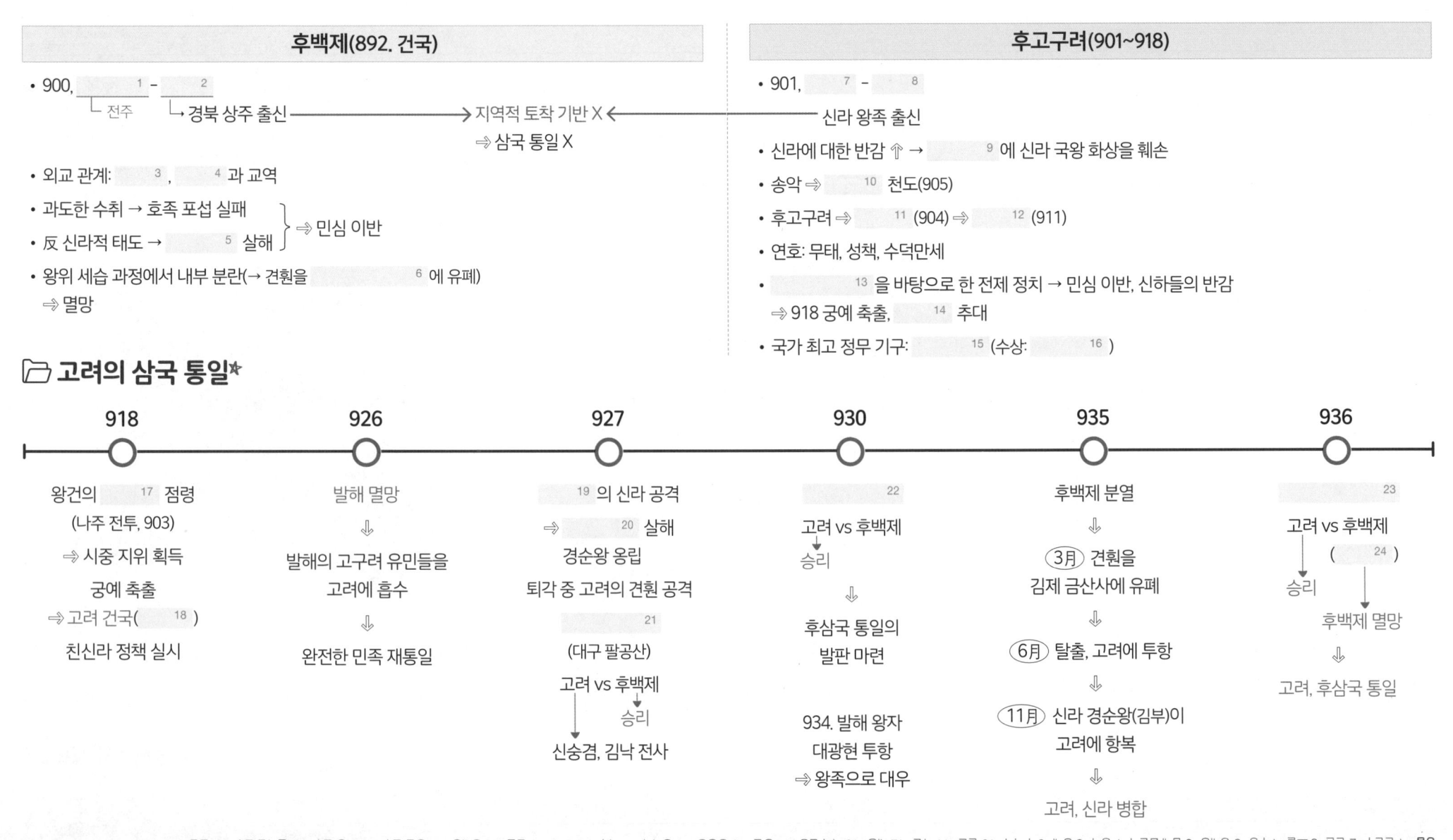

후백제(892. 건국)

- 900, [1] - [2]
  - └ 전주
  - └ 경북 상주 출신 ───→ 지역적 토착 기반 X
    - ⇨ 삼국 통일 X
- 외교 관계: [3], [4] 과 교역
- 과도한 수취 → 호족 포섭 실패 ⎫
- 反 신라적 태도 → [5] 살해 ⎬⇨ 민심 이반
- 왕위 세습 과정에서 내부 분란(→ 견훤을 [6] 에 유폐)
  - ⇨ 멸망

후고구려(901~918)

- 901, [7] - [8]
  - └ 신라 왕족 출신 ───→ 지역적 토착 기반 X
- 신라에 대한 반감 ⇧ → [9] 에 신라 국왕 화상을 훼손
- 송악 ⇨ [10] 천도(905)
- 후고구려 ⇨ [11] (904) ⇨ [12] (911)
- 연호: 무태, 성책, 수덕만세
- [13] 을 바탕으로 한 전제 정치 → 민심 이반, 신하들의 반감
  - ⇨ 918 궁예 축출, [14] 추대
- 국가 최고 정무 기구: [15] (수상: [16])

📂 고려의 삼국 통일 ★

918	926	927	930	935	936
왕건의 [17] 점령 (나주 전투, 903)	발해 멸망	[19] 의 신라 공격	[22]	후백제 분열	[23]
⇨ 시중 지위 획득	⇩	⇨ [20] 살해	고려 vs 후백제	⇩	고려 vs 후백제
궁예 축출	발해의 고구려 유민들을 고려에 흡수	경순왕 옹립	승리	③月 견훤을 김제 금산사에 유폐	([24])
⇨ 고려 건국([18])	⇩	퇴각 중 고려의 견훤 공격	⇩	⇩	승리
친신라 정책 실시	완전한 민족 재통일	[21] (대구 팔공산)	후삼국 통일의 발판 마련	⑥月 탈출, 고려에 투항	⇩ 후백제 멸망
		고려 vs 후백제 승리		⑪月 신라 경순왕(김부)이 고려에 항복	⇩
		신숭겸, 김낙 전사	934. 발해 왕자 대광현 투항 ⇨ 왕족으로 대우	⇩ 고려, 신라 병합	고려, 후삼국 통일

11 고려의 건국과 후삼국 통일 ②

📂 고려 성립의 역사적 의의

└ 단순히 왕조의 교체만을 의미하는 것X

⇒ 고대 사회에서 중세 사회로 전환되는 역사적 발전 의미

더 알아보기 : 고려를 중세로 규정하는 이유

구분	고대(신라)	중세(고려)
정 치	진골 귀족 중심	[1] 중심 + [2]
사 회	골품 제도 신분 이동 [3] 신분제 중심의 [5] 사회	음서 + [4] 제도 신분 이동 가능 비교적 능력 위주의 [6] 사회
이념(사상)	불교 중심	[7] 정치 사상 + 불교(경제·사회·문화)

📂 고려 전체 흐름

전기			후기		
초기(10c)	중기(11c~12c 중)	무신 집권기(12c 중~13c 중)	원 간섭기(13c 중~14c 중)	말기(14c 중~14c 말)
[8] (요)	[9] (금)	[10]	X	[11] /왜구

918
고려 건국

1018
3차 거란 침입

1170
[12]

1270
개경 환도

1351
공민왕 즉위

1392
조선 건국

호족
(중앙 관료)
[13]
[14]
[15]
[16] VS [17]

사대부
(이규보, 최자)

(정몽주, [20])
[19]
(← [22] 최영)
[21]

호족 → [18]

정답 1 호족 2 6두품 3 불가 4 과거 5 폐쇄적인 6 개방적인 7 유교적 8 거란 9 여진 10 몽골 11 홍건적 12 무신정변 13 문벌귀족 14 무신정권 15 권문세족 16 권문세족 17 신진사대부 18 향리 19 신진사대부 20 정도전 21 신흥 무인 세력 22 이성계

해커스공무원학원·공무원인강·교재 Q&A gosi.Hackers.com **49**

📖 맵핑 핵심 자료

▨ 견훤과 궁예

- 견훤은 상주 가은현(경북 문경 가은) 사람으로, 본래의 성은 이씨였는데, 후에 견으로 성씨를 삼았다. 아버지는 아자개이니, 농사로 자활하다가 후에 가업을 일으켜 장군이 되었다.　－『삼국사기』

- 궁예는 신라 사람으로, 성은 김씨이고, 아버지는 제47대 헌안왕 의정이며, 어머니는 헌안왕의 후궁이었다. …… 머리를 깎고 승려가 되어 스스로 선종(善宗)이라 이름하였다. 신라 말에 …… 이런 혼란기를 틈타 무리를 모으면 자신의 뜻을 이룰 수 있다고 생각하여 죽주의 도적 괴수 기훤에게 의탁하였으며, …… 북원의 도적 양길에게 의탁하니, 양길이 잘 대우하여 일을 맡기고 드디어 병사를 나누어 주어 동쪽으로 땅을 점령하도록 하였다.　－『삼국사기』

▨ 고려의 발해 유민 포용

발해국 세자 대광현이 백성 수만 명을 데리고 와서 귀화하였다. 그에게 '왕계'라는 이름을 주어 왕실 족보에 등록하고, 특히 원보의 품계를 주어 백주 고을 일을 맡아보게 하면서 자기 조상의 제사를 받들게 하였다. 그의 관리들에게는 작위를, 군사들에게는 토지와 주택을 각각 차등있게 주었다.　－『고려사』

▨ 고려의 민족 재통일

▨ 후삼국 통일

- 경순왕이 말하였다. '이와 같이 고립되고 위급한 형세로는 나라를 지킬 수 없다. 강하지도 못하면서 겸허하지도 못하여 죄 없는 백성들을 참혹히 죽도록 하는 것은 차마 할 수 없다.' 곧 시랑 김봉휴를 시켜 왕건에게 편지를 보내어 항복하였다.　－『삼국사기』

- 천복 원년(936) 6월 견훤이 왕건에게 아뢰었다. '…… 대왕께서 강한 군사로 난신적자를 없애 주시면 제가 죽어도 유감이 없겠습니다.' …… 태조가 친히 3군을 거느리고 천안에 이르러 군사를 합하여 일선에 진주하였다. 신검은 무력으로써 대항하였다. 태조가 장군 공훤을 시켜 바로 중군을 치라 하고 모든 군사가 함께 나가 양쪽에서 들여 치니 백제 군사가 흩어져 달아났다. 신검은 두 아우와 장군 부달, 능환 등 40여 명을 데리고 나와 항복하였다.　－『삼국사기』

📁 중앙 통치 체제

❶ 당의 3성 6부 → 2성 6부
❷ 송의 중추원, 삼사
❸ 당과 송의 어사대

모방 + 고려의 독자적 기구 ─┬─ _____ 1
                          └─ _____ 2

※ 성종 때 정비 시작 문종 완성
┌─ _____ 3 이 6부 판사 겸임
└─ 내사문하성 → 중서문하성

6부 ──보고──→ 6부 상서 ──보고──→ 재신

왕
├─ 도병마사 (국방 문제 담당 (대외적))
│ 식목도감 (법률·격식 제정 (대내적))
│ 재추 합좌 기구 (+문하시중) 재신과 추밀 (2품 이상의 고관)이 모여 국가 중대사 논의
│
├─ _____ 4 = 재부, 중앙 최고 관부 ─── 수상: 문하시중
│   _____ 6
│   2품 이상의 고관, 국정 총괄(백관 통솔)
│   6부 판사를 겸임(6부 상서의 보고를 지속적으로 받음)
│   ⇒ 실제 행정과 정책 결정 과정의 괴리를 축소
│
│   _____ 7
│   3품 이하의 관리
│   간쟁·봉박의 기능 담당(_____ 8 의 역할)
│
└─ _____ 5
   ├─ 상층상서 ── _____ 9
   │   ├─ 상서령   실직 X
   │   ├─ 좌복야 ─┐ 실직, but. 지위⇩
   │   └─ 우복야 ─┘
   │
   └─ 하층상서 ── _____ 10
        ├─ 이부   문관 인사
        ├─ 병부   무관 인사, 국방 담당
        ├─ 호부   호구 조사, 재정(조세 징수, 예산)
        ├─ 형부   법률, 재판
        ├─ 예부   교육, 의례, 과거, 외교
        └─ 공부   건축, 토목

_____ 12 ★
• 구성: 중서문하성 '낭사' + 어사대
• 역할: 권력의 독점과 부정을 방지
• 업무
  ┌─ _____ 13 : 관리 임명·법률 개폐 동의 및 거부권
  ├─ 간쟁: 왕의 잘못에 대해 간언
  └─ 봉박: 잘못된 왕명의 시행은 거부하고 돌려보냄

_____ 11   관리 감찰

중추원 = 추부
├─ _____ 14   2품 이상, 군사 기밀 관장
└─ _____ 15   3품, 왕명 출납, 기별지 담당 (└─ 소식지)

_____ 16 ── 화폐·곡식의 출납에 대한 _____ 17 담당

📁 중앙 통치 체제

● 기타 행정 기관

- _____1_____ (예림원) - 판원사 : 왕의 ___2___ 작성 + ___3___ 작성
- _____4_____ (사관) - 감수국사 : ___5___ · 국사 편찬
- ___6___ – 대제학: 경적 간행, 서적 관리
- 사천대: ___7___ 담당(⇒ 서운관, 충렬왕)
- 태의감: 왕실의 의약 담당

더 알아보기 도병마사의 변천

- 성종: 양계 병마사 통솔을 위해 처음 설치(병마판사제)
- 현종: 도병마사로 정비, 재신 · 추밀 참여, 국방 문제 논의
- ___8___ : ___9___ (___10___)로 개편, 국정 전반을 관할하는 최고 정무 기구(상설 기구화)
- 조선 정종: 도평의사사 혁파

📁 지방 행정 조직

Focus [중앙집권적 통치 ≠ 왕권 강화] → 고려 vs 조선 비교

고려

___11___

주군 · 주현 < ___12___ · ___13___
향 · 부곡 · 소 → ___14___ 가 지배
　　지방관 파견 X

___17___ → 지방의 실제 지배자

___20___ → 수령

___21___ (감찰관) 파견 - 5~6품
경직, 상설 행정 기구 ___22___
└ 순찰

중앙 집권 국가	향리 Power	지방관 Power

조선

___15___

속군 · 속현, 향 · 부곡 · 소 소멸
⇒ 모든 지역에 ___16___ 파견

___18___ → ___19___ 으로 격하

___23___ → 수령

___24___ (감찰관) 파견 - 종2품
지방직, 상설 행정 기구 ___25___
└ '감영'에 상주

- 경기 (개경부사)
- ___26___ (___28___) ─ 주 (자사) / 주군 (자사) / 주현 (현령) ─ 속군 / 속현 ─ 촌 (___30___)
- ___27___ (___29___)

※ ___31___ · ___32___ · ___33___ (특수 행정 구역)

정답 1 한림원 2 교서 3 외교 문서 4 춘추관 5 실록 6 비서성 7 천문 관측 8 충렬왕 9 도평의사사 10 도당 11 향리 12 속군 13 속현 14 향리 15 향리 16 수령 17 향리 18 부곡 19 천민 20 안찰사 21 안찰사 22 순검사 23 관찰사 24 관찰사 25 감영 26 5도 27 양계 28 안찰사 29 병마사 30 촌장 31 향 32 부곡 33 소

해커스공무원학원·공무원인강·교재 Q&A gosi.Hackers.com 52

12 고려의 통치 조직 ③

📁 지방 행정 조직

● 3경 ← [____14] 영향

[____15] (개성)

[____16] (평양) } 유수 파견

[____17] (경주)

└ [____18] 때 동경 ⇒ [____19] (한양)

● 특수 행정 구역

```
┌─────┐
│  향  │
└─────┘  } 통일 신라 때 등장, [___20] 종사
┌─────┐
│ 부곡 │
└─────┘

┌─────┐
│  소  │  [___21] 때 등장, [___22] · [___23] 종사
└─────┘
```

일반 군 · 현민에 비해 [___25] 을 받음(법적으로 양민)

- 조세 · 공납 부담 大

- 거주 이전의 자유 X

- 국자감 입학 X ⇒ 기술학부 입학 X ⇒ [___26] 응시 X

• 반란이 일어난 일반 군 · 현이 강등

• 공주 명학소의 난(1176)을 계기로 점차 일반 현으로 승격

⇒ 조선 전기 [___24] 의 시행으로 소멸

📂 군사 조직

중앙군

√ = 군반 씨족([1])

- **특징**: 정치적 성격, [2] ← [3] 지급
  └ 전정 연립

- **구성** - [4] : 왕의 친위 부대 - 응양군, 용호군
  - [5] : 수도 방위 · 국경 방어 담당
    ┌ 좌우위 · 신호위 · 흥위위
    └ 주력 부대
    └ 금오위 · 천우위 · 감문위
    경찰 부대   의장대   궁궐 수비

상장군 8명 ⇒ (중방)
[6] 8명
┌ [7]
├ 국방 문제 처리
├ 의장: 응양군의 상장군
└ [8] 이후 최고 정무 기구

지방군

√ 일반 [9] (16세 이상 장정)

- **특징**: 국방적 성격

- **구성** ┌ [10] (5도): 보승군 · 정용군(국방과 치안) · 일품군(노역, 공병 부대)으로 구성, 농민 의무병 ⇒ 군인전 지급 X
  └→ [11] 이 지휘(단, 일품군은 향리가 지휘)
  ┌ [12] (양계): [13] , 전투 부대 + 예비 부대, 초군 · 좌군 · 우군으로 구성
  └→ [14] + 도령이 지휘
        └ 토착 지휘관

특수군

- **광군**([15]): [16] 의 침입에 대비하기 위해 설치, 주현군의 모체가 됨

- **별무반**([17]): [18] 의 건의로 설치, [19] 정벌 목적
  구성: 신기군(기병) + 신보군(보병) + [20] (승병)

- [21] : 최씨 정권의 사병 역할(최우가 설치), [22] 에 저항(1270~1273)
  구성: 좌별초 + 우별초 + [23]

- **연호군**([24]): 왜구를 격퇴하기 위해 설치, 양민 + 천민으로 구성된 혼성군

13 고려의 관리 선발 제도 ①

📁 과거 제도

● 실시
- ____¹ 때(958) ____² 의 건의로 실시
- 왕권 강화를 목적으로 시행

● 특징
- ____³ 위주로 선발, 출신 문벌이 중요하게 작용됨
- 과거 시험관: ____⁴

● 응시 자격
- 법적으로 ____⁵ 이상이면 응시 가능(향·부곡·소민 X)
- 실제로 문과(____⁶ · ____⁷)에는 주로 귀족·향리 자제가 응시
- 백정 농민은 주로 ____⁸ 에 응시

● 실시 시기
- ____⁹ (3년)를 원칙 → but 실제로는 격년시(2년)

● 종류
- **문과** ┌ ____¹⁰ : ____¹¹ 시험, 문학적 재능(____¹²)을 평가하는 시험, ____¹³ 보다 중시됨
  └ ____¹⁴ : ____¹⁵ 의 이해 정도를 평가하는 시험
- **잡과**: ____¹⁶ 시험(법률, 회계, 지리 등) → 선배가 뽑음
- **승과**: ____¹⁷ (왕륜사)과 ____¹⁸ (광명사)으로 나누어 실시
  ⇨ 합격자에게 ____¹⁹ (대덕) 부여(승려의 지위 보장)
- ※ **무과 ×**: ____²⁰ (군반 씨족), 문신 → 무신
  └ 윤관, 강감찬

● 응시 절차

```
┌─ 21 ─┐     ┌─ 22 ─┐          ┌─ 25 ─┐
│      │ ──→ │      │ ──────→  │      │
└──────┘     └──────┘          └──────┘
 계수관시      국자감시            26
              예부시
```

끊어내기 위해

제술과
시·부·책
(논술)

명경과
유교 경전
(수능)

⇨ 합격생(23)

⇨ 24 (지공거)

출제자 + 감독관 + 선발

→ 사제 지간(밀착)
정치 세력화
고려의 독특한 관리 풍속

계수관시
✓ **1단계**
- 예비 시험, 향시라고도 함
- 상공(개경), 향공(지방), 빈공(외국인)으로 구분하여 선발

국자감시
✓ **2단계**
- 사마시, ____²⁷ 라고도 함
- 계수관시 합격자(국자감생, 12공도생 등)를 대상으로 시행

예부시
✓ **3단계**
- 본 시험, ____²⁸ 리고도 함
- 국자감시 합격자, ____²⁹ 대상으로 시행
- 최종 합격자 선발(홍패와 과전 수여)

13 고려의 관리 선발 제도 ②

📁 음서 제도

● 의미

공신, 왕족 및 [1] 이상 고위 관리의 자손이 과거를 거치지 않고 관리가 될 수 있는 제도

● 특징

- 승진에 한계([2])가 없음
- 고위 관료의 지위 세습 [3] (50% 이상이 재상직에 진출) ⇨ 고려 [4] 를 형성하는 데 기여
- 과거보다 중시됨

● 혜택 범위

- **3품 이상 관리** → 자·손·제·질·서
- **5품 이상 관리**: 자, 손까지 혜택

📁 기타 관리 선발 제도

- [5] : 덕행이나 학식·재능이 있는 인물 [6]

🔖 사료 읽기 | 고려 시대의 관리 선발 제도

• 고려 시대의 관리 선발 제도

태조가 먼저 학교를 세웠으나 과거로 인재를 뽑는 데까지는 이르지 못하였다. 광종이 쌍기의 건의를 받아들여 과거로 인재를 뽑자, 이때부터 학문을 숭상하는 풍습이 일어나기 시작하였다. …… 비록 이름 있는 경대부라도 반드시 과거를 거쳐 벼슬에 나아간 것은 아니었다. 이외에도 천거, 문음에 의한 서용, 성중애마의 선발 배치, 남반·잡로 등 벼슬에 나아가는 길이 한 가지만은 아니었다. - 『고려사』

• 음서 제도와 승진

이자연의 손자 이자덕은 이자겸의 사촌이다. 그는 공손하고 근신하며 효도와 우애가 있었다. 글공부를 좋아하고 불도를 즐겼다. 음서로 경시서 승에 임명되었다가 중서시랑 평장사(정2품)가 되었다. …… 이광진(이자연의 동생)의 처음 이름은 원휴이다. 음서로 양온 승이 되었다. 여러 관직을 거쳐 추밀원의 재상이 되었다. - 『고려사』

(14) 고려 초기 왕의 업적 ①

태조 왕건(918~943)

└→ "정력의 화신" 연호: ___1___

    └→ 29명의 왕비 ⇒ 외척 多, 왕위 쟁탈전↑

● 왕권 강화

• **관제 정비**: 태봉의 관제 + 신라, 중국의 관제 가미

    9관등제 → (통일 이후)16관등제

• 『___2___』, 『___3___』저술: 관리들이 지켜야 할 규범 제시

• ___4___ : 후대 왕들이 지켜야 할 정책 방안 제시

사료 읽기 | 훈요 10조

1. ___5___ 를 신봉할 것
2. 도선의 말에 따라 절을 함부로 짓지 말 것
3. 왕위 계승은 적자 적손을 원칙으로 할 것
4. 거란의 야만적인 풍속을 배제할 것
5. ___6___ 을 중시할 것
6. 연등회·팔관회를 ___7___ 할 것
7. 간언을 따르고 참소를 멀리할 것
8. 차현 이남의 사람을 경계할 것
9. 문무백관의 녹봉을 함부로 늘리거나 줄이지 말 것
10. 경사를 읽고 옛 일을 거울삼아 오늘을 경계할 것

● 민생 안정책

• ___8___ : 조세를 수확량의 1/10로 경감

    └(取民有度) → 과도한 수취 금지

• ___9___ **설치**: 빈민 구제, 고구려 '진대법' 계승

● 호족 통합책

• **정략 결혼**: 29개 지역 ___10___ 과 연합

• ___11___ : "예물을 두터이, 말을 정중히"

    └(重幣卑辭) → 지방 호족 우대, 저자세 외교

• ___12___ **정책**: ___13___ 성을 하사하여 친족으로 포섭

• ___14___ **(본관) 제도 실시**: 지방 중소 호족에게 지역명을 본관으로 부여

• 중앙 관직 수여(+ ___15___ 지급)

● 호족 견제책

• ___16___ **제도**: 지방 호족 자제를 인질로 삼음

    └→ 신라의 ___17___ 제도 계승

    ⇒ 업무 고역화

• ★ ___18___ **제도(최초**: 김부)

  ─ 중앙의 고위 관리 중에서 선발 ⇒ 출신지의 사심관으로 임명

  ─ ___19___ 추천권·부호장 이하 향리 임명권 부여,
    치안 유지, 부세 운영

  ─ 지역에서 문제가 발생하면 ___20___

  ─ 중앙 집권 + 향촌 자치 ⇒ 고려 말 세력 ⇑, ___21___ 때 폐지

조선 때 분화 → ___22___ + ___23___

● 북진 정책

• **고구려 계승 의식** ┌ 국호: ___24___
               └ 연호: ___25___

• ___26___ **(평양) 중시**: 서경을 ___27___ 의 전진 기지로

    └ 고구려의 옛 수도 개발

        ⇒ 서경 ___28___ 제도 실시

        (성종 때 정비)

• **영토 확장**: ___29___ ~ ___30___ 에 이르는 국경선 확보

• **거란 강경책**: ___31___ (942)

● 숭불 정책

• ___32___ · ___33___ **개최**: 민심 수습, 고려의 정체성 확립

• 법왕사·왕륜사·흥국사 등 10개의 사찰 건립

정답 1 천수 2 정계 3 계백료서 4 훈요 10조 5 불교 6 풍수지리설 7 개최 8 취민유도 9 흑창 10 호족 11 중폐비사 12 사성 13 왕 14 토성 15 역분전 16 기인 17 상수리 18 사심관 19 부호정 20 연대 책임 21 조선 태종 22 유향소 23 경재소 24 고려 25 천수 26 서경 27 북진 정책 28 분사 29 청천강 30 영흥만 31 만부교 사건 32 연등회 33 팔관회

해커스공무원학원·공무원인강·교재 Q&A gosi.Hackers.com 57

성종(981~997)

> └ "최승로와 쌍둥이", 숭유억불

- **최승로의** ___1___ **채택**
  ⇒ 지방관 파견, 유교 이념의 실현, 왕권 전제화 규제
- **최승로의『** ___2___ **』**: ___3___ 의 왕권 전제화 정책 비판

더 알아보기 **시무 28조의 내용**

- **국방**
  - 서북 지방 수비 강조
  - 북계 확정 및 방어책 마련
- **불교**
  - 불교의 폐단 지적
  - 불교 행사 축소와 민폐 시정
  - 승려의 횡포와 승려의 궁정 출입 엄금
- **신분 질서**
  - 유교적 신분 질서 적용 → 양천지법(良賤之法) 확립
  - 공신과 세가(世家) 자손들에 대한 관직 제수 건의
- **왕권과 신권**
  - 왕권과 신권의 조화 추구
  - 광종 같은 전제 군주 반대
  - 시위 군졸의 축소, 대간 제도 등 건의
- **제도 개혁**
  - 중국 문물의 선택적 수용
  - 공역을 균등하게 부여
  - 관복 제정 주장, 외관(지방관) 파견

● 유교진흥책 → 유교적 정치 질서 실현

- 교육 조서 반포
- **유학 교육 진흥**
  - 중앙: ___4___ (국립 대학) 정비
  - 지방: ___5___ (= 향학) 설치, 경학박사, 의학박사 파견
  - 도서관 설치: (개경)에 ___6___ , (서경)에 ___7___ 설치
- ___8___ 시행: 관리들에게 매월 시와 글을 지어 바치게 함

● 불교 억제책

  ___9___ , ___10___ 축소·폐지(⇒ ___11___ 때 부활)

● 체제 정비

- **중앙 통치 조직 정비**
  - 2성 6부(당 관제 모방)
    - ___12___ · ___13___ (송 관제 모방)
    - ___14___ · ___15___ (독자적 기구)
      └ 현종 때 완비
- **지방 행정 조직 정비**
  - ___16___ 설치(호족 억제) → ___17___ 파견
  - 향직 개편: 지방 중소 호족을 ___18___ 로 편입
    상층 향리 + 하층 향리
      └ ___19___ ___20___

● 사회 정책

- 흑창을 ___24___ 으로 확대 + ┌ 물가 조절 기관
  ___25___ 설치(개경·서경·12목)
- ___26___ **실시**: 재해 시 조, 공납, 역 면제
- ___27___ **시행**: 이자가 원금을 못 넘도록 고리대 제한
- ___28___ **실시**: 노비안검법으로 해방된 노비들 중 일부를 다시 노비로 환천 ⇒ 귀족 권한 강화

● 경제 정책

  권농 정책, ___29___ (최초의 철전) 발행(널리 유통 X)

● 대외 정책

  거란의 1차 침입(993) → ___30___ 의 외교 담판으로
  ___31___ 획득

- **분사 제도 정비**: ___21___ 의 분사 정비
- **문·무산계 수여**
  - (___22___) 문·무관에게 문산계
  - (___23___) 향리, 탐라 왕족, 여진족 추장 등에게 무산계 부여

목종(997~1009)

개정 전시과 시행, 전중성 설치

현종(1009~1031)

● 제도 개편

· 지방 행정 조직 정비

→ _____[1] 완비, _____[2] 설치

· _____[3] 의 공복제 제정

· _____[4] **실시**: 향리 자제의 과거 응시 허용
└ 원래 기능을 제도화

● 사회 시책

· 면군급고법: 노부모 봉양하는 정남의 군역 면제

· 주창수렵법: 의창 확대 실시

· 목감양마법: 말 사육과 목장의 체계적 관리

● 거란의 2·3차 침입

· 강감찬의 _____[5] (1019) → 거란 격퇴,
_____[6] 축조(1029)

· _____[7] 조판(호국 불교, 1011~1087)

● 문화 정책

· 불교 진흥

- 연등회와 팔관회 부활

- _____[8] · 현화사 7층 석탑 건립

· 『_____[9]』 **편찬**: 7대 왕의 실록

덕종(1031~1034)

· _____[10] 축조 시작(1033)

(압록강 ~ 도련포)

⇒ 정종 때 완성(1044)

문종(1046~1083)

└ "문벌 귀족 사회 시작"

● 법규 정비

· _____[11] 완비 ┌ 재신이 6부 판사 겸임
└ 내사문하성 ⇒ 중서문하성

· _____[12] 시행: 과거 시험 시 인적 사항 감추고 실시

· _____[13] **설치**: 한양을 남경으로 승격 → _____[14] 에 포함
└ 풍수지리 사상의 영향

● 경제 정책

· 경정 전시과 시행(1076)

· 공음전 완비

· 녹봉 제도 정비: 현직 관료를 47등급으로 나누어 녹봉(현물)
지급 ⇒ 문벌 귀족 사회 시작

● 사회 정책

· _____[15] **설치(개경)**: 음식 + 빈민 치료

· _____[16] 시행: 기인의 대상을 향리의 자제가 아니라 임
의로 선발하여 잡역 동원
⇒ 인질 제도 약화

· _____[17] 실시: 사형수에 한해 세 번까지 재판

● 문화 정책

· 넷째 아들 _____[18] - _____[19] 건립

· 사학 융성: _____[20] 의 _____[21] (문헌공도) 등 사학 12도 진
흥(관학이 위축됨)

정답 1 5도 양계 2 4도호부 8목 3 향리 4 주현공거법 5 귀주 대첩 6 천리장성 7 초조대장경 8 흥왕사 9 7대실록 10 천리장성 11 2성 6부제 12 호명법 13 남경 14 3경 15 동·서 대비원 16 선상기인법 17 삼심제 18 대각국사 의천 19 흥왕사 20 최충 21 9재학당

해커스공무원학원·공무원인강·교재 Q&A gosi.Hackers.com **60**

맵핑 핵심 자료

왕건의 민생 안정책

- (태조 17년, 934) 5월에 태조가 예산진에 행차하여 이르기를, "너희 공경장상은 국록을 먹는 사람들이므로 내가 백성을 자식처럼 사랑하는 마음을 헤아려서, 너희들 녹읍의 백성들을 불쌍히 여겨야 할 것이다. 만약 무지한 가신들을 녹읍에 보낸다면, 오직 거두어들이는 데만 힘써 마음대로 약탈할 것이니 너희 또한 어찌 알 수 있겠는가?"라고 하였다. — 「고려사」

- 전교를 내리기를, "내가 들으니 덕은 오직 좋은 정치에 있고, 정(政)은 백성을 양육함에 있다. 국가는 사람으로 근본을 삼고, 사람은 먹는 것으로 하늘을 삼는다." 이에 우리 태조께서는 흑창을 설치하여 가난한 백성을 진대(賑貸)하는 것을 항상적인 법칙으로 삼으셨다. — 「고려사」

왕건의 사성 정책

왕순식은 명주 사람으로 출신 지역의 장군으로 있었다. …… 그는 아들 장명을 왕건에게 보내어 병졸 600인을 거느리고 숙위케 하였으며, 후에 자제와 더불어 무리를 거느리고 와서 협력할 뜻을 보이니, 태조가 왕씨 성을 하사하고 대광의 벼슬을 내렸다. — 「고려사」

사심관 제도와 기인 제도

- 태조 18년 신라왕 김부(경순왕)가 항복해 오니 신라국을 없애고 경주라 하였다. 김부로 하여금 경주의 사심관이 되어 부호장 이하의 임명을 맡게 하였다. 이에 여러 공신이 이를 본받아 각기 자기 출신 지역의 사심이 되었다. 사심관은 여기에서 비롯되었다. — 「고려사」

- 국초에 향리의 자제를 뽑아 서울에서 인질로 삼고 또 그 향사(鄕事)의 고문에 대비하니 이를 기인(其人)이라 하였다. — 「고려사」

광종의 관복 정비

우리나라의 예식과 복장 제도는 삼한 시대부터 나라별로 풍속을 지켜 왔다. 신라 태종 무열왕이 당의 복장 제도를 도입하려고 한 뒤부터 관복 제도가 중국과 비슷하게 되었다. 고려 태조가 나라를 세울 때는 모든 것이 새로 시작하는 것이 많아서 관복 제도도 우선 신라에서 물려받은 그대로 두었다. 광종 때에 와서 비로소 백관의 공복을 제정하였다. 이때부터 귀천과 상하의 차별이 명확해졌다. — 「고려사」

5조 정적평(광종에 대한 최승로의 평가)

신의 어리석은 생각으로 만약 광종이 처음과 같이 늘 공손하고 아끼며 정사를 부지런히 하였다면, 어찌 타고난 수명이 길지 않고 겨우 향년 50으로 그쳤겠습니까. 더욱이 경신년(광종 11)부터 을해년(광종 26)까지 16년 간은 간사하고 흉악한 자가 다투어 나아가고 참소가 크게 일어나 군자는 용납되지 못하고 소인은 뜻을 얻었습니다. 마침내 아들이 부모를 거역하고, 노비가 주인을 고발하고, 상하가 마음이 다르고, 군신이 서로 갈렸습니다. 옛 신하와 장수들은 잇달아 죽음을 당하였고, 가까운 친척이 다 멸망을 하였습니다.

최승로의 시무 28조

제7조 태조께서 나라를 통일한 후에 군현에 수령을 두고자 하였으나 대개 초창기에 일이 번다하여 미처 이 일을 시행할 겨를이 없었습니다. 이에 제가 보건대 향리 토호들이 늘 공무를 빙자하여 백성들을 침해하고 학대하므로 백성들이 명령을 감당하지 못하니 청컨대 외관(外官, 지방관)을 두소서.

제11조 중국의 제도를 따르지 않을 수는 없지만 사방의 풍습이 각기 토성(土性)에 따르게 되니 다 고치기는 어려울 것 같습니다. 그 예악(禮樂) · 시서(詩書)의 가르침과 군신 · 부자의 도리는 마땅히 중국을 본받아 비루한 것은 고치도록 하고, 그 밖의 거마(車馬) · 의복의 제도는 우리의 풍속을 따르게 하여 사치함과 검소함을 알맞게 할 것이며 구태여 중국과 같이 할 필요가 없습니다.

제13조 우리나라에서는 봄에는 연등을 설치하고, 겨울에는 팔관을 베풀어 사람을 많이 동원하고 노역이 심히 번다하오니 원컨대 이를 감하여 백성이 힘을 펴게 하소서.

제20조 불교를 행하는 것은 수신(修身)의 근본이며, 유교를 행하는 것은 치국(治國)의 근원이니, 수신은 내생(來生)을 위한 것이며, 치국은 곧 오늘의 일입니다.

15 고려 중기 문벌 귀족 사회 ①

📁 문벌 귀족 사회의 성립

왕실과의 중첩혼
└ 근친혼, 동성혼

문벌 귀족

1 / 2 / 사학

정치적 기반 / 경제적 기반 + / 사회적 기반

교종(3)
└ 사상적 기반

• 여러 대에 걸쳐 고위 관직자를 배출한 귀족 가문
• 경원 이씨(4), 해주 최씨(5), 경주 김씨(6), 파평 윤씨(7), 안산 김씨(김은부), 강릉 김씨(김인존)

┌ 해동 공자
8 의 < 9 > : 전문 강좌
⇒ 문헌공도 + 11개의 사립학교
= 10 (11)
⇒ 공교육 붕괴, 관학 위축

📖 사료 읽기 | 고려 시대의 사학

무릇 사학(私學)으로는 문종 때 태사중서령 최충에게 선비 및 평민의 자제가 모여들어 그의 집 앞의 문과 거리를 가득 채워 마침내 9재(九齋)로 나누었다. …… 학습 내용은 9경(經)과 3사(史)였다. …… 그 후부터는 과거에 응시하는 사람들이면 모두 9재(九齋)의 명부에 이름을 올리게 되었다. 이외에도 유학자로 공도(公徒)를 세운 자가 11명 있었는데, …… 이들을 문헌공도와 함께 12도라 불렀다.
－『고려사』

● 고려 중기의 관학 진흥책

<숙종> 국자감 내 12 설치

<예종>
• 관학 13 설치: 전문 강좌 설치(무인 관료 양성을 위한 14 포함)
  └ = 무학재
• 15 설치(장학 재단)
• 궁 안에 16 , 궁 밖에 17 설치(도서관 + 연구소)

<인종>
• 7재 중 18 폐지 → 6재(유교 교육 중심)
• 19 정비(유학부: 국자학, 태학, 사문학 / 기술학부: 율학, 서학, 산학)
• 20 증설(지방 교육 강화)

👍 더 알아보기 고려 말 관학 진흥책

<충렬왕>
• 국자감 → 21 으로 개칭
• 22 (공자 사당) 건립
• 23 설치: 장학 재단, 24 보강 목적
• 25 설치 → 경전 · 역사 교육

<충선왕> 국학 → 26 (※충선왕 때 국학 → 성균감 → 27)

<공민왕> 성균관 - 기술학부 분리 ⇒ 순수 유교 교육 기관으로 개편

15 고려 중기 문벌 귀족 사회 ②

📁 문벌 귀족 사회의 동요

모순과 내부 분열 ──→ 문벌 귀족 vs 왕의 측근 정치 세력 ┌ 지방 세력 ← ___1 로 진출
부정·비리 심화 └ 예종 때 - 한안인

이자겸의 난(1126, 인종)🏆

배경	• 예종 사후 이자겸의 도움으로 ___2 즉위
	• 이자겸 세력의 권력 독점 심화
	⇨ ___3 측근 세력의 반발, 이자겸 제거 계획
1115	• ___4 의 金 건국(___5)
1125	• 거란(요)의 멸망 ⇨ 금이 고려에 ___6 요구
	⇨ 이자겸의 ___7 주장
	⇔ 측근 세력 ___8
전개	이자겸이 ___9 과 함께 난을 일으킴(1126)
	→ 이자겸의 사대 수용
	⇨ 인종이 ___10 을 회유하여 이자겸 제거
	⇨ 이후 ___11 이 척준경도 제거하여 난을 진압
	⇨ '___12 ' 반포(1127)
	└ 실추된 왕권 회복 및 민생 안정 목적
결과	• 왕의 권위 추락
	• 반란 수습 과정에서 김부식 등의 ___13 귀족 세력과 정지상 등의 ___14 세력이 성장
	• 문벌 귀족 세력 내의 분열 심화

🗣️✌️ 사료 읽기 | 15개조 유신령

작년(1126년) 2월 난신 적자들이 틈을 타서 일어나 음모가 발각됐으므로 짐이 법으로 다스렸다. …… 지난날 허물을 깊이 반성하고 새롭게 할 수 있는 가르침이 있기를 바라므로 중외에 포고한다.
1. 농사일을 힘쓰게 하여 백성의 식량을 풍족하게 할 것.
…
1. 산림과 천택(川澤)에서 나는 이익은 침탈하지 말고 백성들과 함께 나눌 것. ─ 『고려사』

🗣️✌️ 사료 읽기 | 이자겸의 난

내시 김찬과 안보린 등이 왕을 시종하면서 왕의 뜻을 알고 이자겸을 체포하여 귀양 보내고자 하였다. …… 척준경이 수십 명을 데리고 주작문에 도착하였다. …… 이자겸의 아들인 승려 의장(義莊)은 현화사 승려 3백여 명을 이끌고 궁성 앞에 도달했다. …… 이자겸은 십팔자가 왕이 된다는 비기를 믿고 왕위를 찬탈하려 하였다.
─ 『고려사』

묘청의 난(1135, 인종)🏆

배경	• 이자겸의 난 이후 왕권 위축 ⇨ 인종이 개혁 추진(15개조 유신령)
	• ___15 (묘청·정지상)와 ___16 (김부식)의 대립이 격화

서경파	개경파
개혁 세력	보수 세력
묘청, 정지상, 백수한	김부식, 한유충
___17 계승	___18 계승
금국 정벌	금과의 사대 관계 ___19
___20	현상 유지
___21 사상(자주적 전통 사상)	___22 사상(합리적, 보수적)

전개	묘청이 ___23 천도 주장 - 서경에 ___24 과 ___25 (토착신의 사당) 건립(1128)
	⇨ ___26 의 반대로 중단 ⇨ 묘청이 난을 일으킴(1135)
	⇨ ___30 의 관군에 의해 1년 만에 진압됨
결과	• 김부식의 권력↑, 서경파 몰락: 서경의 지위 격하, ___31 제도 폐지
	• 개경파의 문치주의 강화, ___32 풍조 심화
	└ 무신 정변의 배경이 됨

국호: ___27
연호: ___28
군대: ___29

🗣️✌️ 사료 읽기 | 묘청의 난

(묘청이 밀하길) "상경(개경)은 이미 기운이 쇠하여 궁궐이 불타고 남은 것이 없습니다. 서경은 왕기(王氣)가 있으니 주상께서 옮기시어 상경으로 삼는 것이 옳을 것입니다." …… 인종 13년 묘청이 …… 난을 일으켰다. …… 나라 이름을 대위라 하고, 연호를 천개라 하였으며, 군대를 천견충의군이라 하였다.
─ 『고려사』

정답 1 과거 2 인종 3 인종 4 여진 5 아구다 6 사대 7 사대 8 반대 9 척준경 10 척준경 11 척준경 12 유신정교 13 개경 14 서경 15 서경파 16 개경파 17 고구려 18 신라 19 유지 20 서경천도 21 풍수지리 22 유교 23 서경 24 궁궐 25 팔성당 26 개경파 27 대위 28 천개 29 천견충의군 30 김부식 31 삼경 32 사대적

해커스공무원학원·공무원인강·강의·교재 Q&A gosi.Hackers.com 63

📖 맵핑 핵심 자료

▨ 문벌 귀족의 성립

• 최언위는 처음 이름이 신지이고 경주 사람이다. 성격이 온후하고 어려서부터 글을 잘하였다. 신라 말기 18세에 당에 가서 과거에 급제하였다. …… 42세에 신라에 돌아와서 집사성 시랑에 임명되었다. 왕건이 나라를 세우자 가족을 데리고 왔다. 왕건이 태자 사부로 삼고 문필에 관한 사무를 맡겼다. …… 최언위는 광윤, 행귀, 광원, 행종 네 아들을 두었다. 광윤은 일찍이 빈공진사로 진나라에 유학 갔다가 거란에 포로가 되었다. …… 거란이 장차 우리나라를 침범하려는 것을 알고 편지를 써서 고려에 알렸다. 이에 정종은 주관 부서에 명령하여 군사 30만을 선발하고 광군(光軍)이라 하였다.   - 『고려사』

• 광원의 아들 최항은 평장사 최언위의 손자이다. 성종 때 20세에 갑과에 급제하였다. …… 목종 때에 재차 지공거(知貢擧)에 임명되었다. 그가 선발한 급제자 가운데 명사들이 많았으므로 왕이 그를 소중히 여기고 정치의 대소사를 의논하였다. 현종 11년 검교 태부 수 문하시랑 · 동 내사 문하평장사로 임명하였다. 청하현 개국자로 봉하고 식읍 5백호를 주었다. …… 덕종 2년에 정광벼슬을 추증하고, 문종 21년에 수태사 겸 중서령 벼슬을 추증하였다.   - 『고려사』

▨ 문벌 귀족 사회의 모순

• 정치 권력의 독점
돈중, 돈시는 김부식의 아들이다. 김돈시는 벼슬을 상서 우승까지 지냈으며 정중부의 난에 죽었다. 김돈중은 인종 때 과거에 장원 급제하였다. 지공거 한유충 등이 처음에 김돈중을 제2등으로 정하였다. 왕이 아버지를 위로하려고 장원으로 급제시켰다.   - 『고려사』

• 경제적 기반 확대
이자겸의 여러 아들들이 앞다투어 큰집을 지어 집들이 거리에 이어졌다. 세력이 더욱 커짐에 따라 뇌물이 공공연히 오고 갔다. 사방에서 바치는 음식과 선물이 넘치게 되니 썩어서 버리는 고기가 항상 수만 근이나 되었다. 남의 토지를 빼앗고 종들을 시켜 수레와 말을 빼앗았다. 가난한 백성들이 모두 수레를 부숴 버리고 말을 팔아 버리니 길이 시끌벅적하였다.   - 『고려사』

▨ 서경 천도 운동

제가 보건대 서경 임원역의 땅은 풍수지리를 하는 사람들이 말하는 아주 좋은 땅입니다. 만약 이곳에 궁궐을 짓고 전하께서 옮겨 앉으시면 천하를 다스릴 수 있습니다. 또한 금나라가 선물을 바치고 스스로 항복할 것이고 주변의 36나라가 모두 머리를 조아릴 것입니다.   - 『고려사』

▨ 김부식의 서경 천도 반대

금년 여름 서경 대화궁에 30여 개소나 벼락이 떨어졌습니다. 서경이 만일 좋은 땅이라면 하늘이 이렇게 하였을 리 없습니다. 또 서경은 아직 추수가 끝나지 않았습니다. 지금 거동하시면 농작물을 짓밟을 것이니 이는 백성을 사랑하고 물건을 아끼는 뜻과 어긋납니다.   - 『고려사』

▨ 신채호의 서경 천도 운동에 대한 평가

나는 한마디 말로 회답하여 말하기를 고려 인종 13년(1135) 서경(평양) 천도 운동, 즉 묘청이 김부식에게 패함이 그 원인으로 생각한다. …… 그 실상은 낭가(郞家)와 불교 양가 대 유교의 싸움이며, 국풍파(國風派) 대 한학파(漢學派)의 싸움이며, 독립당 대 사대당의 싸움이며, 진취 사상 대 보수 사상의 싸움이니, 묘청은 곧 전자의 대표요, 김부식은 후자의 대표이다. 이 전쟁에서 묘청 등이 패하고 김부식이 이겼으므로 조선사가 사대적, 보수적, 속박적 사상인 유교 사상에 정복되고 말았다. 만약 김부식이 패하고 묘청 등이 이겼더라면 조선사가 독립적, 진취적으로 진전하였을 것이니 이것이 어찌 일천년래 제일대사건이라 하지 아니하랴.   - 신채호, 『조선사연구초』

16 무신 정권의 성립과 동요 ①

📂 무신 정변

배경 ──────────────────── **전개** 1170. 무신 정변(경인의 난) 발발 ──────→ **결과**

- 숭문천무 사상 팽배 → 무신들에 대한 차별 대우
- 군 지휘부 - [1] 이 장악, 도병마사 > 중방
- 토지 분배 - 문신 > 무신, 군인전 미지급
- [2] (강예재) 폐지
- [3] 의 실정 - 사치, 향락
- [4] 사건 ⇨ 무신 정변

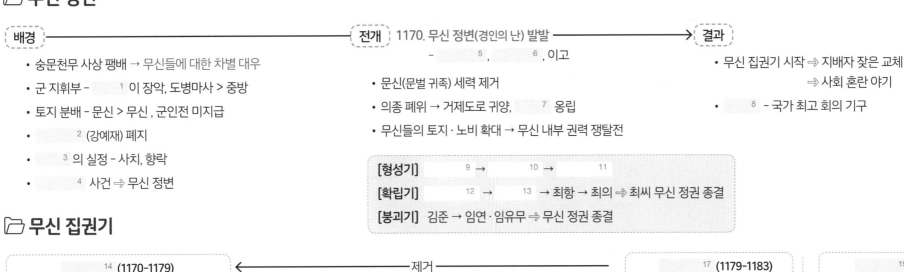

- [5], [6], 이고
- 문신(문벌 귀족) 세력 제거
- 의종 폐위 → 거제도로 귀양, [7] 옹립
- 무신들의 토지·노비 확대 → 무신 내부 권력 쟁탈전

결과
- 무신 집권기 시작 ⇨ 지배자 잦은 교체
  ⇨ 사회 혼란 야기
- [8] - 국가 최고 회의 기구

[형성기] [9] → [10] → [11]
[확립기] [12] → [13] → 최항 → 최의 ⇨ 최씨 무신 정권 종결
[붕괴기] 김준 → 임연·임유무 ⇨ 무신 정권 종결

📂 무신 집권기

[14] (1170-1179) ←──────── 제거 ──────── [17] (1179-1183)   [19] (1183-1196)

- [15] 제거
- [16] 을 중심으로 독재권 행사
  └ 초기의 집권 무신들은 권력 기반이 약해 중방을 중심으로 국정 운영

- [18] (사병 집단) 설치

- [20] 출신

📂 무신 집권기 사회의 동요★

※ 반(反) 무신의 난

<동북면 병마사 [21] 의 난(1173)>
- 최초의 반(反) 무신 난(= 계사의 난)
- 무신 정권 타도와 [22] 복위 주장

< [23] 승려의 난(1174)>
- [24] 의 난, [25] 의 난 ⇨ 진압 이후 [26] 불교 후원

<서경 유수 [27] 의 난(1174)>
- [28] 지역(서경) 민란과 연계
- 지방군 + 농민과 함께 중앙 무신들에게 저항 ⇨ 최대 규모의 反무신의 난

< [29] · [30] 의 난(1176)>
  = 명학소의 난
- 신분 해방 운동
- 공주 명학소가 [31] 으로 승격
  ⇨ 향·부곡·소가 소멸되는 계기

<전주 관노의 난 (1182)>

< [32] · [33] 의 난 (1193)>
- 최대 규모 농민 봉기
- [34] 부흥 운동

정답 1 무관 2 무학재 3 의종 4 보현원 5 정중부 6 이의방 7 명종 8 중방 9 이의방 10 정중부 11 경대승 12 이의민 13 최충헌 14 이의방 15 문신 16 중방 17 정중부 18 도방 19 경대승 20 천민 21 김보당 22 의종 23 귀법사 24 조위총 25 김보당 26 교종 27 조위총 28 서북 29 망이 30 망소이 31 충순현 32 김사미 33 효심 34 신라

📂 최씨 무신 정권(1196~1258)

- 정치·사회 안정 - 시무 10조(_____[1]) 건의(but 개혁 실천 의지 X)
  └ _____[2] 로 옮길 것, 토지 겸병 금지, 조세 개혁 등
- 문신 대우: "_____[3] "한 사대부 등용 → _____[4] · 최자 · _____[5]
  └ 최충헌의 책사
- 전라도·경상도 일대에 대규모의 _____[6] 소유 + 많은 토지와 노비 소유

<최충헌> 1196~1219
→ 강력한 독재 정치

- 무신 정권 최고의 권력 기구
- _____[7] ⊃ 중방, 도병마사, 식목도감
  → Σ 고위 관리
- 일종의 교도소 기능을 수행

- _____[8] 이 설치
  ⇒ 최고 군사 기구로 확대·강화

| 정치적 기반 [9] | 군사적 기반 [10] | 경제적 기반 [11] |

조계종

- _____[12] (진주)을 _____[13] 으로 자신에게 하사
- 진주 지방 관리 목적으로 설치
- '_____[14] '라는 벼슬을 자신에게 하사 (흥녕부 → 진강부)

- 선종 중심의 _____[15] 후원
  - 사상적 기반
  - _____[16] 의 _____[17] 결사 지원

<최우> 1219~1249
발상의 전환

| 교정도감 | [19] | 도방 | [20] | 흥녕부 | [21] |

정치적 기반 | 군사적 기반 | 경제적 기반

조계종

- 자택 _____[18] 기구
- 관리자: 정색승선

- 몽골의 침입(1231) → 몽골과의 장기 항쟁을 위해 강화도로 천도(1232)
- _____[25] (재조대장경) 조판: 몽골의 침입을 불력으로 격퇴하고자 함(_____[26] 불교)
- 「_____[27] 」(1234): 최초 _____[28]
- _____[23] 기구
- 능문능리한 _____[24] 집단 형성
  └ 최자, 이규보, 이인로

- 공적인 임무 + 최씨 정권의 _____[22] 으로 활동

📂 최씨 무신 정권 시기 사회의 동요

● 최충헌 집권기

< _____[29] 의 난(1198)>
  └ 최충헌의 사노비
- "_____[30] 의 씨가 따로 있느냐."
- 신분 해방 운동 + 정권 탈취 목표
- _____[31] 이 중심이 된 최초의 신분 해방 운동

< _____[32] · _____[33] 의 난(1202)>
- _____[34] 부흥 운동

<서경 _____[35] 의 난(1217)>
- _____[36] 부흥 운동

● 최우 집권기

<담양 _____[37] 형제의 난(1237)>
- _____[38] 부흥 운동

※ 무신 집권기의 반란 지도

● 무신 집권기의 주요 봉기 발생지

여진

고려

최광수의 난(1217) · 서경

만적의 봉기(1198)

무신 정변(1170) · 개경

망이·망소이의 봉기(1176)

이비·패좌의 난(1202)

전주 관노의 봉기(1182)

공주 · 동경 · 운문 · 초전 · 진주

김사미의 봉기(1193)

효심의 봉기(1193)

담양 · 이연년 형제의 봉기(1237)

탐라

우산

정답 1 최충헌 2 비민 3 능문 4 이규보 5 이인로 6 농장 7 교정도감 8 도방 9 교정도감 10 도방 11 흥녕부 12 진강 13 식읍 14 진강후 15 선종 16 지눌 17 수선사 18 정방 19 정방 20 도방 21 진강부 22 사병 23 서방 24 문신 25 팔만대장경 26 호국 27 상정고금예문 28 금속 활자 29 만적 30 왕후장상 31 노비 32 이비 33 패좌 34 신라 35 최광수 36 고구려 37 이연년 38 백제

16 무신 정권의 성립과 동요 ③

📁 무신 정권 종결(1258~1270)

- 최씨 무신 정권의 종결 이후 김준·임연·임유무의 집권
  → _____ 1 고수
- _____ 2 때 _____ 3 가 제거됨(몽골의 힘을 빌려)
- 무신 정권 붕괴, 몽골과의 강화(몽골 쿠빌라이 칸과 원종의 강화)
  ⇩
  _____ 4 시작

📁 무신 정권 영향

정치	- 왕권 약화: 최충헌이 명종 폐위, 신종·희종·강종·고종 옹립 - 통치 질서 문란 - 문벌 귀족 사회의 붕괴(개인의 능력 중시)
경제	- 전시과 체제 붕괴 ← 지배층의 대토지 소유 확대 - 지배층의 수탈↑ ⇨ 농민 생활 악화
사회	- 봉기 빈발 - 하극상 풍조 ← 이의민 등 노비 출신의 권력자 등장
문화	- 유학 쇠퇴 - 패관 문학·은둔적 시조 발달: 문신들이 은둔 생활을 하며 문학 활동 전개 - 신앙 결사 운동 전개(불교계의 정화운동)

사료 읽기 | 무신 집권기 관련 사료

■ 보현원 사건

의종 24년 8월 그믐날 수박희를 하였다. 대장군 이소응이 이기지 못하고 달아나려 하였다. 이때 한뢰가 갑자기 나서 이소응의 뺨을 후려쳐 섬돌 아래로 떨어지게 하였다. 왕과 여러 신하들이 손뼉을 치며 크게 웃었다. 정중부, 김광미, 양숙, 진준 등은 낯빛을 바꾸어 서로 눈짓을 하더니 정중부가 날카로운 소리로 한뢰를 꾸짖었다. 이고가 칼을 뽑고 정중부에게 눈짓하였으나 정중부가 그만두게 하였다. - 『고려사』

■ 봉사 10조

최충헌이 동생 최충수와 함께 봉사를 올리기를 "적신 이의민은 성품이 사납고 잔인하여 윗사람을 업신여기고 …… 폐하께서는 태조의 바른 법을 좇아 행하여 중흥하소서"
1. 길일(吉日)에 새로 지은 궁궐로 들어가셔서 천명(天命)을 받드셔야 할 것입니다.
2. 옛 제도를 좇아 관리의 인원을 줄이고 생략하여 적당한 인원에게만 녹봉을 제수하소서.
3. 담당 관리에게 공문서를 모아 다시 조사하도록 하여 함부로 빼앗은 토지를 모두 본래의 주인에게 돌려주게 하소서.
4. 어질고 능한 이를 골라 외직(外職)에 임명하시어 권세가들이 백성들의 살림을 무너뜨리지 못하게 하소서. ……
10. 적임자를 택하신 뒤 조정에서 직언하도록 하시고 업무를 처리할 때는 논쟁하여 올바로 잡도록 하소서."
- 『고려사』

■ 교정도감의 설치

희종 5년(1209), 청교역 서리 3명이 최충헌 부자를 죽일 것을 모의하면서, 거짓 공첩을 만들어 승도를 불러 모았다. 귀법사 승려들이 그 공첩을 가져온 사람을 잡아서 최충헌에게 고발하자 즉시 영은관에 교정별감을 설치한 뒤 성문을 폐쇄하고 대대적으로 그 무리들을 색출하였다. - 『고려사』

■ 정방의 설치

고종 12년(1225)에 최우가 사저에 정방(政房)을 두고 백관(百官)의 전주(銓注, 인물을 심사하여 벼슬 자리를 배정)를 다루었는데, 문사를 뽑아 이에 속하게 하고 이름을 필자적이라 하였다. - 『고려사』

■ 김보당의 난

명종 3년 8월 동북면 병마사 김보당이 동계에서 군사를 일으켜 정중부, 이의방 등을 토벌하고 의종을 복위시키려 하니 …… 9월에 한언국은 잡혀 죽고 조금 뒤에 안북도호부에서 김보당을 잡아 보내니 이의방이 김보당을 저자에서 죽이고 무릇 문신은 모두 살해하였다. - 『고려사』

■ 조위총의 난

명종 4년, 조위총이 병사를 일으켜 중부 등을 토벌하기를 모의하여 드디어 동북 양계 여러 성의 군대에 격문을 보내어 호소하기를, "듣건대 상경의 중방이 의논하기를, 북계의 여러 성에는 대개 사납고 교만한 자가 많으므로 토벌하려고 하여 이미 대병력을 출동시켰다고 한다. ……"라고 하였다. - 『고려사』

■ 만적의 난

사노비인 만적 등 6인이 뒷산에 나무하러 가서 공사의 노비들을 불러모았다. 음모를 꾸며 말하였다. "국가에는 경계의 난(무신 정변) 이래로 귀족 고관들이 천한 노예들 가운데서 많이 나왔다. 장수들과 재상들의 씨가 따로 있는 것이 아니다. 때가 오면 아무나 할 수 있는 것이다. 우리들은 어찌 힘드는 일에 시달리고 채찍질 아래에서 고생만 하고 지내겠는가." - 『고려사』

17 고려의 대외 관계 ①

초기 - 거란

● **1차 침입** 993(<u>1</u> 12년)
- 고려의 <u>2</u> 정책과 <u>3</u> 정책 ⇨ 거란의 <u>4</u> (+80만) 침입
- <u>5</u> 의 외교 담판 ⇨ <u>6</u> 획득(국경선 확장)
  └→ 송과 외교 관계 단절, 거란과의 수교 약속(거란에게 사대)

● **2차 침입** 1010(<u>7</u> 원년)
- 고려가 송과의 교류 <u>8</u>
- <u>9</u> (1009)을 구실 ⇨ 거란의 <u>12</u> (+40만) 침입
  └→ 강조가 <u>10</u> 폐위, <u>11</u> 옹립
- 강동 6주 반환 요구
- <u>13</u> 함락 ⇨ <u>14</u> 의 활약(흥화진 전투) ⇨ 거란의 퇴로 차단
- 고려의 화해 요청 - 현종의 <u>15</u> 약속, 조공·사대 관계 유지

● **3차 침입** 1018(<u>16</u> 9년)
- 거란의 <u>17</u> (+10만) 침입
- <u>18</u> 의 <u>19</u> (1019) ⇨ 거란 격퇴
             거란과의 사대 관계 강화 약속

● **영향**
- 동북아시아 세력 균형 상태
- 북방 방어 대책 강화 ┬ 개경: <u>20</u> 축조(개경의 외성, 1009~1029)
  │   └ 도성 수비 강화
  └ 압록강~도련포: <u>21</u> 축조(1033~1044)
                 └ 거란·여진의 침입에 대비
- <u>22</u> 간행(1011~1087)
- 『 <u>23</u> 』 편찬: 소실된 사료 복원
- 보수 세력의 성장

중기 - 여진★

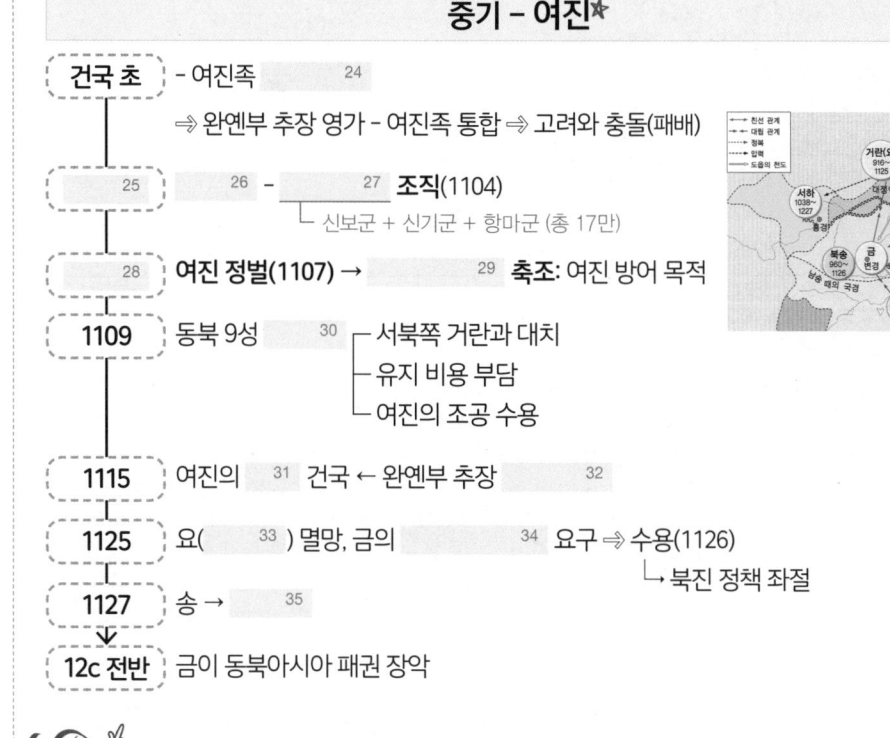

| 건국 초 | - 여진족 <u>24</u> |
| | ⇨ 완옌부 추장 영가 - 여진족 통합 ⇨ 고려와 충돌(패배) |

<u>25</u> <u>26</u> - <u>27</u> **조직**(1104)
         └ 신보군 + 신기군 + 항마군 (총 17만)

<u>28</u> **여진 정벌**(1107) → <u>29</u> **축조**: 여진 방어 목적

1109 동북 9성 <u>30</u> ┬ 서북쪽 거란과 대치
                    ├ 유지 비용 부담
                    └ 여진의 조공 수용

1115 여진의 <u>31</u> 건국 ← 완옌부 추장 <u>32</u>

1125 요(<u>33</u>) 멸망, 금의 <u>34</u> 요구 ⇨ 수용(1126)
                              └ 북진 정책 좌절

1127 송 → <u>35</u>

12c 전반 금이 동북아시아 패권 장악

🗣✌ 사료 읽기 | 고려 시대의 대외 항쟁

■ **거란의 1차 침입과 서희의 외교 담판**
(소손녕이)서희에게 말하였다. "너희 나라는 신라 땅에서 일어났다. 고구려는 우리의 소유인데 너희 나라가 이를 침식하고 있다. 또 우리와 국경을 맞대고 있음에도 바다를 건너 송을 섬기고 있다." …… 서희가 말하기를 "그렇지 않다. 우리나라는 바로 고구려의 후계자이다. 그래서 나라 이름을 고려라고 부르고 평양을 국도로 정하였다. 그리고 경계를 가지고 말하면 귀국의 동경도 우리 국토 안에 들어와야 하는데 당신이 어떻게 침범했다는 말을 할 수 있겠는가? ……"
                                                              - 「고려사」

■ **여진 정벌과 동북 9성의 반환**
- 왕이 위봉루를 방문하여 윤관·오연총에게 부월을 하사하여 파견하였다.
- 여진에서 사자(使者)를 파견하여, "만일 9성을 돌려주고, 생업을 편안토록 해 주시면 우리들은 …… 감히 고려의 영토 위로 돌 조각 하나도 던지지 않겠습니다."라고 애원하였다. …… 성이 험하고 견고해 좀처럼 함락되지 않았지만 수비하는 전투에서 아군이 많이 희생되었다. …… 이에 왕은 9성을 여진에게 돌려주었다. - 「고려사」

무신 집권기 - 대몽 항쟁기*

● **배경** 칭기즈칸이 몽골 제국 건설 + 금의 세력 약화

┌─ 거란족 ──────→ ____1____
└─ 금 ──────→ ____2____ (두만강)

- 1219. ____3____ (강동성 전투)
  몽골 + 고려 + 동진국 연합군 ⇒ 거란족 격퇴
- 사신 ____4____ 를 고려에 파견 ⇒ 사대 관계 요구
  ⇒ 거절 ⇒ 1225. ____5____ 에서 ____6____ 피살

● **1차 침입(1231)**

- 몽골 장수 ____7____ 가 고려에 침입 ⇒ 의주 점령
- ____8____ 의 항전(____9____ 전투)
- 개경 포위 ⇒ 고려 항복, 사대 요구 수용

● **2차 침입(1232)**

- 몽골의 무리한 조공 요구 ⇔ ____10____ 의 저항, ____11____
- ____12____ 전투: 승려 김윤후가 적장 ____13____ 사살
- 대구 부인사에서 보관 중이던 ____14____ 소실

● **3차 침입(1235)**

- 황룡사 9층 목탑 소실
- ____15____ 조판(1236~1251) ← 강화도 선원사

● **5차 침입(1253)** - 김윤후의 ____16____ 전투
  └ 충주성 방호별감

● **6차 침입(1254)**

- ____17____ 주민들이 몽골에 대항
  ⇒ 익안폐현으로 승격
- ⇒ **대몽 항쟁의 의의:** 백성들의 활약

● **결과** 1270. ____18____ = 몽골에게 굴복

● **반발** ____19____ 의 항쟁(1270~1273)

- 기득권을 잃지 않기 위한 발버둥
- 몽골과의 강화 반대
- 승화후 ' ____20____ '을 왕으로 추대

| 강화도 | ____21____ 주도 |

| ____22____ | • 용장성 축조
• ____23____ 에 국서(고려첩장) → 대몽 연합 제의
• 전라, 경상 일부 지역 진출
• 배중손 사후 → ____24____ |

| ____25____ | • 애월에서 김통정이 지휘
• 김방경이 여·몽 연합군을 지휘
  ⇒ 삼별초의 항쟁 진압 |

→ 삼별초의 근거지 이동 방향
→ 삼별초의 진출 방향

- 진압 이후 ┌ 몽골(원 간섭기) 시작
  ├ ____26____ 설치(1273)
  └ ____27____ 설치 - 몽골이 제주도에 말 사육

고려 말 - 홍건적과 왜구 격퇴

⇒ 신흥 무인 세력의 정치 세력화(최영, 이성계)

● **홍건적의 침입 공민왕**

- **1차 침입(1359):** ____28____ 함락
  → 이승경, 이방실의 활약으로 서경 탈환·홍건적 격퇴
- **2차 침입(1361):** ____29____ 함락
  → 공민왕이 ____30____ (안동)로 피난
  ____31____ ·이방실·이성계 등이 홍건적 격퇴

● **왜구의 침입 우왕 ~ 창왕**

- ____32____ 설치(1377): ____33____ 의 건의, 화포 제작
- ____34____ 대첩(1376): ____35____
- **진포 대첩(1380):** 최무선, 나세
- ____36____ 대첩(1380): ____37____ , 아지발도 살해
- **관음포 대첩(1383):** 정지, 최무선
- ____38____ 정벌(창왕, 1389): ____39____

홍건적과 왜구의 침입

정답 1 대요수국 2 동진국 3 강동의 역 4 저고여 5 압록강 6 저고여 7 살리타 8 박서 9 귀주성 10 처인성 11 초조대장경 12 처인성 13 살리타 14 초조대장경 15 재조대장경 16 충주성 17 충주 18 개경 환도 19 삼별초 20 온 21 배중손 22 진도 23 일본 24 김통정 25 제주도 26 다루가치 27 탐라총관부 28 서경 29 개경 30 복주 31 최영 32 화통도감 33 최무선 34 홍산 35 최영 36 황산 37 이성계 38 쓰시마 섬 39 박위

맵핑 핵심 자료

이자겸의 사대 요구 수용

대부분의 신하들은 금나라에 대한 사대에 반대하였다. 그러나 중서령(이자겸)이 아뢰기를 "옛날의 금은 거란과 우리를 섬기는 소국이었습니다. 하지만 지금 갑자기 강성해져서 거란을 멸망시켰습니다. 또 우리와 영토가 맞닿아 있으므로 정세가 사대하지 않을 수 없게 되었습니다. 작은 나라가 큰 나라를 섬기는 것은 선왕의 법도이니, 먼저 사신을 보내어 예를 갖추는 것이 옳습니다."라고 하자, 왕이 이에 따랐다. ― 『고려사절요』

박서의 대몽 항전

몽골의 정예 기병 300명을 뽑아 북문을 공격하므로 박서가 이를 물리쳤다. 몽골이 누거와 대상을 만들어 소가죽으로 덮어씌우고 그 안에 군사를 감추어 성 밑으로 육박, 터널을 뚫자 박서가 성에 구멍을 내어 쇳물을 부어 누거를 불태웠다. …… 몽골이 기름으로 섶을 적셔 두텁게 쌓아놓고 불을 질러 성을 공격하므로 박서가 물을 뿌리니 불이 더 치열해졌다. 이에 진흙을 가져오라 하여 물을 섞어 던져 불을 껐다. …… 몽골이 성을 포위하기를 30일, 백계(百計)로 이를 쳤으나 박서가 임기응변하여 굳게 지켰으므로 몽골이 이기지 못하고 물러났다. ― 『고려사』

김윤후의 대몽 항전

- **처인성 전투(2차 침입)**
  김윤후는 고종 때의 사람으로 일찍이 중이 되어 백현원에 있었다. 몽골병이 이르자, 윤후가 처인성으로 난을 피하였는데, 몽골의 원수(元帥) 살리타가 와서 성을 치매 윤후가 이를 사살하였다. 왕은 그 공을 가상히 여겨 상장군의 벼슬을 주었으나 이를 사양하고 받지 않았다. ― 『고려사』

- **충주성 전투(5차 침입)**
  김윤후가 충주산성 방호별감으로 있을 때 몽골이 쳐들어와 충주성을 70여 일 동안 포위하자 비축해 둔 군량이 바닥나버렸다. 김윤후가 군사들에게 "만약 힘을 다해 싸워 준다면 귀천을 불문하고 모두 관작을 줄 것이니 너희들은 나를 믿으라."고 설득한 뒤 관노(官奴) 문서를 가져다 불살라 버리고 노획한 마소를 나누어 주었다. 이에 사람들이 모두 죽음을 무릅쓰고 적에게로 돌진하니 몽골은 조금씩 기세가 꺾여 더 이상 남쪽으로 나아가지 못했다. ― 『고려사』

삼별초 국서에 대한 일본의 답변

- 전의 서장에서는 "몽골의 덕에 귀부하여 군신의 예를 이루었다." 하였는데, 이번에는 강화로 천도한지 40여 년이나 되고 오랑캐를 따르는 것은 성현이 꺼린 것이라 하고 또 진도로 천도한 일

- 김해부의 둔병 20여 명을 먼저 일본국으로 보낸다고 한 일

- 수만의 말 탄 군사를 청한 일 ― 『한국상대고문서자료집성』

홍건적의 2차 침입

왕(공민왕)이 복주에 이르렀다. 정세운은 성품이 충성스럽고 청렴하였는데, 왕의 파천(播遷) 이래 밤낮으로 근심하고 분하게 여겨서 홍건적을 물리치고 개경을 회복하는 것을 자신의 임무로 여겼다. …… 마침내 정세운을 총병관으로 임명하였다. ― 『고려사절요』

진포 대첩

우왕 6년(1380) 8월 추수가 거의 끝나갈 무렵 왜구는 500여 척의 함선을 이끌고 진포로 쳐들어와 충청 · 전라 · 경상도 연해의 주군(州郡)을 돌며 약탈과 살육을 일삼았다. 고려 조정에서는 나세, 최무선, 심덕부 등이 나서서 최무선이 만든 화포로 왜선을 모두 불태워 버렸다. ― 『고려사』

황산 대첩

운봉을 넘어온 이성계는 적장 가운데 나이가 어리고 용맹한 아지발도를 사살하는 등 선두에 나서서 독전하여 아군보다 10배나 많은 적군을 섬멸하였다. 이 싸움에서 아군은 1,600여 필의 군마와 여러 병기를 노획하였고, 살아 도망간 왜구는 70여 명밖에 없었다고 한다. ― 『고려사』

18 고려 말 원의 내정 간섭과 개혁 정치 ①

📁 원 간섭기 → 자주성의 박살

> 유청신 - _____1 주장
> "고려 왕조를 폐지하고 원의 지방 행정 단위인 성을 고려에 설치하자!"

● 영토 상실

- _____2 (_____3 이북) ⇒ 공민왕 때 무력 수복
- _____4 (_____5 이북)
- 탐라총관부(제주, 목마장 운영) } _____6 때 반환

동녕부 (1270~1290)
쌍성총관부 (1258~1356)
정동행성 (1280~1356)
천 리 장 성
귀주
안북부
서경
화주
통주
개경
남경
고려
동 해
황 해
탐라총관부 (1273~1301)
탐라

● 관제 격하

- 왕실 호칭 격하

祖·宗 ⟶ 忠○王
　　　　　└ 렬·선·숙·혜·목·정

- 중앙 관제 격하

(2성) ⟶ (1부) _____7
(중서문하성, 상서성)

(6부) ⟶ (4사) 전리사, 판도사, 군부사, 전법사

(중추원) ⟶ _____8

● 일본 원정에 동원

- 정동(征東)행성 설치: 2차 일본 원정을 위해 충렬왕 때 설치된 기구
- 1차(1274): 둔전경략사(원이 고려의 인력과 물자 징발을 위해 설치),
　　　　　　　김방경 참전 → 태풍(神風, 가미카제)으로 인해 실패
- 2차(1281): _____9 중심 → 태풍으로 인해 실패
　├ 원정 실패 이후 내정 간섭 기구로 존속
　├ **행정:** 좌우사
　├ **군사:** 도진무사
　└ **사법:** _____10
　　　└ 횡포 가장 多, 반원 세력 탄압 기구

● 내정 간섭

기구

- _____11 : 반원 인사 색출, 개경의 치안 담당
- _____12 : 내정 간섭과 조세 징수, 감찰관(충렬왕 때 폐지)
- _____13 : 십진법으로 편제된 군사 제도
　└ 만호·천호·백호부 등
　　열 명 = 1분대, 분대장 - 몽골인 임명

제도

- _____14 (뚤레게) 제도: 고려 왕자·왕실 종친을 인질
- _____15 제도: 남만주 지역과 고려 사이 분열

수탈

- _____16 **설치:** _____17 (→ 환향녀) 징발
　⇒ _____18 시작(& 데릴사위제)
- _____19 **설치:** 해동청(고려 매) 공출
- **특산물 수탈:** 금·은·인삼 등

● 문화적 영향

- 자주성 손상
- 인적·물적 교류
　- _____20 : 변발·호복·족두리·연지·곤지·수라
　　　　소주·타락죽
　- _____21 : 상투·흰옷·탕류

📁 고려 말 왕들의 개혁 정치

충렬왕(1274 ~ 1308)

- 개혁 기구
  - [1] : 권세가에게 점탈된 토지나 농민을 되찾기 위해 설치, 실시 X
    - ↳ 원종 때 최초 설치 → 이후 설치와 폐지 반복
- 원으로부터 동녕부와 탐라총관부 반환
- [2] (원이 고려의 인력과 물자 징발 위해 설치) 폐지
- 홍자번의 [3] : 개혁 이념의 방향성 제시
  - ↳ 한계: 권문세족 ⇨ 실패
- 회헌 [4] - [5] 전래, 『주자전서』 보급
- 관학 진흥책 ┬ 국자감 → 국학, [6] 을 짓고 문묘 설치
  - ├ 섬학전 설치: [7] 의 부실 보완
  - └ [8] 설치

충선왕(1298, 1308 ~ 1313)★

- 개혁 기구 - [9] (한림원 개편), 개혁 세력: 사림원 학사
- [10] 폐지 시도 (→ 다시 부활)
- [11] 실시: 각염법 제정, 의염창 설치
- [12] 설치★: 국가 제사 때 쓰이는 곡식을 맡아보던 관청
- [13] 설치(원나라 연경, [14]): 원나라 학자 + 고려 학자 = 성리학 연구소
  - ↳ 목은 [15] ┬ 포은 [16]
  - └ 삼봉 [17]
- 원의 [18] 채택
- [19] 발표: 왕실과 혼인 가능한 15개 귀족 가문 규정
  - ⇨ 동성혼 · 근친혼 금지, 권문세족 확산 방지

> **사료 읽기 | 충선왕**
>
> **■ 충선왕 복위 교서**
> 이제부터 만약 종친으로서 같은 성에 장가드는 자는 황제의 명령을 위배한 자로서 처리할 것이니, 마땅히 여러 대를 내려오면서 재상을 지낸 집안의 딸을 취하여 부인을 삼을 것이며, 재상의 아들은 왕족의 딸과 혼인함을 허락할 것이다. …… 철원 최씨, 해주 최씨, 공암 허씨, 평강 채씨, 청주 이씨, 당성 홍씨, 황려 민씨, 횡천 조씨, 파평 윤씨, 평양 조씨는 다 여러 대의 공신 재상의 종족이니, 가히 대대로 혼인할 것이다.
> - 『고려사』
>
> **■ 충선왕 총서**
> 휘(諱)는 장(璋)이고, 몽고의 휘는 익지례보화(이지르부카)이다. 선왕의 맏아들이며 어머니는 제국대장공주(齊國大長公主)이다. 을해년 9월 정유일에 출생하였다. 성품이 총명하고 굳세며 결단력이 있었다. 이로운 것을 일으키고 폐단을 제거하여 시정에 그런대로 볼 만한 것이 있었으나 부자(父子) 사이는 실로 부끄러운 일이 많았다. 오랫동안 상국(上國)에 있었는데, 스스로 귀양가는 욕을 당하였다. 왕위에 있은 지 5년이며, 수(壽)는 51세였다.
> - 『고려사』

충숙왕(1313 ~ 1330, 1332~1339)

- 개혁 기구 - [20] : 경제 · 토지 개혁 시도(but 실패)
  - ↳ 제폐사목소 설치 개조
- 사심관 제도 폐지

충목왕(1344 ~ 1348)

- 개혁 기구
  - [21] : 각 도에 관리를 보내 양전 사업 실시, 권세가들이 빼앗은 토지와 노비를 본 주인에게 환원

정답 1 전민변정도감 2 정동행성 3 편민18사 4 안향 5 성리학 6 대성전 7 국학 8 섬학전 9 사림원 10 정방 11 소금 전매제 12 전농사 13 만권당 14 충숙왕 15 이색 16 정몽주 17 정도전 18 수시력 19 재상지종 20 찰리변위도감 21 정치도감

18 고려 말 원의 내정 간섭과 개혁 정치 ③

📁 고려 말 왕들의 개혁 정치

공민왕(1351 ~ 1374)⭐

↳ 원·명 교체기 + 신진 사대부 성장 ⇒ 원의 세력 약화

1기	2기
반원 자주	⇒ 왕권 강화

● 반원 자주 정책

- 친원 세력(　1　) 숙청
- 　2　 폐지
- 　3　 무력 수복(1356) ← 　4　 (+ 　5　)
- 원의 연호X, 원의 풍습X: 　6　 과 　7　 금지
- 관제 복구

　①부(　8　) ⟶ ②성 중서문하성, 상서성

　④사(전리사, 판도사, 군부사, 전법사) ⟶ ⑥부

　9　 ⟶ 중추원

● 영토 회복

- 　10　 탈환
- 초산 ~ 　11　 영토 확장
- 　12　 정벌 추진 → 실패(　13　, 지용수가 요동성 함락)

● 왕권 강화 정책

- 　14　 폐지: 인사권 장악, 권문세족 약화
- 과거제 정비: 향시 + 회시 + 　15　 　} ⇒ 　16　 등용 ⇧
- 　17　 개편:
  - 　18　 분리, 성리학 전문 순수 유교 교육 기관으로 확대·개편
  - 최초 성균관 대사성: 목은 　19　
- 　20　 설치: 　21　 에게 빼앗긴 토지·노비 몰수 ⇒ 농민에게 재분배
  - └ 신돈의 제안 → 국가 재정 확충, 권문세족 힘 약화
- 　22　 신설 - 　23　 (도당) 권한 축소

● 개혁 결과

- 원의 간섭 + 　24　 반발
- 신진 사대부의 역량 미흡
- 　25　 의 잦은 침입
  - ⇒ 실패 ⇒ but. 　26　 의 정치적 경험 축적 ⇒ 　27　 건국

수복한 지역

😀✌ 사료 읽기 | 공민왕의 개혁 정치

■ 신돈의 개혁

신돈이 전민변정도감을 두기를 청하였다. 스스로 판사(장관)가 되어 전국에 알렸다. "요즈음 기강이 크게 무너져서 탐욕스러움이 풍속으로 되었다. 백성이 대대로 지어온 땅이나 권세가들이 거의 다 뺏었다. 돌려주라고 판결한 것도 그대로 가지며 양민을 노예로 삼고 있다. …… 엄히 다스릴 것이다." 이 명령이 나오자 권세가가 뺏은 땅을 주인에게 돌려주므로 안팎이 기뻐하였다. …… 무릇 천민이나 노비가 양민이 되기를 호소하는 자는 모두 양민으로 만들어 주었다.
- 『고려사』

■ 신진 사대부의 성장

공민왕 16년(1367) 성균관을 다시 짓고 이색을 판개성부사 겸 성균대사성으로 삼았다. 학생 수를 늘리고, 경전을 잘 아는 김구용, 정몽주, 박상충, 박의중, 이숭인 등을 교관으로 삼았다. 그때 성균관 학생은 수십 명 정도였다. 이색이 학칙을 정하고 날마다 명륜당에서 경을 나누어 수업했다. 강의를 마치면 서로 토론하여 한가한 때가 없었다. 이에 학자가 많이 모여 함께 눈으로 보고 마음으로 느끼는 가운데 정주 주자학이 크게 일어났다.
- 『고려사』

정답 | 1 기철 2 정동행성이문소 3 쌍성총관부 4 유인우 5 이자춘 6 몽골풍 7 변발 8 문하부 9 밀직사 10 제주도 11 길주 12 요동 13 이성계 14 정방 15 전시(전정) 16 신진 사대부 17 성균관 18 기술학부 19 이색 20 전민변정도감 21 권문세족 22 내재추 23 도평의사사
24 권문세족 25 홍건적 26 신진 사대부 27 조선

19 고려 멸망과 조선의 건국 과정

고려 말

✓ 공민왕의 개혁 정치

    _____1_____ vs _____2_____

✓ _____3_____ 의 변(1363)

    공민왕 시해 시도

    ⇨ 실패, 진압 ⇨ _____4_____

    but. 이후 공민왕 시해, 개혁 실패

✓ _____5_____ 즉위

    _____6_____ 의 재득세

    _____7_____ ⇔ _____8_____ ← _____9_____

    신진 사대부

✓ 최영 세력 집권(우왕)

개혁 시작 - but. 신진 사대부 분화	
포은 _____10_____ + 목은 _____11_____	삼봉 _____12_____ + _____13_____ , _____14_____ , 권근, 윤소종, 남은
체제 내 개혁 _____16_____	_____15_____ (조선 건국 주장) _____17_____
전면적 토지 개혁	
_____18_____	_____19_____

원(元) ⇒ 명(明) 교체

⇩

_____20_____ 설치 요구

└ 공민왕의 수복 영토 반환 요구

```
        강경          온건
         │            │
        최영         이성계
         │            │
       __21__  ⇔  __22__
```

⇩

추진

총사령관: 이성계

1388

✓ _____23_____

    _____24_____ 제거, _____25_____ 폐위

    _____26_____ 즉위

    ⇩

    _____27_____ 세력의 정치, 군사적 기반 확보

✓ **폐가 우왕** · _____28_____ 폐위

    (1388) (1389)

    ⇩

✓ _____29_____ _____30_____ 즉위

    (1389)

1391

✓ _____31_____ 설치

    ⇨ 이성계의 군권 장악

    ⇨ _____32_____ 설치

    권문세족의 토지 몰수

    → _____33_____ 에게 분배

✓ _____34_____ 실시

✓ 역성 혁명 세력들의 경제적 기반 확보

1392

✓ 권문세족과 _____35_____ 제거(정몽주 제거)

    ⇨ 이성계를 국왕으로 추대

✓ _____36_____ **건국** in. _____37_____

1394

✓ _____38_____ **천도**

사료 읽기 | 위화도 회군(4불가론)

4월에 봉주에 머물러 태조(이성계)에게 말하였다. "내(우왕)가 요동을 공격하고자 하니, 경은 마땅히 힘을 다하라" 태조는 대답하기를 "작은 나라가 큰 나라를 거스르는 일이 첫 번째 불가함이고, 여름철에 군사를 동원하는 것이 두 번째 불가함이며, 요동 공격을 틈타 남쪽에서 왜구가 침범할 염려가 있는 것이 세 번째 불가하고, 무덥고 비가 많이 와 활의 아교가 녹아 무기로 쓸 수 없고 병사들도 전염병에 걸릴 염려가 있는 것이 네 번째 불가합입니다." 라고 하니, 우왕은 그 말을 옳다고 여겼다.

    - 『태조실록』

⑳ 조선의 통치 체제 ①

📁 조선의 중앙 통치 체제*

<왕권 강화 기구>　　　　왕　　　　<왕권 견제 기구>

건의·재가

8 직계제(9 , 10)　　　　의정부　　　　11 서사제(12)

13 = 은대, 대언사　　　17 판사(종1품)　　　　　　　19 　　　　21 　　　　27 = 28

1 로 국정 총괄

도승지(정3품)　　　　판사(종1품)　　　　　　　　20 (정3품)　　22 (종2품)　　29 (정2품)

보고·명령　　보고·명령

・국왕 14 기관　　・국왕 18 기관　　　6조　　　간쟁·봉박　　감찰·규찰　　※ 경연
・6인 승지가 6조 분담　　・국가의 큰 죄인 심문　　행정 집행 기관　　　　23 = 대간　　　・왕, 신하의 30
・『 16 』 작성　　　　　　　　　　　　　　　　　　　　・서경 - 24 이하　　・논쟁으로 정국 주도권 장악
　(승정원 주서)

2 　 3 　예조　 4 　 5 　공조　　・간쟁, 봉박
　　　　　　　　　　　　　　　　　　　　　　・특권 : 25 , 26 　　　31 - 임시 경연 기구

문관 인사　조세 징수　교육·외교　군사 무관 인사　형벌·사법　토목·공사　　　　　　　　　32 - 상설화 '집현전'
　　　　　　　　　　　　　　　　　　　　　　　　　　　　　　　　　　　　　33 - 폐지
✓ 각 조마다 6 와 7 설치　　　　　　　　　　　　　　　　　　　34 - 재설치

35 (= 언관)
언론 기관 → 권력의 독점과 부정 방지

・ 36 <영사(정1품, 영의정 겸직)> 37 편찬·보관

・ 38 <한성판윤(정2품)> 수도(서울)의 행정·치안

・ 39 ┌ 임금의 교지 작성
　　　 └ 하급 사관이 40 작성

・ 41 ┌ 42 간행·관리
　　　 └ 제사용 축문·인신(도장) 관장　　4관 - 유교 정치의 수행을 위해 설치
　　　　　　　　　　　　　　　　　　　　　cf. 춘추관은 4관에 포함 X

・ 43 (=승문관) 44 작성

・ 45 ┌ 국립 대학(최고 교육 기관)
　　　 └ 고등 문관 양성

📂 조선의 지방 행정 조직★

• 전국을 _____ 1 로 나누고 그 아래에 330여 개 군현 설치
속군 속현 향 부곡 소 ⇨ 소멸

• 고을 크기에 따라 지방관 등급 조정
⇨ _____ 2 체제 + _____ 3 의 조화 추구

```
                              ┌─ 부 ──┐  부윤    군사
                         특수 ┤       │        요충지
중앙 정부 ─── 8도 ───┤      └─ 목 ──┤  목사
                         │            │        행정
                         │      ┌─ 4 ─┤  6     요충지
                    일반 ┤      │     │
                         └──────┤  ┌──┘
                                └─ 5  7
```

```
면장  ----  이정  ----  10
8          9           11
              └─ 12 이 임명 ─┘
```

13 ←----- 중앙 정부
14 ←----- 8도

14 ──감찰──→ 15

자문 ↖   ↗ 보조
        15
      감독 ↗↘
유향소 ──감시──→ 16

통제
13 ──────→ 유향소

지도 범례:
■ 한성부
◎ 유수부
◉ 부
○ 목
● 관찰사
▶ 병영
▷ 수영
── 도의 경계
---- 좌·우도의 경계

백두산
경성
길주
함경도
의주
정주안주
영변
함흥
영흥
평안도
평양
황주
동해
울릉도
황해도
옹진 해주 개성
파주 양주 원주
강화 한성
경기도 수원 광주
홍주 청주 충주
황해
공주 상주
충청도
경상도
전주 성주 경주
광주 능주 진주 울산
전라도
나주
제주도

20 조선의 통치 체제 ③

📁 조선의 지방 행정 조직*

수령

- 　　　　1 　에 파견
- 　　　　2 　담당, 　　　　3 　업무 수행
  - → 　　4 　, 　　5 　의 징수가 가장 중요한 임무
- 　　　　6 　의 지휘·감독 받음
- **권한 강화**: 지방의 　　　7 　, 　　　8 　, 　　　9 　장악

농업 장려(농상성)
부역의 균등(부역균)
소송의 간결(사송간)
군대의 정비(군정수)
향리의 부정 방지(간활식)
호구의 확보(호구증)
학교의 진흥(학교흥)

　　10 　: 지방관의 임기 설정 관찰사 　11 　년, 수령 　12 　년(후에 　13 　년)

　　14 　: 자기 　　15 　의 지방관으로 임명 금지

관찰사

- 　　　　24 　에 파견
- 종2품, 　　25 　, 　　26 　
- 1년 임기제(약 360일, 단임)
- 일부는 　　　　27 　, 　　　　28 　겸직
- 　　29 　(상설 행정 기구)에 상주, 　　30 　지휘·감독
- 　　　31 　, 행정권, 사법권, 군사권 보유

4 유수부

특수 행정 구역
- 　　32 　(세종), 강화(인조), 　　33 　(숙종), 수원(정조)에 설치
- 　　34 　요충지, 임기응변적 설치, 4도 　　35 　파견 (국왕 직속 경관, 종2품)
- 관찰사의 지휘나 통제를 받지 X

6방

- 　16 　⇨ 세습적 　　17 　으로 격하(무보수)
- 　18 　보좌, 행정 실무
- 　19 　시대보다 향리 권한 약화

　　20 　: 서울에 머무르는 지방 향리, 고려의 　　　21 　계승
자기 군현의 원활한 　　22 　징발·　　23 　납부 목적

고려
　40 　제도
분화·발전

경재소

- 지방 출신의 　　　　36 　을 책임자로 임명
- 　　37 　와 　　38 　사이 연락 담당
- 유향소 임원(좌수·별감) 임명
- 　39 　때 혁파(1603) ⇨ 이후 수령이 좌수·별감 임명

유향소

- 재지 사족들의 　　　　41 　
  - └ 지방 유지, 전직 관리
- 　42 　보좌, 　　43 　규찰, 풍속 교정, 백성 교화
- **향임(임원):** 　　44 　·별감
- 　45 　: 향촌 회의 기구 → 향규(향회 운영 규칙) 제정
- 　46 　: 　47 　에 참여하는 사족들의 명부

✓ 유향소의 변천
조선 초기 등장 → 혁파(　48 　) → 복립(세종) → 재혁파(　49 　) → 재복립(성종) → 향청
으로 변화(선조)

🗂 조선의 지방 행정 조직

역원제

● **역**
- 주요 ___1___ 요지 → 공문서 전달
- 공무 연락자, 관청 물품 운송
- ___2___ 에서 관할
- ___3___ (수조권 토지) 지급
- ___4___ 에서 ___5___ 지급(역리)
  └ 역마 이용 신분증

● **원**
- 관리들이 이용하는 공공 여관
- 전국 1220개 운영
- ___6___ 가 관할 - ___7___ 지급

봉수제, 파발제

● **봉수제**
- 낮에는 연기, 밤에는 불
  → ___8___ (남산) 봉수대로 집결

● **파발제**
- ___9___ 때 ___10___ 이후 시행
- 남발, 북발 - 보발
- 서울 ~ 의주 - ___11___

조운제

```
( 12 ) ┌ 각 군현    13   징수
       ├ 지역별    14   설치
       └    15  ,   16   에 위치
         │
    조운(바다 6 : 강 3 : 내륙 1)
         ↓
( 17 ) ┌ 좌창(  18  ) →   19
       └ 우창(  20  ) →   21
```

※ **조창** ⟶ **경창** : _____ 22 _____
```
                    └    23   ┐ 군사비, 사신비 접대
                         24   ┘
                         25   — 수송상 불편
```

정답 (하단 거꾸로 인쇄)

20 조선의 통치 체제 ⑤

📁 조선의 군사 제도

● 군역 제도 "누가 군대 가나?"

√ 원칙

- _____¹ : 16세 ~ 60세의 양인 남성(천민 제외)이 대상
- _____² : 평상시 농업 종사, 유사시 전쟁 참여
  - └ _____³ 제정 ┌ 구성 ┌ _____⁵ (정병): 1년에 _____⁶ 군 복무
    - (15C, _____⁴) └ _____⁷ (_____⁸): 1년에 _____⁹ 납부
      - 정군으로 뽑히지 않은 장정을 보인으로 삼아 정군의
      - 비용을 부담(정군 1명당 보인 2명 배정)

√ 예외

- 현직 관료(양반) · 학생 · 향리 · 상공업자는 군역 면제
- 왕족 · 공신 · 고급 관료의 자제는 고급 특수군(_____¹⁰ , _____¹¹ 등)에 편제
  - → _____¹² 와 녹봉을 받음

● 군사 조직

- **구성** ┌ _____¹³ : 농민 _____¹⁴ (일반 평민)
  - ├ _____¹⁵ : _____¹⁶ 을 치르고 선발된 직업 군인
    - 중앙 - 왕궁 · 서울 수비 / 지방 - _____¹⁷
  - └ **특수병(** _____¹⁸ , _____¹⁹ **)**: 왕족, 공신, 고관의 자제로 구성

- **조직**

중앙군

5위 (15c)
5위도총관: 문신을 임명

_____²⁰ (중위)
_____²¹ (좌위)
호분위 (우위)
충좌위 (전위)
충무위 (후위)

16c 임진왜란 후 5위를 대체 →

5군영 ★

- _____²² (1593, 선조) ┌ 수도 담당
  - ├ 삼수병(_____²³ · _____²⁴ · _____²⁵)으로 구성
  - └ 일정 급료 받는 _____²⁶ (= 직업 군인)
- _____²⁷ (1623, 인조) ┌ 수도 담당
  - └ _____²⁸ · _____²⁹ 으로 구성, 정군이 교대 번상
- _____³⁰ (1624, 인조) ┌ _____³¹ 이후 설치
  - └ _____³² 수비 담당 속오군
- _____³³ (1626, 인조): _____³⁴ 수비 담당
- _____³⁵ (1682, 숙종): _____³⁶ 수비 담당, 정군(번상병), 훈련도감 일부 + 기병

정답ㅣ 1 양인개병제 2 농병일치제 3 보법 4 세조 5 정군 6 교대로 7 보인 8 봉족 9 군포를 10 내금위 11 겸사복 12 녹과전 13 정군 14 갑사 15 정병 16 시험 17 영진군 18 내금위 19 겸사복 20 의흥위 21 용양위 22 훈련도감 23 포수 24 사수 25 살수 26 상비군 27 어영청 28 기병 29 보병 30 총융청 31 이괄의 난 32 북한산성 33 수어청 34 남한산성 35 금위영 36 한성

지방군

- [1] ─┬─ [2] 으로 구성([3])
  │   └─ 육군 · 수군이 국방상 요지인 [4] · [5] 에 소속되어 복무
  │
  16C
  임진왜란
  후 개편
  ↓
- [6] 체제 ─┬─ [7] 복구
            ├─ [8] ~ [9] 까지 전 계층 포함(양천 혼성군)
            │ → but 양반들의 회피로 상민과 노비만 남음
            └─ 평상시 생업에 종사, 유사시 전투에 동원

잡색군

- 서리, 잡학인, 전직 관리, 향리, 신량역천인, 노비 등으로 구성
- 평상시 생업에 종사, 유사시에만 동원되는 [10] (농민 제외)
  (훈련 O)

● 지역 방어 체제의 변화 ★

15c. [11]	1555. 명종	1583	16c 후반	1592. 선조	임진왜란 휴전 협상 中

[12]

진	진	진
진	진	진

- [13] 방어 체제
- [14] 이 지휘
  → 지휘 통제가 효율적
- 한 지역이 뚫려도 [15]
- [16] 침입에 유리
  ([17] 침입에 취약)

[18]
⇩
(남부)
제승방략으로 전환

니탕개의 난
⇩
(북부)
제승방략으로 전환

[19]

진	진	진
진	진	진

- [20] 방어 체제
- [21] 침입에 유리
- 중앙에서 파견된 고위 관리가 지휘
  → 지휘 통제가 [22]
  → [23] 이 지연될 경우 도망자 ↑
  ⇒ [24] 때 효과 X

★ [25]

[26]

영진군 ⟜ (⊃ [27] / ⊃ [28])
쏙오!
→ 속오군(양천 혼성군)
  └ 진관의 단점을 보완하기 위해
    군사를 늘림

📖 맵핑 핵심 자료

▨ 대간(양사)

대간은 마땅히 위엄과 명망이 우선되어야 하고 탄핵은 뒤에 하여야 한다. …… 천하의 득실과 백성들을 이해하고 사직의 모든 일을 간섭하고 일정한 직책에 매이지 않는 것은 홀로 재상만이 행할 수 있으며 간관만이 말할 수 있을 뿐이니, 간관의 지위는 비록 낮지만 직무는 재상과 대등하다.

― 『삼봉집』

▨ 경재소

이 8조 호구의 법식에 따라 2품 이상은 8향, 6품 이상은 처의 고향을 제외한 6향, 그 이하는 조부와 증조의 외향을 제외한 4향, 관직이 없는 의관족의 자제는 부모의 외향을 제외한 2향으로 하여 매 향마다 경재소에서 좌수 1명을, 참상은 별감 2명을 정하여 고을의 일을 맡기되, 수령의 정치에는 간여하지 못하게 하고 어긴 사람은 죄로 다스리게 하십시오.

― 『세종실록』

▨ 수령 7사

첫째. 농업을 발전시킬 것.
둘째. 유교 경전 등의 교육을 진흥할 것.
셋째. 법을 잘 지켜 백성에게 올바름을 보일 것.
넷째. 간사하고 교활한 무리를 제거할 것.
다섯째. 때맞추어 군사 훈련을 실시하고 군기를 엄정히 할 것.
여섯째. 백성을 편히 하고 호구를 늘릴 것.
일곱째. 부역을 공평하고 균등하게 부과할 것.

▨ 군역과 보법

서울과 지방의 군정은 6년마다 병적을 만든다. 서울은 5부에서, 지방은 절도사가 제주 3읍은 절제사가 담당한다. 1부는 병조에 보내어 보관하고 관찰사가 있는 도와 주진·거진·제진도 1부씩 보관한다. 병조는 그 총액수를 올린다.

― 『경국대전』

경성과 지방의 군사에 보인(保人)을 지급하는데 차등이 있다. 장정 2인을 1보로 하고, 갑사(甲士)에게는 2보를 지급한다. 장기 복무하는 환관(宦官)도 2보를 지급한다. 기병, 수군은 1보 1정을 준다. 보병, 봉수군은 1보를 준다.

― 『경국대전』

▨ 유향소

• 고을에서 부모에게 불효하는 자, 형제에게 불경하는 자, 친족 간에 불복하는 자, 인척 간에 불화하는 자, 남에게 신의가 없거나 남을 구휼해 주지 않는 자가 있으면, 유향소에서 그에 대한 징계를 의논할 수 있으며, 아전으로 백성의 재물을 침탈하는 자가 있으면 이곳에서 징계를 의논할 수 있다.

― 『경국대전』

• 김대(金臺)가 아뢰기를, "백성을 괴롭힘은 향리(鄕吏)보다 더한 자가 없는데, 수령(守令)도 반드시 다 어질 수는 없습니다. …… 옛 사람이 이르기를, '교활한 관리가 지나가면 닭과 개라 하더라도 편안하지 못하다.'고 하였습니다. 닭과 개도 편안하지 못한데 더구나 사람이겠습니까? 유향소의 법은 매우 훌륭했습니다만 이시애의 난으로 중간에 폐지하여 이러한 큰 폐단이 생겼습니다. 다시 세우는 것이 어떻겠습니까?" 하니, 임금(성종)이 좌우(左右)에게 물었다.

― 『성종실록』

▨ 훈련도감

오늘의 적세(賊勢)가 매우 염려되는데 전부터 일을 처리하는 것이 느슨해져 적의 난리를 겪는 2년 동안 군사 한 명을 훈련시키거나 기계 하나를 수리한 것 없이 중국군만을 바라보며 적이 제 발로 물러가기만을 기다렸으니 불가하지 않겠는가. …… 나의 생각에는 따로 훈련도감을 설치하여 합당한 인원을 차출해서 장정을 뽑아 날마다 활을 익히기도 하고 포를 쏘기도 하여 모든 무예를 훈련시키도록 하고 싶으니, 의논하여 처리하라.

― 『선조실록』

📁 과거 제도 - 교육 기관과 유기적인 관계

Focus

- 서당
- 4부 학당
- 향교
- 서원
- 소과 → 성균관 ┄→ 대과
- 무과
- 잡학 ┄→ 잡과

⌲ ___¹ 外 모두 응시 가능

but. ___² 응시 금지: 탐관오리 자제, 서얼, 재가한 여자의 자손 등
└→ 무과, 잡과는 가능

더 알아보기 과거 시험 시기

- 정기 시험: ___³ (3년에 한 번씩 실시)
- 부정기 시험(별시) ┬ ___⁴ - 국가 경축일
  └ 알성시 - 성균관 특혜

문과	소 과	대 과
	- ___⁵ (예비 시험)	- 식년시 + 증광시, 알성시
	• **응시**: 초등 교육 기관(서당)과 중등 교육 기관(4부 학당, 향교)을 졸업한 후 소과 응시	• **절차**(식년시)

소 과

- ___⁵ (예비 시험)
- **응시**: 초등 교육 기관(서당)과 중등 교육 기관(4부 학당, 향교)을 졸업한 후 소과 응시
- **종류** ┬ ___⁶ : 유교 경전 시험
  └ ___⁷ : 문예(논술) 시험
- **절차**

  초시 ──→ 복시 ──→ 합격

  - 각 ___⁸ 선발
  - 각 도의 인구 비례
  - 각 ___⁹ 선발
  - 성적순
  - ___¹⁰ 지급
  - ___¹¹ 입학 자격
  - ___¹² 진출
    (승진 제한)
  - ___¹³ 응시 자격

대 과

- 식년시 + 증광시, 알성시
- **절차**(식년시)

  초시 ──→ 복시 ──→ 전시 (순위 결정전)

  - ___¹⁴ 선발
  서울 90명
  +
  각 도 인구 비례
  150명

  - ___¹⁵ 선발
  성적 우수자
  최종 합격자
  ⇩
  - ___¹⁶ 지급
  - ___¹⁷ 진출
  가능(승진 제한 X)

  - **갑과**: ___¹⁸
    ┬ 1등: ___¹⁹ → 종6품(참상관)
    └ 2·3등: 방안, 탐화 → 정7품
  - **을과**: 7명 → 정8품
  - **병과**: ___²⁰ → 정9품

정답 1 천인 2 소인 3 식년시 4 증광시 5 소과시 6 생원시 7 진사시 8 700명 9 100명 10 백패 11 성균관 12 하급 관리 13 대과 14 초시 15 복시 16 홍패 17 관직 18 33명 19 장원 20 23명

해커스공무원학원·공무원인강·교재 Q&A gosi.Hackers.com 82

무 과

- _____1 + _____2 (임금 참여 X, 성균관 밖에서)
- 소과(예비 시험) 없음, 바로 대과 실시
- 주로 _____3 · 중간 계층이 응시
- **시험 과목**: 무술 + 병서 + 경서
- **절차**

  초시 ——→ 복시 ——→ 전시 (순위 결정전)

  - _____4 선발
  - _____5 선발
    - 최종 합격자
      _____6 지급
      _____7 이라는
      호칭 수여
  - **갑과**: _____8 → 종7품
  - **을과**: 5명 → 종8품
  - **병과**: 20명 → 종9품

잡 과

- 기술관 선발 시험

  초시
  - _____9 → 사역원
  - _____10 → 형조
  - _____11 → 전의감
  - _____12 → 관상감

  복시
  - _____13 에서 주관
    - 백패 지급

📋 더 알아보기 조선 시대 승과

- 조선 초 - 승과 실시
- 중종 - 조광조에 의해 폐지
- 명종 - 문정왕후 때 잠시 부활
  → 문정왕후 사후 다시 폐지

기타 시험 제도

- ● _____14
  - _____17 이상의 고관 자제 대상 (친가 쪽 할아버지까지)
    → 고려(_____18 이상)에 비해 제한
  - **한품제 적용**: 승진의 관품제한 적용

- ● _____15
  - 간단한 시험을 거쳐 _____19 또는 _____20 로 선발
  - 고관 진출은 사실상 불가능
  - 산학 → 호조 주관
    화학 → 도화서 주관
    악학 → 장악원 주관

- ● _____16
  - 3품 이상 고관의 추천을 받은 관리 등용
    └ 문관: 3품 이상, 무관: 2품 이상
  - _____21 중 선발 → 간단한 시험
  - 붕당 정치 격화 → 세력 확대에 이용

📋 더 알아보기 합리적 인사 관리 제도

- _____22 ─ 지방관의 임기 설정 - 관찰사 360일, 수령 1800일

- _____23 ┌ 가까운 친인척이 같은 관청에서 근무하지 못함
       └ 자기 출신지 지방관 임명 금지

- _____24 제도 ─ 5품 이하 관리 임명 시 대간이 신분·경력 등을 조사한 뒤 그 가부를 승인

- _____25 ┌ 근무 성적 평가제
       ├ 고관이 _____27 마다 하급 관리의 근무 성적을 평가
       └ 승진·좌천의 자료로 사용

- _____26 ─ 신분에 따른 승진의 품계 제한 ┬ 서얼, 기술관 - _____28 까지
                          ├ 토관, 향리 - 정5품까지
                          └ 서리 - 정7품까지

22 조선 전기 왕의 업적 ①

태조 (1392~1398)

- 조선 건국([1])
- 도읍의 기틀 마련 ┬ [2] 천도(1394)
  ├ 경복궁 건설(1395)
  └ 궁궐·종묘·사직 등 건설
- 통치 체제 정비 고려의 통치 체제 유지(고려의 도평의사사 그대로 계승)
- [3] 설치(1393)
  ┬ 병권 장악 목적으로 설치하였던 삼군도총제부(1391, 공양왕)를 개편
  └ 조선 초기 군령과 군정을 총괄하던 관서

더 알아보기 정도전 등용 "조선 왕조의 설계자"
- [4] 바탕으로 [5] 중심의 정치 주장
- 민본적 통치 규범 마련: 『 [6] 』, 『 [7] 』 저술
- 성리학적 통치 이념 확립: 『 [8] 』 저술 → 유학의 입장에서 불교 비판
- 대명 정책: 요동 정벌 추진 목적으로 『 [9] 』(진법서) 편찬

● 제1차 왕자의 난(1398)
[10] 이 세자로 책봉됨 ⇒ [11] 이 동생 방번·방석 살해, 정도전·남은 제거
⇒ [12] 를 왕으로 추대([13])

사료 읽기 | 정도전의 정치 사상
임금의 직책은 한 사람의 재상을 논정하는 데 있다 하였으니, 바로 총재를 두고 한 말이다. 총재는 위로는 임금을 받들고 밑으로는 백관을 통솔하여 만민을 다스리는 것이니 직책이 매우 크다. 또 임금의 자질에는 어리석은 자질도 있고 현명한 자질도 있으며, 강력한 자질도 있고 유약한 자질도 있어서 한결 같지 않으니, 임금의 아름다운 점은 순종하고 나쁜 점은 바로 잡으며, 옳은 일은 받들고 옳지 않은 것은 막아서, 임금으로 하여금 가장 올바른 경지에 들게 해야 한다.
— 『조선경국전』

정종 (1398~1400)

- 일시적 [14] (1399) ← 정치적 혼란을 피하기 위해
- 도평의사사 → [15] (정무) / 중추원 → [16] (군무), 승정원(왕명 출납)

● 제2차 왕자의 난(1400)
[17] 이 방원에게 도전 → 방원이 방간 제거, 정종이 [18] 을 세자로 삼고 양위

태종 (1400~1418) ☆

● 왕권 강화책
- [19] 실시
- [20] 독립 → 왕의 [21] 화 ⇒ 대신과 외척 세력 견제
- 제2차 왕자의 난(1400) 이후 [22] 혁파: 관군으로 편입 ⇒ 국왕이 군사권 장악

● 경제 정책
- [23] 실시(20년마다): 은결 색출, 토지 비옥도 조사 → [24] 작성
- 호구 조사 → [25] 작성
- [26] 설치 → [27] 발행
  └ 외거 노비의 신공 중 면포 납부를 관장
- [28] 정리: 2000여 개 → 242개 ⇒ 토지, 노비 몰수 ⇒ 국가 재정 확충
- [29] : 억울한 노비 해방

● 사회 정책
- [30] 실시 ┬ 농민 유망·이탈 방지책
- [31] 실시: 10가구를 단위로 묶어서 통제
- [32] 설치(형식적) ⇒ 영조 때 부활

● 유교 정책
- [33] 제정 → 서얼의 문과 응시 제한
- 녹안, 자녀안 작성 ┬ 재가녀 │ 3번 이상 결혼한 여자 명부 └ 명부

● 문화 정책 - [34] (활자 주조, 인쇄 담당) 설치
→ [35] 제작

(22) 조선 전기 왕의 업적 ②

세종 (1418~1450)★

● 왕권 강화책

- ___1___ 실시

  but. 이조, 병조 → ___2___ : 인사, 군사권 장악 ⇨ 왕권과 신권의 조화

- **집현전** 상설화(정종 때 임시 설치) → ___3___ 실시 ⇨ 왕도 정치 구현

- ___4___ 실시

- **유능한 인재 등용**: 청백리 재상(황희, 맹사성)

- 『___5___』 시행, 장려

● 대외 정책

To. 일본	___6___ 정벌(1419, 세종 1)
	___7___ (1426, 세종 8)
	___8___ 체결(1443, 세종 25)

To. 여진	___9___ (최윤덕) ___10___ (김종서) 개척(1433~1443, 세종 15~세종 25)

● 자주성

- 독자적 천문 체계 완성 →『___11___』: 역법서, 한양 기준

- 독자적 농서 →『___12___』

- 독자적 의서 →『___13___』

● 경제 정책

- 불교 교단 정리: ___14___ = 선종 18사 + 교종 18사

- ___15___ - ___16___ (풍흉), 전분 6등법(비옥도)

- ___17___ **발행**: 저화 보조 화폐

● 민족 문화 향상

- ___18___ 창제(1443) → 반포(1446)

  (Test) 『용비어천가』, 『동국정운』, 『월인천강지곡』, 『석보상절』

  ⇨『월인석보』(세조)

- **과학 기술 발명**: ___19___ , ___20___ , 측우기, 혼천의, 간의

- **활자 주조** - ___21___ , ___22___ : 밀랍 대신 식자판 조립 방법 창안

- **유교 윤리 보급**: 『___23___』 편찬(cf : 중종 때 조광조의 건의로 『___24___』 편찬)
  └ 김안국

- 예법서 『___25___』 보급

- ___26___ 정리(박연), ___27___ 간행(관습도감)
  └ 악보, 소리의 장단, 고저

● 편찬 사업

- 『___28___』 - 한의학 백과사전
- 『___29___』
- 『총통등록』 - 무기, 화약

- 『___30___』 - 병서
- 『태산요록』 - 임신과 출산, 산후조리
- 『신주무원록』 - 법의학서

🗣️✌️ **사료 읽기 | 세종 시기의 자주적 서적**

• 『칠정산』

왕께서 정흠지, 정초, 정인지 등에게 명하여 선명력과 수시력 등 여러 역법의 차이를 비교하여 교정하도록 하였다. 또한, 『태음통궤』와 『태양통궤』 등 중국 역서를 연구하고 우리 실정에 맞게 수정하여 「내편」을 편찬하도록 하였다. 또 「회회력법」을 구하여 …… 「외편」을 만들었다.

• 『농사직설』

농사는 천하의 대본이다. …… 5방(五方)의 풍토가 다르고 곡식을 심고 가꾸는 법이 각기 있어 …… 각 도 감사에게 명하여 주와 현의 늙은 농부들이 경험한 바를 모두 들어 올리라 하였다. 이를 한편의 책으로 엮었으니, 이름하여 『농사직설』이라 하였다.

• 『향약집성방』

예전에 신농씨가 많은 초목의 맛을 보고 그 지방의 성질에 맞춰 병을 고치게 하였으며, …… 또 오방(五方)은 모두 제각기 타고난 성질이 다르고 천리를 넘어서면 풍속이 같지 않는 법이다. …… 그 지방의 향약(鄕藥)을 가지고 병을 고치는 것이 반드시 힘은 적게 들고 효력은 빠른 것이다.

정답 1 의정부 서사제 2 육조 직계제 3 경연 4 사가독서제 5 삼강행실도 6 쓰시마섬 7 계해약조 8 삼포 개항 9 4군 10 6진 11 칠정산 12 농사직설 13 향약집성방 14 36사 15 공법 16 연분9등법 17 조선통보 18 훈민정음 19 자격루 20 앙부일구 21 갑인자 22 경자자 23 삼강행실도 24 이륜행실도 25 주자가례 26 아악 27 정간보 28 향약집성방 29 의방유취 30 총통등록

해커스공무원학원·공무원인강·교재 Q&A gosi.Hackers.com **85**

문종(1450~1452)

- 건강 악화로 2년 만에 사망
- _____ 1 정치 실시
  └ 김종서, 황보인
  ⇩
  왕권 약화

단종(1452~1455)

- 어린 나이에 즉위(12세)
  → _____ 2 , 재상 중심의 정치

- _____ 3 , _____ 4 등이 국정 주도
  ⇔ _____ 5 (1453)

  ┌ _____ 6 + _____ 7 + 신숙주
  ├ 명분 없는 쿠데타
  └ _____ 8 · _____ 9 · 안평 대군 등이 숙청됨
    ⇒ _____ 10 의 난(1453): 수양 대군에 맞서
      일으킨 반란
      ⇩

1455 _____ 11 즉위(단종은 _____ 12으로)
      ⇩

1456 **단종 복위 운동**
  - **사육신:** _____ 13 , 박팽년 등
  - **생육신:** 김시습, 이맹전 등
      ⇩

1457 진압 후 단종(상왕) 폐위(_____ 14 으로
      강등) → 강원도 _____ 15 (청령포)에 유배

세조(1455~1468)

⇒ 왕권 강화

- _____ 16 **부활**
- _____ 17 **폐지** → 경연 · 사가 독서제 폐지
- _____ 18 **등용** → 왕실의 힘 강화
- 『 _____ 19 』 **편찬 시작**
- 군사 제도 정비: _____ 20 , _____ 21 , _____ 22 , _____ 23 , 둔전제
- _____ 24 (1453) + 중앙 집권 강화
    ↕   ↕

  _____ 25   _____ 26 + (함흥부) _____ 27 의 지지 ⇒ 유향소 폐지
  (1453)   (1467)

- **토지 측량 기구:** _____ 28 , _____ 29 발명 / _____ 30 제작(양성지)
  └ cf. 동국지도(정상기, 영조):
     최초의 축적 사용

- **직전법 실시(1466)** ┌ 현직 관리에게만 수조권 지급
                      └ 수신전 · 휼양전 폐지

- **불교 진흥:** 간경도감 설치, _____ 31 · 원각사지 10층 석탑 건립
  └ 불경 『월인석보』 간행 · 번역

사료 읽기 | 6조 직계제와 의정부 서사제의 실시

• 6조 직계제
의정부의 사무를 나누어 6조에 귀속시켰다. …… 처음에 왕은 의정부의 권한이 막중함을 염려하여 이를 없앨 생각이 있었지만, 신중히 여겨 서둘지 않았다가 이때에 이르러 단행하였다. 의정부가 관장한 일은 사대 문서와 중죄수의 심의에 관한 것뿐이었다. — 『태종실록』

• 의정부 서사제
6조 직계제를 시행한 이후 일의 크고 작음이나 가볍고 무거움이 없이 모두 6조에 붙여져 의정부의 관여 사항은 오직 사형수를 논결하는 일뿐이므로 옛날부터 재상을 임명한 뜻에 어긋난다. 6조는 각기 모든 직무를 먼저 의정부에 품의하고, 의정부는 가부를 헤아린 후에 왕에게 아뢰어 전지를 받아 6조에 내려 보내어 시행한다. — 『세종실록』

• 6조 직계제의 부활
상왕(단종)이 어려서 무릇 조치하는 바는 모두 의정부 대신에게 맡겨 논의하고 시행하게 하였다. 지금 내(세조)가 명을 받아 왕통을 계승하여 군국 서무를 아울러 모두 처리하며 우리나라의 옛 제도를 복구하고자 한다. 지금부터 형조의 사형수를 제외한 모든 서무는 6조가 각기 그 직무를 담당하여 직계한다. — 『세조실록』

22 조선 전기 왕의 업적 ④

성종 (1469~1494) ★

● 체제 정비

- _____¹ 폐지 ⇨ 친정 실시 선언
- _____² (옥당) 설치 + 독서당(호당) 부활
  - └ 세종 때 _____³
  - ⇨ 세조 때 폐지 ⇨ 부활
- 『_____⁴』완성, 반포
- _____⁵ 등용 → _____⁶ 견제: 김종직 3사 진출
- _____⁷ 정책 → _____⁸ 폐지(= 승려 인정 X)
- _____⁹ 부활, 강화
- 관수 관급제 실시 → 관리들의 농민 수탈 X
  - ⇨ 국가의 토지 지배력 강화

♀ 원상제

- 세조 대에 좌익공신(한명회)을 우대하기 위해 설치한 국가 원로대신들의 회의 기구
- 세조 대에 세자(예종)를 참여시켜 정사를 가르침
- 예종 대 ~ 성종 초기: 국정 최고 회의 기구
- 성종 대에 한명회가 죽은 후 기능 약화

● 편찬 사업

- 『_____¹⁰』- 조선 전기 최대 인문 지리서
- 『_____¹¹』- 서거정, 고조선 ~ 고려 말, 편년체, 최초 장편 사서
- 『_____¹²』- 서거정, 동방 문학 전집
- 『_____¹³』- 길 · 가 · 빈 · 군 · 흉, 왕실 의례서
- 『_____¹⁴』- 성현, 음악서
- 『_____¹⁵』- 노사신, 서거정, 고조선 ~ 삼국 시대
  - 김부식의 『삼국사기』보완
- 『_____¹⁶』- 신숙주, 일본 견문기

📁 훈구·사림의 등장

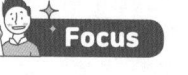 **Focus**

권문세족 ─ 보수 세력
─ 권력 집단
─ 대지주

신진 사대부 ─ 개혁 세력
─ 성균관 유생 출신
─ 중소 지주 향리 출신

공민왕

┌ 1 ___ **사대부** (역성 혁명파)
├ 2 ___ · 3 ___ · 권근 (소수)
└ 4 ___ 의 군사적 지원

신진 사대부의 분화

우왕

5 ___ **사대부**
└ 6 ___ · 7 ___
(다수)

성균관에서 수학

관학파

┌ 8 ___ 에 참여
(한명회·신숙주·구치관)
훈구파

성리학 + Others (정통 성리학자X)
├ 9 ___ · 10 ___ 11 ___
├ 중앙 집권, 민생 안정, 부국강병 주장
├ 12 ___ , 13 ___ (시+문장) 중시
└ 자주적 사관 (14 ___ 중시)

사림은 17 ___ 과 18 ___ 을
└ 후진 양성
중심으로 기반 형성

농촌 사회 장악

한정된 관직을 둘러싼 사림 내부의 갈등

붕당 정치의 시작
(사림들의 '밥그릇 싸움')

사림파의 집권

사학파 ──→ **사림파**

16 ___
즉위

사화
(士禍)

Only 성리학: 성리학 이외는 배척 (정통 성리학자)
향촌 자치 · 왕도 정치 주장
└ 왕권과 신권의 조화 (↔패도 정치)
├ 19 ___ , 20 ___ (유교 경전 공부) 중시
└ 존화주의적 사관 (21 ___ 중시)

훈구파 쇠퇴

고려 말

1392
(조선 건국)

사학파 지방 은거 (영남, 기호)
길재 → 김숙자 → 김종직 → 김굉필

15C

성종 – 15 ___ 등 사림파 등용 시작
└ 호: 점필재
세조 때 관직 진출
성종 때 3사 진출 → 훈구 비판
예림 서원 (김종직 배향 서원)

16C 후반~18C 후반

정답 1 급진파 2 정몽주 3 조준 4 이성계 5 온건파 6 길재 7 이색 8 계유정난 9 사장학 10 도덕 11 문학 12 훈고학 13 사장 14 단군 15 김종직 16 연산군 17 서원 18 향약 19 이황 20 조광조 21 기자

23 훈구·사림의 등장과 사화 ②

📁 사화(훈구파 vs 사림파)

무오사화(1498, 연산군)

- 배경 - ___1___ 문제

  김일손이 『성종실록』 「___2___」에

  김종직의 「___3___」 수록

- 전개

  훈구파가 연산군에게 고발

  ⇓

  ┌ ___4___ 부관참시

  ├ ___5___ 능지처참

  └ 다수의 사림들이 유배를 감

갑자사화(1504, 연산군)

- 배경

  ___6___ 사건 → 임사홍의 고변

  : 폐비 윤씨 사건을 연산군에게 보고

- 전개

  폐비 윤씨 사건의 관련자 처벌

  ⇓

  훈구·사림 모두 피해(___7___ 몰락)

  ⇓

  ___8___ 의 폭정(흥청 설치, 신언패 사용)

  ⇓

  ___9___ 으로 ___10___ 폐위

기묘사화(1519, 중종)

- 배경

  - 중종의 사림 등용으로 훈구·사림의 갈등

  - ___11___ 의 급격한 개혁 정치에 훈구 반발

- 전개

  훈구파의 불만

  ⇓

  훈구(홍경주·남곤 등)의 '___12___' 사건
  └ (走肖爲王)

  ⇓

  조광조와 대부분의 사림이 제거됨

을사사화(1545, 명종 즉위년)

- 배경

```
                    11대
  장경 왕후(비) ─┬─ 중종 ─┬─ 문정 왕후(계비)
           12대│        │13대
           인종         명종
  사림 + 윤임            윤원형
   (대윤)               (소윤)
     ↓                   ↓
     死              12세 즉위
```

- 전개

  문정왕후의 수렴청정 +

  ___25___ 중심의 척신 정치

  ⇓

  ___26___·___27___ 숙청

  ⇓

  낙향 후 향촌에서 세력 확대

- 결과

  16c. 수취 체제 문란 ⇔ 임꺽정 등장

  백정 출신 ─┘

  구월산을 본거지로 활동

🗣 사료 읽기 | 사화의 전개

• 김종직의 「조의제문」

어느 날 꿈에 신인(神人)이 말하기를 '나는 초나라 회왕(의제)의 손자인 심(心)이다. 서초(西楚)의 패왕(覇王, 항우)에게 피살되어 빈강에 빠져 있느니라.' 하고는 갑자기 사라져 버렸다. ……역사를 상고해보면 회왕(의제)을 죽여 강물에 던졌다는 말이 없는데 이것은 필시 항우가 비밀리에 사람을 시켜 죽이고 그 시체를 물에 던졌는지도 알 수 없다고 생각하여 마침내 글을 지어 회왕(의제)을 조위하였다. — 『연산군일기』

• 주초위왕 사건

남곤은 나뭇잎에 묻은 감즙을 갉아먹는 벌레를 잡아 나뭇잎에다 '주초위왕(走肖爲王)' 네 글자를 써서 갉아먹게 하였다. …… 그는 왕에게 이 글자가 새겨진 나뭇잎을 바치게 하여 문사(文士)들을 제거하려는 화(禍)를 꾸몄다. — 『선조실록』

• 을사사화

이덕응이 자백하기를 …… 계속 추궁하자 그는 "윤임이 제게 이르되 경원 대군이 왕위에 올라 윤원로가 권력을 잡게 되면 자신의 집안은 멸족될 것이니 봉성군을 옹립하자고 하였습니다."라고 실토하였다. — 『명종실록』

🎓 더 알아보기 조광조의 개혁 정치 ⭐

- ___13___ 실시(사림 진출을 위한 천거 제도)

  → 사림 등용 多

- ___14___ (사림 기반) 보급

  → 향촌 자치(cf. 서원 설립 주장 X)

- ___15___ 주장 - ___16___ 활성화

- 『___17___』 『삼강행실도』 『___18___』

  보급

- ___19___ (고리대) 폐지

- ___20___ 의 폐단 개혁 → ___21___ 주장

- ___22___ 폐지 →

  단군 제사 ⇔ 사림의 "___23___"

- ___24___ : 중종반정 정국 공신들 中

  자격 없는 사람 삭제

정답 1 사초 2 사초 3 조의제문 4 김종직 5 김일손 6 폐비 윤씨 7 훈구파 사림 8 연산군 9 중종반정 10 연산군 11 조광조 12 주초위왕 13 현량과 14 향약 15 소격서 폐지 16 서원 17 이륜행실도 18 주자가례 19 내수사 장리 20 방납 21 수미법 22 소격서 23 기자(조선) 24 위훈 삭제 25 윤원형 26 대윤·27 사림

24 조선의 대외 관계 ①

✓ [   ]¹ [   ]² → 화전양면책
(명) (여진, 일본)

명과의 관계

● 건국 직후

→ [   ]³ 때 불편한 관계

- [   ]⁴ **사건**: 명에서 [   ]⁵ 을 지목하여 압송 강요
  └ 정도전이 명에 보낸 표문의 언사가 불손하다고 명이 트집을 잡은 사건
- [   ]⁶ **추진**: 정도전이 요동 정벌 위해 [   ]⁷ 작성
- **종계변무 문제**: 중국 측 기록에 이성계가 이인임 아들로 잘못 기록된 것을 바로잡는 문제
  (선조 때 해결)
- [   ]⁸ **문제**: 명에서 태조를 인정하지 않음
- [   ]⁹ **과의 관계 문제**: 명이 조선으로 넘어온 여진인의 송환 요구

● 태종 이후

→ 친선 관계

- [   ]¹⁰ , but 명의 구체적 내정 간섭 X
- **자주적 실리 외교 전개**: 왕권 안정 + 국제적 지위 확보
  └ 조공품 < 회사품 ─ 명으로부터 왕위를 인정받음
- 정기·부정기적으로 명에 사신 파견, 사신을 통한 무역 전개
  └ 사행 무역

회사품: 서적, 약재, 문방구 등
명 ←─────────────→ 조선
조공품: 토산물(마필, 인삼), 모피 등

● 16세기

- 사림 집권 후 [   ]¹¹ 로 인해 지나친 친명 정책으로 변화

여진과의 관계

● 회유책

- **여진족** [   ]¹² **장려**: 귀순 시 관직·토지·주택 제공
- **한성에** [   ]¹³ **(사신 유숙소) 설치**: 국경 무역, 조공 무역 허용
  - [   ]¹⁴ : 조선에 있었던 명의 유숙소
  - [   ]¹⁵ : 조선에 있었던 일본의 유숙소
  - **북평관**: 조선에 있었던 여진의 유숙소
- [   ]¹⁶ **설치**: 태종 때 경원·경성에 무역소를 두고 무역 허용

마필, 해동청, 산삼 등
여진 ←─────────────→ 조선
면, 마, 종이, 염장 등

● 강경책

- [   ]¹⁷ 때 두만강 지역 개척
- [   ]¹⁸ 때 4군([   ]¹⁹) 6진([   ]²⁰) 개척
→ 세조 때 여진의 침입으로 폐4군(廢四郡)

★ Focus   4군 6진

- [   ]²¹ **정책**: 삼남 지방 강제 인구 이동 → 국토의 균형 발전 + 국방력 강화
  └ 노비가 이주한 경우 일부 [   ]²²
- [   ]²³ **제도**: 토착 세력을 지방관으로 임명(상피제 적용 X)
  → 여진족 회유 + 국방력 강화

정답 1 사대교린 2 교린 3 태조 4 표전 5 정도전 6 요동정벌 7 진도 8 고명금인 9 여진족 송환 10 조공관계 11 성리학적 명분론 12 귀순 13 북평관 14 태평관 15 동평관 16 무역소 17 태조 18 세종 19 최윤덕 20 김종서 21 사민 22 양인화 23 토관제도

해커스공무원 공무원인강·공무원 교재 Q&A gosi.Hackers.com 90

24 조선의 대외 관계 ②

일본과의 관계

● **강경책**

세종 때 　　¹ 가 쓰시마 섬(대마도) 정벌(1419, 세종 1) → 왜구 근절

● **회유책**

- 　　² (1426, 세종 8): 　　³ · 　　⁴ · 　　⁵ → 　　⁶ 설치

- _____⁷ **체결(1443, 세종 25):** 무역량이 많아져 제한하는 조치
  └→ 세견선 　　⁸, 세사미두 　　⁹, 거주왜인 60명

```
                구리, 황, 향료, 약재 등
  일본  ────────────────────────────→  조선
        ←────────────────────────────
                쌀, 인삼, 무명, 삼베, 서적 등
```

조선 초기 대외 관계

● **더 알아보기** 왜란 전 · 후의 대일 관계

● **16c**

- **중종**

  - 　　¹⁰ (1510): 　　¹¹ 설치(1511, 임시 기구)

  - 　　¹² (1512): 　　¹³ 만 개항, 세견선 　　¹⁴, 세사미두 　　¹⁵

  - 사량진왜변(1544): 교역 중단

- **명종**

  - 　　¹⁶ (1547): 규정 위반에 대한 벌칙 강화, 세견선 25척

  - 　　¹⁷ (1555): 국교 　　¹⁸, 비변사 　　¹⁹

- **선조**

  - 　　²⁰ (1592): 비변사 최고 권력 기구화

● **17c**

- **광해군**

  - 　　²¹ (1609): 부산포만 개항
    세견선 　　²², 세사미두 　　²³

📁 왜란史★

임진왜란 이전 상황	임진왜란 발발	조선 수군의 승리

임진왜란 이전 상황

● **조선**
- 양인 개병제의 붕괴와 군적수포제의 모순으로 국방력 약화
  ⇨ 군사적 공백 상태
- **국론 분열**(조선 통신사의 입장 차이)
  - **서인(황윤길)**: 일본과의 전쟁 발발 가능성 ⎯⎯1⎯⎯
    → 일본 침략 가능성에 대비하자
  - **동인(김성일)**: 일본과의 전쟁 발발 가능성 ⎯⎯2⎯⎯

● **일본**
- ⎯⎯3⎯⎯ 가 일본 통일(전국 시대 종결)
- ⎯⎯4⎯⎯ 명분으로 대륙 침략 준비

● **여진**
- **니탕개의 난(1583)**: 신립, 이순신 등이 격퇴

임진왜란 발발

○ **1592. 4. 14.** 왜군의 20만 대군이 조선 침략

○ ⎯⎯5⎯⎯ 함락(정발 死)

○ ⎯⎯6⎯⎯ 함락(송상현 死)

○ **1592. 4. 28.** ⎯⎯7⎯⎯ 전투 패배(⎯⎯8⎯⎯ 전투, ⎯⎯9⎯⎯ 死)

○ 선조의 ⎯⎯10⎯⎯ (광해군의 분조 활동)

○ **1592. 5. 2.** 왜군이 20여일 만에 한양 함락

조선 수군의 승리

○ **1592. 5. 7.** 옥포 해전 승리

○ **1592. 5. 29.** ⎯⎯11⎯⎯ **해전 승리**: 거북선 최초 이용

○ **1592. 6.** ⎯⎯12⎯⎯ · ⎯⎯13⎯⎯ 해전 승리

○ **1592. 6. 13.** 평양성 함락

○ **1592. 7.** ⎯⎯14⎯⎯ **승리**: ⎯⎯15⎯⎯ 전법

○ **1592. 10.** ⎯⎯16⎯⎯ 승리(cf. 해전 X) → ⎯⎯17⎯⎯ 死

○ 결과 ⎯ 전라도 곡창 지대 보호
  ⎯ 왜군의 수륙 병진 작전을 좌절시킴

🔍 사료 읽기 | 임진왜란의 발발

· 부산진 · 동래성 전투
적선이 바다를 덮어오니 부산 첨사 정발은 마침 절영도에서 사냥을 하다가, 조공하러 오는 왜라 여기고 대비하지 않았는데 미처 진(鎭)에 돌아오기도 전에 적이 이미 성에 올랐다. 이튿날 동래부가 함락되고 부사 송상현이 죽었다.
― 『선조실록』

· 충주 탄금대 전투
신립이 충주에 이르렀을 때 여러 장수들은 모두 새재의 험준함을 이용하여 적의 진격을 막고자 하였으나, 신립은 따르지 않고 들판에서 싸우려고 하였다. …… 왜적이 복병을 설치하여 우리 군사의 후방을 포위하였으므로 우리 군사가 크게 패하였다. 삼도순변사 신립은 포위를 뚫고 달천의 월탄가에 이르러, "전하를 뵈올 면목이 없다." 하고 빠져 죽었다.
― 『선조실록』

정답 1 ○ 2 X 3 도요토미 히데요시 4 정명가도 5 부산진 6 동래성 7 충주 8 탄금대 9 신립 10 의주 피난 11 사천 12 당포 13 당항포 14 한산도 대첩 15 학익진 16 (1차)진주 대첩 17 김시민

해커스공무원학원·공무원인강·교재 Q&A gosi.Hackers.com **92**

(24) 조선의 대외 관계 ④

📁 왜란史 ⭐

의병의 항쟁

- 전국 각지에서 ___1___ 으로 조직
- 의병 대부분이 ___2___ + 의병장(___3___ + ___4___)
- 향토 지리에 밝은 이점을 활용하여 왜군 타격
  → 이후 ___5___ 에 편입되어 활약
- 대표적 의병장

  ┌ 경상도: ___6___ , ___7___
  ├ 전라도: ___8___ , 김천일, 김덕령
  ├ 충청도: ___9___
  ├ 함경도(길주): ___10___ → ___11___ (___12___ 때 건립)
  ├ 금강산: ___13___ (___14___) ┐ 승병
  └ 묘향산: ___15___ (___16___) ┘ (호국 불교)

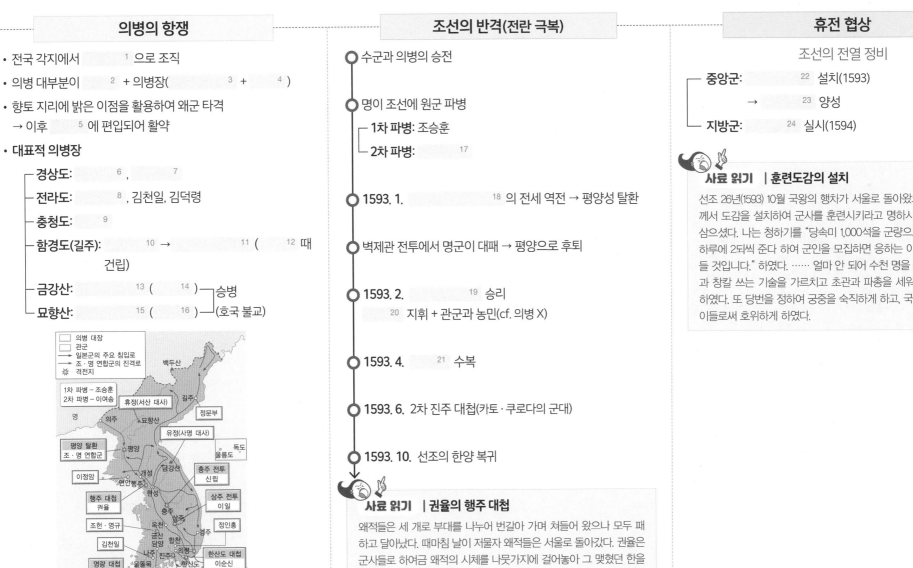

조선의 반격(전란 극복)

- 수군과 의병의 승전
- 명이 조선에 원군 파병
  ┌ 1차 파병: 조승훈
  └ 2차 파병: ___17___
- 1593. 1. ___18___ 의 전세 역전 → 평양성 탈환
- 벽제관 전투에서 명군이 대패 → 평양으로 후퇴
- 1593. 2. ___19___ 승리
  ___20___ 지휘 + 관군과 농민(cf. 의병 X)
- 1593. 4. ___21___ 수복
- 1593. 6. 2차 진주 대첩(카토·쿠로다의 군대)
- 1593. 10. 선조의 한양 복귀

사료 읽기 | 권율의 행주 대첩

왜적들은 세 개로 부대를 나누어 번갈아 가며 쳐들어 왔으나 모두 패하고 달아났다. 때마침 날이 저물자 왜적들은 서울로 돌아갔다. 권율은 군사들로 하여금 왜적의 시체를 나뭇가지에 걸어놓아 그 맺혔던 한을 풀었다.
— 『징비록』

휴전 협상

조선의 전열 정비

┌ 중앙군: ___22___ 설치(1593)
│   → ___23___ 양성
└ 지방군: ___24___ 실시(1594)

사료 읽기 | 훈련도감의 설치

선조 26년(1593) 10월 국왕의 행차가 서울로 돌아왔으나 …… 이때 왕께서 도감을 설치하여 군사를 훈련시키라고 명하시고 나를 도제조로 삼으셨다. 나는 청하기를 "당속미 1,000석을 군량으로 하되 한 사람당 하루에 2되씩 준다 하여 군인을 모집하면 응하는 이가 사방에서 모여들 것입니다." 하였다. …… 얼마 안 되어 수천 명을 얻어 조총 쏘는 법과 창칼 쓰는 기술을 가르치고 초관과 파총을 세워 그들을 거느리게 하였다. 또 당번을 정하여 궁중을 숙직하게 하고, 국왕 행차가 있을 때 이들로써 호위하게 하였다.
— 유성룡, 『서애집』

📁 왜란史 *

왜군의 재침입

○ 1597. 1. 정유재란 발발

○ 1597. 7. _____1 패배
   → 원균의 지휘부 전멸

○ 조·명 연합군의 직산 전투 승리 ─
                              이순신의 재등장

○ 1597. 9. _____2 승리(진도 울돌목)

○ 1598. 도요토미 히데요시의 죽음, 왜군 철수

○ 1598. 11. _____3 승리(남해군 앞바다)
   ⇨ _____4 死

🗣️ 사료 읽기 | 명량 대첩

벽파정 뒤에 명량이 있는데 숫자가 적은 수군으로서는 명량을 등지고 진을 칠 수 없었다. 이에 여러 장수들을 불러 모아 말하기를, "반드시 죽고자 하면 살고 살려고 하면 죽는다."고 하였다. 이것은 바로 오늘의 우리를 두고 이른 말이다. 너희들 모든 장병들은 조금이라도 영(令)을 어기는 일이 있으면 군법으로 다스려 작은 일일지라도 용서치 아니할 것이다.
                                                    – 「난중일기」

전란 이후 상황

● 조선
• _____5 의 최고 기구화
• 농토의 황폐화, 인구 감소, 양안(토지 대장)·호적 소실
  ⇨ 국가 재정 감소 ⇨ 납속책·공명첩 발급 ⇨ _____6 동요
• 담배, 고추, 호박, 토마토 등이 전래됨
• 문화재 소실 - _____7 , _____8 , 서적, 4대 사고 등

● 일본
• 문화 발전(_____9 , 활자, 성리학): 조선의 많은 문화재와 기술자들을
                                            약탈해 갔기 때문
• 도쿠가와의 에도 막부 성립: 조선에 적극적 친교 요청 _____10 파견
                          → 조선과 _____11 (1604) (포로 송환)
• _____12 파견(1607): 1607~1811, 총 _____13 회 파견
• _____14 (1609, _____15) 통교 재개(부산포만 개항, 세선선 20척,
                                            세사미두 100두)

● 중국
• _____16 의 국력 약화
• 북방의 _____17 이 급성장하여 _____18 건국(1616) ⇨ 명·청 교체

🗣️ 사료 읽기 | 전란의 영향

• 임진왜란 이후의 한양
경성에는 종묘, 사직, 궁궐과 나머지 관청들이 또한 하나도 남아 있는 것이 없으며, 사대부의 집과 민가들도 종루 이북은 모두 불탔고 이남만 다소 남은 것이 있으며, 백골이 수북이 쌓여서 비록 치우고자 해도 다 치울 수 없다. 경성의 수많은 백성들이 도륙을 당했고 남은 이들도 겨우 목숨만 붙어 있다. 굶어 죽은 시체가 길에 가득하고 진제장(賑濟場)에 나아가 얻어 먹는 자가 수천 명이며 매일 죽는 자가 60~70명 이상이다.
                          – 성혼, 「우계집」

• 기유약조
1. 대마도주(對馬島主)의 세사미두(歲賜米豆)는 100석으로 한다.
1. 대마도주의 세견선(歲遣船)은 20척으로 한다.
1. 왜관의 체류 시일은 대마도주가 특별히 보낸 사람은 110일, 기타 세견선은 85일이고, 표류인 등을 송환할 때는 55일로 한다.
1. 대마도주가 발급하는 문인(文引)을 받은 배만 올 수 있다.
1. 대마도주에게는 전례에 따라 도서(圖書)를 만들어 지급하고, …… 부산포에 두고서 서계가 올 때마다 따져 보아서 격에 어긋나거나 부험(출입증)이 없는 배는 돌려보낸다.

정답 1 칠천량 해전 2 명량 대첩 3 노량 대첩 4 이순신 5 비변사 6 신분제 7 불국사 8 경복궁 9 도자기 10 유정(사명대사) 11 강화 12 통신사 13 12 14 기유약조 15 광해군 16 명 17 여진족 18 후금

해커스공무원학원·공무원인강·교재 Q&A gosi.Hackers.com **94**

24 조선의 대외 관계 ⑥

📁 호란史

● 붕당의 출현 ★

주 <u>1</u> 론 → **동인**   **서인** ← 주 <u>2</u> 론

- 영남 학파   · 기호 학파
- <u>3</u> , <u>4</u> , <u>5</u>   · <u>6</u> , <u>7</u>

<u>이조 전랑의 자리 다툼</u>
└ 인사권, 자천권, 3사 선발권
VS

- 신진 사림 <u>8</u>   · 기성 사림 <u>9</u>

<u>척신 정치 청산</u>
<u>10</u>   VS   <u>11</u>

⇓

주도권 장악

<u>선조 말(1589), 정여립 모반 사건 "기축옥사"</u>

⇨ 서인(<u>12</u>)의 동인 大탄압

↔ 동인의 대응

<u>13</u> 파   <u>14</u> 파   **1591** 건저의 사건(세자 책봉 문제)

[<u>15</u>]   [<u>16</u>]   ⇨ <u>25</u> 유배

- <u>17</u> 학파   · <u>18</u> 학파   → 북인과 남인의 대립 ↑

Focus   조식(남명) 학파   VS   이황(퇴계) 학파

- <u>19</u> 사상에 <u>20</u>   · 주리 철학의 완성
- 학문의 <u>21</u> 강조   · <u>23</u> 이며 <u>24</u> 을 강조
- 경(敬)과 의(義)를 강조   → 이상주의
- 실천성 + 義 → <u>22</u> 배출
- 「무진봉사」: 서리망국론

광해군(1608~1623)

- <u>26</u> 집권 9 : 1(서인 + 남인)
  └ 의병장 배출 多 ⇨ 정권 독점
    └ 곽재우, 정인홍

- **전후 복구 사업**
  - 양안 · 호적 재작성
  - <u>27</u> 설치
  - 『 <u>28</u> 』 편찬(허준)
  - <u>29</u> 실시(경기도)
  - <u>30</u> **의 집권**

동인   VS   **서인**

북인   **남인**

<u>31</u> 학파   <u>32</u> 학파   공격

대북   **소북**

광해군 지지   영창 대군 지지

" <u>33</u> "

(회)재 이언적 ┐
         ├ 폄하
(퇴)계 이황 ┘

<u>34</u> 이론의 정당성

= 북인 집권의 정당성

⇨ 남인 · 서인 정권 배제

📁 호란史

광해군(1608~1623)(북인)	인조(1623~1649) - 서인 집권 6 : 4 (남인)

● 광해군의 중립 외교 정책

명 ◄► 후금 (1616, 누르하치)

파병 요청 → 조선

파병(상황에 따라 대처) ⇨ 항복 [1]

대의명분 [2] 실리[중립 외교]

● 인조반정(1623)

⇨ 인조 즉위, [3] 집권

- 광해군의 [4] 정책에 대한 [5] 의 반발
- **광해군의 실정**: 폐모살제([6] 폐위, [7] 살해)

(지도)
- 정묘호란(1627)
- 병자호란(1636)
- 병자호란 때 조선군의 반격로
- 정묘호란 때의 의병
- 병자호란 때의 관군

백두산 / 임경업의 백마산성 항쟁 / 1636.12, 1627.1 / 이립 / 청 / 의주 / 안주 / 정봉수 / 평양 / 도원수 장만 / 모문룡의 명군 / 해주·평산 / 토산·개성 / 강화 / 한성 / 수원·남한산성 / 왕실, 강화도로 피난(정묘호란) / 전라 병사 김준용 / 제주도 / 울릉도 / 함흥 / 신계 / 김화 / 광해

● 인조의 친명배금 정책

명 ◄► 후금

대의명분 [8] 실리 [친명배금]

후금 ┐ 배경
- 1623. [9] 주둔 사건: 명나라 장수 [10] 이 후금이 차지한 요동을 공격하기 위해 가도에 주둔한 사건 ⇨ 후금 자극
- 1624. [11] 의 난: [12] 을 일으킨 서인 내부에서 논공행상에 대한 불만이 원인이 되어 이괄이 난을 일으킴 ⇨ 잔당들이 후금과 내통

[13] (1627)
- **전개** ┌ 후금이 황주에 침입([14] 을 위하여 보복한다는 명분), 일부는 가도에 [15] 공격
  └ → 인조가 [16] 로 피난
- **의병 활동**: [17] (철산 용골산성), [18] 등이 의병을 일으켜 후금에 대항
- **결과** • 후금과 [19] 체결 ┌ 형제 관계 체결(최명길의 수락)
  ├ 후금에 조공
  ├ 중강 및 회령 개시 허용(공무역 허용)
  └ 명과 후금 사이에서 중립 유지 약속

- **후금의 '[20]' 건국(1636)**
  ⇨ [21] 관계 → [22] 관계로 격상 요구 + 명 정벌을 위한 군량미·병선 요구

주화론 ⇨ 수용 ⟨VS⟩ **주전론** ⇨ 거절
- • [23]
- • 군신 관계 [24] (외교적 해결 추구)

• [25], 윤집, 오달제, 홍익한 └ 삼학사
• 군신 관계 [26] ⇨ 채택 (전쟁 주장)

[27] (1636)
- **전개** ┌ [28] 론이 우세해지자 청이 조선에 침입
  └ 인조가 [29] 으로 피난·저항
- **결과** ┌ 청과 [30] 관계 체결(삼전도의 굴욕) └ 삼배구고두례
  └ 두 왕자([31], 봉림 대군)와 └ 효종
    척화론자들(3학사 등)이 볼모로 청에 압송

- 두 차례의 호란 → [32], [33], [34] 설치
- 명 멸망 → 서인 [35] 의 "[36]", [37] (숙종 때) 설치
- 국토 황폐화

(24) 조선의 대외 관계 ⑧

📁 호란史

효종(1649~1659)(서인) 서인 집권 6 : 4 (남인)

● **북벌론 대두**

청의 살육과 약탈 → 반청 의식 고조

→ 청에 대한 적개심과 문화적 우월감으로 '청을 정벌하자'는 북벌론 대두

└─ ____1____ = ____2____ = ____3____

● **북벌 추진**

• 효종의 북벌(____4____) ┬ 어영청 ⇨ 군사력 강화

　　지지 ├─ ____5____ 복구

　　" ____7____ " ├─ 벨테브레(귀화인)을 훈련도감에 배치하여 신식 무기 제조(조총, 화포 등)

　　　　　　　└─ 서인 등용

• 서인의 북벌(____6____) ┬ 서인들은 북벌을 ____8____ 으로 이용

└ 송시열, 송준길 ├─ [명에 대한 의리, 복수설치(復讐雪恥) 주장]

　　　　　　　└─ ____9____ 기반

⇒ 북벌 실패(서인 정권 유지·강화)

● **나선 정벌** - 형식적 북벌의 실체 ◄- - - - -

효종 때 ____10____ 가 남하하여 청과 조선을 자극

⇓

조선에 청의 원병 요청

⇓

청에 조총 부대 파견 ┬ 1차 파병(1654): ____11____

　　　　　　　└ 2차 파병(1658): ____12____

청을 도와 ____13____ 를 정벌(irony!)

　　　　　　공격

남인 ____14____ (숙종)의 ____15____ 북벌

사료 읽기 | 효종 대의 대외 관계

• **북벌 정책**

저 오랑캐(청)는 반드시 망할 날이 있다. …… 그래서 정예 포병 10만을 양성하여 자식같이 아껴서 모두 죽음을 두려워하지 않는 용사로 만들고자 한다. 그 후에 저들에 틈이 있기를 기다려 불시에 중국으로 쳐들어가면 중원의 의사와 호걸이 어찌 호응하지 않겠는가?

－『송서습유』

• **나선 정벌**

이일선이 말하기를, "대국이 군병을 동원하여 나선(羅禪)을 토벌하려는데 군량이 매우 부족합니다. 본국에서도 군병을 도와주어야 하니 본국에서 다섯 달 치 군량을 보내 주시오" 하니 상이 이르기를. "적의 형세는 어떠하오?" 하자 이일선이 말하기를, "적병은 1000여 명에 지나지 않는다고 하나, 저희들이 이처럼 달려오게 된 것은 북로에 비축한 것이 없음을 염려한 나머지, 내지의 곡물을 수송하여 군량을 대 주려고 하기 때문입니다" 하니 상이 이르기를, "먼 지역에 군량을 운송하자면 형세상 매우 어렵기는 하겠으나, 어찌 요구에 응하지 않을 수 있겠소"라고 하였다.

－『효종실록』

📖 맵핑 핵심 자료

▨ 계해약조

세종 25년(1443) 계해에 세사미두와 세견선(歲遣船)에 대한 약조를 정하였다. (대마)도주(島主)에게는 해마다 쌀과 콩을 합하여 200섬을 주기로 하였다. 세견선은 50척으로 하고 만일 부득이하게 보고할 일이 있으면 이 숫자 이외에 특송선을 보내도록 하였다.   - 『증정교린지』

▨ 광해군의 중립 외교 정책

도원수 강홍립에게 가르침을 내렸다. "…… 중국 장수의 말을 그대로 따르지 말고 패하지 않을 방도를 강구하는 데만 힘을 쓰라."
    - 『광해군일기』

▨ 인조반정

적신 이이첨과 정인홍(鄭仁弘) 등이 또 그의 악행을 종용하여 임해군(臨海君)과 영창 대군을 해도(海島)에 안치하여 죽이고 …… (인목) 대비를 서궁(西宮)에 유폐하였다. …… 또 토목 공사를 크게 일으켜 해마다 쉴 새가 없었고, 간신배가 조정에 가득 차고 …… 난을 제거하고 반정(反正)할 뜻을 두었다.   - 『인조실록』

▨ 정묘호란

정주 목사 김진이 아뢰기를, "금나라 군대가 이미 선천, 정주의 중간에 육박하였으니 장차 얼마 후에 안주에 도착할 것입니다."하였다. 임금께서 묻기를, "이들이 명나라 장수 모문룡을 잡으려고 온 것인가, 아니면 전적으로 우리나라를 침략하기 위하여 온 것인가?"하니, 장만이 아뢰기를, "듣건대 홍태시란 자가 매번 우리나라를 침략하고자 했다고 합니다."하였다.   - 『인조실록』

▨ 한산도 대첩

다시 여러 장수들에게 학익진으로 일제히 진격하라고 명령을 내렸다. 지자, 현자, 승자총통을 쏘아 먼저 적선 2, 3척을 깨뜨리니 왜군이 사기가 꺾여 도망을 쳤다. 장수와 병사들이 부쩍 힘을 내어 앞다투어 돌진하며 화살과 탄환을 쏘았다. 기세가 마치 폭풍우가 몰아치는 것 같았다. 적선을 불사르고 적을 죽여 한꺼번에 모두 무찔렀다.
    - 『삼도한산도승첩계본』

▨ 주화론과 주전론

• 최명길의 주화론

주화(主和) 두 글자는 신의 일평생에 신변의 누가 될 줄로 압니다. …… 화친을 맺어 국가를 보존하는 것보다 차라리 의를 지켜 망하는 것이 옳다고 하였으나, 이것은 신하가 절개를 지키는 데 쓰이는 말입니다. …… 자기의 힘을 헤아리지 아니하고 경망하게 큰 소리를 쳐서 오랑캐들의 노여움을 도발, 마침내는 백성이 도탄에 빠지고 종묘와 사직에 제사지내지 못하게 된다면 그 허물이 이보다 클 수 있겠습니까. …… 정묘년의 맹약을 지켜서 몇 년이라도 화를 늦추고 ……
    - 『지천집』

• 윤집의 주전론(척화론)

"화의로 백성과 나라를 망치기가 …… 오늘날과 같이 심한 적이 없습니다. 명은 우리나라에 있어서 곧 부모요, 오랑캐(청)는 우리나라에 있어서 곧 부모의 원수입니다. 신하된 자로서 부모의 원수와 형제가 되어서 부모를 저버리겠습니까. 하물며 임란의 일은 터럭만한 것도 황제의 힘이어서 우리나라에 있어서는 먹고 숨쉬는 것조차 잊기 어렵습니다. 차라리 나라가 없어질지라도 의리는 저버릴 수 없습니다. ……"
    - 『인조실록』

▨ 임진왜란 시기 의병의 활동

선조 25년 각 도에서 의병이 일어났다. 그때 삼도 수신(帥臣)이 모두 인심을 잃은 데다가 변란이 일어난 뒤에 군사와 식량을 징발하였다. …… 그러다가 도내 거족과 명망가들이 유생 등과 함께 조정의 명을 받들어 의를 부르짖고 일어나자 사람들이 호응하여 모여들었다. 크게 이루지는 못했으나 인심을 얻었으므로 국가의 명맥이 이에 힘입어 유지되었다. 호남의 고경명·김천일, 영남의 곽재우·정인홍, 호서의 조헌이 가장 먼저 의병을 일으켰다.   - 『선조수정실록』

▨ 삼전도의 굴욕

30일 해도 빛을 잃었다. 임금(인조)이 세자와 함께 푸른 옷을 입으시고 서문으로 나가셨다. 성에 있던 사람들이 통곡하니 울부짖는 소리가 하늘에 사무쳤다. …… 한(汗, 청 태종)이 황금으로 된 의자 위에 걸터앉아 전하로 하여금 걸어 들어오게 하시니 (인조는) 백 보는 걸어 들어가셔서 따라온 신하들과 함께 뜰 안 진흙 위에서 배례를 하셨다. …… '황제 앞에서 어찌 감히 자신을 높이리오.' 세 번 절하고 아홉 번 고개를 조아리는 예를 행하시고 성에 오르셔서 서쪽을 향하여 제단 위에 앉으셨다.
    - 『산성일기』

25 붕당 정치의 전개 ①

📁 붕당 정치의 구조적 이해

	환국(숙종, 17C 후반)		
붕당 정치의 출현	붕당 정치의 전개	붕당 정치의 변질	붕당 정치의 파탄
선조 ──────	→ 인조 → 효종 ── → 현종	└→ 숙종 → 영조 → 정조	→ 순조 ── 헌종 ── → 철종
• **학풍 차이** 1 → 상대당 2 , 정치적 파트너 • **동인과 서인의 갈등** ┌ 3 의 자리 다툼 └ 4 청산문제	• 학풍 차이 5 → 상대당 6 • 긍정적 기능 ↑ ┌ 7 의 여론 주재 │ → 정책에 여론 반영 └ 상호 비판·견제를 통한 8 전개	• 학풍 차이 9 → 상대당 10 • 11 와 12 기능 변질 • 산림의 존재 13 • 사사(賜死) 빈번	• 14 에 의한 정치 • 권력의 독점 → 15 의 문란· 16
6:4 ───────────	일당 전제화 추세		10:0 일문 독재화

📁 붕당 정치의 세밀한 흐름

Focus

선조   광해군   인조   효종   현종   숙종   경종

동인 = ___19 모반 사건 / ___20 (1589) ── **북인** 22

남인 ── 4 (참여 붕당) ── 북벌론 비판 ── 예송

17 / 21 (1591)

김효원 (신진 사림)

서인 ── 인조반정 ── 6 (주도 붕당) ── 23 (형식적) ── 6 ── 환국 ── 노론 / 소론

원인 ┌ 중립 외교
 ├ 폐모살제
 └ 회퇴변척

24 ↓ 25   4

26 ↓ 27 ↓ 28

18 심의겸 (기성 사림)

정답 1 산림 2 인정 3 이조 전랑 4 척신 정치 5 산림 6 인정 7 삼사 8 붕당 정치 9 호락 10 노소 11 이조 전랑 12 3사 13 약화 14 세도 가문 15 삼정 16 매관매직 17 정권 X 18 후기 19 정여립 20 기축옥사 21 건저의 사건 22 폐모살제 23 북벌론 24 기해예송 25 갑인예송 26 경신 27 기사 28 갑술

26 경신 27 기사 28 갑술

해커스공무원학원·공무원인강·교재 Q&A gosi.Hackers.com 99

25 붕당 정치의 전개 ②

📂 예송 논쟁★

현종(1659~1674)

- 서인 집권 6 : 4 (남인)

인조

死

[2] 즉위

死

[3] 즉위

(계비) [1]
(15세, 인조 43세)

자의 대비(26세)

자의 대비(36세)
(대왕대비)

⇒ [4] 의 상복 기간(= 정권 쟁탈전)

1차 예송

(= [5] , 1659)

서인	남인
• [6] (기년설)	• [10]
•『 [7] 』	•『 [11] 』
([8] 들의 예법서)	([12] 예법서)
• "왕사동례설"	• "왕사이례설"
= "천하동례"	= "왕자례부동사서"
[9] 강화론	[13] 강화론
↓	
승리	

⇓

효종비 死 후(자의 대비 51세)

2차 예송

(= [14] , 1674)

서인	남인
• [15] ([16])	• [17] ([18])
	↓
	승리
	현종의 지원
4 :	6
	• [19] (허적)의 정권 장악

남인 주도, 서인의 정치 참여 형태

25 붕당 정치의 전개 ③

📁 붕당 정치의 변질 - 환국

숙종(1674~1720)

- 배경 — 정비 → 1 → 소생 x
  - 희빈 장씨 → 2 + 오빠 장희재
  - 숙빈 최씨 → 3 + 서인 김춘택

남인 집권 6 : 4(서인)

19 - 서인의 분화 — 회덕 - 20 집
                  └ 니성 - 21 집

제자 — 서인 22 ⟷ 남인 23
     │   ↑
     │   24 의 중재 ⟹ 26 死
     └ 아들 25   서인 27 에게 비문 부탁
                   but. 무성의한 비문
                          ⟹ 갈등 고조
     소론   노론
     28 , 박세채   30
     29 학풍   31 학풍

경신환국 (1680) → 9 집권 7 : 3(남인)

허적의 4
    +
5 (허적의 서자)의 역모 사건
⟹ 남인의 정계 대축출 = " 6 "
7 , 8 ⟹ 死

기사환국 (1689) → 14 집권 8 : 2(서인)

- 10 의 세자 책봉 문제 ⟹ 11 사사
- 인현 왕후 12 ⟹ 서인(평민)으로 강등
⟹ 13 가 정비로 책봉

갑술환국 (1694) → 17 집권 9 : 1(남인)

숙빈 최씨 -----●----- 서인 김춘택
√ 15
⟹ 인현 왕후 복위, 장희빈 死
(" 16 ", 1701)

- 일당 전제화 추세
- 상대방 의견 존중 x
  ⟹
붕당 정치 18

● 경신환국 이후

- **남인의 정치 참여에 대한 입장 차이**

노론 ⟷ 소론
  ↕   ╲
     남인
32   33
대의명분 강조   실리 추구,
           실질적 북벌

- **세자 책봉 문제에 대한 입장 차이**
  - 노론 → 34 지지
  - 소론 → 35 지지

√ **숙종의 정책**
- 윤휴의 실질적 북벌 주장(1674) • 36 **설치(1682):** 5군영 완비
- **안용복의 활약(독도 관련):** 1차(1693), 2차(1696)
- 37 **건립(1704):** 임진왜란 때 원병을 보내준 명나라 38 을 기리기 위한 사당
- 39 의 전국적 실시(1708) • 40 **건립(1712):** 청과의 국경선 확정

경종(1720 ~ 1724)

┌ [1] 이 정국 주도 → 연잉군의 대리 청정
↓
└ [2] (1721~1722)
[3] 4대신 유배 · 처형
└ 김창집 / 이이명 / 이건명 / 조태채
↓
소론의 일당 전제화
↓
경종의 죽음 ⇨ [4] (연잉군) 즉위

영조 (1724 ~ 1776)★

┌ 숙빈 최씨(무수리)의 아들

● 이인좌의 난(1728)

- [5] + [6] 의 주도 → 경종 죽음의 배후에 영조가 있다고 주장
→ 청주성 점령
- 영조의 도덕성에 타격을 줌
- [7] (1729) ┬ 이인좌의 난 이후 발표
└ 모든 당에 역적, 충신이 있으므로
각 붕당의 인재를 모두 등용하겠다고 선언
→ [8] 실시

● 영조의 완론 탕평

└ 당색 [9] ⇨ 당색 X, [10] 육성 ⇨ 국왕의 권력이 강화
┌ 중도파
- (성균관 입구에) [11] 건립, [12] 반포
- [13] 정리: 붕당의 근거지 제거, [14] 의 존재 부정
└ 재야 사림의 우두머리, 여론 주도
- [15] 의 권한 폐지 ┬ [16] X
└ 관습적 [17] X
- **한계**: 강력한 왕권으로 붕당 사이 다툼을 인위적으로 억누르는 것에 불과
⇨ [18] 의 우세 ⇨ 시파와 벽파의 대립

● 사회 정책

- **사형수** [23] **강화**(= 삼복법), [24] **부활**
- 조엄이 일본에서 [25] 수입
- [26] **준설 공사** → 담당 기구 [27] 설치(1760)
- [28] **설치**: 60세 이상 선비들 대상으로 시험 ⇨ 관리 재등용
- **3대 폐단** '붕당, 사치, 음주' 지정
- **노비공감법**: 노비들의 공납품(신공)을 반으로 축소
- **노비종모법**: 노비의 소생은 엄마 신분
- [29] : [30] 들의 문과 응시, 청요직 진출 허용

● 경제 정책 균역법 실시(1750)

● 군영 재정비

- [31] **반포**(1751): [32] · [33] · [34] 이
한성(도성) 방어

● 편찬 사업

- 『속대전』: 법전, 『경국대전』의 속편
- 『동국문헌비고』: 한국학 백과사전
- 『속오례의』: 국가 왕실 의례서, 『국조오례의』의 속편
- 『병장도설』: 군사 훈련 지침서(= 『(속)병장도설』)
- 『무원록』(← 세종 『(신주)무원록』): 법의학서
"죽은 자의 원통함을 없애라"
- 『여지도서』: 지리서
- 『반계수록』(유형원)
- 해동지도, 동국여지도(신경준)

더 알아보기 임오화변(사도 세자 사건, 1762)

[19] ─ 장헌 세자 vs 영조 ─ [20]
↓
死 ←------
남인   동정 vs 냉정   노론(대부분)
소론 + 노론 일부 [21]   [22]   영조
(홍봉한)   (김귀주)

(26) 조선 후기 탕평 정치 ②

정조(1776 ~ 1800)

● 정조의 준론 탕평
> └ 당색 __1__ ⇨ 시시비비 명백히
- 임오화변 이후 __2__ 의 정국 주도
  ⇨ __3__ 를 제외한 모든 당파의 등용
      └ 시파(남인, 소론, 노론 일부)

● 왕권 강화
- __4__ : 도학(성리학)의 정통성은 군주에게 있다.
  ↔ __5__ (재야 사림의 우두머리)도통론
- __6__ : 군주(명월)가 백성(만천)을 직접 통치
  ⇨ __7__ - 직접 만나 민의를 수렴
- __8__ 설치(1776, 정조 즉위년) - 왕실 도서관
  └ 기능 강화 ┬ __9__ 기능, 과거 시험 주관, 문신 교육
  │   ├ __10__ 기능: 서적 간행, 외교 문서 등등
  │   └ 정책 자문 기능 - __11__ ⇨ 왕이 주도권 획득
  └ 검서관: __12__ 출신 (__13__ , __14__ , __15__) ⇨ 능력 중심의 관리 선발
- __16__ 설치 - 모든 군영(5군영 + 속오군)을 영장이 지휘·통제 ⇨ 국왕이 군권 장악
  └ 강력한 국왕 친위 부대
- __17__ : 신진 관리 중에 유능한 인재를 선발하여 정조가 직접 재교육
  ⇨ 당파 X , 군신 관계 + 사제 관계 = __18__
- 이조 전랑의 권한 __19__
- __20__ 의 권한 강화 - __21__ 을 수령이 직접 주관
- __22__ (1794) ← 신문체 "패사소품체" 유행
                          └ 박지원, 홍대용
  신문체 금지 ───────────────→ (노론)
  → 체제 유지 목적   압박·견제

규장각

● 문물 정비
- __23__ 건립: 정치적 이상을 실현하는 상징적 도시
  ┌ __24__ 참배, __25__ 사용
  ├ 공격 기능 + 방어 기능
  ├ 행차 - __26__ , __27__ 건립
  ├ 상공인 유치
  └ __28__ (국영 농장), __29__ 설치
                              └ 수리 시설
- 『 __30__ 』 수입: 중국의 동양 최대 백과사전

수원 화성

● 난전의 성장과 신해통공(1791)

종루 (시전) / 난전 / 이현 (동대문 밖) / 칠패 (남대문 밖)

- ✓ __31__ 의 등장 → 시전 상인 타격
- ✓ 시전의 __32__ 획득 ⇨ 물가 __33__
  ↔ 정조의 통공 정책 " __34__ "
  금난전권 폐지(but. __35__ 제외)
  ⇨ 물가 안정, 자유 상공업 활성화

사료 읽기 | 정조의 정치 사상

국왕은 "탕평은 의리에 방해받지 않고 의리는 탕평에 방해받지 않은 다음에야 바야흐로 탕탕평평(蕩蕩平平)의 큰 의리라 할 수 있다. 지금 내가 한 말은 곧 의리의 탕평이지, 혼돈의 탕평이 아니다."라고 하였다. …… 국왕은 행차 때면 길에 나온 백성들을 불러 직접 의견을 들었다. 또한 척신 세력을 제거하여 정치의 기강을 바로 잡았고, 당색을 가리지 않고 어진 이들을 모아 학문을 장려하였다. 침전에는 '탕탕평평실(蕩蕩平平室)'이라는 편액을 달았으며, "하나의 달빛이 땅 위의 모든 강물에 비치니 강물은 세상 사람들이요, 달은 태극이며 그 태극은 바로 나다(만천명월주인옹)."라고 하였다.
                                                                                          - 『정조실록』

정답 1 시비 2 시파 3 벽파 4 군사론 5 산림 6 만천명월주인옹 7 상언·격쟁 8 규장각 9 학술연구 10 출판인쇄 11 초계문신제 12 서얼 13 이덕무 14 유득공 15 박제가 16 장용영 17 초계문신제 18 사제지의 19 축소·폐지 20 수령 21 향약 22 문체반정 23 화성 24 현륭원 25 거중기 26 행궁 27 장용영 28 둔전 29 만석거 30 고금도서집성 31 사상 32 금난전권 33 폭등 34 신해통공 35 육의전

해커스공무원학원·공무원인강·교재 Q&A gosi.Hackers.com 103

정조(1776 ~ 1800)⭐

● 편찬 사업

- 『일성록』: 정조의 일기(정조 ~ 1910. 한일 합방 전) 유네스코 기록 유산
- 『대전통편』: 법전 통합
- 『증보동국문헌비고』
- 『홍재전서』: 정조의 개인 시문집
- 『___1___』: 박제가, 이덕무, 백동수, 종합 무예서 ← 척계광의 『기효신서』
- 『___2___』: 외교문서 집대성
- 『규장전운』: 한자 음운서(한자 음운 → 한글로 기록)
- 『___3___』: 국왕 열람용 『국조보감』 집대성
- 『___4___』: 호조 사례집
- 『___5___』: 형조 사례집
- 『___6___』: 예조 사례집
- 『___7___』: 규장각 사례집
- 『___8___』: 홍문관 사례집

무예도보통지

📖 맵핑 핵심 자료

📋 붕당의 출현

• 동인과 서인의 분당

김효원이 알성 과거에 장원으로 합격하여 (이조) 전랑의 물망에 올랐으나 그가 윤원형의 문객이었다고 하여 심의겸이 반대하였다. 그 후에 (심의겸의 동생) 심충겸이 장원 급제하여 전랑으로 천거되었으나 외척이라 하여 효원이 반대하였다. 이때, 양편 친지들이 각기 다른 주장을 내세우면서 서로 배척하여 동인, 서인의 말이 여기서 비롯하였다. 효원의 집이 동쪽 건천동에 있고 의겸의 집이 서쪽 정동에 있기 때문이었다. 동인의 생각은 결코 외척을 등용할 수 없다는 것이었고, 서인의 생각은 의겸이 공로가 많을뿐더러 선비인데 어찌 앞길을 막느냐는 것이었다.   — 이긍익, 『연려실기술』

📋 유악 남용 사건(경신환국)

궐내에 보관하던 기름 먹인 장막을 허적이 다 가져갔음을 듣고, 임금이 노하여 "궐내에 쓰는 장막을 마음대로 가져가는 것은 한명회도 못하던 짓이다."라고 말하였다. 시종에게 알아보게 하니, 잔치에 참석한 서인은 몇 사람뿐이었고, 허적의 당파가 많아 기세가 등등하였다고 아뢰었다. 이에 임금이 남인을 제거할 결심을 하였다. …… 허적이 잡혀오자 임금이 모든 관직을 삭탈하였다.   — 『연려실기술』

📋 기사환국

전교하기를, "나라의 근본이 정해지기 전에는 임금의 물음에 따라 각각 소견대로 진달하는 것이 혹 가하지만, 명호를 이미 정한 지금에 와서 송시열이 산림의 영수로서 상소 가운데에 감히 송나라 철종의 일까지 끌어 대어서 은연중 '너무 이르다.'고 하였다. …… 마땅히 멀리 귀양 보내야겠지만, 그래도 유신이니, 아직은 가벼운 법을 쫓아서 삭탈관작하고 성문 밖으로 내쫓는다." 하였다.   — 『연려실기술』

📋 비변사의 기능 강화

효종 5년 11월 김익희가 상소하였다. "임시로 비변사를 설치하였는데, 재신(宰臣)으로서 이 일을 맡은 사람을 지변재상(知邊宰相)이라고 불렀습니다. 그러나 이것은 일시적인 전쟁 때문에 설치한 것으로 국가의 중요한 모든 일들을 참으로 다 맡긴 것은 아니었습니다. 오늘에 와서 큰 일이건 작은 일이건 중요한 것으로 취급되지 않는 것이 없는데, 정부는 한갓 헛이름만 지니고 육조는 모두 그 직임을 상실하였습니다. 명칭은 변방의 방비를 담당하는 것이라고 하면서 과거 시험에 대한 판하(判下)나 비빈(妃嬪)을 간택하는 등의 일까지도 모두 여기를 경유하여 나옵니다."   — 『효종실록』

📋 영조의 탕평 교서와 탕평비

• 붕당의 폐해가 요즈음보다 심한 적이 없었다. 처음에는 사문(斯文) 문제에서 분쟁이 일어나더니 이제는 한쪽 편 사람들을 모두 역당으로 몰아붙이고 있어 …… 근래에 와서 인재의 임용이 당목에 들어 있는 사람만으로 이루어지니 …… 이러한 상태가 그치지 않는다면 조정에 벼슬할 사람이 몇 명이나 되겠는가. …… 유배된 사람들은 금오(金吾, 의금부)로 하여금 그 경중을 헤아려 대신과 함께 등대(登對, 임금을 직접 대함) 소석(疏釋, 죄인을 관대히 처결하여 석방)하도록 하고, …… 너희 여러 신하들은 성인께서 잘못한 자를 바로잡는 뜻을 따라 당습을 버리고 공평하기에 힘쓰라.   — 『영조실록』

• 원만하여 편당 짓지 않음은 곧 군자의 공정한 마음이고, 편당만 짓고 원만하지 않음은 바로 소인의 사사로운 마음이다.   — 탕평비

📋 예송 논쟁

• 좌찬찬 송준길(서인)이 상소하기를, "…… 대신들 뜻이 모두 국조 전례에 자식을 위하여 3년복을 입는 제도는 없고 고례(古禮)로 하더라도 명명백백하게 밝혀 놓지 않았기 때문에, 혹시 후일 후회스러운 일이 있을지 모르니 차라리 국조 전례를 그대로 따르는 것이 좋다고 하였습니다. 그리하여 신도 다른 소견 없이 드디어 기년제로 정했던 것입니다. …… 그런데 허목(남인)은 그 '서자'를 꼭 첩의 자식으로 규정지으려 하고 있습니다."   — 『현종실록』

• 기해년의 일은 생각할수록 망극합니다. 그때 저들이 효종 대왕을 서자처럼 여겨 대왕 대비의 상복을 기년복(1년 상복)으로 낮추어 입도록 하자고 청했으니, 지금이라도 잘못된 일은 바로잡아야 하지 않겠습니까?   — 『현종실록』

📋 영조의 정책

• 신문고 부활

국초에 있었던 전례에 따라 창덕궁의 진선문과 시어소의 건명문 남쪽에 신문고를 다시 설치하도록 명하였다. 그리고 하교하기를, "…… 그리고 신문고의 전면과 후면에 '신문고'라고 세 글자를 써서 모든 백성이 알게 하라."고 하였다.   — 『영조실록』

• 청계천 준설

임금께서 집경당에 나아가 대신과 비국(비변사) 당상을 인견하였다. 좌의정 김상철이 말하기를, "이번에 청계천을 준설하고 석축(石築)할 물력(物力)을 제때에 마련하지 않을 수 없습니다. 그런즉 관서(關西)의 무역 보관 중인 소미(小米) 1만 석을 3군문에 나누어 주어 청계천을 준설해야 할 것이옵니다." 하니 임금이 이를 윤허하였다.   — 『영조실록』

📁 붕당 정치의 파탄 ← 세도 정치

[1] 사후 [2] 의 권력 독점(= [3])

● 폐단

• 정2품 이상 [4] 만 정치 기능 → 대표적 [5] 기능 상실
└ 비판, 고발 X
　　　호조와 선혜청 장악 ⇒ 재정 기반 확보

• [6] 에 권력 집중 → [7] · [8] 체제 유명무실화
• [9] 의 문란 → 민생 파탄
• [10] 의 폐단

순조 (1800~1834)
└ 19c 시작

• 정조 사후 순조가 어린 나이에 즉위(11세)
• [11] 의 수렴청정([12] 의 권력 독점)
　→ [13] (1801) ┬ [14] 축출
　　　　　　　├ 장용영 혁파, 5군영 부활
　　　　　　　└ [15] (강진)
　　　　　　　정약전(흑산도) 유배
　　　　　　　└『자산어보』 저술

• 정순 왕후 사후(1805) 벽파 쇠퇴
　⇒ [16] 가 정권 장악
　┌ 순조의 장인 [17] 이 정권 장악
　└ 반남 박씨 집안과 연합하여 정국 운영
　↔ [18] 의 대리청정 ⇒ but. 실패
　　(1827~1830)

• [19] 66,000명 해방(순조 1년, 1801)

• [20] 발생(1811)

헌종 (1834~1849)

• [21] ([22])가 정권 장악
• [23] (1839)
　┌ 천주교 신자 색출 위해 5가작통법 적용
　└ [24] **반포**: 천주교에 대한 강력한 처벌

• [25] (1846): [26] (최초 신부) 처형

철종 (1849~1863)
[27] 집권
→ 근대사의 시작

• [28] ([29])가 정권 장악

• [30]
　↓
　도미노 민란
　　[31] **발생**(1862)

• [32] 창시(1860)

27 세도 정치와 사회 변혁의 움직임 ②

- **의식의 성장**
  (___2___ 의 보급, ___3___ 발달)
  └ 정보 교류의 장소

- ___1___ 심화
  (전정, 군정, 환곡)
- 가뭄 · 홍수 · 전염병 등의 각종 재해

농민의 저항 움직임

<소극적 저항>
- ___11___ 운동
- ___12___ 운동
- ___13___ 유포

<적극적 저항>
___14___

- ___4___ · ___5___ 사상(예언 사상) 유행
  → 『 ___6___ 』: 새 왕조의 건국 예언
- ___7___ 신앙 · ___8___ 신앙 유포
- 서학(___9___)의 영향으로 ___10___ 확산

홍경래의 난(1811)

- **원인** ___15___ (서북민)에 대한 차별 대우
  ___16___ 에 진출이 어려움
  └ 상공업 활동 억압
  └ **소외 지역**: 상공업이 발달한 지역이라 농본주의 사회인 조선에서는 중요도가 떨어졌음

- **전개**
  - ___17___ (몰락 양반) + ___18___ + 광산 노동자 + 영세 농민 주도
  - ___19___ 이북(___20___ , ___21___)에서 봉기 ⇒ ___22___ 점령 ⇒ 관군에 진압됨

- **의미** 순조 시기 세도 정치의 모순이 표출된 사건

임술 농민 봉기(1862)

- **원인** 경상 우병사 ___23___ 의 수탈

- **전개**
  - ___24___ (몰락 양반) 중심으로 전개
  - 단성 지역에서 시작(___25___ 사용, 아전 처형)
    → ___26___ 이후 전국으로 확산

- **정부의 대책**
  - ___27___ **설치**: 삼정 개혁 기구
    (미봉책) → but 2개월 만에 폐지되면서 근본적 해결책 마련 X
  - ___28___ 파견 증가
  - ___29___ 파견 시작

(지도: 백두산, 함흥, 영흥, 덕원, 황주, 장연, 토산, 고성, 개성, 한성, 여주 청안, 정선, 수원 광주 원주, 공주, 함창, 삼척, 안동, 영해, 안산, 여산, 개령, 운동, 고산, 진주, 창원 울산, 부안, 전주, 동래, 함평 광양 함양, 순천, 장흥 남해, 제주도)

- 홍경래 반군의 점령지
- 철종 때의 농민 봉기 지역
- 고종 때의 농민 봉기 지역

홍경래의 난 (1811) — 선천 철산 가산 박천 정주

개령 농민 봉기 (1862)
임술 농민 봉기 (1862)

📂 천주교 박해

● **전파** · 17C 광해군 때 중국에 다녀온 우리나라 [_____1_____] 들에 의해 학문([___2___])으로 유입

· 이수광의 『 [_____3_____] 』: 마테오 리치의 「 [____4____] 」 소개

● **확산** [___5___] 계열 실학자(정약종, 이승훈)에 의해 신앙으로 수용(18C 후반) → 백성들 사이에서 점차 확산

● **탄압**

신해박해(1791, 정조)

[___6___]

· [___7___] , [___8___] , 권일신 교주(목사)

· 어머니의 신주를 불태우고 [___9___] 으로 제사 진행

⇒ [___10___] , [___11___] 처형, 권일신 유배(정조, 사건 확산 X)

· [___12___] 반포(1795, 정조)

신유박해(1801, 순조)

· 정조 사후 노론 벽파 집권

→ 정조의 측근 세력인 [___13___] , [___14___] 제거 시작

· 중국인 신부 [___15___] 처형

· 이가환, 권철신, [___16___] , [___17___] 처형

· [___18___] , [___19___] 형제 유배

　↓　　　　↓

　강진　　흑산도 ⇒『 [___20___] 』

· [___21___] **사건**

황사영이 프랑스人 주교에게 군대를 동원하여 조선에서
신앙의 자유를 확보해 줄 것을 요구하려다 발각된 사건

기해박해(1839, 헌종)

· 신자 색출을 위해 [___22___] 적용

· [___23___] **반포**: 천주교에 대한 강력한 처벌

· 정약종의 아들 _____24_____ 과 프랑스 선교사 처형
　└ 천주교 지지책 『상재상서』

병오박해(1846, 헌종)

천주교 최초의 신부 [___25___] 처형(당진 중심 포교)

　　+

8인의 남녀 교인 처형

병인박해(1866, 고종)

· [___26___] 의 원인

· 남종삼 등 천주교 신자 8천여 명 처형

· 프 선교사 9명 처형

(28) 조선 후기 대외 관계

● 비변사★

변두리(일본, 여진) 방어, 군무 회의 기구(in. 서울)

- __1__ (__2__ 5년, 1510) 비변사 설치 - __3__ 군무 회의 기구
- __4__ (__5__ 10년, 1555) 비변사 __6__ 기구화
- __7__ (__8__ 25년, 1592) 비변사 - 국가 최고 회의 기구

　　　┌ 기존 무신 + 3정승 + 공조 제외 5조 판서
　　　├ 의정부, 6조 __9__
　　　└ 왕권 __10__

[19세기] 비변사 - __11__ 정치 핵심 기구화 ⇔ __12__ - 비변사 혁파

● 통신사 파견

선진문화 → 문화 __13__ 역할

조선 ← 　　　　　　　　　 → 일본

　　　　__14__ 쇼군의 권위 인정 요청

- __15__ ~ __16__ 년 총 12회
- 외교 + 문화 사절 역할

[21C 이데올로기 약화 ⇒ 신민족주의 강화]

● 간도

- __17__ 건국 이후 __18__ 지방 성역화
- 국경 분쟁 발생 ⇒ __19__ 건립(1712. 숙종)
  "서위 압록 동위 토문" → 해석 차이 ┌ 조 송화강 지류
  　　　　　　　　　　　　　　　　　　└ 청 두만강

- __20__ - 1883 __21__ 을 서북 경략사로 파견
  - 1885 __22__ 를 토문 감계사로 파견
  - 1902 __23__ 을 간도 시찰원으로 파견
  　　　⇒ __24__ 로 임명(1903)
  - 1905 을사늑약 - 외교권 박탈
  - 1907 간도에 출장 __25__ 설치
  - 1909 __26__ ⇒ 간도 귀속 문제 발생

송화강

백두산 정계비
(1712, 숙종)

　　　　　　　　　　간도
청 ← 　　　　　　　　　　　　　　　 → 일본
　　　남만주(__27__)　　　　　__28__
　　　　푸순 탄광 개발권

● 울릉도 · 독도★

- __29__ 1696. __30__ → 일본에게 독도가 우리 영토임을 확인
  but. 어민 침범 계속 ⇒ 이주 장려, 군 설치, 관리 파견

- __31__ (1900)

　┌ 울릉도를 __32__ 로 개칭, __33__ 으로 승격
　└ 독도는 __34__ 관할, 부속 도서로 명시
　but. __35__ 이후 일본이 멋대로 독도를 시마네현에 편입(시마네현 고시 40호)
　　　　　　　　　　　　　　　　⇔ <__36__ 지령문>: 독도는 일본의 영토X

정답: 1 중종 해 2 중종 3 임시 4 을묘왜변 5 명종 6 상설 7 임진왜란 8 선조 9 유명무실화 10 약화 11 세도 12 흥선 대원군 13 전파 14 에도 막부 15 1607 16 1811 17 청 18 간도 19 백두산 정계비 20 고종 21 어윤중 22 이중하 23 이범윤 24 간도 관리사 25 통감부 임시파출소 26 간도 협약 27 철도 부설권 28 일본 29 안용복 30 숙종 31 대한제국 칙령 41호 32 울도 33 군 34 울릉군 35 러일 전쟁 36 태정관

29 고대의 경제 ①

📁 경제 정책

✓ 중농억상 - ＿＿＿＿＿ [1] = 사회적 유동성 약화 ⇨ 수취 용이

초기: 피정복민에 대한 과도한 수취 ⇨ 피정복민들의 저항

삼국 항쟁기: 피정복민에 대한 강압적 통치 완화(세금↓)
⇨ 장기적 통치 기반

수취 체제

✓ 토지 생산성↓ ⇨ ＿＿＿＿ [2] x

⇨ 세금 부과 기준을 ＿＿＿ [3] 에게 집중

[초기] 삼국이 동일

- **조세**┬ 조: ＿＿ [4] - ＿＿ [5] 정도의 차이
  토지 면적x, 생산 연령층의 숫자 ⇨ 쌀, 포목
  └ 세: ＿＿ [6] - 사람에게 징수 ⇨ 곡물

- **공납(공물):** ＿＿ [7] - 지역 특산품 + 수공업품

- **역**┬ 요역: 15세 이상 남자의 ＿＿ [8] 징발 ⇨ 왕궁·성·저수지 건축 시 동원
  └ 군역: 농민을 ＿＿ [9] 로 동원

[7c 이후] 통일 신라 & 발해 → 당의 조·용·조 제도 모방

- **조(租)** - 땅세
- **용(庸)** - 몸세(요역, 군역)
- **조(調)** - 가구세(공납)

📖 사료 읽기 | 진대법

왕(고국천왕)이 사냥을 나갔다가 길거리에서 주저앉아 울고 있는 자를 보고 왜 우는지 물으니 이렇게 대답했다. "신이 가난하여 품팔이로 어미를 봉양해 왔는데, 흉년이 들어 한 줌의 양식도 얻지 못해서 웁니다." 이에 왕이 …… 해마다 봄 3월부터 가을 7월까지 관곡을 내어 백성의 가구의 다소(多少)에 따라 진대(賑貸)함에 차등을 두고, 겨울 10월에 이르러 도로 거둬들이게 법규를 만드니 모든 사람이 크게 기뻐했다. ─ 『삼국사기』

농민 안정책

- 농업 생산성 증대책 ┬ 철제 농기구의 보급
  ├ 우경 장려
  ├ 황무지 개간 권장 → 경작지 확대 목적
  └ 저수지 축조·수리 → 가뭄 대비 목적

- 구휼 정책 → 고구려 ＿＿＿ [10]
  └ 194, ＿＿＿ [11] 때 을파소의 건의로 실시
  춘대추납제

💡 더 알아보기 '진대법(賑貸法)' 시행 목적

[진대법 시행 이전]

귀족 ⇄ 농민
춘대(원곡) / 추납(원곡) + 고리(장리)
농민 → 노비

▶ ＿＿ [12] 현상(투탁 노비화)
- 귀족의 권력↑
- 국가 재정 악화

[진대법 시행 이후]

국가 ⇄ 농민
춘대(원곡) / 추납(원곡) + 저리(모곡)

- 국가 재정 확보
  ▶ 국가 통치 기반의 안정성 도모
  ▶ 국왕 중심의 통치 질서 유지·발전

29 고대의 경제 ②

📁 경제 생활

삼국의 경제

● 수공업
- **[초기] 노비 수공업**: 기술이 뛰어난 노비가 무기·장신구 등 생산
- **[후기] 관청 수공업**: 관청에 수공업자를 소속시켜 물품 생산

● 상업
[시장]   ____1____ ──→ 지증왕 ──→ ____2____ (통일 신라)

시사 설치   ____3____ + 서시 + 남시 추가 설치

동시전   서시전, 남시전 설치

● 경제 생활
[귀족] 호화 생활: 개인이 토지·노비 소유

국가로부터 받은 녹읍·식읍을 기반으로

수조권 + 노동력 징발권을 가짐

[농민] 궁핍 생활: 척박한 토지 경작(시비법 미발달 → 휴경지 증가)

국가와 귀족의 과도한 수취로 몰락하는 농민 발생

→ 4~5C 이후 철제 농기구의 보급과 6C 우경의 보급 확대(지증왕)로 농민 생활이

개선

통일 신라의 경제

● 상업
[수도] 농업 생산량 향상으로 인구 증가

상품 수요 증가 ⇒ ____4____ · ____5____ 추가 설치(효소왕)

[지방] 교통의 요충지에 시장 형성

● 경제 생활
[귀족] 식읍·녹읍·사유 재산·고리대업으로 부 축적

향락과 호화 생활 영유 → 금입택(저택),

사절유택(호화 별장) 소유

[농민] 생활이 어려움, 과중한 조세 부담

[향·부곡민] 농민보다 더 많은 세금 부담

[노비] 왕실·관청·귀족·절에 소속되어 각종 필수품 제작

주인의 농장 관리·토지 경작

사료 읽기 | 통일 신라 귀족들의 향락 생활

- 35개나 되는 금을 입힌 거대한 저택(金入宅)이 있었다. …… 교외에 춘하추동 네 계절마다 놀던 별장을 가지고 있었으며 …… 49대 헌강왕 때에는 성 안에 초가집이 하나도 없고, 집의 처마와 담이 이웃집과 서로 이어져 있었다. – 『삼국유사』
- 재상가에는 녹(祿)이 끊이지 않았다. 노동(奴僮)이 3,000명이고 비슷한 수의 갑옷과 무기, 소, 말, 돼지가 있었다. 바다 가운데 섬에서 길러 필요할 때 활로 쏘아서 잡아먹었다. 곡식을 꾸어서 갚지 못하면 노비로 삼았다. – 『신당서』

발해의 경제

- **농업·수공업·상업 발달**: 밭농사 위주(일부 지역 벼농사 실시)

금속 가공업·직물업·도자기업 발달

상경(도시) 등 교통의 요충지에서 상업 발달
- **목축과 수렵 발달**: 솔빈부에서 명마 생산(주요 수출품)

모피·녹용·사향 등 수출

📂 통일 신라의 '민정문서' = 신라 장적, 신라 촌락 문서

- 1933년 일본 도다이지(동대사) 쇼소인(정창원)에서 발견
- ___1___ 무렵에 작성으로 추정
- 일원화, ___2___ (cf. 고려 - 양안, 호적 이원화)
- **작성 목적**: 조세 징수와 노동력 징발의 자료 → 국가 재정 확보 목적
- ___3___ 가 ___4___ 변동 사항을 조사 → ___5___ 마다 다시 작성
  (cf. 지방관이 작성X)
- **조사 대상**: ___6___ (청주) 부근 4개 촌락의 호 수, 인구 수,
  소·말의 수, ___7___ 와 면적(cf. 증감X, 비옥도X)
- **기준**: 사람(人)은 성별· ___8___ 별로 ___9___

소자	추자	조자	정남	제공	노공
소여자	추여자	조여자	정녀	제모	노모

  └ 16 ~ 60세 생산 연령층
    - 여초 현상: 남자들은 전쟁·요역 동원으로 사망 多
    - 국가 예산의 예측이 가능

  호(戶)구는 사람의 많고 적음(= 재산의 정도 차이)에 따라 ___10___ 등급으로 나누어 파악
    (상상연 ~ 하하연)

- **토지 종류**★- **연수유전답** : 민전, 총 토지 면적의 97% 차지
  - **촌주위답**: 직역의 대가로 조세 납부를 면제받는 촌주의 땅
  - **내시령답**: 내시령이라는 관리에게 지급되는 일종의 관료전(소유권)
  - **관모전답**: 관청 운영 경비를 충당하기 위해 지급된 토지
  - **마전**: 촌락 공동 경작 토지
  ⇨ 소작 X, 공동 경작 O

📂 무역

● 삼국의 무역

4C 이후 국제 무역이 크게 발달 ⇨ 주로 ___11___ 형태

[고구려] 남북조 및 북방 유목민과 교류

[백제] 남중국 및 왜와 교역

[신라] 고구려, 백제를 통해 중국과 간접 교역
  → 한강 유역 확보(___12___) 이후 ___13___ 을 통해 중국과 직접 교역

● 통일 신라의 무역

주로 소비 계층: 귀족 in 수도(왕경)
⇨ 국제 무역항 - 수도와 가장 가까움
- **국제 무역항**: ___14___
- **대중국 무역항**: 당항성
- **중계 무역항**: 청해진(완도)
  └ 중국, 일본 중계 무역

> 🧢 **더 알아보기** **장보고의 활약**
>
> - 청해진 설치(現 완도) → 해적 소탕·무역 독점
>   - 산둥 반도 덩저우(적산촌): 법화원 설치 → 무역 기지 역할
>   - 중국에 ___15___ 파견
>   - 일본에 ___16___ 파견 → 하카타에 무역소 설치
>   ⇨ 남해와 황해의 해상 무역권 장악하여 당·일본과의 무역 독점
> - 왕위 쟁탈전 가담: 신무왕 옹립 ⇨ 장보고 권력 강화 ⇨ 중앙 귀족들이 장보고를 암살

29 고대의 경제 ④

🔵 발해의 무역

당 나 라

- 해로 + 육로 무역 전개 → 8C 후반 산둥 반도 덩저우에 [1] 설치
  - [수출] 모피, 인삼, 불상, 자기, 말(2)
  - [수입] 비단, 약재, 서적(사치품)
- [3] 상경 ──중경 서경──▶ 서안평(해로) ──────▶ 덩저우
- [4] 상경 ──────▶ 영주(육로)

일 본

- [5] 상경 ──────▶ 동경 ──동해──▶ 규슈/일본 본토

신 라

- [6] 상경 ──────▶ 동경 ──────▶ 남경 ──동해──▶ 경주(금성)

기 타

- [7] 상경 ──부여부──▶ 거란
- [8] 상경 ──────▶ 중앙 아시아

🎅 더 알아보기 중국과의 교류를 보여주는 중국 내 시설

[통일 신라 → 당]

- [9] : 당나라의 신라 마을
- [10] : 신라 사신의 여관
- 신라소: 신라방 통제 관청
- 신라원: 신라인들의 절

[발해 → 당]

- [11] : 발해 사신들의 여관

맵핑 핵심 자료

삼국의 수취 제도

• **고구려**

세(인두세)는 포목 5필에 곡식 5섬이다. 조(租)는 상호가 1섬이고, 그 다음이 7말이며, 하호는 5말을 낸다.
　　　　　　　　　　　　　　　　　　　　　－「수서」

• **백제**

세는 포목, 명주실과 삼, 쌀을 내었는데, 풍흉에 따라 차등을 두어 받았다.
　　　　　　　　　　　　　　　　　　　　　－「주서」

2월 한수 북부 사람 가운데 15세 이상된 자를 징발하여 위례성을 수리하였다.
　　　　　　　　　　　　　　　　　　　　　－「삼국사기」

• **신라**

자비 마립간 11년(468) 가을 9월에 하슬라 사람 (가운데) 15세 이상인 자를 징발하여 이하(泥河)에 성을 쌓았다.
　　　　　　　　　　　　　　　　　　　　　－「삼국사기」

시장의 설치

• (소지 마립간 때) 처음으로 서울에 시장을 열어 사방의 물화를 통하게 하였다.
　　　　　　　　　　　　　　　　　　　　　－「삼국사기」

• 시장에서 물건을 사고파는 것은 모두 부녀(婦女)들이 한다.
　　　　　　　　　　　　　　　　　　　　　－「신당서」

순장 금지 · 우경의 보급

지증왕 재위 3년 봄 2월에 명령하여 순장(殉葬)을 금하였다. 전에는 국왕이 죽으면 남녀 각 5명씩 순장하였는데, 이때 이르러 금한 것이다. …… 3월에는 주와 군의 수령에게 명하여 농사를 권장케 하였고, 처음으로 소를 부려서 논밭을 갈았다.
　　　　　　　　　　　　　　　　　　　　　－「삼국사기」

민정 문서

본 고을 사해점촌은 넓이가 5725보이다. 호수는 모두 11호이다. 사람 수는 모두 147명이다. 이 가운데 옛부터 있었던 사람과 지난 3년 사이에 태어난 사람을 합하면 145명이다. 정은 29명(사내종 1명), 조자 7명(사내종 1명), 추자 12명, 소자 10명이다. 지난 3년 사이에 늘어난 사람은 소자 5명, 제공 1명이다. 정녀는 42명…… 지난 3년 사이에 다른 마을에서 이사 온 사람은 모두 2명인데, 추자 1명, 소자 1명이다.

말은 모두 25마리이다. 옛부터 있었던 것이 22마리이고 지난 3년 사이에 늘어난 말이 3마리이다. 소는 모두 22마리인데, …… 논은 모두 102결이다. 관모답이 4결이고, 내시령답이 4결이다. 백성이 소유하고 있는 논은 94결이다. 이 가운데 촌주가 가진 논이 20결이다. 밭은 모두 62결이다. 모두 백성이 소유하고 있다. 삼밭은 1결이다.

뽕나무는 모두 1004그루이다. 지난 3년 사이에 더 심은 것이 90그루이고, 옛부터 있던 것이 914그루이다 …… 연호의 변동 상황을 보니, 허락을 받고 이사 간 사람이 모두 5명이다. …… 없어진 것이 확실하여 보고된 말이 2마리이다. 죽었다고 보고한 소는 모두 4마리이다.

삼국의 무역

(30) 고려의 경제 ①

📁 고려의 토지 제도

● 토지의 구분
- _____ [1] 기준 ┌ 공전(公田)
            └ 민전(民田)
- _____ [2] 기준 ┌ 공전(公田)
            └ 사전(私田)

📁 토지 제도의 기본 이해

● 기본구조

토지	
① 소유권	**원칙**: 왕토 사상(관념적 권리) **실제**: 농민 개인 소유의 토지가 존재(민전)
② _____ [3]	공전: 국가, 관청 등에 수조권이 있는 토지 사전(과전): 개인, 관리, 사원에 수조권이 있는 토지
③ 경작권	

● 수조권의 구조

직역
국가 ⇌ 관리
수조권

1/10 조   1/10 조
민전   (국가에 내는 '조'를
농민A 농민B   그대로 관리에게 줌)
공전   사전

정답 | 1 소유권 2 수조권 3 수조권

📁 고려의 토지 제도 - 전시과 = 전지 + 시지 + 18등급에 따라

역분전	시정 전시과	개정 전시과	경정 전시과	녹과전	과전법
▢ 1	▢ 2 (976)	▢ 3 (998)	▢ 4 (1076)	▢ 5	▢ 6 3년 (1391)

역분전
- ▢ 7
  └→ 논공행상에 따라
- ▢ 8 관리
  └ 산관: ▢ 9 O, ▢ 10 X

시정 전시과
- ▢ 11 (잔존) + ▢ 12
  └→ ▢ 13 기준 (자·단·비·녹)

개정 전시과
- ▢ 14
  └→ 18등급 기준

경정 전시과
- ▢ 15
- ▢ 16 관리
  ⇩
  관리들의 불만大
  ⇩
  ▢ 17 지급, 녹봉제 정비

- 토지 지급량 축소 ──→ 더 축소
- ▢ 27 이하 시지 지급 X ──→ ▢ 32 이하 X
- . ▢ 28 설치
  └ 18과 이내에 들지 못한 세력에게 전지만 17결 지급
  ──→ **폐지**: 18과 외의 관리들을 ▢ 33 안으로 포함
- ▢ 29 우대(▢ 30 차별) ──→ 완화←현종 때 2차·3차 ▢ 34 침입
- ▢ 31 지급
- ▢ 35 , ▢ 36 , ▢ 37 등 지급
- ▢ 38 , ▢ 39 병설
  └ 향리, 탐라 왕족, 여진족 추장 등

녹과전 (1271. 무신 집권기)
- ✓ 배경
  - 무신들의 ▢ 18 확대
  - 퇴직 후 미반납(과전) ⇒ 과전 부족
  - ▢ 19 체제 붕괴
- 신진 관리들에게 지급하기 위해 임시로 설치
- ▢ 20 일부 지역 (▢ 21) 분급

과전법
- ✓ ▢ 22 세력의 경제적 기반 마련
- ✓ ▢ 23 를 과전으로 설정
- ✓ ▢ 24 설치
- → ▢ 25 토지 몰수
- → 농민에게 지급(소유권)
  ⇩
- ▢ 26 토지 개혁
  ⇩
  역성 혁명 세력에게 경기도의 토지를 과전으로 지급

📢 더 알아보기 — 녹봉제 실시(1076, ▢ 40)
- 전시과와 함께 관리들에게 지급
- 관리를 ▢ 41 등급으로 나누어 현물 녹봉
  └ 1등급 400석 ~ 47등급 10석 (쌀·보리, 베·비단) 지급
- 1년에 2회 지급(1월, 7월)
- 관리들이 ▢ 42 를 제시하고 현물 수령

※ 전시과 토지 지급 액수 (기준: 결)

시기	등급		1	2	3	4	5	6	7	8	9	10	11	12	13	14	15	16	17	18
경종 (976)	시정 전시과	전지	110	105	100	95	90	85	80	75	70	65	60	55	50	45	42	39	36	33
		시지	110	105	100	95	90	85	80	75	70	65	60	55	50	45	40	35	30	25
목종 (998)	개정 전시과	전지	100	95	90	85	80	75	70	65	60	55	50	45	40	35	30	27	23	20
		시지	70	65	60	55	50	45	40	35	33	30	25	22	20	15	10			
문종 (1076)	경정 전시과	전지	100	90	85	80	75	70	65	60	55	50	45	40	35	30	25	22	20	17
		시지	50	45	40	35	30	27	24	21	18	15	12	10	8	5				

30 고려의 경제 ③

📂 고려의 토지 제도

● 수조권 토지의 종류

공전 (公田)
- _____1_____ → 중앙과 지방의 각 _____2_____
- _____3_____ → 군대
- _____4_____ → 국·공립 학교 (_____5_____ · _____6_____)
- _____7_____ → 왕실 종친, 비빈들
- _____8_____ → _____9_____ 경비 충당

사전 (私田)
- _____10_____ → 문·무 관리 ◄------- 상장군, 대장군
- _____11_____ → _____12_____ (2군 6위) ⇒ _____14_____
- _____13_____ → 향리 ──────── 직역의 세습과 함께 전정(田丁)도 세습
- _____15_____ → _____16_____ 이하 관리 자제 中 관직이 없는 사람
  - ⇒ _____17_____ 중심의 사회
- _____18_____ → _____19_____ (하급 관리· 군인)
- _____20_____ → _____21_____ , 지리업 종사자
- _____22_____ → 절

사전 (賜田)
- _____23_____ : 원래는 수조권 ⇒ 소유권의 의미로 변함
  - _____24_____ 이상 관리에게 지급
  - _____25_____ 의 경제적 기반
- _____26_____ : 공신

📂 고려의 수취 제도

전세
= 땅세, 생산량의 _____27_____ 징수
- 토지의 _____28_____ 에 따라 _____29_____ 으로 나누어 부과(차등 징수)
  - ⇒ 조세의 형평성 제고
- _____30_____ 에 따라 토지 면적 산출
  - └ 수확량을 기준으로 토지 면적 표시 비옥도에 따라 토지 면적 차이, _____31_____ (斗) 생산 = _____32_____ = _____33_____
- 지방에서 거둔 조세는 ' _____34_____ '에 보관
  - → _____35_____ 을 통해 개경의 _____36_____ (좌·우창)으로 운반

> **더 알아보기** 조운 제도
>
> 각 군현 → 조창 ─→ 경창 (좌창·우창)

공납
= _____37_____ , 지역 특산물 + 수공업품
- _____38_____ 정도의 차이 원칙 → 실제 고려 X
- 인정의 다소(多少)에 따라 9등호로 나누어 징수
- 조세보다 더 부담되는 세금
  - ┌ 정기 _____39_____
  - └ 부정기: _____40_____ , _____41_____ ⇒ 각 군현에 부과: 가구당 _____42_____ 가 현물을 징수

역
= 몸세, 16~60세 정남(丁男)
- _____43_____ 의 다소(多少)에 따라 _____44_____ 로 나누어 징발
- _____45_____ (부역): 1년마다 20일
- _____46_____ : 1년마다 2~3개월
- ✓[기타] _____47_____ (← 어민), 상세(← 상인)

정답 1 공해전 2 관청 3 군인전 4 학전 5 국자감 6 향교 7 궁원전 8 내장전 9 왕실 10 전시과 11 군인전 12 중앙군 13 외역전 14 외역전 15 한인전 16 6품 17 관료제 18 구분전 19 유가족 20 별사전 21 승려 22 사원전 23 공음전 24 5품 25 문벌 귀족 26 공신전 27 1/10 28 비옥도 29 3등급 30 결부법 31 1결 32 300두 33 100두 34 조창 35 조운 36 경창 37 토산물 38 재산 39 상공 40 별공 41 진상 42 인구 43 장정 44 9등호 45 요역 46 군역 47 어염세

28 비옥도 29 3등급 30 결부법 31 300두 32 1결 33 100두 34 조창 35 조운 36 경창 37 토산물 38 재산 39 상공 40 별공 41 진상 42 인구 43 장정 44 9등호 45 요역 46 군역 47 어염세

📁 고려의 중농 억상

| 중농 | ← 농업 생산력 증대 - - - - - - - - - - - - - - - → |

- __1__ **의 일반화**: 소를 이용한 깊이갈이(심경법)의 일반화
- __2__ **발달**: 녹비법(콩·작물을 심은 뒤 갈아엎어 비료로 사용)
  +
  퇴비법(동물의 똥오줌을 비료로 이용)

→ __3__ 감소(but. 휴경지는 여전히 존재)
  └ 소멸 X(소멸은 조선 전기)

- __4__ **실시**: 2년 3작 윤작법(조, 콩, 보리를 2년 동안 돌려가며 재배)의
  시작과 보급(일반화 X)
  ⇨ 고려 후기 ~ 조선 전기에 널리 보급됨
- __5__ **등장**: 비가 많이 오는 남부 지방 일부에 실시
  ⇨ 조선 후기에 이르러 전국적으로 보급됨
- __6__ **전래**: __7__ 때 __8__ 이 원에서 목화씨를 들여옴 ⇨ 의생활 변화
  정천익(문익점의 장인)이 재배에 성공하여 기술 보급
  ⇨ 조선 전기에 목화 재배 전국으로 확대
- **농서 보급**: __9__ 때 이암이 원에서 『__10__』를 들여옴
  ⇨ 원의 화북 지방 농법 소개
- **수리 시설 확충**: 김제 벽골제, 밀양 수산제 개축

● **국가 재정의 운영** ┬ **수입**: 세금
  └ **지출**: 국용, 왕실 비용, 녹용, 국방비 ……

✓ **관리 관청** ※ 실제 조세 수취와 집행은 각 관청의 __11__ 가 담당
- __12__ : __13__ (토지 장부), __14__ (호구 장부) 작성
  → 인구와 토지 파악·관리, 조세·공물·부역 등 부과
- __15__ : 화폐와 곡식의 출납에 대한 __16__ 담당

✓ **장부** =

양안		호적
__17__	+	__18__
20년마다 조사 → 토지의 비옥도, __19__ 색출		3년마다 조사
⇩		⇩
__20__		__21__ , __22__

30 고려의 경제 ⑤

📁 고려의 중농 억상

억상

- **상업:** <u>　1　</u> 중심 운영 ⇨ 후기 점점 성장

<u>　2　</u> 설치(<u>　3　</u> · <u>　4　</u>, 태조) ─┬─ 관청과 귀족이 주로 이용
└─ <u>　5　</u> 조달, _____<u>　6　</u>
　　　　　　　　　　　　　　 잉여품 판매(to. 귀족들)

통제

~~통제~~

<u>　7　</u> 설치(<u>　8　</u>) ─┬─ '경시감'이라고도 불림
└─ <u>　9　</u> (cf. <u>　10　</u>: 공급량 조절)
　　　 ⇨ 조선 <u>　11　</u> 때 <u>　12　</u> 로 개칭

<u>　13　</u> 설치 = 주점 · 다점 · 서적점 · 약점 → 귀족들이 이용
개경, 서경, 동경 등 대도시에 설치

(+ 지방 관아 중심 시장 개설 → '<u>　14　</u>'의 활동)

- <u>　15　</u> 중심 - 국제 무역항: <u>　16　</u> (<u>　17　</u> 하구)
　　　　 - 주요 무역 국가: <u>　18　</u> (덩저우), 남송(밍저우)
　　　　　　　　　└─ <u>　19　</u> 때 시작 (962년 이후)
　　　　　　　　　　조공 무역 형태

Focus　고려의 국제 무역

벽란도를 통해

거란 ── 여진
　　<u>20</u>, <u>21</u>　　<u>22</u>, 은, <u>23</u>

송 ── <u>24</u>, 금, 은, 나전칠기, 먹, 화문석

남송 ── <u>25</u>, <u>26</u>, 약재

고려

곡식, 서적, <u>27</u> ── 일본
　　　　　　　　　 <u>28</u> <u>29</u>

금, <u>30</u> 수은, <u>31</u>, <u>32</u>, 호박

아라비아 (대식국) ⇨ 고려(Corea)라는 이름이 서방 세계에 알려짐

정답 1 시전(시) 2 시전 3 개경 4 서경 5 관수품 6 국고지출 7 경시서 8 목종 9 물가조절 10 상평창 11 세조 12 평시서 13 관영상점 14 행상 15 벽란도 16 예성강 17 예성강 18 북송 19 광종 20 농기구 21 곡식 22 말 23 모피 24 비단 25 서적 26 자기 27 인삼 28 수은 29 황 30 은 31 향료 32 산호

📁 고려의 경제 생활

● 수공업의 발달

```
전기 ─────────────→ 후기
```

```
[1] 수공업(대부분) ─────┐
  └ [2] : 장인 명부      ├──→ [4]
                        │           ┌→ 전기에
[3] 수공업 ─────────────┘──→ [5]    │   비해
→ 먹, 금, 은, 세공품,                │   쇠퇴
   종이, 생강                        
          +
     [6] 수공업(← 권문세족)
     → 술, 베, 모시, 기와, 소금
        ⇒ 명품
          +
     [7] 수공업 → 농기구 제작
```

● 화폐 주조

- **국가에서 유통**: 국가의 [8] 확보와 경제 활동 장악·통제 목적
- **한계**: [9] 들의 반발, 농민들의 [10] 경제 활동
- **결과**: [11] , [12] 등에서 제한적 사용, [13] 거래 지속

사료 읽기 | 숙종 시기의 화폐 주조

- 숙종 6년(1101) 4월 주전도감에서 아뢰기를, "나라 사람들이 비로소 전폐 사용의 이로움을 알아 편리하게 되었습니다." …… 이 해에 또한 은병을 사용하여 화폐로 삼았는데, 그 제도는 은 1근으로 만들되 우리나라 지형을 본 뜬 것으로 속칭 활구라고 하였다.
- 숙종 7년 왕이 명하기를 " … 이제 금속을 녹여 돈을 만드는 법령을 제정한다. 돈 15,000 꾸러미를 주조하여 문무 양반과 군인들에게 나누어 주어 돈 통용의 시초로 삼도록 하라."고 하였다.

－ 『고려사』

```
┌─[14]─┐        ┌─[16]─┐          ┌─[19]─┐   쇄은(충렬왕)        ┌─[25]─┐     ┌─[27]─┐
│      │        │      │          │      │                      │      │     │      │
  [15]            [17] 6년          [20]    소은병(충혜왕)         원 간섭기    최초의 [29]
최초의 철전(화폐)   (1101)                                         원나라 [26]   [28] 3년
                  [18] 화폐        [21] 7년
                                  (1102)
                                     +
                          삼한중보 ┐
                          해동중보 │ ⇒ [22]
                          동국통보 │  └ [23] : [24] 설치,
                          동국중보 ┘         화폐 사용 주장
```

건원중보　　활구(은병)　　삼한통보　　해동통보　　동국통보　　소은병

29 지폐 | 1 관청 2 공장안(명) 3 소 4 민영 5 가내 6 소소 7 민영 8 재정 9 귀족 10 자급자족 11 다점(차점) 12 주점 13 곡물(물품) 14 건원중보(성종) 15 철전 16 해동통보 17 숙종 18 동전 19 쇄은 20 은병 21 숙종 22 주전 23 의천 24 주전도감 25 지원보초 26 보초 27 저화 28 공양왕

해커스 공무원학원·공무원인강·교재 Q&A gosi.Hackers.com　120

30 고려의 경제 ⑦

📂 고려의 경제 생활

● 고리대의 성행과 보의 발달

- [1] 의 성행: 고리대는 왕실, 귀족, 사원의 재산 축적 수단으로 활용됨
  → [2] 운영: [3] 운영을 위해 둔 일종의 사설 금융 기관 이후 [4] 로 변해 불교계의 타락과 부패 초래

- [5] 의 발달: 기금을 조성해서 공적인 사업에 사용, 일종의 [6]

※ [7] 과 상관 X → [8] 기관
※ 한개 보의 이자를 나눠 쓰는 것 X
→ 각 보에 기금을 줌

- [9] (태조): 장학 재단
- [10] (정종): 불경 간행 재단
- [11] (정종): 승려의 장학 재단
- [12] ([13]): 빈민 구제 재단
- [14] (현종): 현화사 범종 주조 재단
- [15] (문종): 팔관회 경비 재단

⇒ 이후 고리대로 변질

● 귀족들의 경제 생활 → 화려하고 사치스러움

<근로 소득>	+	<재산 소득>

- [16]
- [17] - 1년에 2번 곡식 또는 비단으로 받음

- [18]
- [19] (賜田): [20] , [21]
- 외거 노비 - [22] 수취
  +
- [23] 발급
  - 황무지, 진전을 농경지로 개간할 수 있는 허가서
  - 일정 기간 세금 [24]

● 농민들의 경제 생활

[25] ↓⇒ 궁핍함

- 민전 경작, 국·공유지나 다른 사람의 소유지 경작
- 가내 수공업 - 삼베, 모시, 비단 생산
- [26] , [27] : 진전(황폐해진 경작지)이나 황무지 개간 시 일정 기간 소작료·조세를 감면 받음
  ⇒ 13c 강화 천도 이후에 강화도 지방을 중심으로 대규모 간척 사업 전개
- 농민들의 몰락 = [28] 의 토지 약탈 + 귀족의 농장 확대 + 국가의 과도한 세금 수취
  ⇒ [29] , [30] 로 전락

📖 맵핑 핵심 자료

▨ 고려 시대의 토지 제도

• 태조 23년 처음으로 역분전을 제정하였다. 후삼국을 통일할 때의 신하와 군사에게 관계(官階)를 고려하지 않고, 성품과 행동의 선악·공로의 대소(大小)를 기준으로 차등 지급한 것이다.

• 경종 원년 11월에 비로소 직관, 산관의 각 품(品)의 전시과를 제정하였는데 관품의 높고 낮은 것은 논하지 않고 다만 인품만 가지고 전시과의 등급을 결정하였다.

• 목종 원년 12월. 문무 양반 및 군인의 전시과를 개정하였다.

• 문종 30년 양반에게 지급하는 전시과 규정을 다시 고쳐 정했다.

• 원종 12년 2월에 도병마사가 아뢰기를, "근래 병란이 일어남으로 인해 창고가 비어서 백관의 녹봉을 지급하지 못하여 사인(士人)을 권면할 수 없었습니다. 청컨대 경기 8현을 품등에 따라 녹과전으로 지급하소서."라고 하였다.

• 공양왕이 즉위하자 대사헌 조준 등이 또 상소하여 간언했다. …… 공양왕 3년 5월. 도평의사사에서 올려 과전법의 제정을 다음과 같이 건의하니 허락했다.
　　　　　　　　　　　　　　　　　　　　　　　　　　　　　　- 『고려사』

▨ 고려 말 토지 제도의 문란

대사헌 조준이 글을 올려 아뢰기를 " …… 근년에는(토지를) 겸병하는 일이 더욱 심해져 간사하고 흉악한 무리의 토지가 주(州)에 걸치고 군(郡)을 포괄하며, 산천을 경계로 삼을 정도입니다. 1무(畝)의 주인이 5, 6명이나 되고 1년에 조세를 받는 횟수가 8, 9차에 이릅니다. 위로는 어분전(御分田)부터 종실·공신·조정·문무관의 토지, 외역·진·역·원·관의 토지와 백성들이 여러 대 동안 심은 뽕나무와 지은 집에 이르기까지 모두 빼앗아 차지하니 호소할 곳 없는 불쌍한 백성들이 사방으로 흩어져 떠돌아다닙니다."
　　　　　　　　　　　　　　　　　　　　　　　　　　　　　　- 『고려사』

▨ 고려의 수취 체제

• 무릇 토지의 등급은 묵히지 않는 토지를 상(上)으로 하고, 한 해 묵히는 토지를 중(中)으로 하고, 두 해 묵히는 토지를 하(下)로 한다.

• 편성된 호는 인구와 장정이 많고 적음에 따라 9등급으로 나누어 부역을 시킨다.
　　　　　　　　　　　　　　　　　　　　　　　　　　　　　　- 『고려사』

▨ 목화의 전래

태조 7년 6월, 정사 문익점은 원나라에 갔다가 돌아오는 길에 목화를 보았다. 씨 10여 개를 따서 주머니에 넣어 가지고 왔다. ……진주에 와서 절반을 정천익에게 주어 심어서 기르게 하였다. 단 한 개만이 살아남았다. 정천익이 가을에 그 씨를 따니 백여 개나 되었다.
　　　　　　　　　　　　　　　　　　　　　　　　　　　　　　- 『태조실록』

▨ 벽란도

조류를 따라 예성항에 이르자, 정사와 부사는 신주(중국 사신이 탄 큰 배)로 옮겨 탔다. 낮 12시쯤 정사와 부사가 …… 1만 명이 되는 고려인들이 병기, 갑옷 입은 말, 깃발, 의장물을 가지고 해안가에 늘어서 있고 구경꾼이 담장같이 둘러섰다. …… 벽란정(碧瀾亭: 벽란도에 있는 정자)으로 들어갔다. 다음날 육로를 따라 왕성(개경)으로 들어갔다.
　　　　　　　　　　　　　　　　　　　　　　　　　　　　- 『선화봉사고려도경』

▨ 대식국(아라비아) 상인의 방문

• 이달에 대식국(大食國)의 열라자 등 1백 인이 와서 방물을 바쳤다. 대식국은 서역에 있다.

• 11월 병인에 대식국 상인 보나합(保那盍) 등이 와서 수은·용치·점성향·몰약·대소목 등의 물품을 바쳤다.
　　　　　　　　　　　　　　　　　　　　　　　　　　　　　　- 『고려사』

▨ 건원중보와 고려 시대의 화폐 사용

왕(목종)이 하교하기를, "선왕(성종)께서 규범에 따라 조서를 반포하여 화폐를 주조하게 하니…… 철전이 화폐로 끊이지 않고 통용되었다. …… 그런데 최근 시중 한언공이 상소하기를, '…… 지금 선왕의 정책을 계승하여 철전을 사용하게 하고 추포(성긴 베)의 사용을 금지시킴으로써 전통적인 유통 양식을 뒤흔들어 놓았으니 결국 나라에 이익을 가져오지 못하고 도리어 백성들의 원망만 불러일으키는 결과가 되었습니다.'라고 하였다. …… 근본에 힘쓰는 마음을 되살려 철전의 사용을 중단시키고자 한다. 차와 술, 음식 등을 파는 점포에서 물건을 사고팔 때는 예전처럼 철전을 사용하게 하고, 그 밖에 백성들이 사사로이 사고팔 때는 토산물을 임의로 사용하게 할 것이다."라고 하였다.
　　　　　　　　　　　　　　　　　　　　　　　　　　　　　　- 『고려사』

③① 조선의 경제 ①

📁 토지 제도⭐

✓ ¹ 설치 ⇨ 권문세족의 ² 토지 몰수 ⇨ 농민들에게 '토지' 분배 ⇨ 역성 혁명 세력에게 '수조권' 지급

● ¹³ 방식의 변화
└ 작황을 조사(생산량 파악)
→ ¹⁴ 을 결정
¹⁵
¹⁶ (관리)가 연분 결정
→ 임의적으로 상향 조정

● 수조 방식의 변화
· ²⁷
관리의 수조권 남용 및
농장 확대 심화

과전법	¹⁷	직전법	²⁸	직전법 폐지

과전법
(1391, 공양왕 3년)
· 국가 재정 확충 목적
· ³ 의 경제적 기반 마련 목적
· 경기 지역에 한정해 ⁴ 만 지급
· ⁵ 관리를 ⁶ 등급으로 나누어 수조권(1/10) 지급
└ 최고 150결 ~ 최하 10결
· ⁷ , ⁸ 지급
· ⁹ 지급
· **원칙**: 죽거나 반역 시 ¹⁰ , 세습 ¹¹
⇨ but. 세습전 증가로 ¹² 현상 발생

(¹⁸)
¹⁹ (국가)이 직접
작황 조사 후 연분 결정

직전법
(1466, ²⁰)
· 토지 부족 현상 보완 목적
  ²¹ 관리 X ²² 관리에게만
· ²³ , ²⁴ 폐지
↕

관리들의 대책

① 관리들의 수조권 남용↑
(→ 세조에게 적발)
② 토지 매입 - 토지 ²⁵ 현상⇑
→ 농민들은 ²⁶ 으로 전락

(1470, ²⁹)
관청(국가)이 직접
농민에게 수조 후
³⁰ 에게 주는 방식
⇩
³¹ 는
수조권을 빌미로
농민 수탈 불가능

직전법 폐지
(1556, ³²)
· 수조권 지급 제도 폐지(과전X)
· ³³ 만 시행
(현물 녹봉 지급)
└ 액수 상향

········→ 더욱 심화

³⁴ ⇨ ³⁵

자영 농민 대부분 ▶ ³⁶ 으로 몰락

³⁷ 들의 토지 지배력 약화
(= 국가의 토지 지배력 강화)

📂 수취 제도★

● 전세(租)의 변화

[__1__](1391) ──────────→ [__9__ (1444, __10__)] ──────────→ [__20__ (1635, __21__)]

- 수확량의 __2__ 징수 원칙
- 1결당 __3__ 초과 X
  - ┌ __4__ 면적 X, __5__ 면적 o
- __6__ 시행
- __7__ 를 10등급으로 나누어 세금 감면
  - → __8__ 에 따라 차등 수조

- 백성들의 여론 수렴(17만)
- 연분 __11__
  - ┌ __12__ 기준
  - ├ __13__ 등급으로 나눔
  - └ 1결당 최고 __14__ 두 ~ 최하 __15__ 두
- 전분 __16__
  - ┌ __17__ 기준
  - ├ 1 ~ __18__ 등전으로 나눔
  - └ __19__ 과 무관

- 1결당 __22__ 두 고정(전세의 __23__) → __24__ 에 관계 X
  - ⇨ 부족분 보충을 위해 여러 __25__ 징수(= __26__ 징수)
    - └ ex. 운송비, 수수료 등
- __27__ = __28__ (__29__ 때 법제화): 마을 단위 총액 방식
  - ex) 마을 전체 토지 결 수 X __30__ 두(세액)
- **결과**
  - ┌ 농민에게 혜택은 거의 없음: 대부분 토지가 없는 __31__
  - └ 지주에게 부과된 여러 부가세가 소작농에게 전가

__32__ 감소 but. 이미 __33__
농민들에게 이익 X
⇨ 지주(양반)들의 세금⇩

📂 조운 제도

각 군현에서 __34__ 를 징수 (11月 경) ──군현민──→ 조창 (지방 조세 창고, (바닷가, 강가)) ──조창민 2月~5月──→ 좌창 __36__ (녹용) / 우창 __37__ (국용) → 경창

__35__ 지역 ─ 평안도, 함경도 → 군사비, 사신 접대비
제주도 → 수송상 불편

지도 범례:
→ 조운 수로
→ 조창까지의 육·수운
○ 조창
○ 잉류 지역

지도 지명: 백두산, 경성, 길주, 의주, 안주, 영흥, 함흥, 조읍포창, 평양, 소양강창, 금곡포창, 신천, 강음, 김화, 양양, 춘천, 배천, 조창, 원주, 강릉, 동해, 경창, 한성, 여주, 홍원창, 울릉도, 공진창, 청주, 충주, 죽산, 아산, 용안, 면천, 가흥창, 덕성창, 공주, 연기, 청풍, 상주, 대구, 경주, 법성포창, 전주, 남원, 밀양, 영산창, 나주, 진주, 황해, 제주도

더 알아보기 - 공법 체제 하의 세율액 계산

- **1등전**
  - 1결
  - 200두 생산
- **6등전**
  - 1결
  - 200두 생산

- **이적동세**
  - __38__ : '척'이 다르다

정답 1 과전법 2 1/10 3 30두 4 결의 5 실제 6 답험손실법 7 전지 8 풍흉 9 공법 10 세종 11 9등법 12 풍흉 13 9 등급으로 14 20 15 4 16 6등법 17 토지 비옥도 18 6 19 풍흉 20 영정법 21 인조 22 4 23 정액화 24 풍흉 25 부가세 26 잡세 27 비총법 28 총액제 29 숙종 30 수등이척법 31 소작농 32 전세 33 전세 34 조세 35 잉류 36 녹용 37 국용 38 수등이척법

해커스 공무원학원·공무원인강·교재 Q&A gosi.Hackers.com **124**

31 조선의 경제 ③

📁 수취 제도★

● 공납(상공)의 변화 ← 가구당 지역 특산물, 수공업품

√ ___23___ , ___24___ , 유성룡

→ 근본적 대책 제시

___1___ (15C) → ___11___ → ___14___ (16C) → ___25___ → ___28___ (17 ~ 18C)

• ___2___ , 가구 당
• ___3___ 가 원칙
• 문제점
  ┌ ___4___ 고려 X
  ├ ___5___
  └ ___6___ 고려 X: 先 ___7___ , 後 ___8___ 작성
          ___9___ 장부 ___10___ 장부
⇒ 전세보다 더 큰 부담

• ___12___ 이 공납을 ___13___
→ 그 대가를 받음
  └ 10배 이상의 차익

• ___15___ + ___16___ 의 결탁
• 납부를 막음 → ___17___ 을 통해서만
⇒ 농민 수탈 심화
  농민 유망 가속화
    └ ___18___ : ___19___ 등장
국가 ___20___
↔ 정부 대책: ___21___ , ___22___ 강화
  └ 미봉책

• 공납을 ' ___26___ '로 수취
(토지 결당)
• ___27___ 들의 반발
⇒ 실패

• 토지 결수에 따라 ___29___ · ___30___ · ___31___ 등 납부
• 토지 1결당 ___32___ 두 납부 ┬ 지주 싫어!
  ⇓ 100년 걸림   └ 전호 좋아!
• 점진적 시행
  ┌ 경기도 - ___33___ (1608)
  ├ 강원도 - ___34___
  ├ 충청도, 전라도 연해 - ___35___
  └ 전라도 내륙 - 현종
→ 전국 시행 - ___36___ (___37___)

공납의 ___38___ (cf. 소작농은 공납을 납부하지 않는다)
  └ ___39___ · ___40___ 은 여전히 납부

● 대동법 시행의 결과
• 부과 기준: ___41___ → ___42___ ⇒ 공납의 전세화
• 경제 구조의 변동

선혜청 / 대동미 ─쌀→ 공인 ⇄ 장시
          ←현물─

┌ 자유 수공업 발달 ⇒ 자유 상공업 발달
└ ___43___ 빌딜 + 화폐 유통 + 조세의 ___45___ ⇒ ___46___ 활성화
   └ 3차 ___44___

● 대동법의 한계
• ___47___ 에만 적용, ___48___ · ___49___ 은 존속
• 지방 재정 악화: ___50___ ↑, ___51___ ↓ ⇒ 수령의 농민 수탈 심화
• 시간이 지남에 따라 대동세를 ___52___ 에게 전가
  ⇒ 농민 부담 다시 가중

Focus 상납미와 유치미

<지방>
<지방 관청> → 중앙 정부
___53___ 증가
___54___ 확보의 어려움

31 조선의 경제 ④

📁 수취 제도*

● **역(군역)의 변화** - 요역은 변화 X: 토지 8결 당 1명, 1년에 6일 초과 X

✓ _____ 18 **이후**

양반 수↑(= 군역 대상자 수↓)

_____ 1 (15C)

• 16 ~ 60세까지 양인 남자

  ┗ ____ 2, ____ 3, ____ 4 등은 군역 면제

• ____ 5

 ┏ ____ 6 **1명**: 군 복무

 ┗ ____ 7 **2명**: 군포 부담

____ 8 기피 현상

____ 9

⇩

군역 기피 현상↑

⇩

• ____ 10

• ____ 11 현상

군포제
확산
→

_____ 12 (16C, 중종)

• 군역 의무자 모두 ____ 13 만 내게 함

• 1년 ____ 14 ⇒ 정군↓, 보인↑

 = 정군의 ____ 15

 = 군역의 ____ 16

⇩

국방력 약화(군사 제도 자체의 붕괴)

↔ 이이 '_____ 17 ' 주장

_____ 19

농민의 군포 부담 증가

① ____ 20 에서 이중, 삼중 부담

 → ____ 21, ____ 22 의 독자 징수

② ____ 23 의 문란

 ┏ ____ 24, ____ 25

 → 정약용의 '____ 26 '

 ┗ ____ 27, ____ 28 → 공납에서도

____ 29 **제시** ⟶ **(균역법)** (18C, 영조)

 (= 군역 개혁론)

• 유형원 - ____ 30 로 의 환원 주장

• ____ 31 론, ____ 32 론, 유포론, 구포론, ____ 33 론 등장

1년 2필

양반

농민

경감
(감필)

군역

[균역법 이전]

1년 1필

농민 지주

군역

[균역법 시행 이후]

✓ **군포 부족분 보충**

① ____ 34 **징수**: 1결당 ____ 35

 ┗ 군포 X, 군역 X

② ____ 36 : 일부 상류층에게 1년 ____ 37 부과

    (____ 38 을 받았으나 관직 X)

 ⇒ '____ 39 ' 관직을 내림

③ ____ 40, ____ 41, ____ 42

(왕실 품위 유지비 ⇒ 국고로 전환)

 ┗ 전부 ____ 43 에서 관리

 ⇒ 이후 ____ 44 에서 통합·관리

결과

• ____ 45 확대(국가 세원 ____ 46)

• 농민들의 부담이 ____ 47 으로 감소

 → but. 시간이 지남에 따라 ____ 48 을 ____ 49 에게 전가 → ____ 50 의 문란 여전히 발생

 ⇩

____ 51

 ┗ ____ 52 **실시**: 모든 양반에게 군포 징수

📖 맵핑 핵심 자료

📋 과전법

경기는 사방의 근본이니 마땅히 과전을 설치하여 사대부를 우대한다. 경성에 거주하며 왕실을 시위하는 자는 전·현직 관리를 막론하고 과(科)에 따라 과전을 받는다. 과전을 받은 자가 죽은 후, 그의 아내가 자식이 있고 재가(再嫁)하지 않는 경우에는 남편의 과전 모두를 전수받고, 자식이 없는 채로 재가하지 않는 경우에는 반을 감하여 전해 받으며, 재가하는 경우에는 이에 해당하지 않는다. 부모가 모두 사망하고 자손이 유약한 자는 마땅히 휼양(恤養)하여야 하니 아버지의 과전 모두를 전해 받고, 20세가 되는 해에 본인의 등급에 따라 받는다.

– 『태조실록』

📋 대동법의 실시를 둘러싼 갈등

· 찬성

강원도에서 대동법을 싫어하는 이가 없는데, 충청도, 전라도에는 좋아하는 이와 싫어하는 이가 있습니다. 왜 그렇겠습니까? 강원도에는 토호가 없으나 충청도, 전라도에는 토호가 있기 때문입니다. 특히 전라도에 싫어하는 자가 더 많은데 이는 토호가 더 많은 까닭입니다. 이렇게 볼 때 토호들만 싫어할 뿐, 백성들은 모두 대동법을 보고 기뻐합니다.

– 조익, 『포저집』

· 반대

지방에서 온 사람이 '백성이 모두 한꺼번에 납부하는 것을 고통스럽게 여긴다.'라고 하였습니다. 대체로 먼 지방은 경기와 달라 부자들이 가진 땅이 많습니다. 10결을 소유한 자는 10석을 내고 20결을 소유한 자는 20석을 내야 합니다. …… 대가(大家)와 거족(巨族)이 불편하게 여기며 원망을 한다면, 어지러운 상황에서 심히 걱정스러운 일이라 할 것입니다.

– 『인조실록』

📋 직전법 시행 반대 상소

대사헌 양지가 상소하였다. "과전은 사대부를 기르는 것입니다. 장차 직전을 두려고 한다는데, 조정의 신하는 직전을 받게 되지만 벼슬에서 물러난 신하와 무릇 공경대부의 자손들은 1결의 토지도 가질 수 없게 되니 이는 대대로 국록을 주는 뜻에 어긋납니다. 관리들이 녹봉을 받지 못한다면 서민과 다를 바가 없게 되어 세신이 없게 될 것이니 이를 염려하지 않을 수 없습니다."

– 『세조실록』

📋 대동법의 시행

영의정 이원익이 제의하기를, "각 고을에서 진상하는 공물이 각급 관청의 방납인에 의해 중간에서 막혀 한 물건의 값이 3, 4배 혹은 수십, 수백 배까지 되어 그 폐해가 극심하고, 특히 경기 지방은 더욱 그러합니다. 지금 마땅히 별도로 하나의 청을 설치하여 매년 봄, 가을로 백성에게서 쌀을 거두되 …… 본청은 그때의 물가 시세를 보아 쌀로써 방납인에게 지급하여 물건을 구입하게 하소서." 하니 임금이 이에 따랐다.

– 『광해군일기』

📋 군역의 폐단

나라의 100여 년에 걸친 고질 병폐로서 가장 심한 것은 양역(良役)이니 호포, 구전, 유포, 결포의 말이 어지러이 번갈아 나왔으나 적절히 따를 바가 없습니다. 백성은 날로 곤란해지고 폐혜는 날이 갈수록 심해지니 혹 한 집안에 부자 조손(祖孫)이 군적에 한꺼번에 기록되어 있거나 혹은 3~4명의 형제가 한꺼번에 군포를 납부해야 합니다. 또 한 이웃의 이웃이 견책을 당하고(인징), 친척의 친척이 징수를 당하며(족징), 황구(黃口, 어린아이)는 젖 밑에서 군정으로 편성되고(황구첨정), 백골(白骨)은 지하에서 징수를 당하며(백골징포), 한 사람이 도망하면 열 집이 보존되지 못하니, 비록 좋은 재상과 현명한 수령이라도 역시 어찌 할 수 없습니다.

– 『영조실록』

📋 관수 관급제

대비(大妃)께서 하교하시기를, "직전은 사람들이 한결같이 폐단이 있다고 말한다. …… 의논하여 혁파함이 어떠하겠는가." 도승지가 대답하기를, "전에 과전은 아버지가 사망하여 아들이 이어받은 것을 휼양전이라 하고, 남편이 사망하여 아내가 이어받은 것을 수신전이라 하였습니다. 이를 혁파하여 직전으로 삼았는데, 간혹 지나치게 거두어 원망하는 사람들이 있습니다. 만약 관이 직접 직전세를 거두어 전주(田主)에게 준다면 그 폐단이 없어지게 될 것입니다."라고 하였다.

– 『성종실록』

📋 균역법의 실시

· 양역(良役)의 절반을 감하라고 명하였다. 임금이 명정전에 나아가 여러 신하들을 불러 양역의 변통에 대한 대책을 물었다. 임금이 말하기를, "구전(口錢)은 한 집안에서 거두는 것이니 주인과 노비의 명분이 문란하며, 결포(結布)는 이미 정해진 세율이 있으니 결코 더 부과하기가 어렵고, 호포(戶布)가 조금 나을 것 같아 1필을 감하고 호전(戶錢)을 걷기로 하였으나 마음은 매우 불편하다. …… 호포나 결포나 모두 문제점이 있다. 이제는 1필로 줄이는 것으로 돌아가야 할 것이니, 1필을 줄였을 때 생기는 세입 감소분을 보완할 대책을 강구하라 하였다.

– 『영조실록』

· 감면한 것을 계산하여 보면 모두 50여 만 필에 이르는데, 돈으로 계산하면 1백여 만 냥이다. 안으로 각 아문(衙門)과 밖으로 각 영진(營鎭)의 비용을 줄인 것이 50여 만 냥인데, 군수(軍需)의 경비(經費)로서 급대하지 않을 수 없는 것이 아직도 40여 만 냥이나 되기 때문에 …… 어염선세와 선무군관에게 받는 것, 은여결에서 받아들이는 것을 모두 합하면 십수 만 냥인데, 이것으로 충당시켰었다.

– 『영조실록』

31 조선의 경제 ⑤

● 이앙법의 보급★← 유물 사관을 통한 접근법

¹ 증대 ⇨ 사회·경제 구조의 변동 ⇨ 정치·문화의 변화

- ² (밭농사) = 돌려짓기, ³ → 조선 시대 일반화
  └ 조·보리·콩
- ⁴ (거름) 발달 – ⁵ 감소 → 소멸 = ⁶ 현상
  (고려)　　　　　　　　　(조선 전기)
- ⁷ (깊이갈이) – ⁸ 때부터 이미 일반화
- ⁹ 재배의 확대 – 재배 시작, 확산 → ¹⁰
  (조선 전기)　　　　(조선 후기)
- ¹¹ ⇨ [조선 후기] ¹² 으로 변화, 확산
- [조선 후기] ¹³ 의 전국적 확산

Focus 견종법의 확산(밭농사)
- 조선 전기 - 농종법
  이랑 / 씨앗
- 조선 후기 - 견종법
  이랑 / 그늘진 지대 / 이랑
  씨앗 / 고랑

이앙법의 확산(논농사)
보리 재배　　보리 수확(타작)　　보리 재배 시작
1月　볍씨를 모판에　옮겨 심음　벼 수확(타작)　12月
　　 심음

- ¹⁴ 가능 = 벼 + ¹⁵
  └ 수취 대상X, 지대X
- 1열로 모내기 ⇨ ¹⁶ 절감 1/5정도↓, ¹⁷ 증대 2배
- 단점: 옮겨 심어 뿌리가 약함 ⇨ ¹⁸ 에 취약 ⇨ 정부가 금지시킴
  ↔ 농민의 저항(¹⁹ · ²⁰ 축조)

● 이앙법의 전국적 확대 ⇨ 일부 ²¹ 지역 ⇨ 보급 ⇨ ²² 확대
(고려)　　　(조선 전기)　　(조선 후기)

농민 200명

이앙법 ⇨

²⁵ : 소작지 상실
²⁶ 에서 풀려남

²³ 명(²⁴)

농민의 계층 분화(빈부 격차 심화)

- ²⁷ (임금 받는 노동자)
- 화전민 → 화적
- ²⁸ (머슴 ≠ ²⁹): 새경 받고 일함
- 수공업자
- 광산 노동자
- ³⁰ (서울 불법 상인)

자본주의의 맹아
⇨ 자생적 ³¹ 태동기
↔ ³² 에 반론

판매

쌀의 ³³ 현상, ³⁴ 농업 시작

- ³⁵ 재배
- ³⁶ 개량

정답 1 농업 생산력 2 조전법 3 이모작 4 시비법 5 휴경지 6 연작상경 7 심경법 8 고려 9 목화 10 면직물 11 직파법 12 이앙법 13 이앙법 14 이모작 15 보리 16 노동력 17 생산량 18 가뭄 19 저수지 20 보 21 남부 22 전국 23 40 24 광작 25 몰락 농민 26 신분제 27 임노동자 28 머슴 29 노비 30 난전 31 자본주의 32 식민사관 33 상품화 34 상업적 35 인삼 36 품종

31 조선의 경제 ⑥

📁 경제의 구조적 변동 ← 이앙법

● 지대(소작료)의 변화

[___] ⁹ 증대([___] ¹⁰)

⇩

[___] ¹¹ 의 성장

⇩

• 농민들의 저항 " [___] ¹² "
• [___] ¹³ 의 증가: [___] ¹⁴ 을 알 수 X
                    [___] ¹⁵ 은 생산량 속이기 쉬움

전기

([___] ¹)

• [___] ² 지대
  → [___] ³ (1/2)
• 지주의 [___] ⁴ ↑
  = 신분 [___] ⁵

후기

([___] ⁶)

• [___] ⁷ 지대(약 1/3)
• 지주의 영농 간섭 X([___] ⁸)
  ⇨ 근로 의욕 고취

● 수공업의 변화 ← 도시 인구 증가(← 이앙법, [___] ¹⁶)

전기

[___] ¹⁷ 수공업 중심

통제 → [___] ¹⁸

후기

[___] ²² 수공업 중심

[___] ¹⁹ (이앙법)
• [___] ²⁰ 등록 기피
• [___] ²¹ 의 해이

→ ([___] ²³ [___] ²⁴)
→ [___] ²⁵ (포) 납부하면 수공업 가능

17C 중 · 후반

[___] ²⁶ 수공업

상인 ⟷ 수공업
선 대금(원료, 품삯)
후 제품

⇩

수익을 차지   경제적 지배

∴ 선대제 수공업 = [___] ²⁷ 의 태동

18C 후반

[___] ²⁸ 수공업

자본을 축적한 수공업자가
상인 자본으로부터 독립
⇨ 직접 생산 + [___] ²⁹

✦ Focus 관수품 조달 방법

공납(후기: 공인)

관청 수공업 → [관청]

시전
독점 판매권 부여

📁 경제의 구조적 변동 ← 이앙법

● 광업의 변화

생산력 증대
⇓
_____ 3 의 해이
⇓

전기 ─────○────→ **후기**

[_____ 1 광산]
- 국가가 독점 채굴(_____ 2 금지)
- 부역 동원

17C _____ 4 과의 무역 증대
⇑
→ _____ 5 수요 증가
→ _____ 6 성행

[_____ 7 (사채)]
- 국가가 채굴 허락
→ 대신 _____ 8 납부

[설점수세제](17C, 효종): _____ 9 의 _____ 10 이 세금 징수 관리
[수령수세제](18C, 영조): 수령에게 신고 · 세금 납부하고 광물 채굴
→ _____ 11 증가

결과
- _____ 12 성행 - 광산 개발이 이득이 컸기 때문
- **광산 경영 전문화** ─┬ _____ 13 : 광산 경영자
　　　　　　　　　　　├ _____ 14 : 투자자
　　　　　　　　　　　└ _____ 15 : 전문 채굴업자(지질학자)
　　+ 채굴 노동자, 제련 노동자
　　　　　　　└ _____ 16 명
⇒ _____ 17 을 토대로 한 _____ 18

● 화폐의 유통 ← 상품 화폐 경제 발달 ← 대동법

| 조선 전기 |
- _____ 19 (공양왕) - 초기 유통(태종 - 사섬서)
- _____ 20 통보(세종) - 저화의 보조 화폐
- _____ 21 통보(_____ 22) - 화살촉 모양 화폐

| 조선 후기 |
- _____ 23 (인조) - '조선통보' 글씨체가 _____ 24
- **상평통보 유통**

<1차>	**<2차>**	**<3차>**
_____ 25 (1633)	_____ 26	_____ 27 (1678)
김육의 건의	서울 및 일부 지방	허적의 주장
└ 대동법 실시를 강력히 주장	시범적 유통	여러 기관에서 발행
상평창에서 처음 주조		└ 호조, 상평창, 진휼청, 훈련도감 등
개성 중심 유통(시범적)		18C 전반 _____ 28 유통 ⇒ 18C 후반 조세와 소작료의 금납화로 화폐 유통이 더욱 확대

- _____ 29 보급: _____ 30 , _____ 31 ⇒ 거래 규모 확대

| 전황(錢荒) |
- **화폐 가치 오인**: 지주나 대상인들이 _____ 32 수단으로 이용
⇒ _____ 33 현상 발생 ⇒ 화폐 가치↑, 물가↓
　┌ 지주, 대상인 → 이익　　↔ **대책** ┌ 이익(중농학파)의 _____ 36
　└ 농민, 영세 상인 → _____ 34　　　　　　 └ 박지원(중상학파)의 _____ 37
　　└ 조세와 소작료의 _____ 35 로 농민들의 부담 가중

31 조선의 경제 ⑧

📁 상업의 발달 ↔ 통제

● 사상의 등장

1 상인	서울	┌ 2 : 관수품, 점포세, 상세 납부
		└ 3 ← 대동법
	지방	4

5 상인	서울	6
	지방	┌ 7 : 보관, 운반, 숙박, 금융업, 판매 …
		└ 사상 多

> 🧑 **더 알아보기** 장시 VS 포구

8	VS	9
10 교통의 결절지		12 교통의 결절지
15C 말 11 에 형성		15C 13
⇩		⇩
18C 후반, 전국 1000여 개		18C 최대 상업 중심지
전국적 유통망 형성		└ 객주 · 여각
└ 보부상		

● 지방의 사상

- 14 (의주) - 15 무역 담당   • 16 (평양)
- 17 (개성) ┌ 전국에 18 설치 - 19
  - ├ 20 재배 · 판매 - 인삼 상인 " 21 "
  - └ 22 중계 무역
- 23 (= 선상, 한강)
  - ┌ 24 + 25 , 선박 건조업에도 진출
  - └ 26 → 구한말 27 도입
- 28 (부산 동래) - 29 무역 담당

● 대외 무역의 발달

30	VS	31
공무역		사무역
32 왕래		33 왕래

⇨ 조선 후기 무역량 역전

⇩		⇩	
34 개시	38 후시	39 후시	
35 개시	40 후시	41 후시	
36 개시 37 개시		42 후시	

• 대청 무역

- 17C 중엽부터 활발 → 결제 수단으로 43 사용
  - 44 (의주) 주도
- ┌ 공무역 + 사무역
  - ├ 45 개시   46 후시
  - │ 경원 개시   47 후시
  - └ 회령 개시   북관 후시
  - └ 회동관 후시
- **수출품**: 은, 종이, 무명, 인삼
- **수입품**: 비단, 약재 , 문방구

• 대일 무역

- 17C 이후 국교 정상화 → 활발하게 전개
  - 48 (동래) 주도
- ┌ 공무역 + 사무역
  - (49 개시) (50 후시)
- **수출품**: 인삼, 쌀, 무명
- **수입품**: 은, 구리, 황, 후추

● 도고의 등장 → 51 (매점매석)
상업 자본가의 독과점 행위

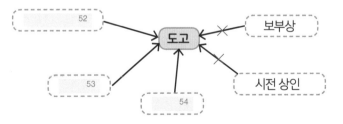

52		보부상
	도고	
53	54	시전 상인

📖 맵핑 핵심 자료

▨ 이앙법

• 본래 이앙을 금지하는 법은 지극히 엄한데, 근래 백성들이 농사를 게을리하고 이익을 탐하여 광작을 하며 그 형세가 매해 늘어나 지금은 여러 도에 두루 퍼져 있으니 모두 금지하기 어렵다.

– 「비변사등록」

• 남부 지역에서는 모두 이앙을 한다. 그 노동력이 직파에 비해 4/5가 절약되므로 노비나 고공이 많은 사람들은 경작을 끝없이 하여 토지 없는 자는 조금도 경작할 수가 없다. – 이익, 「성호사설」

▨ 상품 작물의 재배

농민들이 밭에 심는 것은 곡물만이 아니다. 모시, 오이, 배추, 도라지 등의 농사도 잘 지으면 그 이익이 헤아릴 수 없이 크다. 도회지 주변에는 파 밭, 마늘 밭, 배추 밭, 오이 밭 등이 많다. 특히 서도 지방의 담배 밭, 북도 지방의 삼 밭, 한산의 모시 밭, 전주의 생강 밭, 강진의 고구마 밭, 황주의 지황 밭에서의 수확은 모두 상상등전(上上等田)의 논에서 나는 수확보다 그 이익이 10배에 이른다.

– 정약용, 「경세유표」

▨ 민영 광산의 발달

국가에서 은의 생산지에 은점 설치를 허락한다면 부상대고들은 재물을 내어서 일꾼을 모집할 것이며, 토지가 없어 농사를 짓지 못하는 백성들은 점민이 되기를 바랄 것입니다. 그들이 그곳에 모여 살면서 은을 캐어 제련하게 되는데 국가에 세를 바치고 남는 것은 물주의 몫으로 돌아가게 됩니다. 토지가 없는 백성들도 이것에 힘입어서 살아갈 수 있으니 공사(公私)가 모두 유익할 것인데 어찌해서 민폐가 되겠습니까? – 우정규, 「경제야언」

▨ 상평통보의 유통

대신과 비변사의 여러 신하를 만나서, 비로소 돈(錢)을 사용하는 일을 논의하여 결정하였다. 돈은 천하에 통행하는 재화인데, 오직 우리나라에서만 조종조(祖宗朝)로부터 여러 차례 행하려고 하였으나 행할 수 없었다. …… 숙종이 그대로 따르고, 호조(戸曹) · 상평청(常平廳) · 진휼청(賑恤廳) · 어영청(御營廳) · 사복시(司僕寺) · 훈련도감(訓鍊都監)에 명하여 상평통보(常平通寶)를 주조하여 돈 400문(文)을 은 1냥(兩)의 값으로 정하여 시중에 유통시켰다. – 「숙종실록」

▨ 폐전론

대저 우리나라는 지역이 좁은 데다가 물길이 사방으로 통해 있기 때문에 동전이 필요치 않다. …… 지금 동전을 사용한 지 겨우 70년밖에 되지 않았으나, 폐단이 매우 심하다. 동전은 탐관오리에게 편리하고 사치하는 풍속에 편리하며 도둑에게 편리하나, 농민에게는 불편하다. 많은 사람들이 돈꿰미를 차고 저잣거리에 나아가 무수한 돈을 허비하니, 인심이 날로 각박해진다. – 이익, 「성호사설」

▨ 전황(錢荒)의 발생

최근에 전황이 심합니다. 신의 생각에 이것은 부상대고(富商大賈)들이 때를 타서 화폐를 숨겨 이익을 노리고자 한 것으로 보입니다.

– 「비변사등록」

▨ 시전

시전은 일반 백성이 물건을 사고파는 곳이고, 조정이나 왕실에서 필요한 물품을 조달하는 데 없어서는 안되기 때문에 나라를 다스리는 자가 중히 여기는 것이다. 도성 안에 있는 시전은 앉아서 하는 장사를 위한 것이다. 큰 것이 여섯 개 있다. …… 이것을 육의전이라고 한다. – 서영보 등, 「만기요람」

▨ 포구 상업

우리나라는 동 · 서 · 남의 3면이 모두 바다이므로, 배가 통하지 않는 곳이 거의 없다. 배에 물건을 싣고 오가면서 장사하는 장사꾼은 반드시 강과 바다가 이어지는 곳에서 이득을 얻는다. 전라도 나주의 영산포 · 영광의 법성포 · 흥덕의 사진포 · 전주의 사탄은 비록 작은 강이나 모두 바닷물이 통하므로 장삿배가 모인다. 충청도 은진의 강경포는 육지와 바다 사이에 위치하여 바닷가 사람들과 내륙 사람들이 모두 여기에서 서로의 물건을 교역한다. 매년 봄, 여름에 생선을 잡고 해초를 뜰 때에는 비린내가 마을에 넘치고, 큰 배와 작은 배가 밤낮으로 포구에 줄을 서고 있다. – 이중환, 「택리지」

32 고대의 사회 ①

📁 삼국의 신분 제도

초기 철기 국가	삼국 시대
가(加): 부족장	3 + 　　　4 → 특권층
1 : 부유한 평민 2 : 가난한 평민	평민 조세, 공납, 역의 의무
천민(노비)	천민(노비)

▶ 생산 활동은 노비 X, 평민 O

▶ 신분 이동 X , 폐쇄적 사회

📁 고구려 · 백제의 사회

고구려

● **지배층**
- 왕족인 고씨 + 　　　5 출신 귀족으로 구성
- 지위 세습
- 국정 운영 주도

● **법률** → 엄격, 배상주의
- 반역자는 화형 후 참형 + 가족은 노비로 삼음 ⇨ 연좌제
- 전쟁에서 항복 · 패한 자는 사형
- 도둑질한 자는 훔친 물건의 12배로 배상 ⇨ 　　　6

● **혼인 풍습**
- **지배층**: 서옥제
  　　　형사취수혼(전쟁 미망인 보호책) → 노동력을 중시한 사회 모습
- **평민**: 자유로운 교제를 통한 결혼
  　　　남자 집에서 돼지고기와 술을 보냄 , 예물×

백제

┗ 일찍부터 중국과 교류 ⇨ 선진 문화 수용 多

● **지배층**
- 왕족인 　　　7 + 　　　8 귀족
- 언어, 풍습, 의복 - 고구려와 비슷(　　　9 기풍)
- 중국 고전과 역사책을 즐겨 읽고 능숙한 한문 구사
- 우수한 관청 실무 능력 보유
- 투호 · 바둑 · 장기 등 오락을 즐김

● **법률** → 엄격, 배상주의 + 실형주의
- 패전 · 반역 · 살인자는 사형
- 간음한 부녀자는 남편 집 노비로 삼음 → 여자만 처벌, 남자 처벌 규정 없음
- 도둑질한 자는 귀양 + 　　　10 배로 배상
- 뇌물을 받은 관리는 종신금고형 + 　　　11 배로 배상

32 고대의 사회 ②

📁 신라의 사회

화백 회의

- **성립**: 6부(1   )의 대표자 회의
- **특징**: 만장일치제
  - → 화백 회의에 참가하는 귀족 =   2
  - 대표자 =   3
    - └→ 평등 사회
    - 씨족 사회의 전통
- **기능**: 귀족 간의 부정 차단
  - 단결을 강화 →   4   (ex   5   탄핵)
  - ⇨ 왕권과 신권의 권력 조절 기구
- **회의 장소**: 4영지 - 청송산, 피전, 오지산, 금강산
  - └ 영험한 땅

사료 읽기 | 화백 회의와 4영지

(진평왕 때) 알천 · 임종 · 술종 · 호림 · 염장 · 유신은 남산 우지암에 모여 나랏일을 논의하였다. 이때 큰 호랑이가 좌중으로 뛰어드니 여러 공들이 놀라 일어섰는데, 알천은 태연하게 호랑이의 꼬리를 붙잡아 땅에 메쳐 죽였다. 알천의 여력이 이와 같아서 상석에 앉았으나 여러 공들은 유신의 위엄에 복종하였다. …… 신라에는 4영지가 있어 나라의 큰일을 논의할 때 대신들이 그곳에 모여 논의하면 그 일이 반드시 이루어졌다. 4영지의 첫째는 동쪽의 청송산, 둘째는 남쪽의 우지산, 셋째는 서쪽의 피전, 넷째는 북쪽의 금강산이라 하였다. – 『삼국유사』

화랑도

└→ 사냥, 전쟁 → 워리어 양성

- **기원**:   6   사회의 청소년 집단에서 기원 →   7   사회의 전통
- **구성**: 화랑   +   낭도
  - └ 미남   8   청년 1명   └   10   ~   11   청년
  -          9   의 현신(미륵 신앙)
- ·   12   때 국가적 조직으로 발전(영토 확장 관련)
- **기능**:   13   에서 나타나는 계층 간 갈등 완화
  - 국가 인재 양성
  - 제천 의식 거행 - 명산대천에,   14   성격
- **화랑 정신(15   성격)**
  - –   16   : 진평왕 때   17   이 만든 화랑도의 행동 규범
    - → 사군이충, 사친이효, 교우이신, 임전무퇴, 살생유택
    - = 호국 불교
  - –   18   : 화랑이 나라에 충성할 것을 다짐하면서 3년 내에
    - 『시경』·『서경』·『예기』·『춘추』 등을 공부할 것을 맹세
    - └ 유교 경전 (忠 = 孝)

19

사료 읽기 | 신라의 화랑도

- 우리나라에는 풍류라고 하는 현묘한 도가 있다. 이 교를 창설한 내력이 선사(仙史)에 자세히 밝혀져 있다. 실제적으로는 유불선의 세 가지 교를 포괄하여 중생을 교화하자는 것이다. 이를테면 집에서 효도하고, 집밖에 나가서 나라에 충성하는 것은 공자의 뜻이다. 무위와 불언(不言)의 가르침을 실천하는 것은 노자의 뜻이다. 모든 악행을 하지 않고, 모든 선행을 실천하는 것은 석가의 교화와 같은 것이다. – 난랑비 서문
- 귀인의 자제 가운데 훌륭한 자를 선발하여 곱게 꾸민 다음, 이름을 화랑이라 하여 백성들이 모두 받들어 섬겼다. – 『신라국기』

정답 1 사량부 6골 2 대등 3 상대등 4 집단 5 진지왕 정치 6 씨족 7 청소년 8 씨족 9 미륵 10 원화 11 진흥왕 12 진흥왕 13 골품제 14 도교적 15 실천적 16 세속오계 17 원광 18 임신서기석 19 임신서기석

해커스공무원학원 · 공무원인강 · 교재 Q&A gosi.Hackers.com 134

📁 신라의 사회

● **골품 제도** (骨品) → 귀속 지위 > 성취 지위 = ____¹ 사회 구조

· **성립 배경**

[연맹 국가]   [중앙 집권]

족장 → ____² ____³ 즉위(7c 중반) → ____⁴ 폐지

____⁵ ____⁶ ⇒ 귀족의 서열화 ⇒ 수직, ____⁷ 적

5두품

4두품

3~1두품 ⇒ 통일 이후 평민화

· **중위제**: 비진골 출신들의 불만을 무마하기 위한 일종의 특진 제도

6등급 아찬	10등급 대나마	11등급 나마
일아찬	9중 대나마	7중 나마
이아찬		
삼아찬	⇒ 4중 아찬: 중간 단계의 위계	
사아찬		

등급	관등명	신분				복색
		진골	6두품	5두품	4두품	
1 2 3 4 5	이벌찬 이찬 잡찬 파진찬 대아찬					자 색
6 7 8 9	아찬 일길찬 사찬 급벌찬					비 색
10 11	대나마 나마					청 색
12 13 14 15 16 17	대사 사지 길사 대오 소오 조위					황 색

골품 —결정 X→ 관등
    —제한 ○→
제한 ↘   ↙ 결정
      복색

· 골품에 따라 관등 승진의 ____⁸ 존재
· 가옥의 규모, 복색, 수레 등 일상 생활까지 규제
· 관등에 따라 ____⁹ 차등(____¹⁰ 기준×)

복색	관직					
	중시령	시랑·경	도독	사신	군태수	현령
자 색						
비 색						
청 색						
황 색						

📂 남북국의 사회

● 통일 신라

중대
- **전제 왕권 강화**: 귀족 세력 약화(상대등 권한↓)
  → 진골 귀족 세력은 약화되었으나 여전히 정치적·사회적 권력 독점
- **6두품**: 높은 학문적 식견과 실무 능력을 갖춤 → 중앙 정계 진출, 국왕 보좌
  but. 중앙 · 지방 장관에는 오르지 X
- **골품제 변화**: 하급 신분층부터 골품제 기준이 점차 희미해짐
  3 ~ 1두품 → 평민화

하대
- **전제 왕권 약화**: 귀족의 정권 다툼 심화와 대토지 소유 확대로 농민 몰락→ 국가 재정 악화
- **지방 세력의 성장**: 지방에서 ___1___ 세력이 성장 → ___2___ 세력이 호족 세력과 결탁
- **농민 반란**: 정부의 강압적인 수취로 농민 몰락, 사회 모순 증폭
  → ___3___ 의 난(889, 진성 여왕) 등 농민 반란 발생

● 발해

```
        고구려계  ──→ 지배층: 소수의 ___4___ 인(왕족인 대씨 + 귀족인 고씨 등)
                              +
                        일부 ___5___ 인
        말갈계  ──→ 피지배층: 대다수의 ___6___ 인
```

📁 고려의 신분 제도

계층간 신분
상하 이동
가능
⇩
개방적
사회

지배층

귀족
- 왕족·공신 + [1] 고위 관료
- [2] (정치적 특권) + [3] (경제적 특권) 혜택 보유
- 왕실과 중첩 혼인, 문관 우대, 다양한 가문 존재, 과거를 통해 귀족 가문으로 성장 가능
- **변화**: [4] (고려 초) → [5] (문종 이후) → 무신(무신 집권기) → [6] (원 간섭기) → [7] (고려 말) ▶ 관료적 성격 강화

중류층★
- 통치 체제의 하부 구조를 맡아 중간층으로 자리 잡음
- [8] 세습 + 국가로부터 토지([9])를 지급 받음
  └ ex. 외역전, 군인전 ⇨ 전정 연립
- **유형** ─ <하급 관리> ─ [10] : 중앙의 하급 관리
  - [11] : 중앙 관청의 말단 서리
  - [12] : 지방의 역 관리
  - <기술 관리> 역관, 의관 등의 잡과 출신
- <실무 관리> ─ [13] : 궁중 실무 관리
  - [14] : 지방 행정 실무 관리
- <직업 군인> [15] (2군 6위)

> 🎅 **더 알아보기** 향리
> - 상층 향리 → [16] , [17]
>   - 호족 출신의 향리(준 귀족)
>   - 지방의 실질적 지배층
>   - 과거 응시로 중앙 진출
> - 하층 향리: 말단 행정직, 행정 실무 담당
>   - [18] 구성 - 지방 행정 실무
>   - 직역 세습 - 토지(수조권) 지급

피지배층

양민
- 주로 일반 주·부·군·현에 거주, 농업·상공업에 종사
- [19] (일반 농민) + 상인 + [20] + 특수 집단민
  └ 조세·공납·역 의무 수행, [21] 에 법적 제한 X
- 특수 집단민 → [22] 보다 과중한 세금 부담, [23] 의 자유 X ─ [24] (농업 → 국공유지 경작), [25] (광업 + 수공업)
  - 진촌민(수로 교통 관리), 역촌민(육로 교통 관리)
  - 장민, [26] : 국공유지에 거주, 왕실 재정 담당

천민
- 대부분 [27] , [28] (도살업자), 양수척(가죽 수공업자), [29] (광대), 진척(뱃사공) → 부역 X, 호적 등재 X
  - 성(姓) 소유 불가
  - 매매·증여·상속의 대상(의무 X, 권리 X)
  - [30] (→ 같은 신분끼리 결혼)
  - 신분 상승 가능(관직 진출 불가)
  - [31] 가 될 수 X
- 노비세전법([32]) - 부모가 노비이면 소생은 노비
  - [33] ([34]) - 노비 자식은 어머니 소유주에게 귀속
  - [35] ([36]) - 부모 중 어느 한 쪽이 노비이면 그 소생은 무조건 노비

[공노비] (= 관노비)
- [37] 노비 ─ 궁중, 관청에 소속 · 급료 받음
  - 정로제(→ 60세 이상 면제)
- [38] 노비 ─ 지방에 거주 · 국공유지 경작
  - 관청에 [39] 납부 · 정로제

[사노비]
- [40] 노비 ─ 주인집에서 거주 · 잡일 담당
  - 지위가 가장 열악(→ 상승하는 경우X)
- [41] 노비 ─ [42] 생활 · 민전 경작
  - 주인에게 [43] 납부 · 재산 축적 O
  - 자유결혼 O ≒ 양민과 비슷

정답 1 5품 이상 2 음서 3 공음전 4 호족 5 문벌 6 권문세족 7 신진사대부 8 직역 9 수조권 10 서리 11 잡류 12 역리 13 남반 14 향리 15 군반 16 호장 17 부호장 18 향리 19 백정 20 수공업자 21 과거 응시 22 일반 양민 23 거주 이전 24 향·부곡(민) 25 소(所)민 26 장·처민 27 노비 28 화척 29 재인 30 일천즉천 31 과거 응시자 32 세전법 33 천자수모법 34 천자수모법 35 일천즉천 36 일천즉천 37 입역 38 외거 39 신공 40 솔거 41 외거 42 독립 43 신공

해커스공무원학원·공무원인강·교재 Q&A gosi.Hackers.com **137**

📁 향도(香徒) – ___¹ (埋香) 활동을 하는 무리

매향비 / 바닷가

- ___² 를 묻음 → ___³ (불교 행사), ___⁴
- ___⁵ 들의 염원 기록 → 생활 모습 유추
  └ '국태민안', 소박한 염원 등

※ **사천매향비**

1387년에 향나무를 묻고 세운 것으로,
내세의 행운과 국태민안을 기원하는 내용을 담고 있음

전기	후기
___⁶ 조직	___⁸ 조직
• 각종 ___⁷ 에 동원됨	• 혼례 · 상장례 · 마을 제사 등
• 사원 건축 · 석탑 건립 · 불상 주조	___⁹ 주도
	• ___¹⁰ 로 계승됨
	('___¹¹ '도 향도에서 유래)

📁 사회 제도

● 민생 안정책

- 농번기에 잡역 동원 금지
- ___¹² **실시**: 재해 시 조·공납·역 면제
  ┌ 40% 손실 – 조 면제
  ├ 60% 손실 – 조·공납 면제
  └ 70% 손실 – 조·공납·역 면제
- ___¹³ **법(= 자모정식법)**: 고리대 이자가 원금을 초과할 경우 더 이상 이자를 받지 X
- 토지 겸병 금지

● 농민 구휼책

- 흑창(___¹⁴) → ___¹⁵ (___¹⁶): 평상시 곡물 등을 저장하였다가 흉년에 빈민 구휼에 사용
- ___¹⁷ (광종): 일정 기금을 만들어 그 이자로 빈민을 구제하는 기구

● 물가 조절 기구

- ___¹⁸ (성종)
- ___¹⁹ · ___²⁰ · 12목에 설치
- ___²¹ 이면 곡물을 사들여 값을 올리고 ___²² 이면 팔아서 값을 내림으로써 물가 조절

● 의료 기관

- ___²³ (문종): ┌ ___²⁴ 에 설치
  ├ 음식 제공 + 빈민 치료
  └ 서경에 ___²⁵ 설치
- ___²⁶ (___²⁷): 백성의 질병 치료를 위한 약 처방
- ___²⁸ (___²⁹) · ___³⁰ (고려 후기): ___³¹ 시설

정답 1 매향(埋香) 2 향나무 3 불교 4 미륵 신앙 5 향도 6 불교식 7 공사 8 농민 공동체 9 마을 노역 10 두레 11 고수레 12 재면법 13 이자제한 14 태조 15 의창 16 성종 17 제위보 18 상평창 19 개경 20 서경 21 풍년 22 흉년 23 동서대비원 24 개경 25 분사 26 혜민국 27 예종 28 구제도감 29 예종 30 구급도감 31 임시 구호

해커스공무원학원 · 공무원인강 · 교재 Q&A gosi.Hackers.com 138

📁 법률과 풍속

● 법률

- 중국 당률 기반 71개조 기본법 시행 → but 임기응변적으로 형률을 제정
    ⇒ [   ] [1] 중시
- 지방관이 [   ] [2] 행사
- **종류:** [3] (매질), [4] (곤장), [5] (감옥), [6] (유배), [7] (사형)
    +
    [   ] [8] (속동): 가벼운 범죄일 경우 돈을 내면 처벌 면제
    [   ] [9] : 일정 신분 이상의 사람이 죄 지은 경우 [   ] [10] 로 돌려보냄
- [   ] [11] 는 중죄로 처벌
- [   ] [12] 받은 자가 부모상 당하면 7일간의 휴가 집행
- 70세 이상 노부모를 두고 봉양할 가족이 없으면 형벌 집행 보류

● 풍속

- 일부일처제, 왕실에서는 [   ] [13] 성행
    ⇒ 원 간섭기: [   ] [14] 설치([   ] [15] 요구) → [   ] [16] 유행
- **상장제례:** 상례 · 장례 · 제례 ┬ 국가는 유교적 규범에 따라 의례 치를 것 강조
    └ 민간에서는 [   ] [17] + [   ] [18] · [   ] [19] 의식 거행
        └ 장례 – 절에서 화장, 제례 – 불교식 기일재
- **불교 행사** ┬ [[20]] ┬ 1월 15일(정월 보름) → 2월 15일
    │   └ 전국적 불교 행사, 군신이 함께 즐기는 명절
    └ [[21]] ┬ 10월 15일([22]), 11월 15일([23])
               ├ [24] + [25] + [26] → 잡기(雜氣)
               └ 국가와 왕실의 태평 기원, 외국 사신 방문 → 국제 무역이 이루어짐

● 여성의 지위

非성리학적 사회

- **상속** ┬ 자녀 [27]
    └ 남편이 먼저 죽으면 아내가 재산 분배권 행사
- **호주와 호적** ┬ 여성 [28] 가능 ┐
    └ 호적 · 묘비에 [29] 으로 기록 ┘ ⇒ 남녀 차별 X
- **제사** ┬ 아들이 없으면 딸이 제사 담당
    ├ [30] (제사를 자녀들이 돌아가면서 지냄)
    └ 상복에서 친가와 외가의 차이 X
- **혼인** ┬ [31] (서류부가혼)
    ├ [32] 나 외손자도 음서 혜택 적용
    ├ 여성의 [33] 허용(재가녀 자식의 사회적 차별 X)
    └ 여성이 남성과 대등하게 가정 생활

🗣️ 사료 읽기 | 고려 시대의 사회

- **원 간섭기의 공녀 징발**

    고려에서는 딸을 낳으면 곧 비밀로 하고, 오로지 소문이 날까 우려하여 비록 이웃이라도 볼 수 없다 합니다. 매번 중국에서 사신이 올 때마다 서로 돌아보면서 얼굴빛을 바꾸고는 "왜 왔을까? 동녀(공녀)를 구하는 것인가? 처첩으로 데려가려 하는가?"라 합니다. 이어 군리(軍吏)가 사방으로 집집마다 수색을 하다가 혹 숨기거나 하면 곧 관련 이웃들을 잡아 두고 그 친족을 밧줄로 매어 채찍질과 몽둥이질을 하여 숨긴 딸을 찾고서야 그만둡니다.

    – 이곡, 「가정집」

- **고려 시대 여성의 지위**

    박유가 왕(충렬왕)에게 글을 올려 말하기를 "…… 우리나라는 남자가 적고 여자가 많은데 지금 신분의 높고 낮음을 막론하고 처를 하나 두는 데 그치고 있으며 아들이 없는 자들까지도 감히 첩을 두려고 생각하지 않고 있습니다. …… 그러므로 청컨대 여러 신하, 관료들로 하여금 여러 처를 두게 하되 …… 여러 처에서 낳은 아들들도 역시 본처가 낳은 아들처럼 벼슬을 할 수 있게 하기를 원합니다. ……"라고 하였다. …… 당시 재상들 가운데 그 부인을 무서워하는 자들이 있었기 때문에 그 견의를 정지하고 결국 실행되지 못하였다.

    – 「고려사」

정답 1 관습법 2 사법권 3 태형 4 장형 5 도형 6 유형 7 사형 8 속전 9 귀향죄 10 본관지 11 반역죄·불효죄 12 사형수 13 일부다처제 14 결혼도감 15 공녀 16 조혼 17 토착 신앙 18 유교 19 불교 20 연등회 21 팔관회 22 개경 23 서경 24 토착 신앙 25 도교 26 불교 27 균분 상속 28 호주 29 연령순 30 윤회봉사 31 남귀여가혼 32 사위 33 재가 재혼

해커스공무원학원·공무원인강·교재 Q&A gosi.Hackers.com **139**

📁 조선의 신분 제도

양반

= **과거 합격자**(문반 + 무반 = ___13___) ⇨ ___14___ , 가족과 가문을 통칭

- **특권**: 역 X, 관직 진출(→ ___15___ , 녹봉)
- 지위 강화 노력(← 법적 신분 보장이 안 되므로)
  - ___16___ 에 대한 차별과 멸시 → 사족의 범위 축소
  - 예학 발달, ___17___ 편찬
  - 서원의 ___18___ , 유향소의 향안, ___19___ 운영
- 반촌, 민촌(→ 일반적으로 함께 생활)

[18~19C 조선 후기] [신분제의 동요]

- 소수의 경영형 부농과 거상 등장 → 신분과 경제력의 ___20___
- ___21___ → 양반의 수 급격하게 증가 ⇨ 특권 축소, 껍데기만 남음
- 붕당의 변질 → 양반들의 자기 도태, 양반층 분화
  - **양반**(in. 서울): 권력 독점, 경화 벌열 현상
  - **낙향 양반**(= 향반): 고향·향촌 사회에서 겨우 위세 유지
  - **몰락 양반**(= 잔반): 고향 X(___23___ 출신), 거의 상민화
    ⇨ 전호, 임노동자로 전락

중인

= **넓은 의미**: 중간층

= **좁은 의미**: 기술관(역관, 의관)

- **중인**: ___24___ , ___25___ 등의 기술관
- ___26___ (중앙), ___27___ (지방): 관청 행정 업무
  - ___28___ 가능(but. 주로 세습), 한품서용
    같은 신분 내에서 혼인

- ___29___ (중서): 『 ___30___ 』 이후 문과 응시 금지
    cf. ___31___ , 잡과 진출 가능
    but. ___32___

신분 상승 운동 + ___33___ , ___34___ (특히 서얼)

⇨ 문과 응시, 관직 진출 - 영·정조 때 활발
  - 서얼 출신 ___35___ (청요직)
    ___36___ , 이덕무, ___37___ , 유득공

___38___ (= 소청 운동): ___39___ 때 대규모 청요직 허통 운동
- 1800여 명 집단 상소 운동 ⇨ ___40___ , but. 전문직
  으로서 역할 부각
- 조선 후기 무역 발달 → 역관들의 자본 축적
- 1894. ___41___ - 법적 지위 획득

___42___ **운동 +** ___43___ **운동 + 후사권** ⇨ ___44___ :
문과 응시 주장 / 청요직 진출 주장 / 가족 내의 권리 보장

임난 이후 공명첩 +
영조의 통청윤음 이후

📁 조선의 신분 제도

15C 양천제
원칙적 · 법적 신분제

성리학

16C 반상제
실질적 · 성리학적 신분제

18~19C 조선 후기 [신분제의 동요]

상민

급격히 감소 → 국가 재정 ⁹
└ 공명첩 + 노비화

• ¹ (백정 X), 상인, 수공업자,   ² ⇒   ³ 응시 가능
                                    └ (농민만)

• ⁴ (= 칠반 천역)

족보 위조 - ¹⁰   ,   ¹¹

  - ⁵ (노꾼), ⁶ (관청 잡역), ⁷ (고을 잡역), 역졸(말 관리),
    조졸(조세 운반), ⁸ (형사), 봉수꾼(봉화 관리) } 세습

천민

노비 → 상민
└ 도망⇑

• 군공, 납속 → 신분 상승 허용

¹² (多), 광대, 백정, 창기, 유외잡직
          └ 공노비에 포함,
            별도의 잡일, 하급 기술직

• **영조:** ¹⁹ ⇒ 소급 적용 ⇒ 해방 노비 多
        (1731)   ²⁰ 파기

• 천자수모법
• 일천즉천

• 입역 노비(급료 지급) → ²¹ 노비 (납공)
                      납공 노비화

• ²² 1년(1801): ²³ 6만 6천 명 해방
              ⇒ 국가 스스로 신분제 붕괴
              ⇒ 신분제 동요 인정

Focus

양반 → 양반 수 증가
중인 ┐
상민 ├ 수 감소
천민 ┘
         ↓
      상민 수 감소
      (= 국가 재정의 악화)

↔ **대비책**
┌ ²⁶ (영조)
└ ²⁷ (순조)

[공노비] ┬ ¹³ ┬ 급료 지급
        │   └ 정로제
        ├ 국 · 공유지 경작
        ├ ¹⁴ 농사(신공 납부)
        └ 정로제
        유외잡직

[사노비] ┬ ¹⁵ ─ 집안 잡일
        ├ 자유 결혼 가능
        ├ ¹⁶ ─ 재산 축적 가능
        └ 납공 노비 ─ 농사(신공 납부)

• **고종:** ²⁴ 폐지(1886) → 공 · 사 노비 해방(1894)
                    → ²⁵ 때 법적으로
                      신분제 폐지

더 알아보기 고려와 조선의 외거 (사)노비 납부 차이

• 고려 민전 경작 → 상전에게 정해진 ¹⁷ 납부
• 조선 민전 경작 → ¹⁸ 의 수확량 전부 납부(신공)

📁 사회 조직의 변화

[15C] ___1___, ___2___, ___3___ ⇨ 농민들의 자발적 결사체
└→ 마을의 상·장례 주관
└ ___4___ 의 유래

↓

[16C] ___5___ ⇨ 재지사족들이 농민들을 통제하기 위한 ___6___ 결사체

↓

[17C] ___7___, ___8___ ⇨ 임난 이후 평민들도 참여
└ 사족 중심

📁 유교 윤리의 보급

● 예학

• 삼강오륜의 기본 → 종족 내부의 의례
• 신분 질서의 안정 목적, ___19___ 에 의해 보급
• 양 난 이후 김장생, 정구에 의해 발전
⇨ 양반들의 신분적 우월성 강조
사림 간의 정쟁 구실(cf. ___20___)

● (족)보학

• 16C ~ 사림 집권 이후 족보 편찬(→ 현존 最古『___21___』: 성종 때)
• 종족의 종적·횡적 관계 확인
• 사족들의 신분적 우월성 확보 노력
• 종족 결속 + 우월 의식 + 붕당 구별 + 배우자 간택 시 사용
⇨ 조선 후기 ___22___ 이후 양반 문벌 제도 강화에 기여
└ 주로 벌열 양반

● 향약

• ___9___ 때 ___10___ 에 의해 시행
└→ 송의 '여씨향약' ⇨ 이황의 '___11___'
이이의 '___12___'
• 유교적 통제, 향촌 질서 유지, 향촌 자치
• **4대 강목:** ___13___, 예속상교, 과실상규, ___14___
• 여성을 비롯, 양반 ~ 노비까지 가입
• ___15___, 서원, 유향소에서 ___16___ (향약 회의) 운영
• ___17___ (도약정 + 부약정), ___18___ (간사)에 의해 운영

📁 사회 제도

● 환곡 제도 ⇨ 각 아문이 ___23___ 을 재정 수입 주요 항목으로 이용
⇨ ___24___ 화, ___25___ 화

• ___26___, ___27___ - 물가 조절 기구 ⇨ [16C] ___28___ 기능을 담당 + [후기] 동전 주조

• ___29___ : 양반 지주 중심, 향촌 자치적 구휼 제도

___30___ ⇨ 문종 ⇨ 성종 ⇨ 영조 ⇨ ___31___
처음 실시   제도화   폐지 (암묵적 허용) 단속   부활
(대구)

● 의료 시설

• ___32___ (→ ___33___): 약재 판매
• ___34___ : 개성, 음식+치료
↓
• ___35___ : 한양, 음식+치료
• ___36___ : 서울·지방민의 구호 및 진료(⇨ 세조(1460) 때 ___37___ 에 통합됨)

📁 법률

『   1   』+『   2   』+   3

(세조 ~ 성종)   (주로 형사)   (주로 민사)

● 사법 기관

- **중앙**
  - _____ 4 : 중대 범죄(반역죄)·신문고 담당
    - └ 왕족, 양반
  - _____ 5 : 관리 감찰
  - _____ 6 : 사법 감독
  - _____ 7 : 수도의 행정·치안, 토지·가옥에 관한 부동산 소송
    - → _____ 8 으로 사법권 행사
  - _____ 9 (_____ 10): 노비 소송 문제

- **지방**
  - 사법권 → _____ 11 , _____ 12 이 재판
  - _____ 13 (좌포청 + 우포청)→ 형사·민사 사건, 치안 담당

● 재판 제도

- 반역죄와 _____ 14 → 중죄로 처벌(연좌제 시행)
- _____ 15 · _____ 16 · _____ 17 · _____ 18 · _____ 19 → 5형 체제
- _____ 20 : 재판에 불복 시 다른 관청 혹은 상부 관청에 항소 가능
- **종법**: 재산·노비·상속 문제에 적용(_____ 21 가족 질서)
- **민법**: _____ 22 에 따라 처리
  - 초기 _____ 23 소송이 주류 ⇒ 16C 이후 _____ 24 이 주류
  - (장례원) (못자리 쟁탈전)

📁 가족 제도의 변화✿

| 전기 | → | 17C~ → 완전 성리학적 사회 |

전기

남녀 차별 _____ 25 , 적서 차별 _____ 26 ⇒ 약간 성리학적 사회

└ 자녀 _____ 27 , 제사는 _____ 28 ,
_____ 29 족보 기재, _____ 30 (= 남귀여가혼, "장가")

17C~ → 완전 성리학적 사회

- _____ 31 가족 제도 = _____ 32 질서
- _____ 33 제도 : 신부 집에서 예식 후 신랑 집으로
- _____ 34 제도 : 혼례 뒤에는 신랑 집에서 생활, "시집"
- _____ 35 (cf. 중기 - 대를 잇는 아들에게 1/5 추가 상속)
- _____ 36 제도, 부계 위주의 족보, _____ 37 순서
- 과부의 재가 금지, 효자·열녀 표창
- 집안에 위패를 모셔 제사(사우 건립)
- _____ 38 가 기본 → 축첩 허용

맵핑 핵심 자료

서얼에 대한 차별

죄를 범해 영구히 임용할 수 없게 된 자, 장리(贓吏, 뇌물을 받거나 횡령죄를 범한 벼슬아치)의 아들, 재가하거나 실행(失行)한 부녀의 아들 및 손자, 그리고 서얼은 문과와 생원·진사시에 응시하지 못한다.

─ 「경국대전」

노비에 대한 법률

• 무릇 노비의 매매는 관청에 신고하여야 한다. 사사로이 몰래 매매하였을 경우에는 관청에서 그 노비 및 대가로 받은 물건을 모두 몰수한다. 나이 16세 이상 50세 이하는 가격이 저화 4천장이고 15세 이하 50세 이상은 3천장이다.

• 천민의 계보는 어머니의 역을 따른다. 천민이 양인 아내를 맞이하여 낳은 자식은 아버지의 역을 따른다. ─ 「경국대전」

조선 후기 신분제의 동요

• 옷차림은 신분의 귀천을 나타내는 것이다. 그런데 어찌 된 까닭인지 근래 이것이 문란해져 상민과 천민이 갓을 쓰고 도포를 입는다. …… 심지어 시전 상인이나 군역을 지는 상민까지도 서로 양반이라 부른다. ─ 「일성록」

• 백성에게 납속을 모집하여 상으로 관직을 주었다. 납속의 많고 적음에 따라 벼슬의 높낮이를 정하였다. 금과 옥같이 귀한 벼슬이 천하고 한미한 무리들에게까지 간다. ─ 「선조실록」

서얼의 통청 운동

황경헌 등 하삼도의 유생들이 상소하여 아뢰다. "작위의 높고 낮음은 조정에서만 써야 할 것이고 적자와 서자의 구별은 한 집안에서만 통용되어야 할 것입니다. …… 공사천 신분이었다가 면천된 이들은 벼슬을 받기도 하고 아전이었다가 관직을 받은 이들은 높은 자리에 오르기도 하는데 저희들은 한번 낮아진 신분이 대대로 후손에게 이어져 영구히 서족(庶族)이 되어 훌륭한 임금이 다스리는 세상임에도 그저 버려진 사람들이 되어 있습니다." ─ 「정조실록」

기술직 중인의 소청 운동

아! 중인들은 본시 모두 사대부였는데 또는 의료직에 들어가고 또는 통역에 들어가 그 역할을 7~8대나 10여 대로 전하니 사람들이 서울 중촌(中村)의 오래된 집안이라고 불렀다. 문장과 대대로 쌓아 내려오는 미덕은 비록 사대부에 비길 수 없으나 유명한 재상, 지체 높고 번창한 집안 외에 이들보다 나은 자는 없다. 비록 나라의 법전에 금지한 바 없으나 자연히 명예롭고 좋은 관직으로의 진출은 막히거나 걸려 수백 년 원한이 쌓여 펴지 못한 한이 있고 이를 호소할 기약조차 없으니 이는 무슨 죄악이며 무슨 업보인가? ─ 「상원과방」

향전

• 영덕의 고가와 대족(구향, 舊鄕)은 모두 남인이며, 소위 신향(新鄕)은 모두 향리와 서리의 자식이고 자칭 서인이라고 하는 자들입니다. 근래 서인이 향교를 주관하면서 구향들과 서로 마찰을 빚고 있습니다. ─ 「승정원일기」

• 보성군에는 교파와 약파가 있다. 교파는 향교에 다니는 자들이고, 약파는 향약을 주관하는 자들이다. 서로 투쟁이 끊이지 않고 모함하는 일이 갈수록 더하여 갔다. 드디어 풍속이 도에서 가장 나빠졌다. ─ 「목민심서」

공노비 해방

하교하기를, "선조(先朝)께서 내노비(內奴婢)와 시노비(寺奴婢)를 일찍이 혁파하고자 하셨으니, 내가 마땅히 이 뜻을 이어받아 지금부터 일체 혁파하려 한다. 그리고 그 급대(給代)는 장용영으로 하여금 거행하게 하겠다." 하고, 문임으로 하여금 윤음(綸音)을 대신 지어 효유케 하였다. 그리고 승지에게 명하여 내사(內司)와 각 궁방(宮房) 및 각 관사(官司)의 노비안을 돈화문(敦化門) 밖에서 불태우고 아뢰도록 하였다. ─ 「순조실록」

해주 향약 입약 범례문

무릇 뒤에 향약에 가입하기를 원하는 자에게는 반드시 먼저 규약문을 보여 몇 달 동안 실행할 수 있는가를 스스로 헤아려 본 뒤에 가입하기를 청하게 한다. 가입을 청하는 자는 반드시 단자에 참가하기를 원하는 뜻을 자세히 적어서 모임이 있을 때에 진술하고, 사람을 시켜 약정(約正)에게 바치면 약정은 여러 사람에게 물어서 좋다고 한 다음에야 글로 답하고 다음 모임에 참여하게 한다. ─ 이이, 「율곡전서」

족보의 의미

내가 생각하건대 옛날에는 종법이 있어 대수(代數)의 차례가 잡히고, 적자와 서자의 자손이 구별 지어져 영원히 알 수 있었다. 종법이 없어지고는 족보가 생겨났는데, 무릇 족보를 만듦에 있어 반드시 그 근본을 거슬러 어디서부터 나왔는가를 따지고, 그 이유를 자세히 적어 그 계통을 밝히고 친함과 친하지 않음을 구별하게 된다. ─ 「안동 권씨 성화보」

🗂 고대의 불교

● **대승 불교** - 중생구제 목적

수행 과정

보통 사람 ⟶ 깨달은 자

보리 살타

부처의 말을 따르고 / 중생을 구제한다

⇩

방법의 다양성

1		3
2 연구		4
교리 중시		마음 중시

→ 직지인심, 이심전심, 불립문자,
견성오도(돈오), 즉시성불
⇨ 실천적 성격

인정 O / 인정 X

그대로 유지 〔 기성의 권위와 질서 〕 스스로 깨달음

보수 세력 / 개혁 세력

[5] / [6]

🧑 **더 알아보기** 교종 5교

계율종	자장	선덕 여왕	양산 통도사
열반종	보덕	무열왕	전주 경복사
법성종	원효	문무왕	경주 분황사
화엄종	의상	문무왕	영주 부석사
법상종	진표	경덕왕	김제 금산사

• 탑·절·불상 등 조형 미술 발달
• 중앙 집권화에 기여

갈수록 보수화

🧑 **더 알아보기** 9산 선문

• ___7___ 때 법랑이 전래
• 신라 하대 ___8___ 들과 함께 성장
• 중국 문화에 대한 폭넓은 이해 기반 마련
• 지방 문화 발달에 기여

가지산파	~	수미산파
9		10

🔲 9산

발해

신라

수미산
해주 ⓟ 광조사

사굴산
강릉 ⓟ 굴산사

우산

사자산
ⓟ 흥녕사
영월

동 해

성주산
성주사
보령

희양산
ⓟ 봉암사
문경

황 해

동리산

남원 ⓟ 실상사
곡성
태안사
보림산

실상산
ⓟ 봉림사
창원

봉림산

탐라

가지산
장흥 ⓟ 보림사

35 고대의 문화 ②

📁 삼국의 불교

- **특징**: 왕실 불교, 귀족 불교, 호국 불교
- **역할**
  - 고대 문화 발전에 기여
  - 철학적 인식의 토대 구축 ⇒ 불교를 통해 인간 사회의 갈등·모순 해소
  - [1] 와 [2] 강화에 기여

고구려

● **수용·공인**

전진의 승려 [3] (372, [4])

● **발전**

- [5] **발전**: 중관 사상 계통의 종파(중론, 백론, 십이문론)
  - [6] 중국 삼론종의 종주로 삼론학을 집대성
  - [7 ·도징] 일본에 삼론학 전파
- [8] **발전**: 고구려 말 흥기, 보덕이 열반종을 백제·신라에 전파

백제

● **수용·공인**

동진의 승려 [9] (384, [10])

● **발전**

- [11] **발전**: 계율 중시, 개인의 소승적 해탈 강조
  - [12] 성왕 때 인도에서 율종 불경을 들여옴
  - [13] 성왕 때 일본에 불상·불경 전달
  - [관륵] [14] 때 일본에 불교·천문지리·역법 등 전파

신라 ⭐

● **수용·공인**

고구려의 승려 묵호자가 불교 전래(457, [15])

→ [16] 의 순교로 불교 공인(527, [17])

● **발전**

- **교리**: [18] , [19] (윤회설), 미륵 신앙
  → 왕권과 밀착, 지배의 정당성, 호국 불교
- **정책**
  - [법흥왕] 불교식 왕명 사용
  - [진흥왕] [20] , '국통 - 주통 - 군통'으로 교단 조직
    └ 승려 [21] 을 국통으로 삼음
  - [진평왕] 진종설 유포, [22] 의 세속 5계로 화랑들을 교육
  - [선덕 여왕] 대국통 자장이 계율종 개창
    [23] 의 건의로 황룡사 9층 목탑 건립

📣 사료 읽기 | 법흥왕의 불교 공인

이에 대왕(법흥왕)이 위엄을 갖추고 사방에 무시무시한 형구(形具)를 벌려 놓고 군신을 불러 물었다. "내가 절을 지으려고 하는데 그대들은 일부러 못하게 하는가." …… 대왕이 분노하여 목을 베라고 명하였다. 옥리가 목을 베자 흰 젖이 한 길이나 솟았고, 하늘이 침침하여 햇빛이 흐려지고 땅이 진동하고 하늘에서 꽃이 내려왔다.

— 「삼국유사」

📁 통일 신라의 불교

● 불교 사상의 발달

- **불교의 이해 기반 마련**: 고구려, 백제의 불교 문화를 흡수해 7C 말 한민족 문화의 토대 마련 + 당과 활발한 교류
- **불교의 대중화**: ___1___ 와 ___2___ 의 노력으로 대중 불교 발전
- **교종** ___3___ 와 ___4___ : 유학파 승려들과 당의 여러 불교 종파 유입 → 교종 5교와 9산 선문 개창

● 대표 승려

원효⭐

- ___5___ 출신, 당 유학 ___6___ "비교할 수 없는 가치"
- **불교의 이해 기준 확립**: 『 ___7___ 』, 『 ___8___ 』 저술
- 『 ___9___ 』 저술: ___10___ 사상을 바탕으로 종파 간의 대립 극복 목적 → ___11___ 사상 주장
  └ 교종과 선종의 대립X,
    교종 내의 종파 간 대립
- ___12___ : 모든 것은 마음먹기에 달렸다
- 경주 ___13___ 에서 법성종 개창
- **화엄 사상 연구**: 『화엄경소』 저술
- **불교 대중화** - ___14___ 강조: 누구나 '나무아미타불'만 외치면 극락정토에 갈 수 있음(정토 신앙)
  - 무애가를 지어 백성 교화

의상⭐

- 진골 출신, 당 유학 ___15___ " ___16___ 과 깐부"
- 지엄의 문하생
- 영주 부석사에서 화엄종을 개창, 제자 양성, ___17___ 창건
- ___18___ 정립 "모든 만물은 서로 조화를 이루고 있다"
  → 『 ___19___ 』 저술 ┐ 원융회통 사상
  ___20___ (一卽多 多卽一) ⇨ 왕권 강화
    └ 하나가 곧 만물, 만물이 곧 하나
- 아미타 신앙 + ___21___ 신앙 → "나무아미타불 관세음보살"
  (사후세계) (현세구복)

📍 화엄일승법계도

원측

- 당 유학 O, ___22___ 의 문하생
- ___23___ (교종)의 대가 (= 경전 해석의 대가)
- 신 유식학 창시(→ "모든 것은 인식(안식, 비식, 설식)이다")
- ___24___ 형성: ___25___ 에 영향, 제자들이 신유식학파 형성
- 『인왕경소』, 『해심밀경소』 저술

혜초

- 당·인도·중앙아시아 순례
- 『 ___26___ 』(___27___ 기행문) 저술: 중국 둔황 석굴에서 발견
  현재 파리 국립 도서관에 보관

(35) 고대의 문화 ④

📂 통일 신라의 불교

● 선종의 확산

- 통일 전후(신라 중대)에 법랑(선덕 여왕 때 승려), 신행(혜공왕 때 승려) 등을 통해 전래
  → 신라 하대 귀족 사회의 분열과 지방 세력의 성장으로 지방에 널리 확산
- 실천적 성격(구체적인 실천 수행 강조), 좌선·참선 중시(마음속에 내재된 깨달음을 얻는 것을 강조)
  → 개혁적 성격, 호족과 연계
- _____[1] 의 후원으로 선종 9산(_____[2]) 성립
- _____[3] 과 탑비 유행 → 지방 문화 활성화에 기여, 조형 미술이 침체
- 고려 왕조 개창의 사상적 기반 마련

📂 발해의 불교

- **왕실과 귀족 중심으로 불교 성행** → _____[4] : "불교적 성왕"이라 자칭
  └ 대흥보력효감 금륜성법 대왕(전륜성왕)

- 상경에 10여 개의 절터와 불상 발견
- **대표 승려**: 석정소, 석인정 등
- 관음 신앙, 법화 신앙
  └ "참회"

📂 풍수지리 사상

- 신라 하대 선종 승려인 _____[5] 에 의해 당으로부터 전래
- 지형과 지세에 따라 도읍·주택·묘지 등 선정 → 국토의 효율적 이용과 관련하여 활용됨
- 도참 신앙과 결부되어 산수의 생김새로 미래 예측
- 지방 _____[6] 들의 신봉을 받음 → 지방 중심의 국토 재편성, _____[7] 의 사상적 배경이 됨

사료 읽기 | 고려 건국과 관련된 풍수지리 사상

도선과 왕건의 부친이 함께 구령에 올라 산수의 맥을 살펴보았다. ' …… 水의 큰 숫자를 따라서 집을 36칸으로 지으면 하늘과 땅의 큰 수에 응할 것입니다. 만일 이 비결대로 하면 반드시 성자(聖者)가 태어날 것이니, 마땅히 이름을 왕건이라고 하소서' 하고, 편지 한 통을 몰래 봉해 주었다. 그 겉봉에 '도선은 삼가 글월을 받들어 백 번 절하고, 미래 삼한을 통합할 임금 대원군자(大原君子)님께 드립니다.' …… 왕건 아버지는 곧 이 비결에 따라 집을 짓고 살았다.
－「고려사」

📖 맵핑 핵심 자료

▨ 원광의 세속 5계

이 때 원광법사가 수나라에 갔다가 돌아와서 가실사에 머물며 존경을 받고 있다는 말을 듣고 두 사람이 찾아가서 말했다. "저희들은 어리석어 아는 바가 없습니다. 부디 한 말씀 내리시어 평생 동안 잠언으로 삼도록 해 주십시오." 법사가 말씀하셨다. "불교에는 10가지 보살계가 있다. 그대들은 남의 신하와 자식 된 몸이니 지킬 수 없을 것이다. 지금 세속에 5계가 있다. 첫째는 충성으로 임금을 섬기는 일이요, 둘째는 효도로써 어버이를 섬기는 일이요, 셋째는 믿음으로 벗을 사귀는 일이요, 넷째는 싸움에서 물러서지 않는 일이요, 다섯째는 산 것을 죽이되 가려서 하라는 것이다. 그대들은 가볍게 여기지 말고 반드시 실천하라."

— 『삼국사기』

▨ 황룡사 9층 목탑의 건립(자장)

선덕왕 즉위 5년에 자장 법사가 서쪽으로 유학하였다. …… "그대 나라에 어떤 어려운 일이 있소?" 자장이 대답하였다. "우리나라는 북쪽으로 말갈에 이어졌고, 남으로는 왜국이 가까이 있습니다. 또 고구려, 백제 두 나라가 변경을 차례로 침범하는 등 외국의 노략질이 심합니다. 이것이 백성들의 걱정입니다." …… 신인이 말하였다. "황룡사 호법룡은 내 맏아들이오. 범왕의 명령으로 절을 보호하고 있소. 본국에 돌아가서 그 절에 9층 목탑을 세우면, 이웃 나라들이 항복하여 오고 주변 아홉 나라[九韓]가 와서 조공하여 왕업이 길이 태평할 것이오. 탑을 세운 후에 팔관회를 베풀고 죄인을 놓아주면 외적이 침범하지 못할 것이오."

— 『삼국유사』

▨ 원효의 화쟁 사상

열면 헬 수 없고 가읏는 뜻이 대종(大宗)이 되고, 합하면 이문(二門) 일심(一心)의 법이 그 요체가 되어 있다. 그 이문 속에 만 가지 뜻이 다 포용되어 조금도 혼란 됨이 없으며, 가읏는 뜻이 일심과 하나가 되어 혼용된다. 이런 까닭에 전개, 통합이 자재하고 수립, 타파가 걸림이 없다. 펼친다고 번거로운 것이 아니고 합친다고 좁아지는 것도 아니다. 그리하여 수립하되 얻음이 없고 타파하되 잃음이 없다.

— 『대승기신론소』

▨ 불교 대중화(원효)

원효가 이미 계를 범한 이후 속인의 복장으로 갈아입고, 스스로 소성거사라 불렀다. …… 화엄경의 "모든 것에 거침없는 사람은 한 가지 길로 나서 죽는다."는 대목을 가지고 무애라 이름짓고, 노래를 지어 세상에 유행시켰다. 일찍이 이것을 지니고 모든 마을, 모든 부락을 돌며 노래하고 춤추면서 다녔는데, 노래로 불교에 귀의하게 하기를 뽕나무 농사 짓는 늙은이며 독 짓는 옹기장이에다 원숭이 무리들까지 모두 부처님의 이름을 알고 나무아미타불을 외우게 되었으니, 원효의 교화가 크다.

— 『삼국유사』

▨ 문무왕과 의상

문무왕이 경주에 성곽을 쌓아 모습을 새롭게 하려 하였다. 의상이 "비록 초야 모옥에 있더라도 바른 길만 행하면 복된 일이 오랠 것이나, 만일 그렇지 못하면 훌륭한 성을 쌓을지라도 아무 이익이 없을 것입니다."하자, 왕이 성 쌓는 일을 그만두었다.

— 『삼국사기』

▨ 의상의 화엄 사상

하나가 곧 일체이며, 한 작은 티끌 속에 시방이 있는 것이요, 한 찰나가 곧 영원이다. 양에 있어서 셀 수 없는 많은 것이 있지만 그것은 실은 하나이며, 공간은 시방으로 너르게 되어 있지만 그것이 한 작은 티끌 속에 포함되어 있으며, 시간에 있어서 영원한 것도 한 찰나이다.

— 『화엄일승법계도』

▨ 신라 하대 선종의 유행

도의가 중국에 건너가 서당 지장으로부터 '심인(心印)'을 얻어 돌아왔다. 처음으로 선을 말하니 (선을 모르는 사람들은) 원숭이처럼 조급한 마음에 사로잡혀 북쪽으로 달아났고, 메추리가 제 날개를 자랑하며 붕(鵬)새가 남쪽 바다로 떠나려는 높은 뜻을 비난하였다. 이미 배운 것에 흠뻑 젖어 헛된 말이라고 비웃으니, 빛을 행랑채 아래에 감추고 자취를 항아리 속에 넣었다. 법을 전할 생각을 그만두고 북산(설악산)에 은둔하였다. …… 그러나 겨울 산봉우리에 빼어나고 고요한 숲 속에서 꽃다우매 덕을 사모하여 모여든 사람들이 산에 가득하고 나쁜 마음을 바로잡은 사람이 골짜기에 넘치게 되었다. 진리는 없어지지 않고 때가 되면 저절로 행해지는 것이다.

— 『고운선생문집』

📁 도교

- 민간 신앙 + 산천 숭배 + 신선 사상
- 노자 · 장자의 사상([1] 사상)
- 현세구복 + 불로장생, 귀족 사회의 환영을 받음

고구려

- 영류왕 때 당으로부터 유입
  → [2] 의 도교 장려 정책 (왕실 견제 목적)
- 강서 고분(강서대묘)의 [3] : 도교의 방위신 그림
- 을지문덕의 오언시: 『도덕경』의 내용 반영

📍 사신도(현무도)

백제

- [4] - 산수문전, 자연과 더불어 살고자 하는 백제인의 생각 표현
- [5] - 신선들이 사는 이상 세계 형상화
- [6] **비문** - 사택지적이 불당을 세운 내력 기록
  4 · 6변려체 문장 사용
  └ 『도덕경』 문체
- 무령왕릉 지석(매지권)에 토지신 제사를 지낸 기록
- 막고해 장군(근초고왕 때 귀족)이 『도덕경』의 내용을 인용해 고구려 진격 만류

📍 산수무늬 벽돌

📍 백제 금동 대향로

신라

- [7] 를 '국선도·풍류도·풍월도'라는 도교적 명칭으로 지칭

통일 신라

- 지배층의 퇴폐적, 향락적 풍조에 반발 ⇨ 은둔 생활
- **최치원의 4산 비문 ·** [8] : 유교 + 도교 + 불교 사상을 복합적으로 표현
- **무덤 주위에 12지 신상 조각**: 불교와 도교의 결합
  └ 김유신 묘(굴식 돌방무덤)

📍 12지 신(김유신 묘)

발해

- 정효 공주 묘지에 불로장생 사상이 나타남
- 정혜 공주, 정효 공주 묘비에 4 · 6변려체 사용

📂 학문의 발달

● 한자의 보급

- **도입**: 철기 시대 ← **경남 창원 다호리 붓**
- **영향**: 학술과 종교의 비약적 발전
- **한문의 토착화**: 이두, 향찰 ⇒ 한문학 보급

● 교육 기관과 한학의 발달

고구려

- **교육 기관**
  - ____1 : 소수림왕 때 설립, 최초의 교육 기관
    귀족 자제에게 유교 경전과 역사 교육 실시
  - ____2 : 장수왕 때 설립, 지방 사립 교육 기관
    평민 자제에게 한학과 무술 교육 실시
- **한학 발달**: 광개토 대왕릉비와 중원 고구려비를 통해 고구려의 한학 수준 확인 가능

백제

- **교육 기관** : 5경박사 · 의박사 · 역박사가 유교 경전과 기술학 교육
  - └ 기록X → 일본 문화 발전에 기여 ← 『일본서기』
- **한학 발달** : ┌ 개로왕이 북위에 보낸 국서에 세련된 한문 문장 사용
  └ 사택지적 비문 - 4 · 6 변려체와 구양순체로 세련되게 기록

신라

- **교육 기관**: ____3 - 청소년들에게 경학과 무술 교육
- **한학 발달** : ┌ 진흥왕 순수비의 비문
  └ 임신서기석 - 유교 경전 학습 다짐 기록

통일 신라

- **교육 기관**: ____4 - 신문왕 때 설립, 유학 교육 기관 → 『논어』, 『효경』 등 교육
  ↓
  ____5 (감)(경덕왕) - 박사와 조교를 두어 유교 경전 교육
  ↓
  ____6 (혜공왕)
- **관리 등용**: ____7 (원성왕)
  ┌ 유교 경전의 이해 정도를 시험하여 특품 · 상품 · 중품 · 하품으로 구분
  ├ → 능력주의 제도, 학문 · 유학 보급에 기여
  └ 진골 귀족들의 반대와 골품제로 인해 효과가 미흡

> **Focus** 국학
> - **입학**: 12등급 대사 이하의 관리나 하급 귀족의 자제(15~30세)   · **필수 과목**: 『논어』, 『효경』
> - **수업 연한**: 9년(유급, 퇴학 규정)

발해

- **교육 기관**: ____8 - 문왕, 귀족 자제를 대상으로 유학 경전과 한문학을 교육
- **한학 발달** : 정혜공주 · 정효공주의 묘지 비문 통해 발해의 한학 수준 확인 가능
  └ 4 · 6 변려체와 5경 등의 고전을 비문에 새김

35 고대의 문화 ⑦

📂 학문의 발달

● 역사 편찬

- **목적**: 국가의 정통성 확보, 왕실의 권위 과시, 백성들의 충성심 결집

  고구려 『유기』 100권(연대·작자 미상)

  　　　　↓ 간추림

  　　　『　　1　』 5권: 　　2　 때 이문진

  백제 『　　3　』: 　　4　 때 고흥

  신라 『　　5　』: 　　6　 때 거칠부

  통일 신라

  김대문: 진골 귀족 출신, 설화적인 역사 서술을 극복하고 객관적인 사실을 기록하기 위해 노력

  - 『　　7　』: 화랑들의 전기
  - 『**고승전**』: 유명한 승려들의 전기
  - 『**한산기**』: 한산주 지방의 지리지
  - 『　　8　』: 신라에 관한 이야기
  - 『**악본**』: 음악서

● 유학의 보급

신라 중대

강수: 외교 문서 작성에 능함, 「　　9　」·「　　10　」 저술, 불교를 '세외교'라 비판

설총: 유교 경전에 조예가 깊음, 　11　 정리

　　　「　　12　」 저술 → 신문왕에게 유교 정치를 시행 주장

신라 하대

　　　　13 : 당의 　14　 급제 → 「　　15　」

　　　　　　　　　　16 에게 　　17　 (개혁안) 건의

　　　　→ 은둔 생활 - 『　　18　』·『　　19　』·　20　·　21　

　　　　　　　　·『　　22　』 저술, 「해인사묘길상탑기」,「난랑비서」를 지음

　　　　- 4산비문 작성 ┌ 쌍계사 진감선사비, 봉암사 지증대사비

　　　　　　　　　　　 └ 성주사 낭혜화상비, 숭복사비

발해

- 도당 유학생 파견(8C 후반)해 일찍부터 학문 발달
- 유교식 6부 명칭 사용(충·인·의·지·예·신)
- 압자와(글자가 새겨진 기와) - 독자적 문자

  but, 공식 기록·외교 문서에는 한자 사용

🔊✌ 사료 읽기 | 최치원의 저술

- 「토황소격문」: 제도도통검교태위 모(某)는 황소에게 고한다. …… 그런즉 백 년의 인생 동안 생사는 기약할 수 가 없는 것이나, 옳고 그른 것은 분별할 줄 알아야 한다. …… 너는 모름지기 진퇴(進退)를 참작하고 잘된 일 인가 못된 일인가 분별하라.
- 「해인사묘길상탑기」: 당나라 19대 황제가 중흥을 이루었을 때 전쟁과 흉년의 두 재앙이 서쪽에서 멈추어 동쪽 에 와서 …… 굶어 죽고 싸우다 죽은 시체가 들판에 즐비하였다. 억울하게 죽은 영혼을 구하는 제사를 지내서 복을 받음이 영원히 그치지 않고 이에 있도록 함이다.

정답 1 신집 2 영양왕 3 서기 4 근초고왕 5 국사 6 진흥왕 7 화랑세기 8 계림잡전 9 청방인문표 10 여왕사조당 11 이두 12 화왕계 13 최치원 14 빈공과 15 계원필경 16 진성여왕 17 시무책 10조 18 중산복궤집 19 제왕연대력 20 동문선 21 법장화상전 22 사산비명

해커스공무원학원·공무원인강·교재 Q&A gosi.Hackers.com 153

📁 고대의 고분

초기 ⭐

고구려

- ● **돌무지 무덤** 만주 지안시 ___1___
  - 장수왕릉으로 추정

영향

- ● **(계단식)돌무지무덤** 서울 ___2___ 고분

안료 기술 발달 → 벽화 제일 多, 만주 지안시, 평안도 용강, 황해도 안악(1~9호분)

고구려 [중기] ────────────→ [5~6c] ────────────→ [후기]

- • **안악 3호분**: 부엌, 고깃간, 우물가, 대행렬도
- • **덕흥리 고분**: 견우직녀도

- • **무용총**: 무용도, 수렵도, 사신도
- • **각저총**: 씨름도, 별자리 그림
- • **쌍영총**: 기사도, 사신도

- • **강서대묘**: 사신도
- • **진파리 1호분**: 청룡도

백제

- ● **굴식 돌방무덤** ⭐

벽화 O, 도굴 용이
벽화
방

백제 • 공주(웅진) 송산리 고분군
- 송산리 6호분: 벽화 O
- 송산리 7호분: 1971년에 발견
  ___5___, 벽화 x
  └ 중국 남조의 영향
• 부여(사비) 능산리 고분군

Focus 무령왕릉(송산리 7호분)

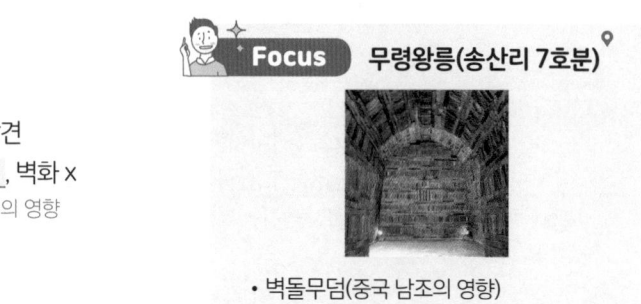

- • 벽돌무덤(중국 남조의 영향)
- • 4,600여 점의 유물 발견
- • 관의 재질이 ___6___ 금송

신라

- ● **돌무지덧널무덤(규모 大)**

벽화x, 도굴 어려움
봉토
돌무지
부장품 ━ 시체 ━ 덧널

- ___3___ - 천마도
- ___4___ - 호우명 그릇

서봉총, 황남대총 - 금관 출토

신라 [통일 전·후]

- • 둘레돌 설치, 12지 신상 조각
- • 김유신묘, 성덕대왕릉, 괘릉(원성왕릉)
- • **불교식 화장 유행**: 해중릉 - 대왕암(문무왕릉)

둘레돌
12지 신상 조각

📁 고대의 고분

가야

- 널무덤(목관묘), 덧널무덤(목곽묘) → **돌덧널무덤**: 석곽묘, 벽화 X
- 대표 고분 - 김해 _____1_____ 고분군: 철갑옷, 청동솥, 벽화×
  └ 금관가야
  - 고령 _____2_____ 고분군: 금관, 벽화×
  └ 대가야

발해

- **정혜 공주 묘(돈화현 육정산 고분군)** - 고구려의 양식 계승
  └ 벽화 X   - 모줄임 천장 구조
  - 돌사자상 발굴

- **정효 공주 묘(화룡현 용두산 고분군)** - 당과 고구려 양식 결합
  └ 벽화 O   - 벽돌무덤
  - 인물 벽화

📍 돌사자상

✦ Focus **발해의 고분**

정혜 공주 묘 - 모줄임 천장

정효 공주 묘 - 벽돌무덤

📁 고대의 건축

고구려 - 평양 _____3_____ **궁궐터**: 장수왕이 평양 천도 이후 거처한 궁궐
규모가 큼, 남진 정책의 상징성 반영

백제
- 부여 왕흥사지
- 익산 _____4_____ : 무왕 때 건립, 백제 중흥 목적으로 건립

신라
- **황룡사**: _____5_____ 때 건립
- **분황사**: 선덕 여왕 때 건립

통일 신라
- _____6_____ - 경덕왕 때 건립, 불국토의 이상 표현
  - 정문 돌계단 청운교 · 백운교 → 직선과 곡선의 조화
- _____7_____ : 경덕왕 때 건립, 인공 석굴 사원
  아름다운 비례 · 균형의 조형미
- _____8_____ (월지): 문무왕 때 건립, 인공섬
  임해전(연회 장소) 건립

발해
- **상경 용천부 도시 구조**: 당의 장안성 모방한
  _____9_____ 방식
- 고구려 온돌 장치

📍 청운교 · 백운교

📍 석굴암

📍 안압지

정답 1 대성동 2 지산동 3 안학궁 4 미륵사지 5 진흥왕 6 불국사 7 석굴암 8 동궁 9 바둑판식

🔖 맵핑 핵심 자료

▨ 장군총(고구려)

▨ 서울 석촌동 고분(백제)

▨ 천마총(신라)

• 천마총

• 천마도

▨ 고구려 고분 벽화

• 안악 3호분

묘주도

• 안악 3호분

부엌

▨ 통일 신라의 고분

• 김유신묘

• 대왕암(문무왕릉)

• 무용총

무용도

• 무용총

수렵도

• 각저총

씨름도

▨ 발해 정효 공주 묘

• 묘비

• 인물 벽화

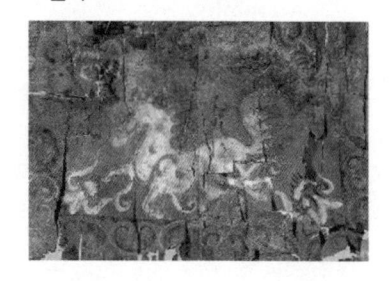

35 고대의 문화 ⑩

📁 고대의 석탑

● 삼국 시대의 석탑

고구려 주로 목탑 양식이 발전(현존×)

백제

• 익산 미륵사지 석탑

현존하는 最古 석탑, ___1___ 양식
→ 금제 사리 봉안기 발견

• 부여 정림사지 5층 석탑

- 미륵사지 석탑 계승, ___2___ 양식
- 조화미 · 균형미
→ 일본 탑 양식에 영향을 줌

신라 선덕 여왕 때 건립

• 황룡사 9층 목탑
- ___3___의 건의, 백제 아비지의 도움으로 건립
- 호국적 불교
• 고려 몽골 침입 때 소실됨

• 분황사 모전 석탑

- 전탑을 모방한 석탑(전탑 ×)
  └ 벽돌을 쌓아서 제작한 탑
- 현존하는 신라 最古 석탑
- 현재 3층까지만 남아 있음

● 남북국 시대의 석탑

통일 신라(중대)

상륜부 / 탑신부 (3층 2층 1층) / 기단부 — 사리 봉안

- 이중 기단 위 3층 석탑 양식 유행(안정감 중요시)
- **설계 목적:** ___4___
- **기본 구조:** 3층 석탑
- **대표적인 탑:** 불국사 3층 석탑(석가탑)

• ___5___ 3층 석탑

___6___ 때 건립
상륜부가 피뢰침 모양

• 다보탑

일반 석탑과는 다른 형태
높은 예술성 · 건축 기술 보여줌

• 불국사 3층 석탑(___7___)

전형적인 통일 신라의 석탑
「___8___」 발견

• 화엄사 4사자 3층 석탑

네 마리의 사자가 탑을 이고 있는 형태

📁 고대의 석탑

● 남북국 시대의 석탑

통일 신라(하대)

• **양양 진전사지 3층 석탑**: 기단과 탑신에 [ ]1 로 불상을 새기는 양식

• **승탑** - [ ]2 의 영향, 승려의 사리 봉안, [ ]3 이 기본 형태
- 흥법사 염거화상탑(현존 最古 승탑)

태안사 적인선사 승탑　　　　쌍봉사 철감선사 승탑

발해

• [ ]4
- 유일한 발해의 [ ]5
- 흙으로 된 벽돌을 굽고 쌓은 탑
- 당의 건축 기법과 양식의 영향 받음

📁 고대의 예술

● 불상

고구려 금동 연가 7연명 여래 입상

- [ ]6 양식
- 긴 얼굴 모습과 두꺼운 의상
- 광배 뒤에 글씨 새겨짐

신라 경주 배리(배동) 석불 입상

- 푸근한 자태
- 신라 조각의 정수를 보여줌

통일 신라 석굴암 본존불
+ 11면 관음 보살상

- 불교의 이상 세계 실현
- 균형미가 뛰어남

백제 서산 마애 여래 삼존상

- 부드러운 자태와 온화한 미소

삼국 동일 금동 미륵보살 반가 사유상

- 부드러운 자태와 온화한 미소

발해 이불병좌상

- [ ]7 양식 계승
- 동경 용원부에서 발굴

📁 고대의 예술

● 글씨

고구려 **광개토 대왕릉비의 비문**: 웅건한 서체로 쓰여짐

백제 **무령왕릉 매지권**: 화려한 필체 구사

통일 신라 예서체(김인문)
　　　　　 왕희지체(김생)
　　　　　 구양순체(요극일)

● 그림

신라

- ¹ : 경주 천마총에서 출토, 벽화 ×

- **황룡사 벽화**: 솔거가 그린 소나무 그림, 현존 ×

통일 신라

화엄경 변상도: 화엄경 교리 내용을 표현한 목판화

● 음악

고구려 왕산악 - ² 제작, 악곡을 지어 연주

신라

- ³ : 거문고 명인, 방아 타령(가난한 아내를 위로)

- ⁴ (대가야人)이 제작한 가야금이 전래됨

통일 신라

- 고구려 · 백제의 향악 수용(3죽·3현)
- 당나라 악이 수용되어 귀족 계층에 정착

발해

- **발해악**: 일본에 전파
- **발해 악기**: 송나라 악기 제작에 영향을 줌

● 조각

통일 신라 ・무열왕릉비 받침돌 ・ ⁵ 쌍사자 석등 ・불국사 석등

발해

- 벽돌과 기와무늬 ← 『 ⁶ 의 영향
- **석등**: ⁷ 에서 발굴됨

● 범종

통일 신라

- ⁸ (성덕왕)

　현존하는 最古 의 동종

- ⁹ (경덕왕~혜공왕)

　성덕왕의 공덕을 기리기 위해 제작

● 문학

통일 신라

- **향가 유행**: 모죽지랑가, ¹⁰ (경덕왕, 월명사), ¹¹ (경덕왕, 충담사)
- → ¹² 때 『삼대목』(향가집) 편찬

● 자기 공예

발해 당시 중국에서 수입해 갔을 정도로 우수한 제작 기술 보유

정답 1 천마도 2 거문고 3 백결 4 우륵 5 법주사 6 당나라 문화 7 상경성 8 상원사 동종 9 성덕대왕 신종 10 제망매가 11 찬기파랑가 12 진성 여왕

35 고대의 문화 ⑬

📁 고대의 과학 기술

● 천문학

- 왕도학, 군주학: 왕과 하늘을 연결시켜 학문적 연구 시행
- 천체 관측을 중심으로 발달
- _____[1] 과 밀접한 관계

고구려
- 천문도 → 조선 태조 때 _____[2] (석각)
- 고분 벽화의 별자리 그림 : _____[3]

신라
- _____[4] - 7C 선덕 여왕 때 건립
  - 동양에 현존하는 가장 오래된 천문대
- 『삼국사기』에 천문 현상 관측 기록이 남아 있음
  └ 일식·월식, 혜성의 출현, 기상 이변 등

통일 신라
- 김암: 천문학에 조예가 깊음
- 물시계 제작 담당 관청인 누각전 설치(_____[5])

● 수학 → 수학 지식을 활용하여 조형물 제작

삼국
- 고구려 - 모줄임 천장 구조
- 백제 - 정림사지 5층 석탑
- 신라 - 황룡사 9층 목탑

통일 신라
- 석굴암의 석굴 구조
- 불국사 3층 석탑(석가탑)
- 다보탑

주실
└ 원형 → 하늘 상징
통로
전실
└ 네모 → 땅 상징

● 금속 기술

| 고구려 | 제철 기술 발달 : 고분 속 벽화에 철 단련 모습, 수레바퀴 제작 모습이 있음 |

백제
- _____[6] - 4C 후반, _____[7] 이 일본 왕에게 하사
  - 강철 위에 金 상감 글씨가 새겨져 있음
- _____[8] : 정교한 금속 공예 기술을 보여줌

신라
- 금 세공 기술 발달 → 순금 금관 및 도금 금관 제작

통일 신라
- _____[9] (=에밀레종)
  - 12만근 구리로 제작
  - 신비한 종소리로 유명함

● 목판 인쇄술

- 불교 문화가 발달 → 불경 대량 인쇄 기술 필요
- 『_____[10]』

- 불국사 3층 석탑(석가탑)에서 발견됨(1966)
- 현존하는 세계 最古의 목판 인쇄물(8C 초 제작)
- 닥나무로 만든 신라산 종이 이용

📁 삼국의 문화 전파

→ 6C 일본의 야마토 정권의 성립
7C 일본의 아스카 문화의 형성에 기여

백제

→ 삼국 중 일본과 가장 밀접한 관계 유지 및 문화 전수에 기여

4C
1 일본 도도 태자의 스승, 태자에게 한자를 가르침(근초고왕)
2 『천자문』,『논어』, 경사 등을 전하고 가르침(근초고왕)

6C
3 · 4 5경박사, 유학 전파(무령왕)
5 불경과 불상을 최초로 전달(성왕)
6 계율종 전파(위덕왕)
7 위덕왕 子, 쇼토쿠 태자의 초상을 그림(위덕왕)

7C
8 천문 · 역법 · 지리에 관한 책 전달(무왕)

• **불상**: 일본 고류사(목조) 미륵보살 반가사유상, 호류사 백제 관음상 제작에 영향을 줌

• 5경박사, 의박사, 역박사와 천문 박사, 채약사, 화가와 공예 기술자들이 일본에 건너감
→ 백제 가람 양식이 형성됨
└ 사원 건축 양식

고구려

7C
9 쇼토쿠 태자의 스승(영양왕)
10 역학, 천문 지리학 전파(영양왕)
11 - 유교의 5경과 그림을 가르침(영양왕)
- 종이 · 먹 제조법 전달
- 호류사 금당 벽화 제작
12 삼론종 개조(불교 전파, 영류왕)
13 삼론종 전파(영류왕)
14 『일본세기』 저술(보장왕)

📍 호류사 금당 벽화

• ___ 15 고분 벽화 ┐
• 무용총 벽화 ┘→ 일본 16 고분 벽화에 영향

📍 다카마쓰 고분 벽화

신라

조선술과 축제술을 일본에 전달
→ '한인의 연못'이라는 이름까지 생김

가야

일본 ___ 17 토기에 영향을 줌

가야 토기   📍 스에키 토기

📁 통일 신라의 문화 전파 → 8C 일본의 [___1___] 문화 형성에 기여

⌐ 불상, 가람 배치, 탑, 율령과 정치
제도 등

• 일본 사신을 통해 일본에 문화 전파

• 원효 · 강수 · 설총이 발전시킨 불교 · 유교 문화 전파
→ 일본의 하쿠호 문화 형성

• 심상(의상의 제자): 화엄 사상 전파(성덕왕)
→ 일본 화엄종 부흥에 영향을 줌

(**8C 말**) 일본은 헤이안으로 천도 후 국풍 운동 전개

😊 **더 알아보기** **우리 문화의 영향으로 일본에 형성된 문화**

• 신석기 → 조몬 토기 문화

• 청동기 → 야요이 문화

• 가야 토기 → [___2___]

• 삼국 → [___3___]

• 통일 신라 → [___4___]

• 조선 초기 미술 → 무로마치 시대의 미술

36 고려의 문화 ①

📂 중세의 불교 → 선종 불교 중심으로 이해하는 고려 불교史

⑤ **지눌의 영향**
- ___ 26 ___ 27 일치설
- ___ 28 ___ 29 결사 운동

① ___ 3
- 교종과 선종이 동시에 융성 (5교 9산)

③ ___ 12 **의 개혁 운동**
- ___ 13 을 중심으로 교종 통합(___ 14)
  - ↓
  - ___ 15 창시(___ 16)
  - → 교⊃선 통합 (___ 17 , ___ 18)
  - ↓
  - 의천 사후 분열

(선종)불교의 타락

④ ___ 21 **의 개혁 운동**
- 불교 정화 운동
  - → ___ 22 결사 운동
- (청빈, 노동, 선 수행) 선⊃교 통합(___ 23 창시)
  - ↓ (___ 24 ___ 25)
  - 성공

라마교(티베트 불교) 유입
↓
불교 타락

② ___ 4
- 교종 통합 (___ 5 의 ___ 6)
  - +
- 선종 통합 (___ 7 의 ___ 8)
  - ↓
  - 교⊃선 통합 추진 (천태종 중심)
  - → 광종 사후 분열

⑥ **고려 말의 불교 개혁**
- ___ 30 의 개혁
  - ↓
  - 선종 종파 통합

2 의 지원

* ___ 9 **의 성립**
- → ___ 10 (교종) 융성
- → 사치, 향락의 풍조 → ___ 11 의 개혁

* ___ 19 이후
___ 20 의 난
→ 교종 탄압
→ 선종 후원

- 선덕 여왕 때 승려 법랑
- ___ 1 의 유입

공민왕

신라 下代   고려 건국   무신 집권기   원 간섭기

정답 1 선종 2 호족 3 태조 왕건 4 광종 5 교종 6 화엄종 7 선종 8 법안종 9 호족 세력 10 화엄종 11 균여 12 대각국사 13 화엄종 14 교관겸수 15 천태종 16 국청사 17 교종 18 선종 19 무신 정변 20 교종 세력 21 보조국사 22 수선사 23 조계종 24 정혜쌍수 25 돈오점수 26 심성 27 돈오 28 유불 29 백련사 30 신돈

36 고려의 문화 ③

📁 중세의 불교

중기

● **문종** 숭불 정책
- 문벌 귀족 사회 성립 → ____1____ 융성 ⇒ 타락
- 왕실 → 화엄종 지원 · 융성
- ____2____ 지급

의천의 개혁 운동 ⭐
- ____3____ 건립 ─┬─ ____4____ 중심의 ____5____ 통합 운동 ◄───────┐
- └─ ____6____ 설치 - 송 · 요 · 왜의 불서(주석서) 수집 ⇒ 『____7____』(불서 목록) 편찬
- 『____8____』(속장경) 조판
- └→ 초조대장경 속편
- ____9____ 건립 - 교 ⊃ 선 통합 운동 ◄─── 원효의
- ⇒ ____10____ **창시**: 투쟁 X, 조화의 상태 "____11____"
- ⇒ 성공 but. 의천 사후 재분열 다시 ____12____ 중심

원효의 ____13____ 사상

무신 집권기

● **무신 집권기**
무신 정변 후 反무신의 난
- → 교종 승려들의 반란 ─┬─ ____14____ 의 난
- └─ ____15____ 의 난
- ⇒ 진압, 지배층의 선종 불교 후원 ⇒ 타락

지눌의 개혁 운동 ⭐
- ____16____ 건립 • ____17____ 결사 운동 → '산에서 모임을 맺자' 영향 ───►
- ├─ 불교 정화 운동
- ├─ 『____18____』: 청빈, 노동, 선수행, 예불독경
- └─ 지배층(____19____)의 후원
- • 선 ⊃ 교 통합 운동 ◄─── 원효의 ____20____
- ⇒ ____21____ 창시
- ____22____ ────► ____23____
- 간화선 "자문자답"

요세의 ____24____ 운동 (____25____ 집권기)
- • ____26____ 의 승려
- • 전남 ____27____ 에서 전개
- • 원효의 ____28____ 수용 → '정토왕생'
- • ____29____ 중시
  - 자신의 행동에 대한 진정한 ____30____ 강조
- • 지방민들의 호응 ↑(지방 토호 · 일반 민중)
- • 예불 중시 → ____31____ 개설

혜심의 ____32____ 일치설 (____33____ 집권기)
- • ____34____ 의 제자
- • 인간의 심성 도야 강조
  - ⇒ ____35____ 수용의 사상적 토대 마련
- • 최씨 무신 정권과 밀착
  - 대몽 항쟁에 기여
  - 최우 · 최항이 송광사에 입사
  - ⇒ ____36____ 에 송광사 분사 설치

말기

● **원 간섭기**
- 불교계의 타락 - 불교가 귀족 세력과 연결되어 세속화
- 결사 운동의 쇠퇴 ─┬─ 백련사가 왕실의 원찰인 ____37____ 와 밀착
- └─ 수선사가 원의 탄압으로 쇠퇴
- ____38____ (티벳 불교)의 유입

보우의 개혁 운동
- • ____39____ 때 왕사 → ____40____ 때 국사
- • 불교 종파(9산 선문)의 통합을 통한 불교 개혁 운동
  - ⇒ ____41____ 의 반발로 실패
- • ____42____ 으로부터 ____43____ 도입(충목왕)
  - → 조선 시대 ____44____ 불교의 주류로 발전

📖 맵핑 핵심 자료

▨ 의천의 사상

진리는 말이나 형상이 없지만 말과 형상을 떠나 있는 것도 아니다. 말과 형상을 떠나면 미혹에 빠지고 말과 형상에 집착하면 진실을 미혹케 한다. …… 교리를 배우는 이는 내적(마음)인 것을 버리고 외적인 것을 구하는 일이 많고, 참선하는 사람은 밖의 인연을 잊고 내적으로 밝히기를 좋아한다. 둘 다 편벽된 집착이고 양극단에 치우친 것이다.

– 『대각국사문집』

진수 대법사가 말하였다. "관(觀)을 배우지 않고 경(經)만 배우면 비록 오주(五周)의 인과(因果)를 들었더라도 삼중(三重)의 성덕(性德)에는 통하지 못한다. 경을 배우지 않고 관만 배우면 비록 삼중의 성덕을 깨쳤으나 오주의 인과를 분별하지 못한다. 따라서 관도 배우지 않을 수 없고 경도 배우지 않을 수 없다." 내가 이 말에 감복하였다.

– 『대각국사문집』

▨ 지눌의 수선사 결사

지금의 불교계를 보면 아침저녁으로 행하는 일들이 비록 부처의 법에 의지하였다고 하나 자신을 내세우고 이익을 구하는 데 열중하며 세속의 일에 골몰한다. 도덕을 닦지 않고 옷과 밥만 허비하니 비록 출가하였다고 하나 무슨 덕이 있겠는가. 하루는 같이 공부하는 사람 10여 인과 약속하였다. 마땅히 명예와 이익을 버리고 산림에 은둔하여 같은 모임을 맺자. 항상 선을 익히고 지혜를 고르는 데 힘쓰고, 예불하고 경전을 읽으며 힘들여 일하는 것에 이르기까지 각자 맡은 바 임무에 따라 경영한다. 인연에 따라 성품을 수양하고 평생을 호방하게 고귀한 이들의 드높은 행동을 좇아 따른다면 어찌 통쾌하지 않겠는가. – 『권수정혜결사문』

▨ 지눌의 사상

보통 사람이 깨치지 못하였을 때에는 자신이 바로 참된 부처인 줄을 모른다. 자기의 영지(靈知: 거울처럼 밝고 맑아 영묘하게 앎)가 곧 참된 부처인 줄을 몰라 마음 밖에서 부처를 찾아 헤매다가 문득 선지식의 지시를 받아 번뜩 자신의 본성을 보게 된다. 본성에는 원래 번뇌가 없고 완전한 지성이 스스로 갖추어져 부처와 조금도 다르지 않음을 깨닫게 되는 것이다(돈오). 이렇게 깨달은 다음에는 그것을 점차 닦아 나가는 종교적 실천이 뒤따라야 한다(점수). 비록 돈오하였다 하더라도 오랜 동안에 걸쳐 젖어 온 습관이 모두 제거된 것은 아니기 때문이다. 망념에 흔들림이 없이 부처, 곧 성인의 위치로까지 나아가기 위해서는 꾸준한 수행이 있어야 한다.

그렇다면 깨달은 후에 행하는 점수는 어떻게 해야 하나? 그것이 바로 선정(禪定)과 지혜(知慧)를 같이 닦아야 하는 정혜쌍수이다. 우리의 본래 마음 상태는 공적(空寂: 허공처럼 비어서 고요함)과 영지(靈知)이다. 공적하려면 정을 닦아야 하며, 영지를 발하려면 혜를 닦아야 한다. 이와 같이 정과 혜는 체(體:본체)·용(用:작용)의 관계에 있어서 서로 떨어질 수가 없다.

– 『수심결』

▨ 요세의 활동

그(요세)는 『묘종초』를 설법하기 좋아하여 언변과 지혜가 막힘이 없었고, 대중에게 참회를 닦기를 권하였다. …… 대중의 청을 받아 교화시키고 인연을 맺은 지 30년이며, 결사에 들어온 자들이 3백여 명이 되었다.

– 『동문선』

▨ 혜심의 유불 일치설

나는 옛날 공의 문하에 있었고 공은 지금 우리 수선사에 들어왔으니, 공은 불교의 유생이요, 나는 유교의 불자이다. …… 『기세계경』에서 말하였다. "부처님이 말씀하시기를 나는 두 성인을 중국에 보내어 교화를 펴리라 하셨다. 한 사람은 노자로, 그는 가섭보살이요, 또 한 사람은 공자로 그는 유동(儒童)보살이다." 이 말에 의하면 유(儒)와 도(道)의 종(宗)은 부처님의 법에서 흘러나온 것이다. 방편은 다르나 진실은 같은 것이다. 공자는 "삼(參)아, 내 도는 하나로 꿰었다." 하였고, 또 "아침에 도를 들으면 저녁에 죽어도 좋다." 하였다.

– 진각 국사 혜심 어록

36 고려의 문화 ④

📁 고려 유학의 발달

초기	중기	무신 집권기	원 간섭기
자주적, 주체적	**보수적**	**침체**	**성리학의 전래** ⇐

원 간섭기 - 불교의 타락
- 신진 사대부 성장
- 고려의 유학 수준 향상

초기 — 자주적, 주체적

- **태조**: 최언위, 최응, 최지몽 등
  <u>　　1　</u> 계통 유학자들이 활동

- **광종**: 과거 제도를 실시
  → 유학에 능숙한 사람을 관료로 등용

- **성종**: 유교 정치 사상 정비
  ├ 최승로의 <u>　　2　</u>
  └ 김심언의 봉사 2조
  （중앙）: <u>　　3　</u> 설치·정비
  （지방）: <u>　　4　</u> (향학) 설치

중기 — 보수적

- <u>　　5　</u> (문종 때)
  - '<u>　　6　</u>'라 칭송
  - 사립 교육 기관으로 <u>　　7　</u> (문헌공도) 설립
  - 고려의 훈고학적 유학에 철학적 경향을 첨가

- <u>　　8　</u> (인종 때)
  - <u>　　9　</u> · <u>　　10　</u> 성격의 유학을 대표하는 인물
  - 『<u>　　11　</u>』 편찬

무신 집권기 — 침체

무신 정변 이후
문벌 귀족 세력이 몰락
⇩
유학 침체

원 간섭기 — 성리학의 전래

- ●**수용** <u>　　12　</u> 때 <u>　　13　</u> 이 원에서
  『주자전서』를 도입 → 김문정(공자 화상 도입)

- ●**전수** 백이정이 원에서 성리학을 연구
  → <u>　　14　</u> · 박충좌에게 전수

- ●**전파** · <u>　　15　</u> 이 원의 연경(베이징)에 <u>　　16　</u> 설치
  · <u>　　17　</u> 이 만권당에서 원의 학자들과 교류
  → 성리학에 대한 이해 심화

- ●**확산** 공민왕 때 성균관 대사성 <u>　　18　</u> 이
  ├ <u>　　19　</u> (포은)· <u>　　20　</u> (양촌)·
  │　└ 동방이학의 조(祖)
  └ <u>　　21　</u> (삼봉) 등을 가르침
  → 성리학 확산

- ●**영향** · 개혁적·실천적 기능 강조
  · 훈고학적 유학 ⇨ 철학적 유학
  · 『<u>　　22　</u>』, 『<u>　　23　</u>』 중시
  · 불교, 권문세족 비판
  → 성리학이 새로운 국가 이념으로 등장
  └ <u>　　24　</u> 개창

📖 사료 읽기 | 고려 시대 성리학의 수용과 발전

- 안향이 학교가 날로 쇠퇴함을 근심하여 양부와 의논하기를 "…… 지금 양현고가 완전히 탕진되어 선비들을 양성할 비용이 없으니 …… 그 본전을 남겨 두고 이식만을 가져다 쓰도록 하되 이름을 섬학전이라고 하기를 바란다." …… 만년에는 항상 회암 선생(주자)의 초상화를 걸어 놓고 경모하였으므로 드디어 호를 회헌이라 하였다.
- 충숙왕 1년에 (원)황제가 (충선)왕을 연경에 머물도록 명을 내리니 (충선왕이 연경에 있는 사택 안에 만권당을 짓고 당시의 저명한 학자들인 염복·요수·조맹부·우집 등을 초청하여 교유하며 학문을 연구하는 것으로 즐거움을 삼았다.
- 공민왕 16년, 성균관을 다시 짓고 이색을 판개성부사 겸 성균관 대사성으로 삼았다. 이색이 다시 학칙을 정하고 매일 명륜당에 앉아 경(經)을 나누어 수업하고 강의를 마치면 서로 더불어 논란하여 권태를 잊게 하였다. 이에 학자들이 많이 모여 함께 눈으로 보고 마음으로 느끼는 가운데 주자 성리학이 비로소 흥기하게 되었다.

📖 맵핑 핵심 자료

▨ 김부식의 『삼국사기』

신 부식은 아뢰옵니다. …… 해동의 삼국도 지나온 세월이 장구하니, 마땅히 그 사실이 책으로 기록되어야 하므로 폐하께서 이 늙은 신하에게 명하시어 편집하셨습니다. …… 폐하께서 이르시기를 "신라 · 고구려 · 백제가 나라를 세우고 중국과 교통하였으므로, 범엽의 『한서』나 송기의 『당서』에 모두 열전을 두었으나, 삼국의 역사는 상세히 실리지 않았다. 또 삼국에 관한 옛 기록은 문체가 거칠고 졸렬하며 빠진 부분이 많으므로, …… 후세에 권장하거나 경계할 바를 보이지 못하고 있다. 이에 마땅히 삼장(三長)을 갖춘 인재를 구하여 일관된 역사를 완성하고 만대에 물려주어 해와 별처럼 빛나도록 해야 하겠다"라고 하셨습니다.

– 「진삼국사기표」

▨ 이규보의 『동명왕편』

『구삼국사』를 얻어서 동명왕 본기를 보니, 그 신이한 사적이 세상에서 이야기되고 있던 것보다 더 자세하였다. 그러나 역시 처음에는 그를 믿지 못하였으니…… 여러 번 음미하면서 탐독하여 근원을 찾아가니, 환(幻)이 아니라 성(聖)이며, 귀(鬼)가 아니고 신(神)이었다. …… 동명왕의 사적은 변화, 신이하여 사람의 눈을 현혹시키는 것이 아니라, 실로 나라를 창시하신 신의 자취인 것이다. 이런 까닭에 시를 지어 기록하여 천하 사람들로 하여금 우리나라의 근본이 성인의 나라임을 알게 하려 할 뿐이다.

– 「동국이상국집」

▨ 일연의 『삼국유사』

• 대체로 성인은 예악으로써 나라를 일으키고, 인의로써 가르침을 베푸는데 괴이하고 신비한 것은 말하지 않는 것이었다. 그러나 제왕이 장차 일어날 때에는 천명과 비기록을 받게 되므로 반드시 남보다 다른 일이 있었다. 그래야만 능히 큰 변화를 타서 대기를 잡고 큰일을 이룰 수 있는 것이다. …… 그렇다면 삼국의 시조가 모두 신비스러운 데서 탄생하였다는 것이 무엇이 괴이하랴. 이것이 신이(神異)로써 이 책의 앞 머리를 삼은 까닭이다.

• 『가락국기』는 문종 때인 대강(大康) 연간에 금관지주사 문인이 지은 것이다. 여기 간략하게 싣는다. …… 그들이 살았던 북쪽 구지봉에서 누군가를 부르는 것 같은 이상한 소리가 났다. …… 왕후는 조용히 왕에게 말하였다. "저는 아유타국의 공주입니다. 성은 허이고 이름은 황옥이며, 나이는 16세입니다."

▨ 이승휴의 『제왕운기』

요동에 또 하나의 천하가 있으니 중국의 왕조와 뚜렷이 구분된다. 큰 파도가 출렁이며 3면을 둘러쌌고, 북으로는 대륙으로 면면히 이어졌다. 가운데 사방 천 리 땅 여기가 조선이니, 강산의 형성은 천하에 이름났도다.

▨ 『사략』

이제현은 일찍이 『국사』가 갖춰지지 못한 것을 근심하여 백문보, 이달충과 함께 기년과 열전, 지를 편찬하기로 하였다. 이제현이 태조 때부터 숙종까지, 백문보와 이달충이 예종 이하를 맡기로 하였는데, …… 남쪽으로 피난할 때 원고들이 모두 없어졌고 오직 이제현이 편찬한 『태조기년』이 남아 있다.

– 「고려사」

📂 고려의 교육 기관

관학

중앙 - [1] (성종)

유학부(9년)
- [2] 이상 관리 자제 입학
- [3] (유교 경전) 3품 이상 자제
  +
  태학(정치·역사) 5품 이상 자제
  +
  사문학(문학) 7품 이상 자제
- 서·문예·시정에 관한 내용 교육
  → 『시경』·『서경』·『역경』·『춘추』·『예기』·『효경』· 『논어』 등 교육

기술학부(6년)
- [4] 이하 관리 · [5] 자제 입학
- 율학(법률), 서학(서예), 산학(산수) 교육

지방 - [6]
- 성종 때 설치 → [7] 때 정비(= 증설)
- 지방 관리와 서민 자제의 교육 담당

사학

최충의 [8] → 사학 12도 융성(문종)
[9]
- 9경(유교 경전)과 3사(역사서)를 교육
- 사학이 발달하면서 관학 위축 ↔ 관학 진흥책

● 관학 진흥책

<숙종> 국자감에 [10] 설치 → 서적 간행 활성화

<예종>
- 관학 [11] 설치: 전문 강좌, [12] 포함 └ 무인 관료 양성
- 장학 재단인 [13] 설치
- [14] · 보문각 설치: 학문 연구소

<인종>
- [15] 정비: 유학부, 기술학부(경사 6학으로 정비)
- 7재에서 [16] 폐지(→ 6재)
- [17] 를 정비하여 지방 교육 강화

<충렬왕>
- 국자감 → [18] 으로 개칭
- [19] (공자 사당) 건립
- 양현고의 부실을 보완하기 위해 [20] 설치
- [21] 설치 → 경전·역사 교육

<충선왕> 국학 → [22] → [23] 으로 개칭

<공민왕> 성균관에서 [24] 를 분리 ⇨ 성균관을 순수 유교 교육 기관으로 개편

📂 고려의 사상

● 도교

- 불로장생과 현세 구복 추구, 나라와 왕실의 안녕과 번영을 기원
- [25] (도교 제사) 거행
- [26] **건립**([27]): 최초의 도교 사원
- [28] **거행**: 도교 + 불교 + 민간 신앙, 명산대천에서 제사
- **한계**: 일관된 교리 체계 확립 X, 교단 형성 X → 민간 신앙으로만 전개

● 풍수 지리설

- 신라 말 [29] (선종 승려)가 수용 + 도참 사상과 융합 ⇨ 사회 개혁 이념으로 사용
- 『도선비기』 유포(현존 X), 『해동비록』(예종) 등 편찬
- 『훈요 10조』 - [30]
- **3경의 변화**
  √ (초기) 개경, 서경, [31] (경주) ——— √ (문종 이후) 개경, 서경, [32] (한양)
  - 개경 길지설
  - 서경 길지설 ─ 북진 정책, 서경 분사 제도 실시, 묘청의 서경 천도 운동
  - 남경 길지설 ─ 조선의 도읍지 결정

36 고려의 문화 ⑦

📁 과학 기술의 발달 - 인쇄술

● 인쇄 기구

문종: 서적점

↓

공양왕: ¹ (출판소) 설치

● 목판 인쇄의 발전 한 종류의 책 → ² 인쇄

- 세계 최초 『   ³ 』

  - 통일 신라 때 제작

  - 석가탑에서 발견(1966)

- 고려   ⁴ 간행 ⇒ 발전

● 금속 활자의 등장 여러 종류의 책 → ⁵ 인쇄

- 『   ⁶ 』(1234,   ⁷)

  - 의례서(12C 인종, 최윤의)

  - 현존 X , 『동국이상국집』에 기록

  - 구텐베르크 활자보다 200여 년 빠름

- 『   ⁸ 』(1377,   ⁹)

  - 청주   ¹⁰ 에서 조판

  - 현존 최고(最古) 금속 활자본 → 세계 기록유산

  - 현재 프랑스 국립 도서관에 보관

💡 더 알아보기 대장경 간행

경 + 율 + 론 → 소 → 초
부처의 언행   계율   해석   재해석 정리

[대장경 = 삼장의 집대성]   [론·소·초의 집대성 = 속장경]

- 불교 교리의 체계화
- 호국 불교의 정신
- 문화재적 가치 ⇧

✓ **초조대장경**   ¹¹ , 1011 ~ 1087

- ¹² 침입 격퇴 염원 → 호국 불교

- 2차 몽골 침입 때 소실 → 인쇄본 중 일부가 일본 난젠지 등에 보관

✓ **교장(=** ¹³)   ¹⁴ , 1091 ~ 1102(숙종 때 완성)

- 론·소·초의 집대성

- ¹⁵ (흥왕사)에서 조판

- 고려 · ¹⁶ · ¹⁷ · ¹⁸ 의 주석서를 수집

  ⇒ 『   ¹⁹ (서적 목록, 1090, 선종)을 만들어 불교 학설을 정리한 뒤 간행

- ²⁰ 침입 때 소실 → 활자본의 일부가 송광사와 일본 도다이지에 보관됨

✓ **재조대장경(= 팔만대장경)**   ²¹ , 1236 ~ 1251

- ²² 집권기, 강화 천도 시기

- ²³ 몽골 침입 → 몽골 침입 격퇴 염원

- ²⁴ 재간행

- 강화도 선원사에   ²⁵ 을 설치하여 조판(수기가 총괄)

- 현재   ²⁶ 에서 보관(조선 초기에 옮김)

- 유네스코 세계 기록유산에 등재됨

정답 1 서적원 2 책판 3 무구정광대다라니경 4 대장경 5 활자 6 상정고금예문 7 강화도 8 직지심체요절 9 청주 10 흥덕사 11 현종 12 거란 13 속장경 14 대각국사 의천 15 교장도감 16 송 17 요 18 일본 19 신편제종교장총록 20 몽골 21 고종 22 최우 23 3차 24 초조대장경 25 대장도감 26 합천 해인사

해커스공무원학원·공무원인강·교재 Q&A gosi.Hackers.com   171

📁 과학 기술의 발달 – 천문학 ~ 조선술

● **천문학** = 왕도학 → 농업에 활용

• **관측 천문학 발달** ┌ _____ 1 (서운관) 설치
　　　　　　　　　└ 개성 첨성대에서 관측 업무 수행

　⇨ 일식, 혜성, 흑점 등의 관측 내용을 풍부하게 기록

• **역법**

<초기>	<충선왕>	<공민왕>
당의 ___2___	원의 ___3___ + 아라비아 ___4___	명의 ___5___

개성 첨성대

● **의학**

• _____ 6 에서 의학 교육, 의원을 선발하는 의과 실시

• 『_____ 7 』(고종/최우 집권기) – 현존하는 最古 의서

　- 대장도감에서 편찬

　- 각종 질병에 대한 처방과 국산 약재 180여 종 소개

📁 귀족 문화의 발달 – 궁궐, 사찰

● **궁궐**

• 개성 ___8___ 궁궐터

(평지) ← 계단식 ⇨ 웅장한 느낌

● **사찰** ⇨ 귀족적 불교 문화, 지붕 大

[　　　9　　　] 10 에 유행, 현존 X ⇨ 13C 이후 일부 건물이 현존

공포

• 안동 ___11___ (最古)(___12___ 지붕 + 배흘림 기둥)
• 영주 ___13___ (___14___ 지붕 + 배흘림 기둥)
• 예산 ___15___ (___16___ 지붕 + 배흘림 기둥)

봉정사 극락전　　　부석사 무량수전　　　수덕사 대웅전

[　　　17　　　] 18 에 유행, 원의 영향을 받음

공포

• 사리원 ___19___ (맞배 지붕 + 배흘림 기둥)

성불사 응진전

36 고려의 문화 ⑨

📁 귀족 문화의 발달 - 석탑, 승탑, 불상

● 석탑

- _____ [1] 유행
- 안정감 부족
- 지역에 따라 ____ [2] 의 전통을 계승한 석탑 조성

✓ 전기
- ____ [3] 영향 - 개성 ____ [4] 석탑
- ____ [5] 영향 - 부여 ____ [6] 석탑
  익산 ____ [7] 석탑
- ____ [8] 영향 - 개성 ____ [9] 석탑

✓ 중기 다각 다층탑을 대표
- ____ [10] 의 영향 - ____ [11]

✓ 후기
- ____ [12] 의 영향
  - ____ [13]
    ⇨ 조선 세조 ____ [14] 에 영향

불일사 5층 석탑

현화사 7층 석탑

월정사 8각 9층 석탑

경천사지 10층 석탑

● 승탑

- _____ [15] 원종 대사 혜진탑 - 신라의 팔각 원당형 계승
- _____ [16] 보제존자 석종 - 석종형 승탑 계승
  ⇨ 조선 시대 승탑으로 연결

● 불상

- _____ [17] (호족의 취향)
- 인체 비례 X
- _____ [18] 다양

✓ 대형 철불

_____ [19] (광주 춘궁리 철불)
└ 신라 양식 계승

✓ 대형 석불

_____ [20]
→ 인체 비례 X, 균형미 부족

_____ [21]
→ 길목에 조성, ____ [22] 특색

✓ 소조 불상
영주 _____ [23]

→ ____ [24] 양식 계승, 균형미

정답 1 다각 다층탑 2 신라 3 고구려 4 불일사 5층 석탑 5 백제 6 정림사지 7 왕궁리 8 신라 9 현화사 7층 석탑 10 송 11 월정사 8각 9층 석탑 12 원(라마) 13 경천사지 10층 석탑 14 원각사지 10층 석탑 15 고달사지 16 여주 신륵사 17 철불·석불 18 재료 19 하남 하사창동 철조 석가여래 좌상 20 논산 관촉사 석조 미륵보살 입상 21 안동 이천동 마애여래 입상 22 지역화 23 부석사 소조 아미타여래 좌상 24 신라

해커스공무원학원·공무원인강·교재 Q&A gosi.Hackers.com 173

📁 예술 문화의 발달

● 공예

✓ 자기 공예

초기(10c) 신라와 발해의 전통 기술 + 송의 자기 기술 수용

중기 ┌ _____ 1 (11C)
- 독자적 발전, 고상한 무늬가 특징
- 송나라 서긍의 『_____ 2』 - 고려 청자 극찬
- _____ 3 (12C 중반 ~ 13C 중반)
- _____ 4 **개발**: 자기 표면을 파내고 그 자리를 백토나 흑토 등으로 메워 무늬를 내는 방법
- 강진, 부안의 소(所)에서 생산(순수 청자 + 상감 청자)

후기(원 간섭기)
- _____ 5 (13C 중반 ~ 15C)
- 청자에 백색 분토를 뿌림
- 원의 가마 기술이 도입 ⇨ 청자의 빛깔 퇴조

청자 참외모양 병

청자 상감운학문 매병

분청사기 음각어문 편병

✓ 금속 공예

- _____ 6 **기술 발달**: 청동기 표면을 파내어 실처럼 만든 _____ 7 을 채워 무늬를 만드는 기술
- **대표작**: 청동 은입사 포류수금문 정병

✓ _____ 8

- 옻칠한 바탕에 자개를 붙여 무늬를 나타냄
- **대표작**: 경함(불경 보관함), 문방구

● 글씨

- **신품사현**: 유신 , 탄연 , 최우 + 신라 김생

```
        <전기> ──────────────► <후기>
  - _____ 9          - _____ 11 (조맹부체)
  - _____ 10           └ 유려한 글씨체
    └ 굳세고 힘찬 글씨체
```

● 그림

```
  <전기> ──────────────────► <후기>
```

예성강도(이령, 현존 X)
└ 벽란도 그림
이령 子 _____ 12

- **문인화 유행** / '_____ 13' (공민왕)
  시화 일치론
- **불화**: '조사당 벽화'(in.부석사)
- **사경화 유행**: '양류관음도' (혜허)
  └ 일본에 보관

천산대렵도   조사당 벽화   양류관음도

● 음악

- _____ 14 **(궁중 음악)**: 송에서 전래된 대성악이 궁중 음악으로 발전(예종 때 정비)
- _____ 15 **(속악)**: 당의 영향을 받아 발전 → 동동 · 한림별곡 · 대동강 · 정과정 · 오관산 등이 유명
- **가면극과 산대극**: 부도덕한 지배층과 타락한 승려를 풍자

● 문학

전기	후기
- 향가 (균여, 『균여전』 11수 등) - 당 · 송의 영향을 받은 한문학 유행 (박인량, 정지상)	• **국문학** ┌ _____ 16 ┌ 신진 사대부들이 향가 형식을 계승하여 창작 　　　　　　　└ **대표작**: 한림별곡, 관동별곡, 죽계별곡 ├ _____ 17 ┌ 일반 백성 사이에서 유행한 작자 미상의 민요풍 가요 　(장가, 속요)　└ **대표작**: _____ 18, 가시리, 쌍화점 등 • **한문학** ┌ _____ 19 **문학** ┌ 민간 구전을 한문으로 기록 　　　　　　　└ **대표작**: 『백운소설』(이규보), 　　　　　　　　　　『역옹패설』(이제현) 등 └ _____ 20 **문학** ┌ 사물을 의인화하여 일대기를 구성 　　　　　　　└ **대표작**: 『국순전』(임춘), 『국선생전』(이규보), 　　　　　　　　　　『죽부인전』(이곡) 등

정답 1 순청자 2 고려도경 3 상감청자 4 상감기법 5 분청사기 6 은입사 7 은실 8 나전칠기 9 구양순체 10 왕희지체 11 송설체 12 이광필 13 천산대렵도 14 아악 15 향악 16 경기체가 17 속요 18 청산별곡 19 패관 20 가전체

해커스공무원학원 · 공무원인강 · 교재 Q&A gosi.Hackers.com   **174**

맵핑 핵심 자료

예종의 복원궁 건립

대관(大觀) 경인년에 천자께서 저 먼 변방에서 신묘한 도(道)를 듣고자 함을 돌보시어 신사(信使)를 보내시고 우류(羽流) 2인을 딸려 보내어 교법에 통달한 자를 골라 훈도하게 하였다. 왕(예종)은 신앙이 돈독하여 정화(政和) 연간에 비로소 복원관(福源觀)을 세워 도가 높은 참된 도사 10여 인을 받들었다. 그러나 그 도사들은 낮에는 재궁(齋宮)에 있다가 밤에는 집으로 돌아가고는 하였다. 그래서 후에 간관이 지적, 비판하여 다소간 법으로 금하는 조치를 취하게 되었다. 간혹 듣기로는, 왕이 나라를 다스렸을 때는 늘 도가의 도록을 보급하는 데 뜻을 두어 기어코 도교로 호교(胡敎)를 바꿔 버릴 생각을 하고 있었으나 그 뜻을 이루지 못해 무엇인가를 기다리는 것이 있는 듯하였다고 한다.　　　　－「고려도경」

재조대장경 조판

현종 2년에 거란 왕이 크게 군사를 일으켜 쳐들어와 현종은 남쪽으로 피난하였습니다. 거란 군사가 송악에 주둔하면서 물러가지 않자 현종은 여러 신하들과 함께 대장경을 완성할 것을 맹세하였습니다. 이 간절한 소원이 이루어지자 거란 군사는 스스로 물러갔습니다. 그때나 지금이나 같은 대장경을 판각하였으며 간절한 소원도 다르지 않습니다. 그런데, 거란 군사는 스스로 물러갔는데 달단(몽골)은 그렇지 않은 까닭은 무엇입니까? 여러 부처님과 신들이 얼마나 보살펴 주시느냐에 달려있는 것입니다. …… 엎드려 바라옵니다. 여러 부처님과 성현 및 모든 신들은 이 간절한 소원을 깊이 헤아려 신통한 힘을 빌려주십시오. 완강하고 추한 오랑캐가 멀리 도망가서 다시는 우리 땅을 밟지 못하게 하여 주십시오. …… 우리들은 온갖 정성과 힘을 다하여 법문을 보호하고 부처님이 주신 은혜를 만분의 일이라도 갚으려고 합니다. 간절히 비는 이 마음을 밝게 살펴 주시기를 엎드려 바랍니다.　　　　－「동국이상국집」

『향약구급방』

향약구급방은 효과가 좋고 신기한 효험이 있어 우리나라 백성에게 이로움이 크다. 수록한 약은 모두 우리나라 백성들이 쉽게 알고 얻을 수 있는 것이다. 약을 먹는 방법도 이미 잘 알려져 있다. 만약 서울같은 도시라면 의사라도 있지만 궁벽한 시골에서는 매우 급한 병이 나더라도 의사를 부르기 힘들다. 이 때 이 책이 있다면 편작이나 의완(춘추 전국 시대 명의)을 기다리지 않아도 치료할 수 있을 것이다. 이는 일은 쉽고 공은 배가 되는 것이니 그 혜택이 이것보다 큰 것이 없다.　　　　－「향약구급방 발문」

『상정고금예문』

평장사(平章事) 최윤의(崔允儀) 등 17명의 신하에게 명하여 옛날과 지금의 서로 다른 예문을 모아 참작하고 절충하여 50권의 책으로 만들고, 이것을 『상정예문』이라고 명명하였다. …… 나의 선공(先公)이 이를 보충하여 두 본(本)을 만들어 한 본은 예관(禮官)에게 보내고 한 본은 집에 간수하였다. …… 28본을 인출한 후 여러 관청에 나누어 보내 간수하게 했다.　　　　－「동국이상국집」

고려의 역법

고려 때는 따로 역서를 만들지 않고 당나라 선명력(宣明曆)을 사용하였다. 이 역은 만든 지 100년이 넘었기 때문에 이미 낡아서 실제와 차이가 많았다. 당나라에서는 이미 역법을 22차례나 개정하였지만 고려에서는 그대로 사용하다가 충선왕 때에 비로소 원나라 수시력(授時曆)을 사용하게 되었다.　　　　－「고려사」

서긍의 『고려도경』(고려 청자)

도자기의 빛깔이 푸른 것을 고려 사람들은 비색(翡色)이라 부른다. 근년에 와서 만드는 솜씨가 교묘하고 빛깔도 더욱 예뻐졌다. 술그릇의 모양은 오이같은데, 위에 작은 뚜껑이 있어서 연꽃에 엎드린 오리모양을 하고 있다. …… 여러 그릇들 가운데 이 물건이 가장 정밀하고 뛰어나다.

📁 한글 창제 = ___1___ (___2___), 민족 문화의 꽃

● 배경

- **고유 문자의 부재**: 한자, 이두 또는 향찰 사용 → 문자의 필요성 대두
- **피지배층의 도덕적 교화**: 양반 중심 사회를 원활하게 유지할 목적
- **농민의 사회적 지위 상승**: 의사소통의 필요성 증가

● 창제 ————————→ ● 반포
(1443)　　최만리의 반대 상소　　(1446)

- 집현전에 ___3___ 설치
- 민족 문화의 기반 확립
- 고유 문자의 소유
- 서민의 문자 생활 가능

● 보급

- **한글 서적 보급**
  「 ___4___ 」 - 왕실 조상의 덕을 찬양
  「 ___5___ 」 - 부처님의 덕을 기림
  「동국정운」 - 한자 음운서, 한자 표준음을 한글로 정리
  「 ___6___ 」 - 수양 대군이 석가의 전기를 엮음
  「 ___7___ 」 - 세조, 「월인천강지곡」+「석보상절」
  「 ___8___ 」 - 중종 대 최세진
- **행정 실무에 이용** → ___9___ 선발 시 훈민정음 시험 도입

사료 읽기 | 세종 대왕의 한글 창제

- **최만리의 반대 상소**
"우리 조선은 조종 때부터 지성스럽게 대국을 섬기어 한결같이 중화의 제도를 따랐습니다. 글을 같이 하고 법도를 같이 하는데, 새로 언문을 만들었다는 소식을 듣고 화들짝 놀랐습니다. …… 이제 따로 언문을 만드는 것은 스스로 중국을 버리고 오랑캐와 같아지려는 것입니다. …… 진실로 관리된 자가 언문을 배워 통달한다면, 후진들이 모두 이를 보고 언문 28자로 출세할 수 있다고 할 것입니다. 무엇 때문에 몸과 마음을 다하여 성리(性理)를 연구하겠습니까."
– 「세종실록」

- **훈민정음 서문**
이달에 훈민정음(訓民正音)이 이루어졌다. 어제(御製)에, "나랏말이 중국과 달라 한자(漢字)와 서로 통하지 아니하므로, 우매한 백성들이 말하고 싶은 것이 있어도 마침내 제 뜻을 잘 표현하지 못하는 사람이 많다. 내 이를 딱하게 여기어 새로 28자(字)를 만들었으니, 사람들로 하여금 쉽게 익혀 날마다 쓰는 데 편하게 할 뿐이다."

- **「용비어천가」**
해동(우리나라)의 여섯 용이 나시어서, 그 행동하신 일마다 모두 하늘이 내리신 복이시니, 그러므로 옛날의 성인의 하신 일들과 부절을 합친 것처럼 꼭 맞으시니. / 뿌리가 깊은 나무는 아무리 센 바람에도 움직이지 아니하므로, 꽃이 좋고 열매도 많으니. / 샘이 깊은 물은 가뭄에도 끊이지 않고 솟아나므로, 내가 되어서 바다에 이르니.

37 조선의 문화 ②

📁 교육 기관

초등 교육 기관

● 서당

- ⬚¹ 교육 기관
- 8세 ~ 15세 선비와 평민 자제 입학
- 『 ² 』, 『 ³ 』, 『격몽요결』, 『명심보감』 교육

Focus 문과(과거제)와 유기적인 관계

서당 → 4부 학당 → 소과 → 성균관 → 대과
서당 → 향교 → 소과
서원 → 소과
(대과 → 무과)
잡학 → 잡과

★ 중등 교육 기관

● 4부 학당 - 동·서·남·중학

- ⬚⁴ 교육 기관(⁵)
- 8세 이상의 양인 남성 입학
- ⬚⁶ , ⁷ →『소학』, 4서 5경 등을 교육
- 기숙사(⁸ , ⁹)존재
- 문묘(공자 사당) ¹⁰ → 제사 기능 X
- ¹¹ 실시 → pass ¹² 면제,
  성균관 ¹³ 으로 입학

● 향교

- ¹⁴ 교육 기관(¹⁵)
- 8세 이상의 양인 남성 입학
- 부·목·군·현에 각각 설립
- 중앙에서 ¹⁶ · ¹⁷ 파견
- 지방민의 교화, 유생들의 교육 담당
- 문묘 ¹⁸ (→ 제사 기능 O)
- **구조**: 대성전, 동무·서무, 명륜당, 동재·서재
- 매년 2회 시험 실시 ┬ 성적 우수자 - ¹⁹ 면제
                     └ 성적 미달자 - ²⁰ 수행

● 서원

- ²¹ 교육 기관(지방)
- ²² 이 시초(주세붕, 1543)
- ²³ 연구, 봄·가을에 ²⁴ 주관, 향촌 사회
  교화 담당
- ²⁵ (선대의 훌륭한 유학자들) 제사, 문묘 ²⁶
- 강당, 동재·서재, 사당으로 구성

고등 교육 기관

● 성균관

- ²⁷ 교육 기관, 최고 학부 기관(9년)
- 15세 이상의 ²⁸ · ²⁹ (소과 합격자) 입학
- ³⁰ (등교 거부), ³¹ (단식 투쟁), 집단 상소 등의 활동 보장
- 성적 우수자 → ³² 면제
- ³³ 실시: 문과(무과도 실시)
- **구조**: ³⁴ (문묘), 동무·서무(성현 제사), ³⁵ (강의실), ³⁶ · ³⁷ (기숙사),
  ³⁸ (도서관), ³⁹ (과거 시험장)

- 200명 정원 → 후에 100명으로 감소
- 대과 준비, 300일 이상 기숙하며 공부

👤 더 알아보기 잡학 교육 → 해당 관청에서 교육

- 의학 - 전의감
- 역학 - ⁴⁰
- 천문학·지리학 - ⁴¹
- 율학 - 형조
⎬ 잡과 응시

- 산학 - 호조
- 도교 - 소격서
- 회화 - 도화서
- 악학 - 장악원
⎬ 취재 응시

37 조선의 문화 ④

📁 성리학의 변화와 새로운 사상의 등장

맵핑 핵심 자료

이황의 사상

- 천하의 모든 사물은 반드시 각각 그렇게 되는 까닭이 있으며 바로 그렇게 되어야 하는 법칙이 있는데 그것이 이(理)이다. 무릇 모든 사물은 모두 능히 그렇게 되는 것이니 이는 사물에 앞서 존재한다.

- 4단과 7정이 다같이 하나의 정감이지만 4단은 인의예지라는 본성에서 발동해 나오고, 7정은 기질에서 발동해 나온다. …… 4단은 이치가 발동하여 기운이 따라오는 것이고, 7정은 기운이 발하여 이치가 타고 올라오는 것이다. – 「퇴계집」

이이의 사상

이(理)가 아니면 기(氣)가 근거할 데가 없으며 기가 아니면 이가 의거할 데가 없다. 이미 두 개 물건이 아닌즉, 또한 하나의 물건도 아니다. 하나의 물건이 아니니 하나이면서도 둘이고, 두 개의 물건이 아니니 둘이면서도 하나이다. …… 이와 기는 서로 떨어지지 않을 수 없으나 묘하게 결합된 가운데 있다.

– 「율곡집」

이이의 사회경장론(중쇠기)

예로부터 나라의 역사가 중기에 이르면 인심이 반드시 편안만 탐해 나라가 점점 쇠퇴한다. 그때 현명한 임금이 떨치고 일어나 천명을 연속시켜야만 국운이 영원할 수 있다. 우리나라도 200여 년을 지내 지금 중쇠(中衰)에 이미 이르렀으니, 바로 천명을 연속시킬 때이다.

– 「율곡전서」

이황·이이의 성학 군주론

- 후세 임금들은 천명을 받아 임금의 자리에 오른 만큼 그 책임이 지극히 무겁고 지극히 크지만, 자신을 다스리는 도구는 하나도 갖추어지지 않았습니다. …… 바라옵건대 밝으신 임금께서는 이러한 이치를 깊이 살피시어, 먼저 뜻을 세워 "노력하면 나도 순임금처럼 될 수 있다."라고 생각하십시오.

– 이황, 「성학십도」

- 왕의 학문은 기질을 바꾸는 것보다 절실한 것이 없고, 제왕의 정치는 정성을 다해 어진 이를 등용하는 것보다 우선하는 것이 없을 것입니다. 기질을 바꾸는 데는 병을 살펴 약을 쓰는 것이 효과를 거두고, 어진 이를 쓰는 데는 상하가 틈이 없는 것이 성과를 얻습니다.

– 이이, 「성학집요」

윤휴의 독자적인 경전 해설

나(윤휴)의 저술 의도는 주자의 해석과 다른 이설(異說)을 제기하려는 것보다 의문점 몇 가지를 기록했을 뿐이다. 만약 내가 주자 당시에 태어나 제자의 예를 갖추었더라도 감히 구차하게 뇌동(雷同)하여 전혀 의문점을 해소하기를 구하지 못하고 찬탄만 하고 앉아 있지는 못했으리라.

– 윤휴, 「도학원류속」

사문난적으로 몰린 박세당

박세당은 윤증의 당(黨)이다. 자기보다 나은 사람을 시기하고 괴벽한 행동을 하는 자로 항상 남의 뒤에 있는 것을 부끄러워하더니, 청환(淸宦)에서 탈락된 뒤에는 분한 마음을 품고 물러나서 감히 한 권의 책을 지어 「사변록」이라 하였다. 주자의 「사서집주」를 공격하고, 심지어 「중용」에서는 멋대로 장구를 고쳤으니, 한결같이 윤휴의 투식을 그대로 이어받고 있다. …… 숙종이 "박세당이 성현을 모독하고 선정을 헐뜯음이 이런 지경까지 이르렀으니 사문(斯文)에 관계되므로 결코 내버려두기 어려운 일이다."라고 하였다.

– 송시열, 「송자대전」

정제두의 사상

- 나(정제두)의 학문은 안에서만 구할 뿐이고 밖에서는 구하지 않는다. …… 그런데 오늘날 주자를 말하는 자들로 말하면, 주자를 배우는 것이 아니라 다만 주자를 빌리는 것이요, 주자를 빌릴 뿐만 아니라 곧 주자를 부회해서 자기들의 뜻을 성취하려 하고 주자를 끼고 위엄을 지어 자기들의 사욕을 달성하려 할 뿐이다.

– 「존언」

- 이미 양지라고 말하면 앎 속에 행함이 있고 행함 속에 앎이 있으니, 선후로 나눌 수는 없다. …… 앎과 행함은 본래 하나인 것이다. 앎과 행함을 나누는 사람은 평범한 사람이며, 앎과 행함을 하나로 하는 사람은 어질고 지혜로운 사람이다.

– 「하곡집」

📁 실학의 등장 = _____[1] + 청의 _____[2] + 서양의 과학기술

> • 옛 것을 증명하고 연구
> • 안정복, 김정희 등 역사 연구에 영향
> • 세도 정치기 실학 발달에 영향
>   but. 학문 연구에 치우쳐 현실 개혁 X

- _____[3] 의 학문, _____[4] ⇨ 현실 문제에 대한 학문
- 성리학을 통한 사회·경제적 모순 해결 불가능 ⇨ _____[5] 에 대한 반성과 비판
- **성격**: _____[6], _____[7], _____[8]
    ⇨ 19C 후반 _____[9] 으로 연결
- **한계**: 재야 학자 중심의 연구 ⇨ 실제 정책에 반영 X

● 선구자

- _____[10]
    - 『_____[11]』(광해군): 여러 영역을 항목별로 백과사전식 서술
    - 『_____[12]』소개: 우리나라 최초로 천주교를 "_____[13]"으로 소개

- _____[14]
    - 『_____[15]』: 역사 지리서, 역사 지리학 창시, 고대 지명 연구
        → 고구려 발생지가 _____[16] 임을 최초 고증
        _____[17] 의 태동
    - 6경의 독자적 해석 → 윤휴, 박세당에 영향

- **허균** - 호민 혁명론

- _____[18] 『_____[19]』 저술
    - 왕과 6조 중심의 통치(→ 붕당 정치 비판)
    - _____[20] 폐지 ⇨ _____[21] 억제
    - _____[22] 제도 완화 ⇨ 농촌의 자급자족적 경제 지향
    - _____[23] 반대

🗣️ 사료 읽기 | 허균의 저술

- 하늘이 재능을 균등하게 부여하는데 관리의 자격을 대대로 벼슬하던 집안과 과거 출신으로만 한정하고 있으니 항상 인재가 모자라 애태우는 것은 당연한 일이다. 어느 시대, 어느 나라에서 노비나 서얼이어서 어진 인재를 버려두고, 어머니가 개가했으므로 재능을 쓰지 않는다는 것은 듣지 못했다. – 「유재론」
- 길동이 점점 자라 8세가 되자, 총명하기가 보통이 넘어 하나를 들으면 백 가지를 알 정도였다. 그래서 공은 더욱 귀여워하면서도 출생이 천해, 길동이 늘 아버지니 형이니 하고 부르면 즉시 꾸짖어 그렇게 부르지 못하게 하였다. 길동이 열 살이 넘도록 감히 부형을 부르지 못하고, 종들로부터 천대받는 것을 뼈에 사무치게 한탄하면서 마음 둘 바를 몰랐다. – 「홍길동전」

정답 | 1 성리학 2 고증학 3 경세치용 4 이용후생 5 성리학 6 실증적 7 민족적 8 근대지향적 9 개화사상 10 이수광 11 지봉유설 12 천주실의 13 서학 14 한백겸 15 동국지리지 16 만주 17 역사지리학 18 정여립 19 홍길동전 20 적서차별 21 양반 22 노비 23 붕당정치

해커스공무원학원·공무원인강·교재 Q&A gosi.Hackers.com **| 81**

📁 중상학파(북학파)★

- 서울의 일부 ___1___ 출신 중심
- 토지 생산성 증대 + ___2___ 활성화 주장(효율성 강조)
- ___3___ 문물 적극 수용

● 농암 유수원 북학 사상의 선구자, ___4___ 출신

『 ___5___ 』: 정치, 경제, 사회, 사상에 대한 개혁서
↓
└ 신분제 폐지

- ___6___ 진흥, 기술 혁신
- 상인 + 상인 ⇒ ___7___ 의 원칙
- 상인의 생산자 고용 ⇒ ___8___ 개혁, 생산과 판매의 결합
- 물자 낭비와 가격 조절을 국가가 통제
- 사농공상의 ___9___ 와 전문화 강조

● 담헌 홍대용

- 『 ___10___ 』─ 선비들의 생산 활동 종사를 주장
  - 성인 남성에게 ___11___ 씩 토지 분배
  - 병농 일치제 주장
  - 부국강병을 위한 기술 혁신과 문벌 제도 철폐 주장

- 『 ___12___ 』─ 실옹과 허자의 문답식 대화집
  └ ___13___ : 세계의 중심은 중국이 X → 중국 중심의 세계관 극복
  ↓

"___14___"

___15___ → 홍대용 → ___17___ → 개화 사상의 시작

___16___ ___18___

『지구전요』

● 연암 박지원 노론 명문가 출신

- 『 ___19___ 』─ 청 기행문
  - 청과의 통상 확대
  - ___20___ · ___21___ 이용 장려
  - ___22___ **주장**: 화폐의 필요성

- 『 ___23___ 』 ─ 농업 생산력 증대 방안 제시 ⇒ 영농 방법 혁신, 농기구 개량
  ↓ 부록
- 『 ___24___ 』 ─ 토지 개혁서, ___25___ 설명
  └ 토지 ___26___ ⇒ 남한의 농지 개혁에 영향

- 한문 소설 - 「양반전」, 「허생전」, 「호질」 ⇒ 양반 문벌 제도의 비생산성 비판

● 초정 박제가 ___27___ 출신, ___28___ 의 제자

└ 규장각 검서관으로 등용

- 『 ___29___ 』 ─ ___30___ 과의 통상 강화 → ___31___ 파견
  - 수레와 선박의 이용 주장 → 도로에 ___32___ 사용 ⇒ 유통 구조 혁신
  - 신분 차별 타파
  - '___33___' **주장**: 생산과 소비의 관계를 ___34___ 에 비유
  ⇒ ___35___ , 소득에 맞는 ___36___ 권장

- 서양 문물 · 기술 수용 주장
- 『 ___37___ 』 ─ 정약용과 함께 ___38___ 연구, 『마과회통』의 부록
- 백동수와 『 ___39___ 』 편찬

● 풍석 서유구

- 북학 사상을 ___40___ 에서 ___41___ 생활로 변화
- 『 ___42___ 』: 농촌 생활 백과사전

정답 1 한양 2 소비 3 청 4 소론 5 우서 6 상공업 7 신용 거래 8 생산 유통 9 직업적 분화 10 임하경륜 11 일정량 12 의산문답 13 지전설 14 중국 중심 세계관 탈피 15 박지원 16 박제가 17 이덕무 18 유득공 19 열하일기 20 수레 21 선박 22 화폐 23 과농소초 24 한민명전의 25 한전론 26 소유의 상한선 27 서얼 28 박지원 29 북학의 30 청 31 통상 사절단 32 벽돌 33 우물론 34 우물 35 절약보다 소비 36 소비 37 종두방서 38 종두법 39 무예도보통지 40 도시 41 농촌 42 임원경제지

해커스공무원학원 · 공무원인강 · 교재 Q&A gosi.Hackers.com **183**

📖 맵핑 핵심 자료

🔳 유형원의 균전론

토지 경영이 바로잡히면 모든 일이 제대로 될 것이다. 백성은 일정한 직업을 갖게 되고, 군사 행정에는 도피자를 찾는 폐단이 없어지며 귀천상하가 모두 자기 직책을 갖게 될 것이므로 민심이 안정되고 풍속이 도타워질 것이다. …… 농부 한 사람마다 1경(頃)을 받아 점유한다. 법에 의거하여 조세를 거둬들인다. 4경마다 군인 1명을 뽑는다. 유생으로서 처음 입학한 자는 2경, 내사에 들어간 자는 4경과 병역을 면제한다. 현직 관리로서 9품 이상부터 7품까지는 6경, 관품이 높아질수록 더하여 정2품에 이르면 곧 12경이고, 모두 병역을 면제한다. …… 토지를 받은 자가 죽으면 반납한다. – 『반계수록』

🔳 이익의 한전론

국가는 마땅히 한 집의 생활에 맞추어 재산을 계산해서 토지 몇 부(負)를 한 호의 영업전으로 한다. 그러나 땅이 많은 자는 빼앗아 줄이지 않고 미치지 못하는 자도 더 주지 않으며, 돈이 있어 사고자 하는 자는 비록 천백 결이라도 허락해 주고, 땅이 많아서 팔고자 하는 자는 다만 영업전 몇 부 이외에는 허락한다. – 『곽우록』

🔳 정약용의 여전론

이제 농사짓는 사람은 토지를 가지게 하고, 농사짓지 않는 사람은 토지를 가지지 못하게 하려면 여전제를 실시해야 한다. …… 1여마다 여장(閭長)을 두며 무릇 1여의 인민이 공동으로 경작하도록 한다. …… 여민이 농경하는 경우, 여장은 매일 개개인의 노동량을 장부에 기록하여 두었다가 가을이 되면 오곡의 수확물을 모두 여장의 집에 가져온 다음에 분배한다. 이때, 국가에 바칠 세와 여장의 봉급을 제하며, 그 나머지를 가지고 노동 일수에 따라 여민(閭民)에게 분배한다.

🔳 정약용의 저서

• 대저 천자란 어찌하여 존재하게 되었는가? …… 다섯 가구가 1 인(一隣)이 되므로 다섯 가구에서 추대된 사람이 인장(隣長)이 되고, 다섯 인이 1리(里)가 되어 추대된 사람이 이장(里長)이 되고, …… 여러 현장의 공동 추대를 받은 사람이 제후가 되고, 제후들이 추대한 사람이 곧 천자(天子)이다. 그러므로 천자란 군중의 추대에 의해서 이루어진 것이다. – 『탕론(湯論)』

• 오늘날 백성을 다스리는 자는 백성에게서 걷어들이는 데만 급급하고 백성을 부양하는 방법은 알지 못한다. …… '심서(心書)'라고 이름 붙인 까닭은 무엇인가? 백성을 다스릴 마음은 있지만 몸소 실행할 수 없기 때문에 그렇게 이름 붙인 것이다. – 『목민심서』

🔳 유수원의 상공업 진흥론

상공업을 두고 천한 직업이라 하지만 본래 부정하거나 비루한 일은 아니다. 그것은 스스로 재간 없고 덕망 없음을 안 사람이 관직에 나가지 않고 스스로의 노력으로 물품 교역에 종사하면서 남에게서 얻지 않고 자기 힘으로 먹고 사는 것이다. 어찌 천하거나 더러운 일이겠는가. – 『우서』

🔳 홍대용의 저서

• 천체가 운행하는 것이나 지구가 자전하는 것은 그 세가 동일하니, 분리해서 설명할 필요가 없다. 생각건대 9만 리의 둘레를 한 바퀴 도는 데 이처럼 빠르며, 저 별들과 지구와의 거리는 겨우 반경(半徑)밖에 되지 않는데도 오히려 몇 천만 억의 별들이 있는지 알 수가 없다. – 『담헌서』

• 중국인은 중국을 중심으로 삼고 서양을 변두리로 삼으며, 서양인은 서양을 중심으로 삼고 중국을 변두리로 삼는다. 그러나 실제는 하늘을 이고 땅을 밟는 사람은 땅에 따라서 모두 그러한 것이니 중심도 변두리도 없이 모두가 중심이다. – 『의산문답』

🔳 홍대용의 토지 개혁론

아홉 도의 전답(田畓)을 고루 나누어 3분의 1을 취해서 아내가 있는 남자에 한해서는 각각 2결(結)을 받도록 한다. …… 전원(田園) 울타리 밑에 뽕나무와 삼(麻)을 심도록 하며, 심지 않는 자에게는 벌로 베(布)를 받는데 부인이 3명이면 베 1필, 부인이 5명이면 명주 1필을 상례(常例)로 정한다.

🔳 박제가의 소비관(우물론)

대체로 재물은 비유하건대 샘과 같은 것이다. 퍼내면 차고 버려 두면 말라 버린다. 그러므로 비단 옷을 입지 않아서 나라에 비단을 짜는 사람이 없게 되면 기예가 망하게 되며, 농사가 황폐해져서 그 법을 잃게 되므로 사 · 농 · 공 · 상의 4민이 모두 곤궁하여 서로 구제할 수 없게 된다. – 『북학의』

🔳 박지원의 한전론

진정 한제(限制)를 만들어서 모년 모월 이후 이 한제 이상으로 많은 자는 더 이상 사들이지 못하게 하고, 법령 공포 이전에 사들인 것은 비록 산천을 경계로 할 정도로 광점하더라도 불문에 붙인다. …… 법령 공포 후에 한제를 넘어서 가점(加占)하는 자는 백성들이 적발하면 백성에게 주고, 관에서 적발하면 몰수한다.

37 조선의 문화 ⑧

📁 조선 후기 국학 연구 실학의 발달 → 민족의 전통과 현실에 관심⇧ → 국학 연구 발달⭐

● 역사 연구

18세기	18세기 후반 ~ 19세기

18세기

- 『____ 1 ____』 2

  - **역사를 움직이는 동력:** 3 (時勢) → 4 → 5

    ⇨ 역사가는 시세를 정확하게 파악하는 것이 중요

  - 실증적 · 비판적인 역사 서술 제시

    +

  기존의 성리학적 ____ 6 비판

  ⇨ ____ 7 중심의 역사관 탈피 ⇨ 우리 역사의 체계화 주장

  민족에 대한 주체적 자각 고취

  영향

- 『____ 8 ____』 9

  - 이익의 역사 의식 계승

  - ____ 10 ~ ____ 11 까지의 역사를 ____ 12 통사 + ____ 13 서술

  - 독자적인 ____ 14 제시

    ____ 15 → 기자 조선 → ____ 16 ┬ 통일 신라 → 고려
    └ 성리학적 화이사관 부정   └ 삼국 시대는 무통으로 처리

  - ____ 17 의 토대 마련

  - 발해사 기록(but. 말갈 역사로 봄)

18세기 후반 ~ 19세기

- 『____ 18 ____』 19

  - 고대사 연구의 시야를 ____ 20 까지 확대

  - 최초로 ____ 21 용어 사용

- 『**동사**』 22 (cf. 『동사』, 허목: 중화주의 역사 탈피)

  - 고조선과 삼한, 부여 · ____ 23 → ____ 24 로 서술

  - 고대사 연구의 시야를 ____ 25 지방까지 확대

  - ____ 26 를 고구려를 계승한 나라로 봄(고구려사 강조)

- 『____ 27 ____』 28

  - 400여 종의 야사 참고 ⇨ 조선 시대를 객관적 · 실증적으로 서술한 야사 총서

  - 기사본말체로 서술

- 『____ 29 ____』 30

  - 고조선 ~ 고려 말까지의 통사

  - ____ 31 로 서술

  - 540여 종의 중국 · 일본 자료 참고 ⇨ 민족사 인식의 폭 확대에 기여

- 『____ 32 ____』 33

  - ____ 34 연구

  - 북한산비가 무학대사비가 아닌 ____ 35 임을 고증(+ 황초령비)

정답 1 연려실기술 2 이긍익 3 시세 4 이치 5 시비 6 화이관 7 중화 8 동사강목 9 안정복 10 고조선 11 고려 말 12 편년체 13 강목체 14 삼한정통론 15 단군 조선 16 삼국 17 고증 사학 18 동사강목 19 이종휘 20 발해 21 발해 22 이종휘 23 옥저 24 고구려 25 만주 26 발해 27 연려실기술 28 이긍익 29 해동역사 30 한치윤 31 기전체 32 금석과안록 33 김정희 34 금석문 35 진흥왕 순수비

📁 조선 후기 국학 연구✱

● 지리 연구

지리서

- 『   1   』 한백겸
  -      2   지리서
  - 고대 지명을 새롭게 고증
  - 북방계 정통론 제시 → 고구려의 발상지가 만주 지방임을 최초로 고증

- 『   3   』   4
  -      5   지리서
  - 백제의 수도가 한성이고 발해의 중심지가 백두산 동쪽임을 고증

- 『   6   』   7   (영조)
  - 인문 지리서
  - 각 지역의 자연 환경과 물산·풍속·인심 등을 분석
  -      8   (사람이 살기 좋은 곳)의 조건 제시

지도

- 9   10   (영조)
  최초로   11   사용 → 정확하고 과학적인 지도 제작에 공헌

- 12   13   (철종)
  - 10리 마다 눈금 표시
  -      14   를 이용하여 산맥·하천·포구·도로망을 정밀하게 표시
  - 목판 지도
  - 22첩으로 된 분첩절첩식 지도 → 휴대가 편리함

● 국어 연구

- 음운 연구서 →   15   연구
  - 『경세정운』 최석정
  - 『   16   』 신경준
  - 『   17   』 유희

- 어휘집
  - 『대동운부군옥』 권문해
  - 『   18   』 이의봉 - 우리나라의 방언과 해외 언어 정리
  - 『아언각비』 정약용 - 한국어의 속어 중 와전되거나 어원이 모호한 것을 고증

더 알아보기 조선 전기의 지리 연구

지도	• ___19___ (태종): 김사형·이회·이무 제작(1402) 　동양에서 가장 오래된 세계 지도(일본에 현존) 　우리나라를 크게 그림, 원나라 세계 지도에 한반도·일본 지도 첨가 • ___20___ (태종): 이회 제작(1402), 최초의 전국 지도 → 현존 X 　→ 세종 때 이 지도를 보완하여 간행(북방 영토 실측) • ___21___ (___22___): 양성지 제작, 최초의 실측 지도, 압록강 이북까지 표현 ↓ 영향 • ___23___ (명종): 8도별로 다른 색 표시, 만주·대마도 표시
지리지	• 『___24___』(___25___) ↓ 축소·편찬 『세종실록』『지리지』(단종): 우산(독도)과 무릉(울릉도) 두 섬이 강원 울진현 동쪽에 있음을 기록 • 『___26___』(성종): 수로·봉화·역참 표기, 현존 X • 『___27___』(___28___): 노사신·강희맹 등 저술, 최대의 인문 지리서 　군현의 연혁·지세·인물·풍속·산물·교통 등을 자세히 기록 　단군 신화 수록 • 『___29___』(___30___): 최초로 울릉도·독도가 표기된 지도인 팔도총도 수록

맵핑 핵심 자료

안정복의 『동사강목』

삼국사에서 신라를 으뜸으로 한 것은 신라가 가장 먼저 건국되었고, 뒤에 고구려와 백제를 통합하였으며, 고려는 신라를 계승하였으므로 편찬한 것이 모두 신라의 남은 문적을 근거로 하였기 때문이다. …… 고구려의 강대하고 현저함은 백제에 비할 바가 아니며, 신라가 자처한 땅의 일부는 남쪽에 불과할 뿐이다. 그러므로 김씨는 신라사에 쓰여진 고구려 땅을 근거로 했을 뿐이다.

이긍익의 『연려실기술』

이 책은 남의 귀나 눈에 익은 이야기들을 모아 분류대로 편집한 것이요, 하나도 나의 사견으로 논평한 것이 없는데, 만일 숨기고 전하지 않는다면 남들이 눈으로는 보지 못하고 귀로만 이 책이 있다고 듣고서 도리어 새로운 말이나 있는가를 의심한다면, 오히려 위태롭고 두려운 일이 아니겠는가?

유득공의 『발해고』

부여씨가 망하고 고씨가 망하자 김씨가 그 남쪽을 영유하였고, 대씨가 그 북쪽을 영유하여 발해라 하였다. 이것이 남북국이라 부르는 것으로, 마땅히 남북국사가 있어야 함에도 고려가 이를 편찬하지 않은 것은 잘못된 일이다. 무릇 대씨가 누구인가? 바로 고구려 사람이다. 그가 소유한 땅은 누구의 땅인가? 바로 고구려 땅이다.

김정희의 금석문 연구

이 비는 아무도 아는 사람이 없어 요승 무학이 여기에 이르렀다는 비라고 잘못 칭해 왔다. …… 내가 승가사에서 지나가다 비를 보게 되었다. …… 어렴풋이 획을 찾아서 시험 삼아 종이를 대고 탁본을 해내었다. 탁본을 한 결과 비의 형태는 황초령비와 서로 흡사하였고, 제1행 진흥(眞興)의 진(眞) 자는 약간 마멸되었으나 여러 차례 탁본을 해서 보니, 진(眞) 자임에 의심할 여지가 없었다. 그래서 마침내 이를 진흥왕 순수비로 단정하여 …… 무학비라고 하는 황당무계한 설이 혁파되었다.

혼일강리역대국도지도

조선방역지도

대동여지도

37 조선의 문화 ⑩

📁 조선의 여러 사상

● 불교 [억불 정책 vs 불교 명맥 유지]

- ___1___ – ___2___ 실시 ⇨ 승려의 수 제한
  └ 승려 신분증
- 태종 – 사원의 토지·노비 몰수
- ___3___ – 교단 정리, 선·교 합하여 36개의 사찰만 인정, ___4___ 설치
- ___5___ – ___6___ 설치, 불교 경전을 한글로 번역하여 간행(『월인석보』)
  원각사지 10층 석탑 건립
- 성종 – ___7___ · ___8___ 폐지
- 중종 – 승과 폐지
- ___9___ – 승려 보우 중용, 승과 부활

● 도교

- 강화도 ___10___ 에서 초제 거행
- ___11___ 설치(초제를 주관하는 관청)
  - 중종 때 ___12___ 가 혁파 주장
- ___13___ 설치 – 왕권 강화 수단, ___14___ 거행
  └ 제천 행사

● 풍수지리설

- 조선 초기 이래로 매우 중시
- ___15___ 에 반영
- 양반 사대부들의 ___16___ 에 영향 → ___17___ 발생의 원인

37 조선의 문화 ⑪

📁 역사서

● 『조선왕조실록』

- 『____1____』 - 관청 업무 일지, 『의정부등록』·『비변사등록』 중요
  - ⇩ 재정리
- 『____2____』 - ____3____ 에서 『등록』의 중요 내용을 모아 정기적으로 편찬
- 『____4____』 - 승정원에서 왕의 언행 기록
  - 유네스코 ____5____ 등재
- ____6____ - 예문관의 사관이 기록
- 『____7____』 - 정조부터 편찬된 왕의 일기, 유네스코 기록 유산 등재

✓ 『실록』의 편찬

- ┌ 국왕 승하 ⇒ ____8____ 내에 ____9____ (임시)에서 편찬
- └ 『시정기』 + 『승정원일기』 + 사초 + 조보 (관청 소식지)
  - + 『의정부등록』(or 『비변사등록』) + 『일성록』
- ____10____ ~ ____11____ 까지 편년체로 서술
  - ┌ 25대 국왕의 472년간의 기록 ┌ 왜곡⇧ , 역사적 가치 X
  - ├ 『____12____ 실록』은 일제 강점기에 이왕직에서 편찬
  - └ 연산군, 광해군 → 『연산군일기』, 『광해군일기』로 폄하
- 국왕의 실록 열람 x → 후대 왕들에게 본보기로 남겨주기 위해 『____13____』 편찬
- **내용:** 왕의 업적 + 자연 재해 + 기상 이변
- 붕당 정치기 → 수정실록 편찬 ⇧
- 1997년 유네스코 기록 유산 등재

● 『의궤』

- 왕실 행사 ____14____ + 참가 인원, 식순, 복제, 비용
- ____15____ 『의궤』 1권 + ____16____ 『의궤』 10여 권
- ____17____ 이전의 『의궤』 소실
- 1866. ____18____ - 프랑스군이 _____ ____19____ 약탈
  - └ 어람용 『의궤』 약탈

⇒ 2011. 박병선 박사의 노력으로 5년 단위 갱신 방법으로 반환
  (cf. 직지심체요절은 X)

- 유네스코 기록 유산에 등재

🧑 더 알아보기 실록의 보관

- 세종 때부터 ____20____ 에 보관
  - 춘추관 · 성주 · 충주 · 전주 사고
- ____21____ 때 소실(전주 사고본 제외)
  - ⇩
- ____22____ 때 5대 사고로 옮김
  - 춘추관 · 묘향산 · 태백산 · 오대산 · 마니산 사고
  - ⇩
- 인조 때 재정비
  - 춘추관 · 오대산 · 태백산 · 정족산 · 적상산 사고

정답 1 등록 2 시정기 3 춘추관 4 승정원일기 5 기록유산 6 사초 7 일성록 8 임시 9 실록청 10 태조 11 철종 12 고종·순종 13 조보(본보기) 14 절차 15 어람용 16 분상용 17 임진왜란 18 병인양요 19 외규장각 20 4대 사고 21 임진왜란 22 광해군(선조)

해커스공무원학원·공무원인강·교재 Q&A gosi.Hackers.com 189

37 조선의 문화 ⑫

📂 역사서

● 15C 건국 초

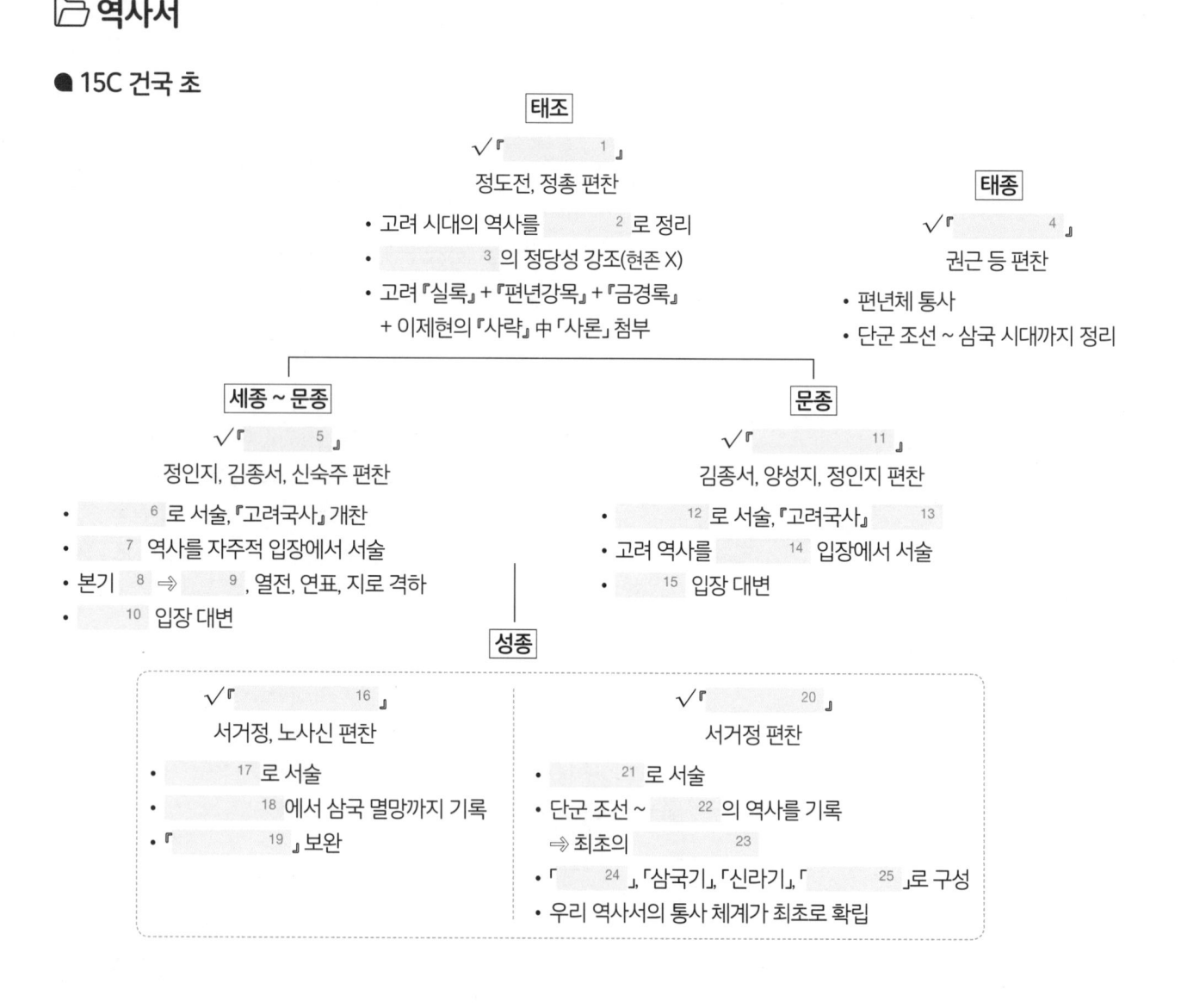

태조

√ 『_____ 1 _____』
정도전, 정총 편찬

- 고려 시대의 역사를 ___ 2 ___ 로 정리
- ___ 3 ___ 의 정당성 강조(현존 X)
- 고려 『실록』 + 『편년강목』 + 『금경록』
  + 이제현의 『사략』 中 「사론」 첨부

태종

√ 『_____ 4 _____』
권근 등 편찬

- 편년체 통사
- 단군 조선 ~ 삼국 시대까지 정리

세종 ~ 문종

√ 『_____ 5 _____』
정인지, 김종서, 신숙주 편찬

- ___ 6 ___ 로 서술, 『고려국사』 개찬
- ___ 7 ___ 역사를 자주적 입장에서 서술
- 본기 ___ 8 ___ ⇒ ___ 9 ___, 열전, 연표, 지로 격하
- ___ 10 ___ 입장 대변

문종

√ 『_____ 11 _____』
김종서, 양성지, 정인지 편찬

- ___ 12 ___ 로 서술, 『고려국사』 ___ 13 ___
- 고려 역사를 ___ 14 ___ 입장에서 서술
- ___ 15 ___ 입장 대변

성종

√ 『_____ 16 _____』
서거정, 노사신 편찬

- ___ 17 ___ 로 서술
- ___ 18 ___ 에서 삼국 멸망까지 기록
- 『___ 19 ___』 보완

√ 『_____ 20 _____』
서거정 편찬

- ___ 21 ___ 로 서술
- 단군 조선 ~ ___ 22 ___ 의 역사를 기록
  ⇒ 최초의 ___ 23 ___
- 「___ 24 ___」, 「삼국기」, 「신라기」, 「___ 25 ___」로 구성
- 우리 역사서의 통사 체계가 최초로 확립

● 16C 사림의 등장 ⇒ 사림의 ___ 26 ___ 역사 의식 반영

___ 27 ___ 중심 역사관

단군 조선설   VS   기자 조선설
자주성 확립   =   ___ 28 ___ 의 역사의식
                       ___ 29 ___

⇓

민족 문화의 자부심 확립
『기자실기』 이이
『동몽선습』 박세무(중종)
『동국사략』 박상

🗣 사료 읽기 | 이이의 『기자실기』

우리 동방에도 사람이 살아온 것이 중국에 뒤지지 않은 것 같은데, 아직 예지를 지닌 성신이 나오시어 군사의 구실을 다하였다는 말을 듣지 못하였다. 물론 단군께서 제일 먼저 나시기는 하였으나 문헌으로 상고할 수 없다. 삼가 생각하건대 기자께서 우리 조선에 들어오시어 백성을 잘 살게 하고 힘써 가르쳐 주시어 머리를 틀어 얹는 오랑캐의 풍속을 변화시켜 문화가 융성하였던 제나라와 노나라 같은 나라로 만들어 주셨다. 그리하여 그 백성이 지금에 이르도록 은혜를 받아 예악의 습속이 왕성하게 계속되고 쇠퇴함이 없었다. 우리 동방도 기자의 발자취에 대하여 집집마다 읽고 사람마다 익히어야 할 것이다.

37 조선의 문화 ⑬

📁 역사서

● 17~18C 실학의 발달

- 『　　　¹　』이익(영조)
- 『　　　²　』안정복(정조) → 　　³　 비판
  『천학문답』『천학고』
  +
  양명학에도 부정적
- 『　　⁴　』유득공(정조)
- 『　　⁵　』이종휘(순조)
- 『　　⁶　』이금익(영조~순조 때 인물)
- 『　　　⁷　』한치윤(순조)
- 『　　⁸　』김정희(철종)

📁 백과사전 편찬 ← 실학의 발달, 문화 인식의 폭 확장

- 『　　　⁹　』이수광(　　¹⁰　)
  - 백과사전류의 효시
  - 마테오 리치의 『천주실의』 소개
  - 문화 인식의 폭 확대
- 『　　　¹¹　』홍봉한(영조)
  - 역대 우리나라의 문물을 총 정리한　　¹²
  - 영조의 명으로 관청에서 편찬
    ⇓
    - 『　　　　¹³　』(정조)
    - 『　　　　¹⁴　』(1908. 순종)
- 『　　　¹⁵　』이익(영조)
  - 천지·만물·경사·인사·시문의 5개 부문으로 정리
  → 우리나라와 중국 문화에 대해 백과사전식으로 소개
- 『　　　¹⁶　』이덕무(　　¹⁷　)
  - 시문전집
  - 중국의 역사·인물·사상 등 소개
- 『　　　¹⁸　』서유구(　　¹⁹　) - 농촌 생활 백과사전
- 『　　　²⁰　』이규경(　　²¹　)
  중국과 우리나라 고금의 사물 1,400여 항목을 고증적 방법으로 설명

📁 윤리 · 의례서와 법전 ⇨ 유교적 질서 확립
유교적 통치 규범의 성문화 목적

● 윤리·의례서

15C

- 『　　　　¹』(세종)
  - 모범이 될 만한 충신 · 효자 · 열녀 등의 행적
  - ² + 설명 기록

- 『　　　　³』신숙주 · 정척 등(　　⁴)
  - 국가의 여러 행사에 필요한 의례 정비
  - 길례, 가례, 빈례, 군례, 흉례

16C

- 『　　　　⁵』김안국(중종)
  - 연장자와 연소자(　　　⁶) · 친구 사이(　　　⁷)에서 지켜야 할 윤리 강조

- 『　　　⁸』주자 저술 → 사림이 편찬한 아동 의례서

🔎 사료 읽기 | 15세기의 의례서

•『삼강행실도』서문

천하의 떳떳한 다섯 가지가 있는데 삼강이 그 수위에 있으니, 실로 삼강은 경륜의 큰 법이요 일만 가지 교화의 근본이며 원천입니다. …… 우리 주상 전하가 근신(近臣)에게 명하기를, "삼대의 정치는 모두 인륜을 밝혔는데 후세에는 교화가 차츰 해이해져서 백성이 서로 화목하지 못하니 군신 · 부자 · 부부의 큰 인륜이 모두 본연의 성품과 위배되어 항상 박(薄)한 데에 흘렀다. 그러나 간혹 탁월한 행실과 높은 절개가 습속에 휩쓸리지 아니하여 보고 듣는 사람을 깨우쳐 일으키는 자도 많았다. 내가 그 특이한 것을 뽑아서 그림을 그리고 찬을 지어서 안팎에 반포하고자 하니, 거의 어리석은 남자나 무식한 여자도 모두 보고 느껴 흥기할 것이며, 또한 백성을 교화하고 풍속을 이룩하는 한 가지 방도이다."

•『국조오례의』

갑오년 여름이 지나 비로소 능히 책이 완성되어 본뜨고 인쇄하여 장차 발행하고자 하였다. 신이 가만히 살펴보건대, 예를 기술한 것이 3300가지의 글이 있기는 하나 그 요점은 길 · 흉 · 군 · 빈 · 가(吉凶軍賓嘉)라고 말하는 5가지에 불과할 뿐이다.

● 법전

- 『　　　　⁹』『　　　　¹⁰』→ 정도전이 저술(태조)
  　6전 체제　　정치 체제 초안

- 『　　　¹¹』최초의 공적인 법전 → 　¹² 이 저술(태조)

- 『　　　¹³』: 『　　　¹⁴』의 속편 → 하륜이 저술(　　¹⁵)

- 『　　　¹⁶』(세조~　　¹⁷)
  - ¹⁸ 으로 구성 → 일종의 행정법
  - 유교적 통치 질서 완성

- 『　　¹⁹』(　　²⁰)

- 『　　²¹』(　　²²)

- 『　　²³』『육전조례』(　　²⁴ 때 흥선 대원군이 편찬)

🔎 사료 읽기 | 『경국대전』서문

(세조께서 말씀하시길) "우리 조종의 심후하신 덕과 크고 아름다운 규범이 훌륭한 전장에 퍼져 있으니 이는 『경제육전(經濟六典)』의 원전(元典), 속전(續典)과 등록(謄錄)이며, 또 여러 번 내린 교지가 있어 법이 아름답지 않은 것이 아니지만 …… 법의 과목이 너무 호번(넓고 크며 번거롭게 많음)하고 앞뒤가 서로 모순되어 하나로 크게 정해지지 않았기 때문이다. …… 책이 완성되어 여섯 권으로 만들어 바치니, 『경국대전(經國大典)』이라는 이름을 내리셨다. 『형전(刑典)』과 『호전(戶典)』은 이미 반포되어 시행하고 있으나 나머지 네 법전은 미처 교정을 마치지 못했는데, 세조께서 갑자기 승하하시니 지금 임금께서 선대왕의 뜻을 받들어 마침내 하던 일을 끝마치게 하시어 나라 안에 반포하셨다.

정답 1 삼강행실도 2 그림 3 국조오례의 4 성종 5 이륜행실도 6 장유유서 7 붕우유신 8 소학집주 9 조선경국전 10 경제문감 11 경제육전 12 조준 13 속육전 14 경제육전 15 태종 16 경국대전 17 성종 18 육전 19 대전회통 20 고종 21 대전통편 22 정조 23 대전회통 24 고종

해커스 공무원학원 · 공무원인강 교재 Q&A gosi.Hackers.com 192

📁 과학 기술의 발달

15세기	16 ~ 17세기	조선 후기
¹ 집권	² 집권	성리학 탈피
성리학 + 도교, 불교, 과학 기술	only ³	풍자, 해학
낭만적, 진취적	지조, 절개	• ⁶ 수용
• 중앙 집권 → 건축	• ⁴	• ⁷ 발달
• 부국강병 → 『총통등록』	• ⁵ → 서원 건축	
• 민생 안정 → 한글 창제		

★천문학

• **천체 관측 기구**: 혼의 · 간의 제작, ____⁸ 설치 + ____⁹ 설치
  └ 천문대(경복궁 경회루)

• **시간 측정 기구**: ¹⁰ ┌ 물시계
  ├ 자동 시보 장치 탑재
  ├ 노비 출신 ¹¹ 이 제작
  └ 보루각 위치

  ¹² · 현주일구 · 천평일구 - 해시계

• **강수량 측정 기구**: ¹³ (1441, 세계 최초), 수표

• **토지 측량 기구**: ¹⁴ · ¹⁵ - 세조 때 제작, 지도 제작에 활용

• **천문도 제작**: ¹⁶ - ¹⁷ 때 제작
  - 고구려의 천문도를 석각

• 이익이 서양 천문학에 큰 관심을 가지고 연구

• ____¹⁸ : 우리나라 최초로 ____¹⁹ 주장, 『____²⁰』 저술
  ⇩

• **홍대용** : 지전설 발전 → ____²¹ 전개, 『____²²』 저술
  ⇩
  → 중화 사상에 입각한 성리학적 세계관 비판

• ____²³ : 서양 과학 이론 적극 소개
  『____²⁴』 - 코페르니쿠스의 지구 지전설과 공전설 소개
  『____²⁵』 - 최한기의 과학 총서, 만유인력설 소개

역법

• 『____²⁶』 (세종)
  - 「내편」 (원의 ____²⁷ + 명의 ____²⁸) + 「외편」 (아라비아의 ____²⁹)
  - 우리나라 역사상 최초로 ____³⁰ 을 기준 → ____³¹ 역법서
  - 오늘날의 달력과 거의 비슷하게 설명

• ____³² **도입**: 김육의 노력으로 청나라에서 활동한 서양 선교사 ____³³ 이 제작한
    시헌력 도입 → ____³⁴ 때 채택

• ____³⁵ **간행**: 역법 연구 심화 → ____³⁶ 때 우리나라 사정에 맞는 천세력을 간행

📁 과학 기술의 발달

15세기	16 ~ 17세기	조선 후기

활판인쇄술

- **금속 활자 개량:** 태종 때 주자소 설치하고 _____[1] 주조
  - → 세종 때 _____[2] · _____[3] · 병진자 주조
- **인쇄 기술 발전:** _____[4] 때 밀랍 대신 식자판 조립 방법 창안
  - → 2배 정도 인쇄 능률 향상

제지술

_____[5]
- ┌ 태종 때 _____[6] 로 설치됨
- ├ 세종(세조) 때 조지서로 개칭되어 설치됨
- ├ 종이를 전문적으로 생산하는 관청
- └ 다양한 종이를 대량으로 생산

★농서

- 『_____[7]』(정초, _____[8])
  - ┌ 우리나라 최초의 농서
  - ├ 우리 실정에 맞는 _____[9] 인 농법 정리
  - └ 농민들이 실제 경험한 농법을 종합하여 간행
- 『_____[10]』(강희안, 세조): 화초 재배법과 이용법 소개
- 『_____[11]』(강희맹, _____[12]) ┌ 금양(경기 시흥) 지역의 농법 소개
  - └ 소농 경제 안정에 비중을 둠

- 『_____[13]』(_____[14], _____[15])
  - ┌ 벼농사 중심의 농법 소개
  - ├ 이앙법의 보급에 공헌
  - └ 『_____[16]』 + 『_____[17]』 + 『사시찬요초』 + 『_____[18]』 집대성
- 『_____[19]』(박세당, 숙종)
- 『_____[20]』(홍만선, 숙종): 농촌 생활 백서
- 『_____[21]』(서호수, 정조): 중국의 농서 참고하여 남북의 농법 종합
- 『_____[22]』(서유구): 농촌 생활 백과사전
- 『**의상경계책**』(서유구): 둔전 설치 주장

정답 1 계미자 2 경자자 3 갑인자 4 세종 5 조지서 6 조지소 7 농사직설 8 변효문 9 독자적 10 양화소록 11 금양잡록 12 성종 13 농가집성 14 신속 15 효종 16 농사직설 17 금양잡록 18 사시찬요초 19 색경 20 산림경제 21 해동농서 22 임원경제지

해커스공무원학원 · 공무원인강 · 교재 Q&A gosi.Hackers.com **195**

37 조선의 문화 ⑱

📁 과학 기술의 발달

15세기	16 ~ 17세기	조선 후기

병서

- 『____1____』(____2____, 태조)
  - ┌ ____3____을 위해 편찬
  - └ 독특한 전술과 부대 편성 방법 정리
- 『____4____』(____5____): 화약 무기의 제조법·사용법 정리
- 『____6____』(____7____): 고조선 ~ 고려 말 전쟁 전략 정리
- 『____8____』(김종서, ____9____): 고조선 ~ 고려 말 ____10____ 정리
- 『____11____』(성종): 군사 훈련 지침 교본

무기·병선 제조

무기 제조
- **화약 무기 제조**: 태종 때 ____12____ 이 큰 활약
- 화포·화차(____13____)제작(문종)

병선 제조
태종 때 거북선·비거도선 제작 → 수군의 전투력 향상

👨 **Focus** **서양인의 표류**

- ____14____
  - 인조 대에 제주에 표류, 조선에 귀화(박연)한 후 무과 급제
  - 훈련도감에 소속: 서양식 대포 제작
- ____15____
  - 효종 대에 제주에 표류, 15년간 조선에 억류(훈련도감에 소속)
  - 네덜란드로 돌아간 후 『하멜표류기』 저술

기술 개발

🐢✌ **사료 읽기** | 정약용의 기예론

"짐승들이 날카로운 발톱과 이빨, 단단한 발굽과 뿔을 가지고 자신을 보호하듯이, 인간은 지혜로운 생각과 교묘한 연구로써 기예를 익혀서 살아가게 태어났다. …… 기예는 한 사람의 성인보다 뭇 사람들의 경험과 의견이 중요하다. …… 오랑캐의 기예라도 우수한 것이 있으면 받아들여야 한다."

- 『____16____』(정약용)
  - ┌ 인간이 동물보다 뛰어난 것은 기예(기술) 때문이라는 것을 강조
  - ├ 『____17____』참고해 거중기 제작, 수원 화성 건설에 공헌
  - ├ 배다리(____18____)설치
  - └ 선박의 건조, 총포와 병차의 제조 등 새로운 지식 보급에 기여

배다리

37 조선의 문화 ⑲

📁 문화의 새 경향 - 문학

15세기	16세기	조선 후기

15세기

격식을 존중, 질서와 조화를 추구하는 경향

- **악장:** 「용비어천가」(정인지), 「월인천강지곡」(세종)
- **한문학:** 「____1____」(서거정, ___2___)
  - 삼국 시대 ~ 조선 초까지 시와 산문 중 뛰어난 작품을 선별하여 편찬
  - 우리나라 글에 대한 ___3___ 표명
- **설화 문학:** 「____4____」(서거정) - 고대부터 전하는 일화 수록
- **한문 소설:** 「____5____」(김시습)
- **시조:** 김종서와 남이의 시, 길재와 원천석의 시조

16세기

사림 문학이 주류, 흥취와 정신을 중시

- **시조:** 순수한 인간 본연의 감정 표현
  - ___6___ 의 시조
  - ___7___ 의 시조: 「오우가」, 「어부사시사」
- **가사:** 「____8____」· 「사미인곡」· 「속미인곡」(___9___), 「면앙정가」(송순), 「누항사」(박인로)
- **풍자 문학:** 서얼 출신 어숙권의 『패관잡기』
- **여류 문인의 등장:** 신사임당, 허난설헌

조선 후기

- **한글 소설:** 「____18____」(허균), 「춘향전」, 「토끼전」 등
- ___19___ : 서민의 감정을 솔직하게 표현
  - 남녀 간의 사랑이나 현실에 대한 비판
  - 몰락 양반 · 서리 · 기생들이 저술
- **한문학:** 양반층 중심, 부조리한 현실을 비판
  - ___20___ **한문 소설:** 「양반전」· 「허생전」· 「호질」 등
  - **정약용의 한시:** 애절양
- ___21___ **조직:** 중인층과 서민층의 시인 모임
  - 천수경의 옥계 시사, 최경흠의 직하 시사 등
  - 활발한 문예 활동 전개, 시인들의 시를 모아 시집 간행
- ___22___ ⇒ 조선 후기 서민 문화의 중심으로 성장
  - 창 + 사설 + 추임새로 구성
  - 감정 표현이 직접적이고 솔직함
  - ___23___ 가 판소리 사설을 창작하고 정리
    → 판소리 여섯 마당을 확립
    but. 다섯 마당만 전래됨: 「춘향가」· 「심청가」· 「흥보가」· 「적벽가」· 「수궁가」
    세계 무형 유산
- **탈놀이:** 마을 굿의 일부
  사회적 모순에 대한 해학적 폭로와 풍자
- **산대놀이:** 가면극이 민중 오락으로 정착
  도시의 상인 · 중간층의 지원으로 성행

👷 더 알아보기) 서민 문화의 발달

- **배경**
  - ___10___ 발달 + ___11___ 증대 ⇒ 서민의 경제적 · 신분적 지위 향상
  - ___12___ 교육의 보급 → 서민의 의식 성장
  - ___13___ 의 활성화
  - 문화 향유 계층의 확대 (詩)사대부 ⇒ 중인 - ___14___ 조직
    ⇒ 서민 - ___15___ 등장
- **특징**
  - 인간의 감정을 적나라하게 표현
  - 양반의 위선 ___16___, 사회의 부정과 비리 ___17___

정답 1 동문선 2 노사신 3 자주 의식 4 필원잡기 5 금오신화 6 황진이 7 윤선도 8 관동별곡 9 정철 10 상공업 11 서민층의 경제력 12 서당 13 한글 소설 14 시사 15 판소리 16 풍자 17 고발 18 홍길동전 19 사설시조 20 박지원 21 위항 시사 22 판소리 23 신재효

해커스공무원학원 · 공무원인강 · 교재 Q&A gosi.Hackers.com 197

📁 문화의 새 경향 - 건축

15세기	16세기	조선 후기

15세기

궁궐·관아·성문·학교 등이 주류를 형성

국왕의 권위를 높이고 신분 질서 유지를 위해 신분에 따라
건물의 크기와 장식 제한

- **공공 건축**
  - 궁궐: ___1___ , ___2___ , ___3___
  - 종묘
  - ___4___ 과 ___5___ (고려 양식 계승)
  - ___6___ : 고려의 건축 기법과 다른 독자적 건축 방식
    적용

- **사원 건축**
  - 강진 ___7___ (주심포 양식)
  - 합천 ___8___ : ___9___ 보관,
    세계 ___10___

```
          숙정문(북대문)
    창의문 ○            ○ 혜화문

         ┌경복궁┐ ┌창덕궁┐┌창경궁┐
   돈의문      (사직)    亡 배 하 ∀  종묘      흥인지문
  (서대문) ○  ┌경희궁┐                         ○ (동대문)

         ┌경운궁┐
    소의문 ○            ○ 광희문
         ↑
      성저 10리
      묘지, 벌목X
          숭례문(남대문)
```

16세기

사림의 정계 진출에 영향을 받아 서원 건축이 활발하게 전개

___25___ (사원) 배치 + ___26___ 양식 + 정자 양식 조화

- 경주의 ___27___
- 안동의 ___28___

도산 서원

> 🧑 **더 알아보기** **조선 시대 5대궁**
> - 경복궁(___11___ , 태조 → ___12___ 때 소실
>   → ___13___ 때 중건)
>   - 조선의 ___14___
>   - ___15___ , 교태전, ___16___ , 사정전, 간의대,
>   보루각, 경회루
> - 창덕궁(___17___ ___18___ → 임진왜란 때 소실
>   → ___19___ 때 중건)
>   - 임진왜란 후 법궁
>   - 선원전(왕 초상화)
> - 창경궁(___20___)
> - 경희궁(___21___ , ___22___)
> - 경운궁: 월산 대군의 집 → ___23___ 이후 법궁
>   (___24___ 으로 개칭)

조선 후기

● 17C

- 양반 지주층의 경제적 성장 반영
- ___29___ 건물이지만 내부는 하나로 통하는 구조
- 거대 규모
- **불교의 사회적 지위 반영:** ___30___ ,
  ___31___

● 18C

- 부농·상인의 지원을 받음, 강한 장식성
- ___32___ , ___33___ , 부안 개암사,
  안성 석남사

- 수원 화성(정조)

● 19C

경복궁 근정전, 경회루
→ 흥선 대원군이 권위 과시 목적으로 재건

정답 1 경복궁 2 창덕궁 3 창경궁 4 개성 정전청 5 영녕전 숭례문 6 불국사 관음전 7 무위사 극락전 8 해인사 장경판전 9 팔만대장경 10 문화유산 11 법궁 12 임진왜란 13 흥선 대원군 14 정궁 15 근정전 16 강녕전 17 이궁 18 태종 19 광해군 20 성종 21 광해군 22 인조 23 선조 24 대한 제국 25 서원 26 주심포 27 옥산 서원 28 도산 서원 29 다층 30 법주사 팔상전 31 금산사 미륵전 32 논산 쌍계사 33 화엄사 각황전

37 조선의 문화 ㉑

📁 문화의 새 경향 - 그림

15세기

- 유행 - _____ 1 (도화서에 소속된 화원의 그림)
  문인화(관료이자 문인인 선비의 그림)
- 독자적 화풍 → 일본 무로마치 시대의 미술에 영향을 줌
- 인물·산수화 중심
- _____ 2 (_____ 3): _____ 4 이 꿈꾼 내용을 그림
  현재 일본 덴리 대학 도서관에 소장

- _____ 5 (강희안)
  - 간결하고 과감한 필치로 인물의 내면 세계 표현
  - 현재 국립 중앙 박물관에 소장

16세기

다양한 화풍 발달 → _____ 6 · _____ 7 유행

- _____ 8 (_____ 9)

- _____ 10 (신사임당)

- 모견도(이암)
- **시 · 서 · 화에 능한 3절:** 이정, 황집중, 어몽룡
  (대나무) (포도) (매화)

묵죽도(이정)

조선 후기

- _____ 11 : 우리의 자연을 사실적으로 표현
  - _____ 12, _____ 13 (정선)

- _____ 14 : 당시 사람들의 생활과 일상을 생동감 있게 표현
  - _____ 15 : 서민의 생활을 소탈하고 익살스럽게 묘사
  - _____ 16 : 양반 · 부녀자의 생활, 남녀 사이의 애정 등을
    해학적으로 묘사

무동(김홍도)   단오풍정(신윤복)

- **민화** - _____ 17 · _____ 18 등을 소재로 삼아 그림
  - 민중의 미적 감각 표현
  - 기복적 염원
  - 서민 문화의 수준이 급진적으로 발전함을
    보여줌
- **기타** - _____ 19 : 서양화 기법(_____ 20)을 동양화에 접목
  - _____ 21 : 강렬한 필법과 채색법 사용

영통동구도(강세황)   군마도(장승업)

📁 문화의 새 경향

	15세기	16세기	조선 후기
서예	• 뛰어난 서예가들이 많이 나타남 • 독자적인 서체 발달 • **4대 서예가** 　- **안평 대군**: 송설체 + 독자적인 서체 　- **김구**: 인수체 　- **양사언**: 초서에 능통 　- **한호**: 석봉체, 명에 보내는 외교 문서 작성		• ＿＿ 1 （　2　） 宋(손글씨 이미지) • ＿＿＿ 3 (이광사)
공예	• ＿＿＿ 4 - 청자에 백토의 분을 바른 것 - 안정된 그릇 모양과 소박하고 천진스러운 무늬	• ＿＿＿ 5 - 담백하며 고상한 분위기 - ＿＿ 6 들의 유교적 취향에 적합	• ＿＿＿ 7 - 백자가 민간에까지 널리 사용 - 주로 양반들(⇔ 서민들은 옹기 사용) - **기타**: 화각 공예, 목공예(장롱, 책상, 문갑, 소반, 의자, 필통 등)
음악	• 음악을 백성의 교화 수단으로 활용 • 국가 ＿ 8 와 밀접한 관련 • ＿ 9 : 세종 때 ＿ 10 의 체계화 → 궁중 음악으로 발전 • **세종**: ＿ 11 직접 작곡,「＿ 12 」창안 •「＿ 13 」: 성종 때 ＿ 14 이 편찬한 음악 이론서 　→ 전통 음악 유지·발전에 기여	• 당악과 향악을 속악(민간 음악)으로 발전 　→ 가사·시조·가곡 등 우리말 노래를 연주 음악이나 민요에 활용	**향유층 다양화** • 양반층은 가곡·시조, 서민층은 민요 애창 　└ 세계 무형 유산 • 광대·기생들이 판소리·산조·잡가 등을 창작·발전 　└ 세계 무형 유산

정답 1 추사체 2 김정희 3 동국진체 4 분청사기 5 순백자(백자) 6 사대부 7 청화백자 8 의례 9 아악 10 박연 11 여민락 12 정간보 13 악학궤범 14 성현

PART

02

해커스공무원 이중석 맵핑 한국사 **올인원 블랭크노트**

근현대사

📁 근대史의 개괄

① 갑오개혁

조선 → 군주제 + 봉건성 (1) → 외세 (2) → 近代 → 現代

└ 독점 자본주의 + 배타적 민족주의

② 일제 강점기의 3 → ③ 현대 사회의 발전

近 代

정치	경제	사회	문화
민주주의	자본주의	평등주의	합리주의

└ 정치 체제 ┌ 4 : 군주 ┌ 군림 O
                              └ 통치는 의회가
             └ 5 : 군주 X, 지도자는 국민이 선출

● 중국

- 6 . 베이징 함락 ← 영·프 연합군
  ⇒ 7 : 8 – 9 획득
- 10 의 위기 최고조
  ↔ 11 의 창시(1860)

● 일본

- 1854. 미·일 화친 조약
  + 후쿠자와 유키치의 ' 12 '
- 1858. 미·일 수호 통상 조약 체결
- 1868. 13 ⇒ 일본의 14 추진

Focus 조선 근대의 정책 기조

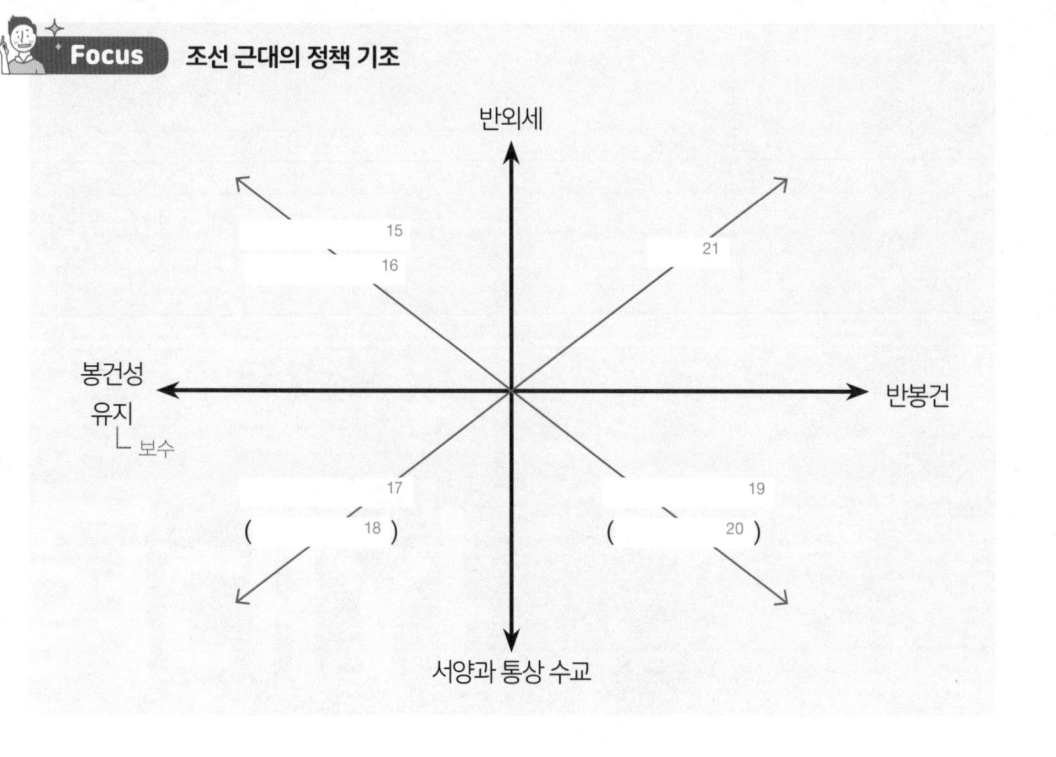

반외세

15
16   21

봉건성
유지   반봉건
└ 보수

17   19
(18)   (20)

서양과 통상 수교

38 근대史의 시작 ②

📁 흥선 대원군의 섭정(1863 ~ 1873)*

● 19c 후반의 정세

- **국내 - 세도 정치**
  - ___1___ 의 정권 장악, ___2___ 성행
    → 왕권 약화, 통치 질서 붕괴 ↔ **왕권 강화책**
  - ___3___ 의 문란(민생 파탄) → 농민 봉기
    ↔ **삼정의 개혁**

- **국외**
  - ___4___ 의 잦은 출몰 + ___5___ 의 확산
    + 서양의 ___6___ 요구
    ↔ **통상 수교 거부 정책**

● 왕권 강화책

- 세도 가문(___7___) 세력 축출 - 능력에 따른 인재 등용 추구

- ___8___ 축소·폐지 ┬ 정무 → ___9___
                        └ 군무 → ___10___

- 법전 편찬 - 『 ___11___ 』, 『 ___12___ 』

- ___13___ 중건 사업(1865 ~ 1868)
  - 양반들의 불만 ┬ ___14___ 징수: 강제 기부금
                   ├ 양반들의 ___15___ 벌목
                   └ ___16___ 부과 - 1결당 1백문 추가 징수
  - 백성들의 불만 ┬ ___17___ 발행: 상평통보 100배 ___18___
                   ├ → 실제 유통 가치: 상평통보 5배
                   │   ⇒ 화폐 가치 ___19___ 물가 ___20___ ⇒ 서민 경제 악화
                   └ 백성들을 강제 부역 동원
  - + ___21___ 유통, ___22___ 통행세 징수
      └ 당백전 발행 중단 이후 청나라
        동전을 수입하여 유통

🔊 사료 읽기 | 흥선 대원군

- **대원군의 인재 등용**

대원군이 집권한 후 어느 회의 석상에서 음성을 높여 여러 대신들에게 말하기를 "나는 천리(千里)를 끌어다 지척(咫尺)을 삼겠으며, 태산을 깎아내려 평지를 만들고, 또한 남대문을 3층으로 높이려하는데, 여러분들은 어떻게 생각하오?"라고 물었다.
— 황현, 『매천야록』

- **흥선 대원군의 경복궁 중건**

에-에헤이야 얼널널 거리고 방에 흥애로다
을축년 4월 초 3일에 경복궁 새 대궐 짓는데 헛방아 찧는 소리다
조선의 여덟도 좋다는 나무는 경복궁 짓노라 다 들어간다
도편수란 놈의 거동 보소 먹통 메고 갈팡질팡한다
……

남문 열고 바라 둥당 치니 계명 산천에 달이 살짝 밝았네
경복궁 역사가 언제나 끝나 그리던 가족을 만나 볼까
— 「경복궁 타령」

● 민생 안정책

- **삼정의 문란 시정**
  - 전정: ___23___ 사업 실시(→ ___24___ 색출), 양반의 ___25___ 금지
  - 군정: ___26___ (동포제) 실시 - ___27___ 과 ___28___ 이 균등하게 군역(군포) 부담
  - 환곡: ___29___ , ___30___ 폐지
    사창만 남김 ⇒ ___31___ 실시(경쟁↑, 이자↓)
    └ 지역민이 자치적으로 운영

- **서원 철폐**: 600여 개 → 47개(사액 서원 빼고 다 철폐)
  - 화양 서원의 ___32___ 철폐 → but. ___33___ · ___34___ 등의 상소로 다시 부활
  - ___35___ 발행 금지: 화양 서원의 ___36___ 가 악명↑
  - ___37___ 의 노비와 토지를 국가가 몰수 ⇒ 민생 안정 + 국가 재정 확충

39 개항과 위정척사 운동 ①

📁 개항과 개화의 이해

- 청 - _____ 1
- 일본 - _____ 2
  (후쿠자와 유키치)

● **통상 개화론** ← ——————— 18c 후반
- 초기 개화파
- _____ 3, _____ 4, _____ 5
- 『_____』6 (위원)
- 『_____』7 (서계여)

_____ 8 사상 ← ┌─ _____ 9
(박지원)   └─ (_____ 10)

메이지 유신 직후
_____ 11 **사건**
→ "_____ 12" 대두

● _____ 13
운요호의 강화 해역 침입
⇒ 국지전 발생

근대화의 서막
개항
강화도 조약
(1876)

_____ 21 **의 알선**
- 조선에 대한 종주권 유지
- 러·일 견제 목적

● **서양 각국과 수교**
- 미국 (_____ 22): 『_____ 23』의 영향
- 영국·독일 (_____ 24)
- _____ 25 (_____ 26): 독자적으로 교섭
- _____ 27 (_____ 28): 천주교 포교 활동 인정

● **개화 정책 추진**
- _____ 14 **설치**: 개화 정책 추진 기구 → 그 아래 _____ 16 설치
  (_____ 15 과 일반 정치 총괄)
- _____ 17 **개편**: 신식 군대 _____ 18 창설 → 구식 군대 5군영 축소
  (1881, 日의 지원)   ⇒ _____ 19 · _____ 20 (2영)

🔶 Focus 황쭌셴의 『조선책략』 유포(1880)

⊕ _____ 29 (1882)
  → 보빙사 파견(1883)

⊖ _____ 30 (1881)

😊 더 알아보기 사절단 파견★

√ **일본**
- _____ 31 파견 ┌─ 1차(_____ 32): _____ 33 - 일왕을 만나고 일본 시찰, 『_____ 34』 저술
        └─ 공식적 ├─ 2차(_____ 35): _____ 36 - 황쭌셴의 『_____ 37』 유포
                └─ 3차(_____ 38): _____ 39 - 『사화기략』 저술, _____ 40 게양, _____ 41 동행
                    『_____문견사건』 저술
- _____ 42 파견(신사 유람단, _____ 43.4.) - _____ 44 · _____ 45 등 파견
  └─ 비공식적   일본 산업 시찰을 위해 비밀리에 파견

√ **청**
- _____ 46 (_____ 47.9.) - _____ 48, _____ 49 시찰 + 유학생 파견
  → 재정난으로 조기 귀국
  → _____ 50 설치(_____ 51): 최초의 근대식 무기 제조창

√ **미국**
- _____ 52 (_____ 53) - _____ 54, _____ 55, _____ 56 파견
  유길준의 『_____ 57』(1895)
  → 귀국 후 _____ 58 개설(1884)

정답 1 양무운동 2 문명개화 3 박규수 4 오경석 5 유홍기 6 해국도지 7 영환지략 8 북학 9 홍대용 10 박제가 11 운요호 12 정한론 13 운요호 사건 14 통리기무아문 15 군국기무 16 12사 17 군제 18 별기군 19 무위 20 장어영 21 청 22 1882 23 조선책략 24 1883 25 러시아 26 1884 27 프랑스 28 1886 29 조·미 수호 통상 조약 30 이만손의 영남 만인소 31 수신사 32 1876 33 김기수 34 일동기유 35 1880 36 김홍집 37 조선책략 38 1882 39 박영효 40 태극기 41 김옥균 42 조사 시찰단 43 1881 44 박정양 45 어윤중 46 영선사 47 1881 48 김윤식 49 톈진 50 기기창 51 1883 52 보빙사 53 1883 54 민영익 55 홍영식 56 서광범 57 서유견문 58 우정총국

📁 위정척사 사상의 흐름

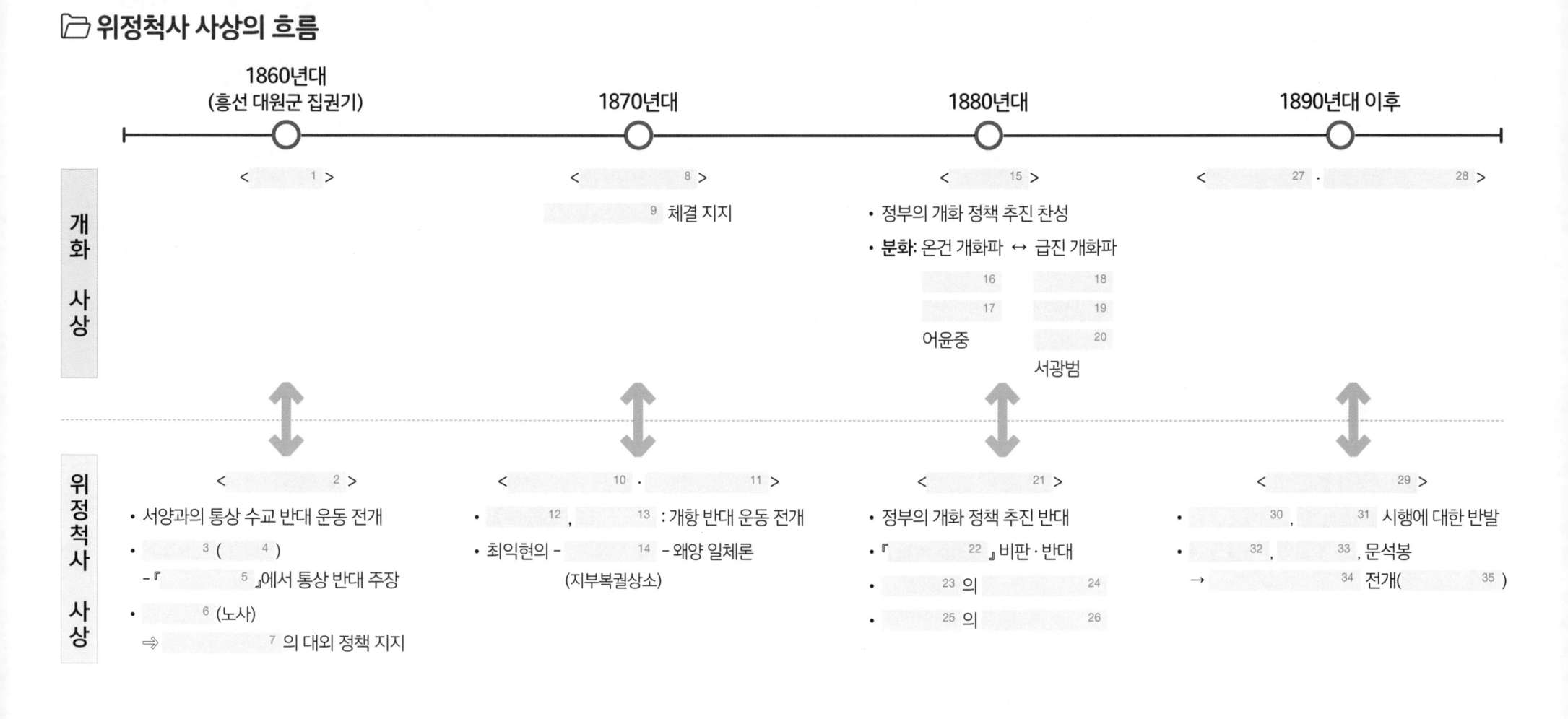

1860년대 (흥선 대원군 집권기)	1870년대	1880년대	1890년대 이후

개화 사상

< 1 >

< 8 >
9 체결 지지

< 15 >
- 정부의 개화 정책 추진 찬성
- **분화**: 온건 개화파 ↔ 급진 개화파

16	18
17	19
어윤중	20
	서광범

< 27 · 28 >

위정척사 사상

< 2 >
- 서양과의 통상 수교 반대 운동 전개
- 3 (4)
  - 『 5 』에서 통상 반대 주장
- 6 (노사)
  ⇒ 7 의 대외 정책 지지

< 10 · 11 >
- 12 , 13 : 개항 반대 운동 전개
- 최익현의 – 14 – 왜양 일체론
  (지부복궐상소)

< 21 >
- 정부의 개화 정책 추진 반대
- 『 22 』 비판·반대
- 23 의 24
- 25 의 26

< 29 >
- 30 , 31 시행에 대한 반발
- 32 , 33 , 문석봉
  → 34 전개(35)

맵핑 핵심 자료

『조선책략』

조선 땅은 실로 아시아의 요충을 차지하고 있어 열강들이 서로 차지하려고 할 것이다. 조선이 위태로우면 중국도 위급해진다. 러시아가 영토를 넓히려고 한다면 반드시 조선이 첫 번째 대상이 될 것이다. …… 그렇다면 오늘날 조선이 세워야 할 책략으로 러시아를 막는 것보다 더 급한 일이 없다. 이를 막는 책략은 무엇인가? 중국과 친하고, 일본과 맺고, 미국과 이어짐으로써 자강을 도모할 뿐이다.

– 황쭌셴, 『조선책략』

온건 개화파 - 동도 서기론

• 저들의 종교는 사악하다. …… 하지만 저들의 기술은 이롭다. 잘 이용하여 백성들을 잘 살게 할 수 있다면 농업, 양잠, 의약, 병기, 수레에 대한 기술을 꺼릴 이유가 없다. 종교는 배척하되 기술을 본받는 것은 함께 할 수 있다.
– 『고종실록』

• 동서고금을 막론하고 바뀔 수 없는 것은 도(道)이고, 자주 변화하여 고정될 수 없는 것은 기(器)이다. 삼강, 오상(五常)과 효제충신을 도라 한다. 요순, 주공의 도는 해와 별처럼 빛나서 비록 오랑캐 지방에 가더라도 버릴 수 없다. 무엇을 기라 하는가? 예악, 형정, 복식, 기용을 기라 한다. …… 진실로 때에 맞고 백성에 이롭다면 비록 오랑캐 법일지라도 행할 수 있다.
– 곽기락, 『신기선전집』

급진 개화파 - 문명개화론

• 문명에는 밖으로 드러나는 사물과 그 안에 담겨 있는 정신의 구별이 있는데, 밖으로 드러나는 문명은 취하기 쉽고, 그 안에 담겨 있는 문명은 찾아내기 어렵다. 나라의 문명화를 꾀함에 있어서는 어려운 쪽을 먼저하고 쉬운 쪽을 나중에 해야 한다.
– 후쿠자와 유키치, 『문명개화론』

• 모든 일에는 시운이 있어서 힘으로 해결할 수는 없습니다. 그러므로 무릇 종교는 국민들이 자유롭게 믿게 하고 정부에서 간섭해서는 안 됩니다. …… 따라서 진실로 나라를 부강하게 하여 서양과 맞서려면 군권을 줄여 국민들에게 응분의 자유를 누리게 하고 보국의 책임을 다하게 해야 합니다. 그러한 뒤에야 문명이 발달하고 국민이 평안해지며 나라가 무사해질 것입니다.
– 박영효

통상 반대 운동(1860년대)

지금 국론이 두 가지 설로 서로 다투고 있습니다. 양적과 화친할 수 없다는 것은 내 나라 사람의 주장(國邊人)이고 양적과 화친하자는 것은 적국 쪽 사람(賊邊人)의 말입니다. 전자를 따르면 옛 문물 제도를 보전할 수 있지만 후자를 따르면 금수(禽獸)의 나라가 될 것이니, 이것이 대강의 구분입니다.
– 이항로, 『화서집』

지부복궐척화의소(1870년대)

일단 강화를 맺고 나면, 저들의 욕심은 물화를 교역하는 데 있습니다. 저들의 물화는 대부분 수공 생산품이라 그 양이 무궁한 데 반하여, 우리의 물화는 대부분 백성들의 생명이 달린 것이고, 땅에서 나는 것으로 한정이 있는 것입니다. …… 저들이 비록 왜인이라고 하나 실은 양적(洋賊)입니다.
– 최익현, 『면암집』

영남 만인소(1880년대)

청은 우리가 신하로서 섬기는 바이며 신의와 절도를 지키고 속방의 직분을 충실히 지킨 지 벌써 2백년이나 되었습니다. …… 일본은 이미 우리의 수륙 요충 지대를 점거하고 있어 우리의 허술함을 알고 충돌을 자행할 경우 이를 제지할 길이 없습니다. 미국을 끌어들일 경우 만약 그들이 재물을 요구하고 우리의 약점을 알아차려 어려운 청을 하거나 과도한 경우를 떠맡긴다면 거기에 응하지 않을 도리가 없습니다. 러시아는 우리와 혐의가 없는 바, 이제 공연히 남의 말만 들어 틈이 생긴다면 우리의 위신이 손상될 뿐만 아니라 이를 구실로 침략해 온다면 구제할 길이 없습니다.

을미의병

원통함을 어찌하리. 국모의 원수를 생각하며 이를 갈았는데, 참혹함이 더욱 심해져 임금께서 또 머리를 깎으시는 지경에 이르렀다. …… 우리 부모에게 받은 몸을 금수로 만드니 이 무슨 일이며, 우리 부모에게 받은 머리털을 풀 베듯이 베어버리니 이 무슨 변고란 말인가.
– 유인석, 『의암집』

40 임오군란과 갑신정변 ①

📁 임오군란(1882. 6月)✱

● 배경

• 군제 개혁(1881): 5군영 → [___1___], [___2___] 창설

　　　　　　　⇨ 실직 군인 + 차별 대우 + 훈련 교관 [___3___]의 악행

• 구식 군인 [___4___]

　　⇩ [___5___] 당상관 [___6___] 하인의 뼁땅

　이후 쌀, 겨, 모래로 지급

• 개항 이후 일본에 쌀 유출 증가

　⇨ [___7___], 영세 농민, 도시 빈민층의 불만 고조

• [___8___]의 근대화 추진 ↔ 근대화에 대한 불만

• "[___9___]" : 군인들이 고종의 이복형을 왕으로 추대

● 전개

○ **구식 군인들의 봉기**

├ 선혜청 창고 [___10___], [___11___] 자택, [___12___] 습격

├ [___13___] 훈련 교관 살해

├ 하층민도 합세하여 궁궐 습격 → [___14___] 점령

└ [___15___] 축출 → 민비 [___16___]로 피신

○ **[___17___]의 일시적 재집권(← 고종의 권유)**

├ [___18___] 폐지 → 개화 정책 전부 중단

├ 2영 → [___19___] 부활 ──────── [___20___]

└ [___22___]의 국장 선포(가짜 장례식)　　[___21___] 폐지

○ **청의 개입**

├ 민씨 정권이 [___23___]에 지원 요청

└ 청이 군대 파견 → 군란 진압, [___24___]을 청으로 압송

○ **민씨 세력의 재집권**

⇨ [___25___] 수립

　(친청 내각 수립 → 친청 정책 실시)

● 결과

• with. 일본

　– [___26___] 체결(1882) ┬ 일본 정부에 [___27___] 지불

　　　　　　　　　　　　 ├ 일본 공사관에 [___28___] 허용

　　　　　　　　　　　　 └ 공사관 습격 책임자 처벌

　– [___29___] 체결(1882)

• with. 청

　– 청의 내정 간섭 심화

　　┌ [___30___]의 군대 주둔(3,000여 명)

　　└ 내정 고문([___31___]) · 외교 고문([___32___])을 조선에 파견

　– [___33___] 체결([___34___])

40 임오군란과 갑신정변 ②

📁 갑신정변(1884. 10月)

Focus 개화파의 분화

18C 북학파	→	19C		→	통상 개화론	→	온건 개화파	

- 18C 북학파
  - ___1
  - ___2
  - ___3
  - ___4

- 19C
  - ___5 『___6』
  - 『지구전요』
  - 이규경 『___7』
  - 서유구 『___8』

- 통상 개화론
  - ___9 ___10 ___11
  - 『___12』『___13』

- 온건 개화파 ┐ 개화파의 주류
  - ___14 세력(사대당, 수구당)
  - 청의 ___15 "중체서용"
    - → ___16 주장
  - ___17, 김윤식, 어윤중
    - (___18 세력의 지원을 받음)

- 급진 개화파
  - ___19 세력(개화당, 독립당)
  - 일본의 ___20
    - → ___21 주장
  - ___22, ___23, 홍영식, 서광범, 서재필

● 배경

- **국내**
  - ___24 이후 ___25 의 내정 간섭 심화, ___26 이 ___27 개화파 탄압
    → 개화 정책 ___28 → 급진 개화파의 불만 고조
  - ___29 이 ___30 과의 ___31 실패로 급진 개화파의 입지가 위축됨

- **국외**
  - 청·프 전쟁으로 조선 내 ___32 의 군대가 일부 철수
  - ___33 가 정변 단행 시 ___34 및 ___35 지원 약속

● 전개

___36 개화파가 ___37 (개국 축하연)에서 정변 단행

○ 민씨 정권 고관 살해

○ ___38 이 고종·명성 황후를 ___39 에서 ___40 으로 옮기고 정권 장악

○ ___41 수립

↓

● 결과

- ___42 이 정변 세력 진압(___43)
  → ___44 피살, ___45·___46 등 일본으로 망명
- 청(___47)의 내정 간섭 심화
- 개화 운동이 단절됨(___48 개화파가 몰락하였기 때문)
- 조약 체결 ┌ ___49 (___50 . 11. 조선 - 일본)
           └ ___51 (___52 . 3. 청 - 일본)

정답 1 농수실학 2 북학사상 4 통상개화론 5 최한기 6 지구전요 7 백과사전 8 임원경제지 9 박규수 10 오경석 11 유홍기 12 해국도지 13 영환지략 14 친청 15 중체서용 16 점진개혁 17 김홍집 18 민씨 19 친일 20 메이지 유신 21 급진개혁 22 김옥균 23 박영효 24 임오군란 25 청 26 민씨정권 27 온건 28 후퇴 29 김옥균 30 일본 31 차관교섭 32 청 33 일본 34 군사 35 재정 36 급진 37 우정국 38 김옥균 39 경우궁 40 창덕궁 41 개화당 정부 42 청군 43 청군개입 44 홍영식 45 김옥균 46 박영효 47 위안스카이 48 급진 49 한성조약 50 1884 51 톈진조약 52 1885

해커스공무원학원·공무원인강·교재 Q&A gosi.Hackers.com **209**

40 임오군란과 갑신정변 ③

📁 갑신정변(1884. 10月)

14개조 혁신 정강

● 정치

- ¹ 에 대한 조공 허례 폐지 – 청과의 ² 청산
- ³ 폐지와 ⁴ 의 권리 제정 ┐
- ⁵ 에 따라 관리 임명 ┘ — 신분제 폐지
- ⁶ 폐지(왕권 제한), 대신과 참찬은 ⁷ 에 모여 의결
  - ⇨ ⁸ 실시

● 경제

- ⁹ 개혁 → 국가 재정 확대
- ¹⁰ (¹¹ 폐지)
- ¹² 혁파
- 모든 재정은 ¹³ 에서 관할 → ¹⁴

● 사회 · 군사

- 탐관오리 처벌
- ¹⁵ 설치 – ¹⁶ 실시
- 군제 개편(4영 → ¹⁷)

Focus 갑신정변 이후 한반도 정세

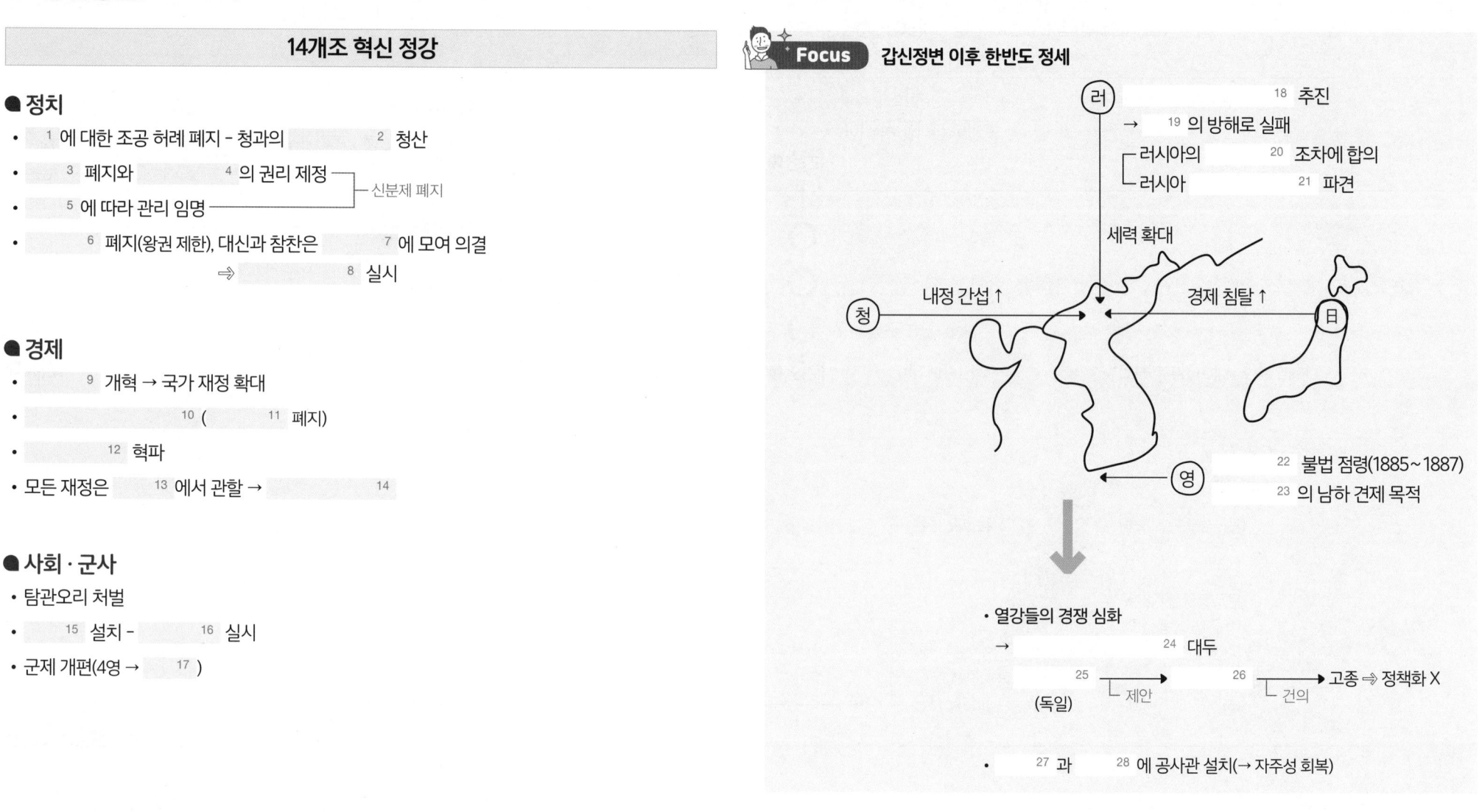

러 ──── ¹⁸ 추진
→ ¹⁹ 의 방해로 실패
┌ 러시아의 ²⁰ 조차에 합의
└ 러시아 ²¹ 파견

세력 확대

청 ── 내정 간섭 ↑ ── 경제 침탈 ↑ ── 日

영 ── ²² 불법 점령(1885~1887)
²³ 의 남하 견제 목적

- 열강들의 경쟁 심화
  → ²⁴ 대두
  ²⁵ ─┐ 제안 → ²⁶ ─┐ 건의 → 고종 ⇨ 정책화 X
  (독일)

- ²⁷ 과 ²⁸ 에 공사관 설치(→ 자주성 회복)

정답 1 청 2 사대 관계 3 문벌 4 인민 평등 5 능력 6 의정부 7 대궐 8 입헌 군주제 9 지조법 10 혜상공국 11 보부상 12 환곡 13 호조 14 재정 일원화 15 순사 16 근대적 경찰제 17 1영 18 조·러 밀약 19 청 20 부동항(영흥만) 21 베베르 22 거문도 23 러시아

24 한반도 중립화론 25 부들러 26 유길준 27 미국 28 일본

📖 맵핑 핵심 자료

▨ 임오군란

임오년(1882년) 6월 9일, 경영군(京營軍)에 큰 소란이 벌어졌다. 갑술년(1874년) 이래 대궐에서 쓰이는 비용이 끝이 없었다. 호조, 선혜청에 저축해온 것은 모두 비어서 관리의 월급도 주지 못했으며, 5영 군사들의 급료를 주지 못하였다. 5영을 없애고 2영을 세우니 노약자는 쫓겨나 갈 곳이 없었다. 그래서 난을 일으킬 생각을 하게 되었다. 이때 급료를 지급하지 않은 지 이미 반년이 되었는데 마침 호남에서 들어온 세미로 밀린 급료를 지급하였다. 선혜청 당상 민겸호의 하인이 선혜청 창고지기가 되어 지출을 담당하였다. 그가 겨를 섞어 미곡을 지급하며 사사로이 많은 이익을 보았다는 것을 안 여러 사람들은 크게 노하여 그를 구타하였다. 민겸호가 주모자를 잡아 포도청에 가두고 죽이려고 하니 여러 사람들이 더욱 원통하고 분함을 참지 못해 드디어 들고일어나 민겸호의 집으로 달려갔다. 순식간에 집을 점령하니 진귀한 물건이 가득 차 있었다. 여러 사람이 악을 쓰며 '1전이라도 집어가는 자는 죽인다'하고 뜰에 모아 놓고 불을 질렀다. 비단, 주옥, 패물이 타는 불꽃이 오색으로 피어나고 인삼, 녹용, 사향노루 등이 타는 냄새는 몇 리 밖에서도 맡을 수 있었다. 민겸호는 담장을 넘어 대궐 안에 숨었다. …… 금년 봄 장정들을 모집하여 일본식 군사 훈련을 시키며 별기대라 하였다. 일본 군인 호리모토 레이조가 교련을 가르쳤으며 남산 밑에 훈련장을 신축하였다. 총을 메고 행군하며 날린 먼지가 공중을 덮으니 장안 사람들은 처음 보는 일이라 놀라지 않는 사람이 없었다. 또한 개화 이래 이해를 분간함이 없이 일본이라는 말만 들어도 어금니를 갈며 죽이려 하였으니 일반 백성들은 더욱 심하였다. 이때 난을 일으킨 병사들이 들고일어나 그를 추격하였다. 호리모토는 훈련장에서 구리재로 도망가다 돌에 맞아 죽었다. 또 다른 일본 사람으로 성내에 들어왔다 죽은 사람이 모두 7명이나 되었다. 난민들은 천연정을 포위하고 손을 휘두르며 모두 죽여버리겠다고 외쳤다. (일본 공사) 하나부사 요시타다와 그 휘하에 있던 일본인들은 대오를 편성하여 도망쳤으나 포를 쏘고 칼을 휘둘러 가까이 따라잡지 못했다. …… 6월 10일 난병들이 대궐을 침범하였다. 중궁(왕비)은 밖으로 도망치고 이최응, 민겸호, 김보현이 살해되었다. 고종은 변이 일어났다는 말을 듣고 급히 대원군을 불렀으며 대원군은 난병을 따라 들어갔다. 난병들이 궁전에 올라가다 민겸호를 만나 총칼로 난타하니 시체를 난도질한 것 같았다. …… 대원군에게 군국 사무를 처분하라는 명이 떨어졌다. 대원군은 궁궐 안에 있으면서 (통리)기무아문과 무위, 장어영을 폐지시키고 5위의 군제를 복구하였다. 군인의 급료를 지급하게 하고 난병을 물러가게 하였다.

– 황현, 『매천야록』

▨ 14개조 혁신 정강

구분	내용	의미
정치	1. 대원군을 돌아오게 하며 청에 대한 조공 허례를 폐지한다.	• 자주 독립 • 청에 대한 사대 관계 폐지
	2. 문벌은 폐지하고, 인민 평등의 권리를 세워 능력에 따라 관리를 임명한다.	양반 문벌 제도 폐지
	4. 내시부를 없애고, 그 중에 우수한 인재를 등용한다.	• 전근대적 내시 제도 폐지 • 국왕 보좌 기관 폐지
	7. 규장각을 폐지한다.	세도 정치의 기반으로 변질되어 폐지
	13. 대신과 참찬은 의정소에 모여 정령을 의결하고 반포한다.	입헌 군주제 실시
	14. 의정부, 6조 외의 모든 불필요한 기관을 없앤다.	내각 제도 수립
경제	3. 지조법을 개혁하여 관리의 부정을 막고 백성을 보호하며 재정을 넉넉히 한다.	지세 등 조세 개혁
	6. 각 도의 환상미를 영구히 받지 않는다.	환곡제 폐지
	9. 혜상공국을 혁파한다.	특권적 상업 체제 폐지
	12. 모든 재정은 호조에서 관할한다.	국가 재정 일원화
사회	5. 부정한 관리 중 그 죄가 심한 자는 치죄한다.	탐관오리 처벌
	8. 급히 순사를 두어 도둑을 방지한다.	경찰 제도 실시
	10. 귀양살이를 하는 자와 옥에 갇혀 있는 자는 그 정상을 참작하여 적당히 형을 감한다.	형사 정책 개혁
군사	11. 4영을 합하여 1영으로 하되, 영중에서 장정을 선발하여 근위대를 급히 설치한다.	군사 제도 개혁

41 근대적 조약

1876년

● 조 · 일 수호 조규★
- 최초의 ___1___ 조약이자 ___2___ 조약
  - "조선은 자주국이다" → ___3___ 부인
  - ___4___ 개항(1876) → 경제적 목적
    → ___5___ (1880) · ___6___ (1883) 추가 개항
    (___5___ └ 군사적 목적, ___6___ └ 정치적 목적)
  - ___7___ 허용
  - ___8___ (영사 재판권) 인정

● 조 · 일 수호 조규 부록
- ___9___ (___10___) 설정 → 10리 이내
- 일본 외교관의 ___11___ 허용
- ___12___ 의 유통 허용

● 조 · 일 통상 장정 = 조 · 일 무역 규칙
3無
- ___13___ X
- ___14___ X
- ___15___ 제한 X

1882년

4월 ● 조 · 미 수호 통상 조약★
- ___16___ 인정(영사 재판권 허용)
- ___17___ 인정 - 타국에 허용한 유리한 대우를 동일하게 받을 수 있는 권리
- ___18___ : 조선 · 미국이 관세를 협정하여 적용
- ___19___ 조항: 양국 중 한 나라가 제3국의 위협을 받을 경우 서로 도움

6월 임오군란 이후

● 제물포 조약
- 일본 정부에 ___20___ 지불
- 일본 공사관에 ___21___ 주둔 허용

● 조 · 일 수호 조규 속약 체결
- 간행이정(___22___) 확대(10리 → ___23___) + ___24___ 개시
  ⇒ ___25___ 에서 장사 가능 → 사실상 ___26___ 허용
- 영사 · 공사의 ___27___ 의 내지 여행권 확보

● 조 · 청 상민 수륙 무역 장정★
- 조선을 ' ___28___ '으로 규정하여 ___29___ 확립
- 청 상인의 내지 통상권을 ___30___ 으로 허용

1883년

● 조 · 일 통상 장정 개정
⊕ 관세 ___31___ , ___32___ 규정
⊖ ___33___

1884년

갑신정변 이후

● 한성 조약(조선 - 일본)
- 청군에 의해 불탄 ___34___ 신축 비용 요구
- 일본에 ___35___ 지불

● 톈진 조약(청 - 일본)
- 조선 내 ___36___ 공동 철수
- 선 ___37___ 시 상대방 국가에 미리 알릴 것
  ⇒ 일본은 청과 ___38___ 획득

정답 1 근대적 2 불평등 3 청의 종주권 4 부산 5 원산 6 인천 7 해안 측량권 8 치외 법권 9 간행이정 10 거류지 11 내지 여행 12 일본 화폐 13 항세 14 상품 관세 15 양곡 유출 16 치외 법권 17 최혜국 대우 18 관세 협정 19 거중조정 20 배상금 21 일본 경비병 22 거류지 23 50리 24 양화진 25 종로 26 내지 통상권 27 수행원 및 가족 28 속방 29 종주권 30 실질적 31 협정 32 방곡령 33 최혜국 대우 34 일본 공사관 35 배상금 36 청·일 양군 37 파병 38 동등한 조선 파병권

📖 맵핑 핵심 자료

▨ 조·일 수호 조규

제1관 조선국은 자주국이며 일본국과 평등한 권리를 가진다.

제2관 일본국 정부는 지금부터 15개월 후 수시로 사신을 조선국 서울에 파견(교환)한다.

제4관 조선 정부는 부산 외에 2개 항구를 개항하고 일본인이 와서 통상하는 것을 허가한다.

제5관 경기·충청·전라·경상·함경 5도 연해 중에서 통상에 편리한 항구 두 곳을 택하여 지정한다.

제7관 조선국 연해의 섬과 암초는 극히 위험하므로 일본국의 항해자가 해안을 자유롭게 측량하도록 허가한다.

제9관 양국 관리는 양국 인민의 자유로운 무역 활동에 일체 간섭하지 않는다.

제10관 일본국 인민이 조선국이 지정한 각 항구에 머무르는 동안 죄를 범한 것이 조선국 국민에게 관계되는 사건일 때는 모두 일본 관원이 심판한다.

제12관 위에서 의정된 11관의 조약은 이 날부터 준수한다. 양국 정부는 이를 변혁할 수 없으며, 영원히 신의를 가지고 준수하여 화의를 돈독히 한다.

▨ 조·일 수호 조규 부록

제1관 차후 각 항구에 주류하는 일본국 관리관은 위급할 때에 지방관에게 고하고 조선의 연로(沿路)를 통과할 수 있다.

제3관 일본국 인민이 조선의 지기(地基)를 조차(租借)하여 거주할 수 있다.

제4관 이후 부산 항구에서 일본국 인민이 통행할 수 있는 도로의 이정(里程)은 부두로부터 기산(起算)하여 동서남북 각 조선의 이법(里法)상 직경 10리로 정한다.

제7관 일본국 인민은 일본국의 현행 여러 화폐로 조선국 인민이 소유한 물품과 교환할 수 있으며, 조선국 인민은 그 교환한 일본국의 여러 화폐로 일본국에서 생산한 여러 가지 상품을 살 수 있다.

▨ 조·일 무역 규칙

제6칙 이후 조선국 항구에 거주하는 일본 인민은 양미와 잡곡을 수출·수입할 수 있다.

제7칙 일본국 정부에 소속된 모든 선박은 항세를 납부하지 않는다.

▨ 조·일 통상 장정 개정(방곡령 규정)

조선국에서 가뭄과 홍수, 전쟁 등의 일로 인해 국내에 양식이 결핍할 것을 우려하여 일시 쌀 수출을 금지하려고 할 때에는 1개월 전에 지방관이 일본 영사관에게 통지하여 미리 그 기간을 일본 상인들에게 전달하여 …… 한다.

▨ 조·미 수호 통상 조약

제1관 이제부터 조선 국왕, 미국 대통령, 그리고 각 인민은 모두 평화와 우호를 영원히 한다. 만약, 타국이 불미스러운 사건을 일으키면 즉각 통지하여 반드시 서로 돕고, 적절한 조치를 취하여 우의의 간절함을 표시한다.

제4관 미합중국 국민이 조선국에서 조선인을 때리거나 재산을 훼손하면 미합중국 영사나 그 권한을 가진 관리만이 미합중국 법률에 따라 처벌한다.

제5관 무역을 목적으로 조선국에 오는 미합중국 상인 및 상선은 모두 수출입 상품에 대하여 관세를 지불해야 한다.

제14관 이후 조선 국왕이 타국이나 그 국가의 상인 또는 시민에게 항해, 통상 무역, 교통, 기타에 관련된 혜택을 부여한다면 이것들이 종래 균점되지 않았다든가 또는 이 조약에 없다하더라도 미국의 관민에게 허용하여 일체가 균점되도록 한다.

▨ 제물포 조약

제3조 조선국은 5만원을 내어 해를 당한 일본 관리들의 유족 및 부상자에게 주도록 한다.

제4조 흉도들의 포악한 행동으로 인하여 일본국이 입은 손해와 공사를 호위한 해군과 육군의 군비 중에서 50만 원을 조선국에서 보충한다.

제5조 일본 공사관에 군사 몇 명을 두어 경비를 서게 한다. 병영을 설치하고 수리하는 것은 조선국이 맡아 한다. 만약 조선의 군사와 백성들이 규약을 지켜 1년이 지난 뒤에 일본 공사가 직접 경비가 필요하지 않다고 할 때에는 군사를 철수해도 무방하다.

제6조 조선국은 사신을 특파하여 국서를 가지고 일본국에 사과한다.

▨ 청과 일본의 텐진 조약

제1조 청국은 조선에 주둔한 군대를 철수하고, 일본국은 공사관 호위를 위해 조선에 주재한 병력을 철수한다.

제2조 청국과 일본국은 조선국 군대를 훈련시키기 위하여 외국 무관 1인 내지 수인을 채용하고 두 나라(청·일)의 무관은 파견하지 않는다.

제3조 앞으로 조선에 변란이나 중대 사건이 일어나 청·일 두 나라나 어떤 한 국가가 파병을 하려고 할 때에는 마땅히 그에 앞서 쌍방이 문서로써 알려야 한다. 그 사건이 진성된 뒤에는 즉시 병력을 철수시키며 잔류시키지 못한다.

📁 아, 갑오년이여!

1894

* ☆<   1   >(3月)
* 정부의   2   대처
* 3 에게 지원 요청
  * ⇨ 청군의   4   상륙(5. 5.)
  * 일본군의   5   상륙(5. 6.)
  * ⇨ 전주 화약 체결(5. 7.)
  * 동학의 '   6   ' 수용
  * ⇨   7   설치(6. 11.)
    * └ 수상: 김홍집

* 일본군의   8   점령(6. 21.)
* ⇨   9   발발(6. 23.)
* (폐지)   10   설치(6. 25.)
  * • 1차   11   내각
    * - 각 계 정파,   12   참여
  * • <   13   > 추진(6月~11月)
* ⇨ ☆<   14   >(9月)
* ⇨   15   의 진압(11月)

* 청 · 일 전쟁 ⇨   16   의 승리 분위기
* (폐지) 내각 해산,   17   퇴출
  * •   18   내각 수립
  * - 김홍집 +   19   = 연립 내각
  * ☆<   20   > 추진 ┌   21
  * (1894. 11.~1895. 5.) ├   22   } ⇨ 반포
  * └   23

1895

* 청 · 일 전쟁 종전(2月) ⇨   24   의 승리
*   25   조약 체결 (4月)
* 요동 반도,   26   을 일본에게
* but. 뤼순, 다롄
  * →   27   협약
  * ⇩
* 삼국 간섭(28 · 29 · 30)(4月~5月)
  * - 요동 반도를   31   에게 반환

*   32   주도
* → 2차 김홍집 내각 폐지,   33   out
* •   34   내각 수립
  * ┌   35   내각
  * └   36   중단
* ☆   37   - 명성 황후 시해(1895. 8.)
* (폐지) •   38   김홍집 내각
  * ┌   39   내각
  * └ ☆<   40   > 추진(1895. 8.~1896. 2.)

1896

* <고종의   41   >(2月)
* ⇨ 러 · 일 세력 균형 상태
  * ┌ (5月) 베베르 - 고무라 각서
  * └ (6月) 로마노프 - 야마가타 의정서

42 동학史 ②

📂 동학 농민 운동✶

동학의 등장

●**창시**
• 1860년 철종, ___1 잔반 ___2 가 창시
  (최초 포교: 경상도, but 본격적 포교: 전라도)
• ___3 반대, ___4 성격

●**탄압** 1864년, 대구 감영에서 ___5 처형 "혹세무민의 죄"

●**교리** 유·불·도 + ___6 의 ___7 + ___8 (부적)

●**사상** ___9 → ___10 → ___11 · ___12

동학의 포교·교단 정비

→ **2대 교주** ___13

●**교리 정리**
• 『 ___14 』: 동학의 경전, ___15 집필
  → ___16 , ___17 , ___18 , 불연기연
• 『 ___19 』: 포교 가사집, ___20 집필
  → ___21 , ___22

●**교단 정비**
포접제 ┌ 북접 = ___23 동학: ___24
       └ 남접 = ___25 동학: ___26

교조 신원 운동 전개(1892 ~ 1893)

1892
___27 **집회**
상소문 작성

1893
___28 운동

___29 **집회**(충청도) ┐
___30 **집회**(전라도) ├ 삼남 집회
___31 **집회**(경상도) ┘

1893. 11.
___32
___33

종교적 성격

정치적 성격
"후천개벽, 제폭구민, 보국안민, 척왜양창의"

42 동학史 ④

📁 동학 농민 운동(1894)의 흐름★

● 폐정 개혁안 내용

- _____ 1 엄징
- 불량한 유림, 양반배 징계
- _____ 2 소각
- 칠반천인 대우 개선, 백정의 _____ 3 금지
- 청상과부의 _____ 4
- 토지의 _____ 5
- _____ 6 기왕의 것은 무효
- _____ 7 폐지
- 관리 채용에 지벌 타파·인재 등용
- 왜와 통하는 자 엄징

● 동학 농민 운동의 의의

- 반봉건 - _____ 8 에 영향
- 반외세 - 항일 무장 투쟁에 영향

  - _____ 9 : 부호 재물 빼앗아 빈민에게 분배
  - _____ 10 (강령) 발표(1900)
  - _____ 11 (서학당): 영국의 종교로 위장해 활동
  - _____ 12 : 제주도에서 활동

사료 읽기 | 동학 농민 운동

• 무장 창의문
우리는 비록 초야의 유민이지만 임금의 토지를 부쳐 먹고 임금의 옷을 입고 사니 어찌 국가의 존망을 앉아서 보겠는가. 원컨대 각 읍의 여러 군자는 한 목소리로 의를 떨쳐 일어나 나라를 해치는 적을 제거하여 위로는 나라의 종사를 보전하고 아래로는 백성들을 편안케 하자.

• 백산 격문
우리가 의(義)를 들어 여기에 이르렀음은 그 본의가 결코 다른 데 있지 아니하고 창생을 도탄 중에서 건지고 국가를 반석 위에다 두고자 함이라. 안으로는 탐학한 관리의 머리를 베고 밖으로는 횡포한 강적의 무리를 쫓아 내몰고자 함이라. 양반과 부호의 앞에서 고통을 받는 민중들과 굴욕을 받는 소리(小吏)들은 우리와 같이 원한이 깊은 자이라. 조금도 주저하지 말고 이 시각으로 일어서라. 만일 기회를 잃으면 후회하여도 돌이키지 못하리라.

• 동학 농민군 4대 강령
① 사람을 죽이지 말고 가축을 잡아먹지 말 것
② 충효를 다하여 세상을 구하고 백성을 평안하게 할 것
③ 일본 오랑캐를 몰아내고 나라의 정치를 깨끗하게 할 것
④ 군대를 이끌고 서울로 들어가 권세가와 귀족을 모두 없앨 것

• 집강소의 설치
동학도들은 각 읍에 할거하여 공해에 집강소를 세우고 서기와 성찰, 집사, 동몽 등을 두니 완연한 하나의 관청으로 되었다. …… 전봉준은 수천 명의 군중을 끼고 금구 원평에 틀고 앉아 (전라)우도에 호령하였으며 김개남은 수만 명의 군중을 거느리고 남원성을 타고 앉아 (전라)좌도를 통솔하였고 그 밖의 김덕명, 손화중, 최경선 등은 각기 한 지방씩 할거하여 탐학불법을 일삼으니 개남이 가장 심하였다. 전봉준과 같은 사람은 동학도들에 의거하여 혁명을 꾀하고 있었다.
－「갑오약력」

• 전봉준 공초
문: 작년(1894) 3월 고부 등지에서 무슨 사연으로 민중을 크게 모았는가?
답: 그때 고부 군수(조병갑)가 정해진 액수 외의 가렴주구가 몇 만 냥에 이르렀으므로 수탈에 원망이 심하여 의거하였다.
……
문: 작년 전주 화약 이후 다시 군대를 일으킨 이유가 무엇이냐?
답: 그 후에 들은즉 일본이 개화를 구실로 군대를 동원하여 왕궁을 공격하고 임금을 놀라게 했으니, 의병을 일으켜 일본과 싸워 그 책임을 묻고자 함이다.

정답 1 탐관오리 2 노비 문서 3 면천 4 재가 허용 5 평균 분작 6 공사채 7 신분 차별 8 갑오개혁 9 활빈당 10 대한사민논설 11 영학당 12 방성칠의 난

1차 갑오개혁[*]

→ 군국기무처(1차 김홍집 내각), 1894. 6.~1894. 11.

● 정치

- ___1___ 사용 ⇨ 청의 연호 X, 조선 건국 연호
- 왕실 (→ ___2___ 설치)과 정부 사무(→ ___3___ 기능 강화) 분리 ⇨ 왕이 정치 X
- 6조 ⇨ ___4___, ___5___ 와 함께 기능 강화
- ___6___ 폐지 ⇨ 근대식 관리 선발 제도 도입
- ___7___ 와 언론 기관 폐지
- 관리 감찰 기구 ___8___ 설치(이듬해 폐지)
- 경찰 업무 담당 ___9___ ⇨ ___10___ 설치
  └ 근대적 경찰 제도

● 경제

- 왕실 재정 분리 ⇨ ___11___ 으로 재정 일원화
- 경제 제도 개혁 ─ 조세의 ___12___
  일본 화폐로 조세 납부 허용
  ├ ___13___ 제도
  ├ ___14___ 제정
  └ ___15___ 통일(척관법)

● 사회

- 신분 제도 폐지 ⇨ ___16___ 혁파, ___17___ 금지
- 악습 폐지 - ___18___, ___19___, ___20___ 폐지
- ___21___ 허용

2차 갑오개혁[*]

→ 2차 김홍집 내각(박영효와 연립 내각), 1894. 11.~1895. 5.

독립서고문

홍범14조
- 1조항, ___22___ 에 의존하지 않고 ___23___ 의 기초를 세운다
- 왕실 사무와 정부 사무 혼동 X
- 조세의 징수와 경비 지출은 모두 ___24___ 의 관할에 속한다
- 교육을 장려한다 → 구체화 **교육 입국 조서**

● 정치

- **일본식 내각 수립: 8아문** ⇨ ___25___ + ___26___ (ex. 탁지부)
- **지방 행정 구역 정비: 8도** ⇨ ___27___
- **군제 개혁** - ___28___, ___29___, ___30___ 설치
  └ 형식적 설치, 개혁 소홀(식민지 침략 목적)
- 장교 교육·징병제 실시 시도
- 지방관의 권한 축소 - 행정권, 군사권, 사법권
  └ 재판소 설치

● 경제

- 탁지부 산하 ___31___, ___32___ 설치
- 왕실 재정을 담당하는 ___33___ 설치

● 사회

- 재판소 설치 ⇨ 사법권의 독립
  ┌ ___34___ 재판소 → ___36___ 재판소
  └ ___35___ 재판소
- 교육 조서 반포 " ___37___ 의 함양"
  ⇨ 근대식 관립 학교 설립
  ___38___, ___39___ 설립

8아문		7부
내무아문		내부
외무아문		외부
탁지아문		탁지부
군무아문	⇨	군부
법무아문		법부
학무아문		학부
공무아문		농공상부
농상아문		

정답 1 개국 기원 2 궁내부 3 의정부 4 80아문 5 궁내부 6 과거제 7 사간원 8 도찰원 9 좌우포도청 10 경무청 11 탁지아문 12 금납화 13 은본위 화폐 14 신식 화폐 발행 장정 15 도량형 16 신분제 17 연좌제 18 조혼 19 고문 20 노비 21 과부 재가 22 청나라 23 자주독립 24 탁지아문 25 대신 26 협판 27 23부 28 훈련대 29 시위대 30 신설대 31 관세사 32 징세서 33 궁내부 34 지방 35 한성 및 인천 등 개항장 36 순회 37 교육 입국 조서 38 한성 사범 학교 39 외국어 학교

해커스공무원학원·공무원인강·교재 Q&A gosi.Hackers.com **218**

43 갑오·을미개혁의 내용 분석 ②

을미개혁

→ 4차 김홍집 내각, 1895. 8.~1896. 2.

● 정치

- ' [   ]¹ ' 연호 사용
- [   ]² (중앙군), [   ]³ (지방군) 설치
  └ 지방관의 군사권 완전히 X

● 사회

- [   ]⁴ 선포
- [   ]⁵ 반포 ⇒ 근대식 소학교 설립
- [   ]⁶ 사용
- [   ]⁷ 설치(← [   ]⁸ 으로 우정국 개국 실패)
- [   ]⁹ 시행
  └ 일종의 예방 주사

🗣 사료 읽기 | 갑오·을미개혁

• 제1차 갑오개혁 법령

군국기무처에서 올린 의안이 다음과 같았다.

1. 이제부터는 국내외의 공문서 및 사문서에 개국 기년을 쓴다.
1. 죄인 자신 이외의 일체의 연좌율을 폐지한다.
1. 과부의 재혼은 귀천을 막론하고 자유에 맡긴다.
1. 문벌, 양반과 상민들의 등급을 없애고 귀천에 관계없이 인재를 선발하여 등용한다.
1. 공노비와 사노비에 관한 법을 일체 폐지하고 사람을 사고파는 일을 금지한다.

• 홍범 14조

제1조 청에 의존하는 생각을 버리고 자주 독립의 기초를 세운다.
제2조 왕실 전범을 제정하여 왕위 계승의 법칙 및 종친과 외척과의 구별을 명확히 한다.
제3조 임금은 각 대신과 의논하여 정사를 행하고 종실 외척의 내정 간섭을 용납하지 않는다.
제4조 왕실 사무와 국정 사무를 나누어 혼동하지 않는다.
제5조 의정부 및 각 아문의 직무, 권한을 명백히 규정한다.
제7조 조세의 징수와 경비 지출은 모두 탁지아문의 관할에 속한다.
제9조 왕실과 관부의 1년 회계를 예정하여 재정의 기초를 확립한다.
제10조 지방 제도를 개정하여 지방 관리의 직권을 제한한다.
제12조 장교를 교육하고 징병을 실시하여 군제의 근본을 확립한다.
제14조 문벌을 가리지 않고 인재 등용의 길을 넓힌다.

• 교육 입국 조서

세계 형세를 보면 부강하고 독립하여 발전하는 나라는 인민의 지식이 개명하였다. 지식의 개명은 교육의 선미로써 되었으니, 교육은 실로 국가를 보존하는 근본이라 할 수 있다. …… 이제 내가 강령을 보이어 허명은 버리고 실용을 쓰도록 하겠다.

• 단발령

대군주 폐하께서 "짐이 신민(臣民)에 앞서 머리카락을 자르니, 짐의 뜻을 잘 본받아 만국과 나란히 서는 대업(大業)을 이루라"라고 하시었으니, …… 무릇 우리 대조선국 신민인 자가 누가 감동하여 나아가지 아니하리오. …… 개국 504년 11월 15일

— 「관보」

(44) 독립 협회와 대한 제국 ②

1897

고종의 환궁(2月) → ___¹ 으로 (現 ___² , 외국 공사관 밀집 지역)

- ___³ 설치(3月): 정치 개혁 기구 (→ 1899. "(법규)교정소"로 개칭)
- ___⁴ 설치(6月): 역사 편찬 기구
- ___⁵ 선포 + ___⁶ 단행(10月)

  "옛 것을 본받고(___⁷ 지키고) 새 것을 참고한다(___⁸ , ___⁹ , ___¹⁰)"

  ⇒ ___¹¹

  - **국호**: 조선 → ___¹²
  - **연호**: 건양 → ___¹³
  - **호칭**: 왕 → ___¹⁴ (즉위식: ___¹⁵ = 환구단)

    ⇒ ___¹⁶ 의 영향력 추락

1898. 3. ~ 10.

___¹⁷ 개최 ← 독립 협회 (회장: ___¹⁸)

- ___¹⁹
- 3月 ~ 10月 여러 번
- ___²⁰ 비판

  ⇒ ___²¹ 의 ___²² 수립

1898. 10. < ___²³ 개최> ──────→ ___²⁷ 채택

- ___²⁴ + ___²⁵ → 고종의 재가
- 10월 딱 한 번 '___²⁸ 반포'
- 최초 연설자 – ___²⁶ 박성춘 └ 관선 25 + 민선 25

사료 읽기 | 헌의 6조

1. 외국인에게 의지하지 말고 전제황권을 견고히 할 것
2. 외국과의 이권에 관한 조약은 각 대신과 중추원 의장이 합동 날인하여 시행할 것
3. 국가 재정은 탁지부에서 전관하고, 예산과 결산을 국민에게 공포할 것
4. 중대 범죄를 공판하되, 피고의 인권을 존중할 것
5. 칙임관을 임명할 때에는 정부에 그 뜻을 물어서 중의에 따를 것
6. 정해진 규정을 실천할 것

1899. 8.

↔ 보수 세력의 반발 ⇒ _____ 1 사건
└─ 독립 협회가 _____ 2 을 추구했다고 모함
⇓
진보 내각 실각, _____ 3 의 _____ 4 수립
└─ _____ 5 철회 + 폐지
⇓
고종의 _____ 6 명령 ↔ 철회 시위 < _____ 7 의 시위>
⇓
_____ 8 중심 _____ 9 결성 ┈┈ 충돌
⇓
1898. 12. 고종의 군대 동원 → _____ 10, _____ 11 체포
⇒ 해산

| _____ 12 **반포** | ← 고종 + _____ 13 |

• 일종의 _____ 14

• " _____ 15 은 무한하다" ⇒ 정치의 근대화 역행

사료 읽기 | 대한국 국제

제1조 대한국은 세계 만국이 공인한 자주 독립 제국이다.
제2조 대한국의 정치는 만세불변의 전제 정치이다.
제3조 대한국 대황제는 무한한 군권을 누린다.
제5조 대한국 대황제는 육해군을 통솔한다.
제6조 대한국 대황제는 법률을 제정하여 그 반포와 집행을 명하고 대사, 특사, 감형, 복권 등을 명한다.
제7조 대한국 대황제는 행정 각부의 관제를 정하고, 행정상 필요한 칙령을 발한다.
제9조 대한국 대황제는 각 조약 체결 국가에 사신을 파견하고 선전, 강화 및 조규를 체결한다.

📁 광무 개혁의 내용 분석(1897)✦

● 정치

- _____¹ 반포(² . 8.)
- **지방 행정 구역 개편: 23부 337군** ⇒ _____³
- 평양을 _____⁴ 으로 격상(⁵ 건설)

● 경제

- _____⁶ 실시 → _____⁷ 발급
  └ 토지 소유권 인증서
  1901 ~ 1904. _____⁸ 으로 중단
  → _____⁹ 설치(1898) → 양전 사업 실시
  └ _____¹⁰ 설치(1901) → 지계 발급 (전국적 X, 일부 지역)
  ⇒ _____¹¹ 제도 확립
  일제 _____¹² 명분에 대한 반론 제기

- _____¹³ 정책 "생산량을 늘리고, 산업을 부흥시킨다"
  ⇒ 각종 근대식 회사·공장 설립(섬유, 운송 등)

- _____¹⁴ 통일 - _____¹⁵ 설치
- _____¹⁶ 제도 시도(⇒ 실패)
- **황실 재정 확대** ┬ _____¹⁷ 의 기능 강화
  └ _____¹⁸ , _____¹⁹ 전매
  └ 연초 공장 설치
- _____²⁰ 사업 실시 → _____²¹ 설치
- _____²² 설치(1900) - _____²³ 철도 공사 시도 ⇒ 실패
- _____²⁴ 조직 - 보부상 지원 단체(1899)

● 사회

- 실업 학교, 상업·공업 학교 설립 ⇒ _____²⁵ , _____²⁶
  cf. 교육 입국 조서 취지 X
- 고등 재판소 ⇒ _____²⁷ 으로 개칭
- _____²⁸ 추가 설치

● 군사

- 실질적 군사 개혁 - _____²⁹ 설치 ⇒ 군 최고 _____³⁰ 장악
  └ 황제 = 국가 원수
- _____³¹ , _____³² 의 군사력 증강
- _____³³ 설립

● 외교

- **대외적 개혁** ┬ 1899. _____³⁴ 체결 - 청과 동등한 무역
  │ ⇒ _____³⁵ 파기
  ├ 1900. 독도 - (대한 제국) _____³⁶ 반포
  │ 울릉도 ⇒ _____³⁷ , 관할 도서로 독도 명시
  ├ 1903. 간도 - 북변 _____³⁸ _____³⁹ 임명
  │ 연해주 - _____⁴⁰ 설치(1900)
  │ └ in. 블라디보스토크
  └ _____⁴¹ 에 대표 파견(1900)

45 국권 피탈 과정 ↔ 의병과 애국 계몽 운동 ①

1903

용암포 사건
- [1] 의 [2] 불법 점령

1904

1月. 고종의 국외 중립화 선언
2. 8. [3] 발발(뤼순 공격)
2. 10. [4] 포고
★< [5] > 체결(2月)
- [6]
- 제3국과 조약 체결 시 일본에게 승인 절차를 거침
- [7]
⇒ 독도 불법 점령

⇨ 러·일 전쟁에서 [8] 이 우세해짐

8月. ★< [9] > 체결
- 내정 간섭: [10] 시작
  - 외교 고문: [11] ⇨ [12] 공사관 철수
  - 재정 고문: [13]
    - [14] 시행(발표: 5月)
      - 국가 재정 업무 장악
    - 1905. [15] 실시(7月)

1905

7月. < [16] > - 미. 필리핀 / 일. 한국
8月. < [17] > - 영. 인도 / 일. 한국
9月. < [18] 항복 → 러·일 전쟁 종결
⇨ < [19] >
- [20] 이북 도서 일본이 점유
- 일본의 한국 지배에 대한 [21] 의 국제적 묵인 약속
11月. ★< [22] >([23]) 체결
- [24] 박탈(← 스티븐스)
  - 1908. 장인환·전명운 샌프란시스코 의거
- [25] 설치(= 외교부)
- 통감부·각 지방에 [26] 설치
- [27] 공사관 철수 (but. 실제 철수 X)

👦 더 알아보기 을사늑약 반대 투쟁

- 고종의 을사늑약 부인 친서 발표 - [28] 에 게재
- 조병세, [29] , [30] - 을사늑약 파기 상소
- [31] - 장지연의 ' [32] ' 게재
- 민영환(' [33] '), 조병세, 홍만식 자결
- [34] 를 미국에 특사 파견 ⇨ 미국의 무시
- 1907. 헐버트의 건의로 _____ [35] 파견(← 고종의 지령)
  - 네덜란드 2차 만국 평화 회의에 이준, 이위종, [36] 파견
  → 실패 이유: 영·일의 방해, 외교권이 박탈된 상태
- [37] , [38] - [39] 암살단 조직 ⇨ [40] 창시(1909)
※ 5적 - 7부 장관 중 을사늑약 찬성 5명(이완용, 이지용, 박제순, 권중현, 이근택)

45 국권 피탈 과정 ↔ 의병과 애국 계몽 운동 ②

1907

헤이그 특사 파견

⇓

_____ 1 의 강제 퇴위

_____ 2 **즉위, 연호:** _____ 3

★< _____ 4 >(= 정미 7조약)(1907. 7.)

- _____ 5 의 권한 강화 – 고위 관리 추천, 인사권
- 일본인으로 _____ 6 교체
  ⇨ 차관 정치 시작
- **부수 각서:** _____ 7 (⇨ 의병 가담)
- _____ 8 (언론 탄압), _____ 9 (애국 계몽 운동 탄압)
  제정

1909

★< _____ 10 >(1909. 7.)

- _____ 11 박탈
- _____ 12 박탈
- 통감부에 _____ 13 설치
  (→ 1910. 6. 경찰 사무권 박탈)

1910

★< _____ 14 > "경술국치"
  (1910. 8. 29.)

- 국권 강탈
- _____ 15 설치
  → _____ 16 총독 부임

정답 1 고종 2 순종 3 융희 4 한·일 신협약 5 통감 6 차관 7 군대 해산 8 신문지법 9 보안법 10 기유각서 11 사법권 12 감옥 사무권 13 사법청 14 한·일 병합 조약 15 조선 총독부 16 데라우치

📖 맵핑 핵심 자료

▨ 제1차 한·일 협약

제1조 대한 제국 정부는 대일본 제국 정부가 추천하는 일본인 1명을 재정 고문으로 초빙하여 재무에 관한 사항은 일체 그의 의견을 들어 시행할 것

제2조 대한 제국 정부는 대일본 제국 정부가 추천하는 외국인 1명을 외교 고문으로 외부에서 초빙하여, 외교에 관한 중요한 업무는 일체 그의 의견을 들어 시행할 것

▨ 일본의 한국 지배에 대한 열강의 묵인

• 가쓰라·태프트 밀약(1905. 7.)

첫째, 필리핀은 미국과 같은 친일적인 나라가 통치하는 것이 일본에게 유리하며, 일본은 필리핀에 대해 어떤 침략적 의도도 갖지 않는다.

둘째, 극동의 전반적 평화를 유지하는 데는 일본, 미국, 영국 등 3국 정부의 상호 양해를 달성하는 것이 최선의 길이며 사실상 유일한 수단이다.

셋째, 미국은 일본이 대한 제국의 보호권을 확립하는 것이 러·일 전쟁의 논리적 귀결이며 극동평화에 직접 이바지하는 것으로 인정한다.

• 제2차 영·일 동맹(1905. 8.)

제3조 일본은 한국에 있어서 정치, 군사 및 경제적으로 탁월한 이익을 가지므로 영국은 일본이 그 이익을 옹호·증진하기 위하여 정당하고 필요하다고 인정하는 지도, 감리 및 보호 조치를 한국에 있어서 취할 권리를 승인한다.

• 포츠머스 조약(1905. 9.)

제2조 러시아 제국 정부는 일본 제국이 대한 제국에서 정치상, 군사상 및 경제상의 탁월한 이익을 갖는다는 것을 인정하고 일본 제국 정부가 대한 제국에서 필요하다고 인정되는 지도, 보호 및 감리의 조처를 하는 데 이를 저지하거나 간섭하지 않을 것을 약속한다.

▨ 제2차 한·일 협약(을사늑약)

1. 일본국 정부는 동경에 있는 외무성을 경유하여 금후에 대한 제국의 외국에 대한 관계 및 사무를 감리·지휘함을 기하고, 일본국의 외교 대표자 및 영사는 외국에 거주하는 대한 제국의 신민 및 이익을 보호함을 가함

2. 일본국 정부는 한국과 타국 간에 현존하는 조약의 실행을 완수하는 임무에 당(當)하고 한국 정부는 금후에 일본국 정부의 중개에 경유치 않고서 국제적 성질을 가진 하등의 조약이나 또는 약속을 하지 않기를 서로 약속함

3. 일본국 정부는 그 대표자로 대한 제국 황제 폐하의 궐하에 1명의 통감을 두게 하며, 통감은 오로지 외교에 관한 사항을 관리하기 위하여 경성에 주재하고 친히 대한 제국 황제 폐하를 알현할 수 있는 권리를 가짐

▨ 한·일 신협약(정미 7조약)

제1조 한국 정부는 시정 개선에 관하여 통감의 지도를 받을 것

제2조 한국 정부의 법령 제정 및 중요한 행정상의 처분은 미리 통감의 승인을 거칠 것

제4조 한국 고등 관리의 임면은 통감의 동의로 이를 이행할 것

제5조 한국 정부는 통감이 추천하는 일본인을 대한 제국 관리에 고용할 것

[부수 비밀 각서]

제3조 다음 방법에 의하여 군비를 정리함

1. 육군 1대대를 존치하여 황궁 수위를 담당하게 하고 기타를 해산할 것

▨ 한·일 병합 조약

제1조 한국 황제 폐하는 한국 전부에 관한 모든 통치권을 완전 또는 영구히 일본국 황제 폐하에게 양여한다.

제2조 일본국 황제 폐하는 앞조에 기재한 양여를 수락하고 완전히 대한 제국을 일본 제국에 병합함을 승낙한다.

제7조 일본국 정부는 성의로써 충실하게 신제도를 존중하는 한국인으로서 싱당한 자격을 가진 자를 사정이 허락하는 범위에서 한국에 있어서의 일본국 관리로 등용할 것이다.

📁 **항일 의병史** → 위정척사 운동의 영향

[1]

- 2 , 3 반대

• **양반** 4 들 중심: 5 (6), 7 (8), 기우만, 허위
  + 9 잔여 세력(10) 가담

• 지방 관아 습격

• 11 처단 ⇒ 12 사살
  └ 을미개혁 주동자들

• 고종 - 단발령 철회, 의병 해산 권고 " 13 "
    ⇒ 자진 해산

but. 농민들 해산 거부 → 14 조직(1900~1904)
              강령: 15 (1900)

[16]

- 17 반대
  ┌ 홍주성 점령
• **유생**: 18 , 민종식 + **평민 의병장**: 19
  └ 체포 ⇒ 대마도 유배 ⇒ 아사   └ "태백산 호랑이"
                                경북 평해, 울진 활동

• 최초의 평민 의병장 출현

• 20 활발히 전개

😮 **사료 읽기 | 대한 사민 논설(활빈당 강령)**

1. 요순의 법을 행할 것
2. 선왕의 복제를 본받을 것
   ...
5. 방곡을 실시하여 구민법을 채용할 것
6. 시장에 외국 상인의 출입을 엄금할 것
7. 행상에 징세하는 폐해를 제거할 것
8. 금광의 채굴을 엄금할 것
   ...
13. 철도 부설권을 허락하지 말 것

[21]

= 22 - 23 강제 퇴위, 24 반대 ⇒ 시위대 대대장 25 자결

• **유생**: 26 + **평민 의병장**: 27 (포수) + **해산 군인들** 참여
  허위   안규홍(천민), 신돌석

• 28 결성(1907) = 13도 의병 연합 부대
      └ 총대장: 이인영, 군사장: 허위
            ⇒ 1908. 29 : 30 점령 → 31 까지 진격 ⇒ 실패

• 32 에 교전 단체 승인 요청 = 33

• 1909. 이후 호남 지역에 모여 활동 ⇒ 34
  ↔ 일본의 35 작전 전개 ⇒ 성공 ┌ 36 의병화
                                └ 37 독립군

🔵 **의병 투쟁의 의의와 한계**

• **의의**: 구한말 38 무장 투쟁

• **한계**: 39 의식 탈피 X
  ┌ 40 주축
  ├ 41 의 자진 해산
  └ 정미의병 ┌ 42 제외(서울 진공 작전에서)
            ├ 의병들 사이 43 잔존
            └ 44 의 부친상 → 진공 작전 불참

📂 애국 계몽 운동 ⇐ [____1] 활동
⇒ [____2] 운동

근대 교육	근대 산업 육성
└ [___3] 설립 ⇒ [___4] 설립	└ [___6] 설립
언론 활동 ⇒ [___5] 발간	

- **이론적 배경:** [____7] (약육강식, 적자생존, 우승열패)
  ⇒ [____8] 결성

★
[____9] ([__10] , 보국 안민회)

- **조직:** [__11] , [__12] 등의 유생 + 관료 출신 중심으로 조직
- **활동:** 일본의 [__13] 요구 철회 운동
  ⇒ 성공 – 자주적 [__14] 위해 [__15] 설립
  ↔ [__16] . 일제가 [__17] 설립
- 일본의 압력으로 해산

[__18] ([__19])
- **조직:** [__20] , [__21]
- **활동** ┌ [__22] 주장(독립 협회 계승)
  │   └ [__23]
  └ [__24] 친일 행위 규탄
       └ 대표적 친일 단체(1904)
          [__25] , 민원식, [__26] 등
- 일제에 의해 해산

[__27] ([__28])
- **조직:** [__29] , [__30]
- 전국 25개 [__31] 설치
- [__32] , [__33] , [__34] 간행, 산업 부흥
- 1907. 고종의 [__35] ⇒ 해산

[__36] ([__37])
- **조직:** [__38]
- [__39] 전개(교육의 보급·산업 개발·민권 신장)
- [__40] 이후 일제의 탄압⬆
  → 지도부가 온건적 인사로 교체
  → 일진회와 연합 추진 ⇒ [__41] , 변질

📁 애국 계몽 운동

★ [_____ 1 _____] (2 ~ 3) 회장 4 , 부회장 5

- **조직:** 6 , 7 , 8 이회영, 이동휘, 9 , 10 등
- 11
- 12 최초 주장(근대 국민 국가 건설)
- **활동 –** 13 = 애국 계몽 + 항일 무장 투쟁
  ⇒ 14 설립(15)

● 교육

- 16 (1907. 정주) – 17
- 18 (1908. 평양) – 19
- 20 에서 활동

● 근대 산업

- 평양 – 21
- 평양·대구 – 22
- 23 , 24 설립
  ⇒ 독립 운동 자금 자체 조달

● 문화 사업

- 25 후원
- 26 발간 – 27 기관지 역할
  └ 창간은 1904
- 『 28 』잡지 발간 – 최남선의 ' 29 '

- **해체** ┬ 1909. 30 – 이토 히로부미 암살
  ├ 1910. 31 조작
  │ └ 안명근 – 데라우치 암살 미수 사건
  └ 32 . 33 ⇒ 신민회 해체

사료 읽기 | 애국 계몽 운동

- **대한 자강회 취지문**

무릇 우리나라의 독립은 자강(自强)에 있음이라. 오늘날 우리 한국은 3,000리 강토와 2,000만 동포가 있으니, 힘써 자강하여 단체가 합하면 앞으로 부강한 전도를 바랄 수 있고 국권을 능히 회복할 수 있을 것이다. 자강의 방법으로는 교육을 진작하고 산업을 일으켜 응하게 하면 되는 것이다. 무릇 교육이 일지 못하면 민지(民智)가 열리지 못하고, 산업이 늘지 못하면 국가가 부강할 수 없다. 그런즉, 민지를 개발하고 국력을 기르는 길은 무엇보다도 교육과 산업을 발달시키는 데 있지 않겠느냐?

- **신민회 결성 취지문**

신민회는 무엇을 위하여 일어났는가? 백성의 풍습이 무지하고 부패하니 새로운 사상이 급하고 백성이 우매하니 신교육이 시급하도다. …… 도덕의 타락으로 신윤리가 시급하고 문화의 쇠퇴로 신학술이 시급하며, 실업이 취약함으로 신모범이 시급하고 정치의 부패로 신개혁이 시급함이라. …… 이것이 신민회가 발원하는 바이고, 신민회가 품은 뜻이며, 간단히 말해 오직 새로운 정신을 환기시키고 새로운 단체를 조직하여 신국가를 건설하는 것뿐이다.

- **신민회 4대 강령**
1. 국민에게 민족의식과 독립 사상 고취
2. 동지를 발견하고 단합하여 국민 운동 역량 축적
3. 상공업 기관 건설로 국민의 부력(富力) 증진
4. 교육 기관 설립으로 청소년 교육 진흥

정답 1 신민회 2 1907 3 1911 4 안창호 5 양기탁 6 안창호 7 양기탁 8 이승훈 9 이상재 10 신채호 11 비밀결사 12 공화정 13 실력 양성론 14 신흥 강습소(무관 학교) 15 서간도 16 오산 학교 17 이승훈 18 대성 학교 19 안창호 20 서북학회 21 자기 회사 22 태극 서관 23 조선 광문회 24 안악 양명 학교 25 대한매일신보 26 대한매일신보 27 신민회 28 소년 29 해에게서 소년에게 30 안중근 31 105인 사건 32 1911 33 105인 사건

해커스공무원학원·공무원인강·교재 Q&A gosi.Hackers.com **229**

🗂 열강의 이권 침탈(아관파천 이후 본격화)

● 러시아

- _____ 1 · _____ 2 · _____ 3 (1896)
- 경원 · 종성 광산 채굴권(1896)

● 미국

- _____ 4 (평안도) 광산 채굴권(1896)
  └ 노다지의 유래
- 수도 · 전기 · 전차 부설권
- _____ 5 (1896) → _____ 6 에 양도(1897)

● 프랑스

- _____ 7 (1896) – 재정 부족으로 포기 → _____ 8 에 양도(1904)
- 창성(평안도) 광산 채굴권(1901)

● 일본

- _____ 9 (충청도) 광산 채굴권(1900)
- _____ 10 부설권(1898)
- _____ 11 부설권(1904)

● 독일 _____ 12 (강원도) 광산 채굴권(1897)

● 영국 _____ 13 (평안도) 광산 채굴권(1900)

> ※ 철도에 집착한 일본
> - _____ 14 통치 기반 목적
> - 대륙 침략, _____ 15 목적
> - _____ 16 목적

🗂 일본의 토지 약탈(러 · 일 전쟁 이후 본격화)

| 개항 초기 | _____ 17 를 통해 불법적 토지 소유 확대 |

⇓

| 청 · 일 전쟁 이후 | 전라도 일대(_____ 18 , _____ 19 , _____ 20)에 대농장 경영 |

⇓

| 러 · 일 전쟁 이후 | 토지 약탈 본격화(한 · 일 의정서) |

- _____ 21 약탈, _____ 22 약탈 ⇨ _____ 23 확보 목적
- _____ 24 요구 → _____ 25 가 저지
  └ 명목: 철도 정거장 건설 부지
- _____ 26 (_____ 27): 일본인의 토지 소유 합법화
- _____ 28 설립(_____ 29)하여 토지 수탈 자행

정답: 1 인천월미 2 절영도 3 저탄소 4 운산금광 5 경인선 6 미국자본 7 경의선 8 일본자본 9 직산 10 경부선 11 경원선 12 당현금광 13 은산금광 14 식민지 15 군사시설 16 경제적침투 17 개항장 18 군산 19 옥구 20 나주 21 철도부지 22 군용지 23 군사기지 24 황무지개간권 25 보안회 26 토지가옥증명규칙 27 1906 28 동양척식주식회사 29 1908

📁 일본의 금융 · 재정 장악 ⇨ 메가타의 경제 정책

★ _____1_____ (1905 ~ 1909)

● 배경

- ____2____ 남발로 인한 물가 상승
- ____3____ . _____4_____ → 재정 고문: ____5____
  - ─ 징세 기구 개편 = 정치권 장악
  - ─ ____6____ 폐지, 황실 재정 해체
  - ─ 일본 ____7____ 의 성장 ↔ 국내 민족 은행 설립
    - (____8____ · ____9____ · ____10____ 은행)
  - └ ____11____ 폐지(1904)
    - └ 화폐 주조 담당

● 실시

- 재정 고문 ____12____ 의 주도
- 백동화를 일본 _____13_____ 화폐(본위 화폐)로 교환 ⇨ 대한 제국 ____14____ 박탈
  - └ 일본 화폐 아님

- **교환 기준** - 갑종: 2전 5리 / 을종: 1전 / 병종: 교환 X → 교환 과정에서 백동화 ____15____

● 결과

- 국내 상인 도산, 국가 재정 악화
  - → 1907. 일본의 ____16____ 제공: 누적 차관 ____17____
- 조선 민족 은행(____18____ , ____19____)의 몰락
  - → 일본 은행에 예속화, 완벽한 금융 장악
- 어음 · 대부업의 ____20____ 로 ____21____ 발생 → 일시적 경제 공황
  - └ 유통 화폐 부족 현상
- 제일은행권의 ____22____
- ____23____ 실시

🔊 사료 읽기 | 화폐 정리 사업

- 상태가 매우 양호한 갑종 백동화는 개당 2전 5리의 가격으로 새 돈과 교환하여 주고, 상태가 좋지 않은 을종 백동화는 개당 1전의 가격으로 정부에서 매수하며, …… 단, 형질이 조악하여 화폐로서 인정하기 어려운 백동화는 매수하지 않는다.
  - – 탁지부령 제1호(1905. 6.)

- 아무런 예고도 해주지 않고 돌연히 이와 같은 발표를 하고 바로 실시함은 실로 배우지 못한 백성을 죽이는 것으로 어떤 근거를 찾을 수 없다. 특히 한국은 아직 문화 정도가 유치하고 민간에 배부되는 소위 관보가 겨우 30부에 불과하며 신문지와 같은 것도 3천 부 정도 발행하는 데 불과한 상황이다. 그럼에도 불구하고 발표와 동시에 시행이라니 이 조치를 무엇이라 평할 것인가? – 경성 상업 회의소 의원이 일본 정부에 제출한 청원서

- 현재 경제가 공황을 맞아 금융이 막히고 상행위가 끊어져 최근 몇 달 내에 대상인들로 파산한 자가 수십 명이고 그 밖에 도산한 자가 나날이 늘어나 장차 무고한 인민을 멸망시킬 것이라. 그 원인을 살펴보니 …… 셋째, 소위 교환의 수납 방법이 불완전하고 우리나라 상업상 관습으로 순환 융통하는 법을 무시하여 한국 상인 손에는 금융을 불통하게 함이요, 넷째, 신 · 구화 교환의 명령이 갑자기 나와 일반 인민이 모두 모르는 상태에서 오로지 강압적 수단으로 독촉하여 수납함이라.
  - – 황성신문, 1905. 11. 13.

제일 은행권

일본 제일은행이 한국의 재정을 장악할 목적으로 발행하여 유통시킨 지폐로, 1엔권, 5엔권, 10엔권 3종으로 되어 있었다.

정답 | 1 화폐 정리 사업 2 백동화 3 1904 4 제1차 한 · 일 협약 5 메가타 6 내장원 7 제일은행 8 한성 9 한일 10 천일 11 전환국 12 메가타 13 제일은행 14 화폐 발행권 15 평가 절하 16 차관 17 1,300만원 18 한성은행 19 천일은행 20 자금 부족 21 전황 22 남발 23 토지 조사 사업

해커스공무원학원 · 공무원인강 · 교재 Q&A gosi.Hackers.com **232**

📁 경제적 구국 운동

● _____ 1 **시행**(1889~1894, 곡물 유출 금지령)

• **배경**: 일본의 곡물 유출, 조선 내 식량 부족

• **내용**: ___ 2 (___ 3), ___ 4 (___ 5)에 방곡령 선포

• **결과**: 일본이 _____ 6 의 규정을 구실로 방곡령 철회 요구

　　　→ 방곡령 철회 + 일본에 막대한 _____ 7 지불

● ___ 8 **수호 운동**

　청 · 일 상권 침탈 ↔ 서울 시전 상인들은 철시와 외국 상인들의 서울 퇴거 요구(1880년대)

　　　　+ _____ 9 를 조직(1898)하여 외국인의

　　　　불법적인 내륙 상업 활동 저지 요구

● ___ 10 **수호 운동** - ___ 11 가 전개

• 러시아의 ___ 12 (부산) 조차 요구 저지

• ___ 13 폐쇄

• ___ 14 · ___ 15 토지 매입 저지

• ___ 16 · ___ 17 광산 채굴 요구 저지

● ___ 18 **반대 운동** - ___ 19 (1904)

• 일본의 ___ 20 저지

• _____ 21 : 대한 제국 관리와 민간 실업인들이 황무지 개간을 위해 설립(1904)

● ___ 22 (___ 23)☆

• **배경** : 일본의 ___ 24 로 외채 증가

• **내용**: ___ 25 에서 시작(___ 26 , ___ 27 주도)

　　　→ ___ 28 에서 _____ 29 가 설립되어 전국적인 운동으로 확대(양기탁)

　　　→ **언론 기관의 후원**: ___ 30 , ___ 31 , ___ 32 , ___ 33

　　　→ ___ 34 · ___ 35 실시 + 모금 운동 전개

• **결과**: 일진회 · _____ 36 의 방해로 실패 ⇒ ___ 37 구속
　　　└ cf. 총독부 x

🗣️ 사료 읽기 | 근대 경제적 구국 운동

• **황국 중앙 총상회**

– 서울 안에 지계(地界, 廛界)를 정하여 그 구역 내에는 외국인의 상행위를 허락치 말고 그 지계 밖의 본국 각 전(廛)은 총상회에서 관할할 것

– 농상공부에서 허가한 인지(印紙)는 총상회에서 구관(句管 : 맡아 다스림)하여 각 도, 각 군, 장시, 항구, 포구, 객주 회사에서 만물 교역할 때 무명 잡세는 일체 금단하고 규칙을 정하여 이 인지로 신행(信行)할 것

• **농광 회사 규칙**

1. 본사는 농광 회사라 한다.
1. 본사의 자금은 고금(지금의 출자금)으로 성립한다.
1. 고금은 50원씩으로 하며, 5년간에 걸쳐 연 10회 5원씩 나눠 낼 수 있다.
1. 고표(지금의 주식)는 아들 · 사위 · 동생 · 조카 외에 타인에게 저당 잡히거나 매도할 수 없다.
1. 본사는 국내 진황지 개간 · 관개 사무와 산림천택(山林川澤), 식양채벌(殖養採伐) 등 사무 외, 금 · 은 · 동 · 철 · 석유 등의 각종 채굴 사무에 종사할 것.

• **국채 보상 운동**

국채 1,300만 원은 바로 우리 대한 제국의 존망과 직결되는 것이다. 이것을 갚으면 나라가 존재하고, 갚지 못하면 나라가 망할 것은 필연적 사실이나, 지금 국고는 도저히 상환할 능력이 없으며, 3천 리 강토는 내 나라, 내 민족의 소유가 못될 것이다. 그러므로 이 국채를 갚는 방법으로 2천만 인민들이 3개월 동안 흡연을 금하고, 그 다음으로는 한 사람이 매달 20전씩 거둔다면 1,300만 원을 모을 수 있을 것이다.

　　　　　　　　　　　　　　　　　　　　　　　　　　　　– 대한매일신보(1907)

정답 1 방곡령 2 황해도 3 조병철 4 함경도 5 조병식 6 통상 장정 7 배상금 8 상권 수호 9 황국 중앙 총상회 10 이권 11 독립 협회 12 절영도 13 한러 은행 14 미 · 영국인 15 (동)양척 16 프랑스 17 독일 18 황무지 개간 19 보안회 20 황무지 개간권 21 농광 회사 22 국채 보상 운동 23 1907 24 차관 25 대구 26 김광제 27 서상돈 28 서울 29 국채 보상 기성회 30 대한매일신보 31 황성신문 32 제국신문 33 만세보 34 금연 35 금주 36 통감부 37 양기탁

해커스공무원학원 · 공무원인강 · 교재 Q&A gosi.Hackers.com　**233**

47 근대 사회史

신분제 사회
(전근대 사회)
→ 평등 사회

제도적: _____ 1

의식적: _____ 2 의 활동

- _____ 3 순조. _____ 4 해방

- 1882. _____ 5 · _____ 6 의 관직 진출 제한 폐지

- _____ 7 . 갑신정변: 혁신정강 14조 → _____ 8 확립

- 1886. _____ 9 폐지

- _____ 10 . 동학의 _____ 11
  _____ 12 의 공사 노비제 혁파

- 1896. _____ 13 – 호적에 신분 대신 _____ 14 기재

- 1898. 만민 공동회, 관민 공동회 → _____ 15 의 연설

정답 1 노비제 철폐 2 천주교 운동 3 1801 4 공노비 66,000명 5 중인 6 서얼 7 1884 8 인민 평등권 9 노비 세습제 10 1894 11 폐정 개혁안 12 군국기무처 13 호구 조사 규칙 14 직업 15 백정 박성춘

해커스공무원학원·공무원인강·교재 Q&A gosi.Hackers.com 234

48 근대 문화史 ①

📁 근대 언론(신문)

● _____ 1 (_____ 2)⭐
  └ 갑신정변 때 박문국 폐쇄
- 최초의 신문, _____ 3 신문
- _____ 4 에서 발행, 관보적 성격
  (정부의 _____ 5 홍보)
- _____ 6 에 한 번씩 간행

● _____ 7 (_____ 8)
- 최초의 _____ 9 신문
- _____ 10 에서 발행, 관보적 성격
- 최초의 _____ 11 · _____ 12 게재
- 박문국 적자로 폐간

● _____ 13 (_____ 14)⭐
- _____ 15 (민중 계몽, 띄어쓰기 시작) ·
  _____ 16 (외국인에게 국내 사정 소개)
- 최초의 민간 신문 (초기에 정부 지원 받음)
- _____ 17 , _____ 18 에서 발행
- _____ 19 해산 후 폐간

1897 . 대한 제국 수립

● 매일신문(_____ 20 ~ 1899)
- 최초의 _____ 21 , _____ 22 이 참여, 순한글
- 배재학당 학생들이 펴낸 _____ 23 계승

● _____ 24 (_____ 25)⭐
- _____ 26 , 보수적 _____ 27 층 대상
- _____ 28 이 발행
- _____ 29 의 '_____ 30 ' 게재

● _____ 31 (1898 ~ 1910)
- _____ 32 신문, _____ 33 · _____ 34 대상
- _____ 35 이 발행

● _____ 36 (_____ 37)⭐
- _____ 38 · _____ 39 · _____ 40 혼용체
- _____ 41 · _____ 42 이 발행
- 강력한 항일 언론(_____ 43 에 호의적)
- _____ 44 후원
- 고종의 을사늑약 무효 친서 게재
- _____ 45 기관지 역할
- 총독부 기관지인 매일신보로 전락(1910)

● _____ 46 (1906 ~ _____ 47)
- _____ 48 · _____ 49 이 발행,
  _____ 50 기관지(국한문 혼용체)
- 아이와 여성의 인권 신장 강조
- _____ 51 의 「_____ 52 」게재(1906)
- 이인직이 인수하여 대한신문으로 개편(친일화)
  └ (1907-1910)

● _____ 53 (_____ 54 ~ 1910)
- _____ 55 주도
  프랑스 신부가 간행한 것으로 내세움
- _____ 56 기관지, 순한글

🧑 **더 알아보기** 해외 신문
• _____ 57 (1909): _____ 58 에서 발행
• _____ 59 (1908), _____ 60 (1908): _____ 61 에서 발행

정답 1 한성순보 2 1883~1884 3 관보식 4 박문국 5 개화 정책 6 열흘 7 한성주보 8 1886~1888 9 상업 광고 10 박문국 11 국한문 혼용체 12 상업 광고 13 독립신문 14 1896~1899 15 한글판 16 영문판 17 서재필 18 독립 협회 19 독립 협회 20 1898 21 일간지 22 이승만 23 협성회회보 24 황성신문 25 1898~1910 26 국한문 혼용체 27 유생 28 남궁억 29 장지연 30 시일야방성대곡 31 제국신문 32 순한글 33 서민 34 부녀자 35 이종일 36 대한매일신보 37 1904~1910 38 국문 39 국한문 40 영문 41 양기탁 42 베델 43 의병 44 국채 보상 운동 45 신민회 46 만세보 47 1907 48 오세창 49 손병희 50 천도교 51 이인직 52 혈의 누 53 경향신문 54 1906 55 천주교 56 천주교 57 대동공보 58 연해주 59 신한민보 60 신한국보 61 대한제국

48 근대 문화史 ②

📁 근대 교육 기관

	1883	1885	1886	1887	1897

사립

● ___1___ ☆
- 최초 ___2___ 학교
- ___3___ 부사 정현석의 건의
    +
    ___4___ 주민이 공동 설립
- ___5___ (50명) + ___6___ (200명)으로 운영
→ 근대 학문과 무술 교육

● ___10___ 학당
- ___11___

● ___12___ 학당
- ___13___
- 최초의 여성 전문 교육 기관

● ___14___ 학당
- 언더우드

● ___15___
- 앨러스

● 숭실 학교
- 베어드

선교사가 설립한 ___16___ 계통 학교

공립

● ___7___ (사)
- ___8___ 가 설립(+ 정부의 지원)
- ___9___ → 영어와 일어 교육
    └ cf. 학교 X

● ___17___ ☆
- 최초 ___18___ 학교
- ___19___ 자제 대상 → ___20___ (左院) + ___21___ (右院)
- 영어 중심 + 독서 · 지리 · 수학 등 근대 학문 교육
- ___22___ · ___23___ · 벙커 등 외국인 교사 초빙

🗣️ 사료 읽기 | 원산 학사와 육영 공원

• 원산 학사 설립

방금 덕원부사 정현석의 장계를 보니, '덕원부는 해안의 요충지에 위치하고 아울러 개항지입니다. …… 그래서 원산사(元山社)에 글방을 설치하여, 문사는 먼저 경의를 가르치고, 무사(武士)는 먼저 병서(兵書)를 가르친 다음, 아울러 산수(算數) · 격치(格致)와 각종 기기(機器) · 농잠(農蠶) · 광산 채굴 등을 가르치고, ……'
— 「고종실록」

• 육영 공원

– 문 · 무관, 유생 중에 어리고 총명한 자 40명을 뽑아 입학시키고 벙커와 길모어 등을 교사로 초빙하여 서양 문자를 가르쳤다. 문관으로는 김승규와 신대균 등 여러 명이 있고, 유사로는 이만재와 서상훈 등 여러 명이 있었다. 사색 당파를 골고루 배정하여 당대 명문 집안에서 선발하였다.
— 「매천야록」

– 육영 공원에서 학습하는 전공 분야는 언어 · 문자뿐만 아니라 농상 · 의학 · 공기 · 상무 · 이용 · 후생 등 여러 기술 분야를 설치하여 제각기 체계를 갖추도록 하였다. — 「육영공원등록」

정답 1 원산 학사 2 근대 3 덕원 4 덕원 · 원산 5 문예반 6 무예반 7 동문학 8 묄렌도르프 9 통변 학교 10 배재 11 아펜젤러 12 이화 13 스크랜턴 14 경신 15 정신 여학교 16 개신교(기독교) 17 육영 공원 18 관립 19 양반 자제 20 좌원 21 우원 22 헐버트 23 길모어

해커스공무원학원 · 공무원인강 · 교재 Q&A gosi.Hackers.com **236**

48 근대 문화史 ③

📁 근대 교육 기관

1888	1895	1898	1899

사립

● ___ 9 **학교**
  ___ 10 + 애국 지사들이 설립

● ___ 11
  - 우리나라 사람들이 설립한 최초의 여학교
  - ___ 12 가 설립
    └ 1898. 서울 북촌
      우리나라 최초 여성 인권 단체

● ___ 13 **학교**
  - ___ 14 가 설립
  - 최초 ___ 15 소학교

공립

● ___ 1

  사관 양성 학교

● ___ 2 **반포**

- 관립 학교 설립: ___ 3 (을미개혁)
  ___ 4 (1895)
  ___ 5 (1895)
  한성 중학교(1900)

- 근대식 교과서 편찬: 『___ 6 』(윤리)
  『___ 7 』(역사)

* cf. 실업 학교는 ___ 8 의 영향

🗣️ **사료 읽기 | 찬양회와 여권 통문**

첫째, 여성은 장애인이 아닌, 남성과 평등한 권리를 갖는 온전한 인간이어야 한다. 여성은 먼저 의식의 장애로부터 해방되어야 한다.
둘째, 여성도 남성이 벌어다 주는 것에만 의지하여 사는 경제적으로 무능력한 장애에서 벗어나 경제적 능력을 가져야만 평등한 인간 권리를 누릴 수 있다.
셋째, 여성 의식을 깨우치고 사회 진출 능력을 갖기 위해서는 무엇보다 여성들이 남성과 동등한 교육을 받아야 한다.

정답 1 연무 공원 2 교육 입국 조서 3 소학교 4 한성 사범 학교 5 외국어 학교 6 숙혜편람 7 동국역대사략 8 상공업 진흥책 9 흥화 10 개신교 11 순성 여학교 12 찬양회 13 점진 14 안창호 15 사립 정산 학교

📁 근대 교육 기관

1905 — **1906** — **1907 ~ 1908**

사립

● ___1 **학교**
이용익. 서울

● ___2 **의숙**
엄주익. 서울

● ___3 **의숙**
민영휘

● ___4
엄귀비. 서울

● ___5

___6 . 북간도

● ___7 **학교**(1907)
___8 . 정주

● ___9 **학교**(1908)
___10 . 평양

___11 와 관련 ↔ < ___12 >
(1908)

📁 근대 문물의 수용 ⇨ 국민 생활이 편리
but. 열강의 이권 침탈 목적에 이용됨

● 시설

- ___13 (___14) – 무기 제조
- ___15 (___16 ~ ___17) – 화폐 주조 ⇨ 당오전 , 백동화
- ___18 (___19) – 출판
- ___20 (___21) – 최초의 민간 출판사
- ___22 (___23) – 우편 사무 담당, 갑신정변으로 중단
  → 을미개혁 때 우체사에서 재개

● 전신

- 서울 ~ ___24 (1885) – ___25 에 의해 최초로 가설
- 서울 ~ 의주(1885)

● 전등

- ___26 에 최초 설치(___27)
- ___28 가 서울에 가로등 설치(___29)

● 전화   ___30 (덕수궁)에 가설(___31) → 민가까지 확산(1902)

● 병원

- ___32 (___33) – ___34 과 조선 정부의 합작, 최초의 근대식 병원
  └ ___35 으로 개칭(___36) → ___37 으로 개편(___38)
- ___39 (___40) – 관립 신식 의료 기관
  └ ___41 으로 개편(1907), 現 서울대 부속 병원
- ___42 (___43) – 도립 병원, 10여 개 설립

📁 근대 문물의 수용

● 철도

- ___1___ (___2___) – ___3___ 에 의해 최초 착공 ⇨ 일본이 완성
- ___4___ (___5___) – ___6___ 중 일본이 부설(군사적 목적)
- ___7___ (___8___) – ___9___ 가 부설권 획득 포기
  - ⇨ 대한 철도 회사 등이 부설 시도 실패
  - ⇨ 러·일 전쟁 중 일본이 부설
- ___10___ (___11___) – 일본이 부설

노선	구간, 연도
경의선	서울~신의주, 1906
함경선	원산~회령, 1928
평남선	평양~진남포, 1910
경원선	서울~원산, 1914
경인선	서울~인천, 1899
경부선	서울~부산, 1905
호남선	대전~목포, 1914
마산선	삼랑진~마산, 1905

● 전차

- ___12___ ~ ___13___ (___14___) – ___15___ (1898)가 설립
  - └ 황실과 미국 ___16___ 의 합작

● 건물

- 약현 성당(1892), 정동 교회(1897)
- ___17___ (___18___) – 프랑스의 개선문 모방
- ___19___ (___20___) – 중세 ___21___ 양식
- 덕수궁 ___22___ (___23___) – 러시아 사바틴 설계 → 을사늑약 체결 장소
- ___24___ (___25___) – 최초의 근대식 호텔, ___26___ 모임 장소
  - └ 1894, 미국인
    - +
    - 우리나라 지식인
    - (윤치호, 이상재)
- ___27___ (___28___) – 이인직, 최초의 서양식 극장, 신극 공연
- 덕수궁 ___29___ (___30___) – ___31___ 건물
  - 영국 하딩·로벨이 설계

약현 성당

독립문

명동 성당

덕수궁 중명전

덕수궁 석조전

48 근대 문화史 ⑥

📁 국학 연구 – 국사

● 근대 계몽 사학 연구

· 위인 전기문 발간 ┌ 「_____¹」·「을지문덕전」 – _____²
　　　　　　　　 └ 「_____³」·「동명성왕실기」 – _____⁴

　→ 민족 의식 고취 목적(애국심 함양)

· 외국 흥망사 소개: 「_____⁵」, 「_____⁶」 → 교훈 목적

● 대표 인물

　　　　　　　　　　　　　　　　 _____¹² 활동 (1910. 10.)

　　　　　　　　　　　　· _____¹³ · _____¹⁴ 중심으로 설립

　　　　　　　　　　　　· _____¹⁵ 을 정리하여 간행
　　　　　　　　　　　　　└ 「춘향전」, 「심청전」, 「동국통감」 등

· 역사 서술의 주체를 _____⁷ 으로 설정

· 위인 전기문 · 외국 흥망사 저술

· _____⁸ 역사학이 나아가야 할 연구 방향성 제시

· 「_____⁹」 저술(_____¹⁰): _____¹¹ 에 연재, 왕조 중심의 전통 사관 극복,
　　　　　　　　　　　　　일제의 식민주의 사학에 대응

· _____¹⁶ ┌ 「_____¹⁷」 저술 – 한말의 역사 기록
　　　　　　 └ 국권 피탈을 개탄하는 절명시 남기고 자결

· _____¹⁸ ┌ 「_____¹⁹」(중등 교과서), 「_____²⁰」(아동용 교과서) 저술
　　　　　　 └ 「_____²¹」 번역하여 소개

· _____²² – 「_____²³」 저술 – 일본의 침략 비판 및 독립 강조

사료 읽기 | 신채호의 「독사신론」

국가의 역사는 민족의 소장 성쇠의 상태를 서술할지라. 민족을 빼면 역사가 없을지며 역사를 빼어버리면 민족의 그 국가에 대한 관념이 크지 않을지니 오호라, 역사가의 책임이 그 역시 무거울진저 …… 내가 현금 각 학교의 교과용 역사를 보건대 가치있는 역사가 거의 없도다. 제1장을 보면 우리 민족이 지나족(중국족)의 일부인 듯하며, 제2장을 보면 우리 민족이 선비족의 일부인 듯하며, ……

정답 | 1 이순신전 2 신채호 3 강감찬전 4 우기선 5 미국독립사 6 월남망국사 7 민족 8 민족주의 9 독사신론 10 1908 11 대한매일신보 12 조선광문회 13 최남선 14 박은식 15 민족고전 16 황현 17 매천야록 18 현채 19 동국사략 20 유년필독 21 월남망국사 22 박은식 23 한국통사

48 근대 문화史 ⑦

📂 국학 연구 - 국어

- _____ 1 보급
  - _____ 2 의 『_____ 3 』 - 최초로 국한문 혼용체 사용(_____ 4)
  - 국한문 교과서, _____ 5 등

- 순한글 신문 발간: _____ 6 , _____ 7 , _____ 8
  - 국문동식회(1896): 주시경, 독립신문에서 한글 연구, 최초의 띄어쓰기

- 국문연구소 설립(1907) - _____ 9 · _____ 10 중심
  - 『_____ 11 』 제출
    - 국어 맞춤법 제정 목적으로 제출한 연구 보고서
  - 문법서 편찬 ┬ _____ 12 『_____ 13 』
    - 유길준 『_____ 14 』(『_____ 15 』)
  - 이후, _____ 16 (_____ 17) → _____ 18 (_____ 19)로 개편

📂 문예 활동

● 문학

- 소설
  - 고전 소설
    - _____ 20 : _____ 21 의 『혈의 누』(1906) · 『은세계』(1908)
    - _____ 22 의 『_____ 23 』(1908)
    - _____ 24 의 『_____ 25 』(1910)
  - 현대 소설

- 시
  - 고전 시가
    - _____ 26 : _____ 27 의 '_____ 28 '
      - 잡지 『소년』 창간호에 게재(1908)
  - 현대 시

- 외국 문학 번역
  - 『_____ 29 』, 『_____ 30 』, 『이솝이야기』,
  - 『_____ 31 』, 『_____ 32 』

● 연극

- 신극: 최초의 서양식 극장인 _____ 33 (_____ 34) 설립
  - _____ 35 · _____ 36 (_____ 37) 친일적 성향의 작품 공연
- 판소리 · 민속 가면극: 서민들 사이에서 유행, _____ 38 공연(창극) 유행

● 음악

- 서양 음악의 도입: _____ 39 도입
- _____ 40 유행 - 외국 곡에 우리말 가사를 붙여 부른 노래, 독립 의식 · 민족 의식 높이는 데 이바지
  - 『_____ 41 』, 『_____ 42 』, 『_____ 43 』, 『_____ 44 』 등이 유행

● 미술

- 서양 화풍 도입: 서양식 _____ 45 가 그려지기 시작, 한국화 발전에 기여
  - → 일제 강점기에 _____ 46 · _____ 47 등으로 계승
- 한국화 전승 · 발전: _____ 48 등이 유명, 문인 화가들이 전통 회화 발전
- _____ 49 : _____ 50 이 일본의 침략과 친일 매국노 풍자 · 비판

48 근대 문화史 ⑧

📁 종교 활동

● 천주교

- _____1 (_____2) 체결로 포교의 자유 획득
- 고아원·양로원 설립
- _____3 (_____4) 발간
- _____5 설립(1895)
- _____6 조직(간도, _____7) – 청산리 대첩에 참여

● 개신교

- _____8 ·미신 타파·_____9 전파 등에 공헌
- 근대 교육과 근대 의료 발전에 기여

● 천도교

- 동학의 3대 교주 _____10 가 친일 세력(_____11)과 결별 후 동학을 개편(1905)
- _____12 ·_____13 설립
- _____14 발간(_____15)

● 대종교

- _____16 ·_____17 가 _____18 창시(1909) ← _____19
  ⇒ _____20 로 개칭(_____21), 단군 신앙을 기반으로 함
- 국권 피탈 후 해외 독립운동을 적극적으로 전개

● 유교

- _____22 의「_____23」– _____24 중심, 성리학 비판, _____25 강조
- 박은식·장지연 등이 _____26 기반으로 _____27 창설

● 불교

- _____28 의「_____29」– 친일 불교에 대한 저항
  불교의 혁신과 자주성 회복 주장

정답 1 조·프 수호 통상 조약 2 1886 3 경향신문 4 주간지 5 고아원 6 의민단 7 용정촌 8 한글 보급 9 서양 의술 10 손병희 11 이용구 12 보성 학교 13 동덕 여학교 14 만세보 15 일간지 16 나철 17 오기호 18 단군교 19 5적 암살단 20 대종교 21 1910 22 박은식 23 유교구신론 24 양명학 25 대동사상 26 대동교 27 대동교 28 한용운 29 조선불교유신론

49 일제 강점기 시기별 통치 방식의 변화 ①

📁 일제 통치 방식의 변화✷

1910 국권 피탈 — **제국주의 시대** — **1919** 3·1 운동 — **"민족 자결주의"** — **1931** 만주 사변 — **일본은 전쟁 중** — **1945** 광복

"깡패"(데라우치)" 무단 통치

⇒ ___1___ 통치(군인 경찰)

• 독립운동가 색출 · 처단 + 징세~보건 · 위생 관리
  + 모든 행정 분야에 막강한 권한 행사
• ___2___ (즉결 처분권)(1910)
  ___3___ (1912), ___4___ (1912) 제정
  └ 조선인에게만 적용

• ___5___ 설치
  - 일본 의회의 간섭·승인을 받지 않는 일왕 직속 기구
  - **구성 - 총독:** ___6___ 총독 (일본 현역 대장) 임명
    ┌ **정무총감:** 행정 담당
    └ **경무총감** ___7___ 담당 → 헌병 사령관

• ___8___ 설치
  - 총독부의 자문 기구, 명목상 ___9___ 임명
    (___10___ 목적)
  - **의장:** 정무총감(일본인) + 고문과 참의(친일파)로 구성
  - 형식적 기구 ⇒ 3·1 운동 전까지 한 번도 소집되지 않음

• **기본권 박탈**
  - ___11___ (친일 단체)도 해산
  - 언론 · 출판 · 집회 · 결사의 자유 박탈
  - **공포감 조성:** 교사(관공서 직원들까지)가 ___12___ 착용

• 민족 독립운동 탄압 ___13___ ⇒ ___14___ 해체(1911)

• ___15___ 사업 실시 → 토지 약탈 목적

"사기꾼"(사이토) 문화 통치

⇒ ___16___ 통치(친일파 양성)

방침	실상
___17___ 임명 규정	⇒ 해방까지 한 명도 임명된 적 X
헌병 경찰 제도 폐지 → ___18___ 제도 실시	⇒ 인원 X 3 + ___19___ 제 실시
언론 · 출판 · 집회 · 결사의 자유 허용	⇒ 조선 · 동아일보 간행 허용(1920) but 검열, 삭제, 정간, 폐간 자행
지방 자치제 실시 ┌ 지방 행정에 조선인 참여 ___20___, ___21___ 설치	⇒ 선거권 제한 → ___22___ 및 상층 자산가만 참여
교육 기회 확대	⇒ - 초등 교육과 기술 교육 위주 - ___23___ 설립 → 친일파 양성

• ___24___ 제정(1925): 사회주의자 · 독립운동가를 탄압하려는 수단
• ┌ 1920~1934 ___25___ 실시 → 미곡 약탈 목적

> 👤 **더 알아보기** 우리나라 역대 중추원의 기능
> • 고려 - 군사 기밀과 왕명 출납 담당
> • 조선 - 숙위, 경비 등 담당(군정은 병조가 장악)
> • 근대 - 제1차 갑오개혁: 자문 기구
>   - 독립 협회: 의회로의 개편 시도
> • 일제 강점기 - 총독부 자문 기관

"미친 군인"(미나미) 민족 말살 통치

• ___26___ 정책 ┌ 만주사변(1931)
  (전시 체제 돌입) │ 중 · 일 전쟁(1937)
                  └ 태평양 전쟁(1941)

• ___27___ 정책
  - 일본 동화 정책 실시
    → 조선인을 전쟁에 동원하기 위해 조선과 일본이 같은 민족임을 선전
  - ___28___ 강조(일선 동조론)
  - ___29___ · 궁성 요배 강요
  - ___30___ 암송 강요(1937)
  - ___31___ 강요(1939, ___32___ 개정)
  - 조선어 · 조선사 교육 금지(___33___)

• **국가** ___34___ 제정(1938)
  - 인적 · 물적 자원 수탈
  - 강제 징용, 징병, 정신대, 공출제, 국방 헌금

• ___35___ (1940. 10.)
  국민 총력 조선 연맹 조직, 황국 신민 정신의 고양, 징병 독려

• **민족 독립운동 탄압**
  - **조선 사상범** ___36___ 제정(1936):
    독립운동가에 대한 감시 강화
  - **조선 사상범** ___37___ 제정(1941):
    독립운동가는 언제든지 사상범으로 구금 가능

• 조선 · 동아일보 등의 한글 신문 폐간(1940)

• **집회 · 결사** → 허가제

• **소학교를** ___38___ 로 개칭(1941, 국민학교령) ┌ 황국 신민 학교

📖 맵핑 핵심 자료

▨ 조선 총독부 관제

제1조 조선 총독부에 조선 총독을 두고, 총독은 조선을 관할한다.

제2조 총독은 친임(親任)하고 육해군 대장으로서 이것을 충당한다.

제3조 총독은 천황에 직접 예속되고 위임된 범위 내에서 육해군을 통솔하는 한편 조선의 방위를 맡는다. 총독은 제반 정무를 통괄하고 내각 총리 대신을 거쳐 상주를 하고 또한 제가를 받는다.

제8조 총독부에 정무 총감을 두고 정무 총감을 친임한다. 정무 총감은 총독을 보좌하고 부무(府務)를 통리하여 각 부국의 사무를 감독한다.
　　　　　　　　　　　　　 – 1910년 칙령 제354조

▨ 경찰범 처벌 규칙(1912)

1. 다음의 각호에 해당하는 자는 구류 또는 과료(벌금)에 처한다.
2. 일정한 주거 또는 생업 없이 이곳 저곳 배회하는 자
4. 이유 없이 면회를 강요하고 또는 강담, 협박 행위를 하는 자
14. 신청하지 않은 신문, 잡지, 기타의 출판물을 배부하고 그 대금을 요구하거나 억지로 그 구독 신청을 요구하는 자
19. 함부로 대중을 모아 관공서에 청원 또는 진정을 남용하는 자
20. 불온한 연설을 하거나 또는 불온 문서, 도서, 시가를 게시, 반포 · 낭독하거나 큰 소리로 읊는 자

▨ 조선 태형령(1912)

제1조 3개월 이하의 징역 또는 구류에 처하여야 할 자는 그 정상에 따라 태형에 처할 수 있다.

제6조 태형은 태로써 볼기를 치는 방법으로 집행한다.

제7조 태형은 태 30 이상일 경우에는 이를 한 번에 집행하지 않고, 30을 넘을 때마다 횟수를 증가시킨다. 태형의 집행은 하루 한 번을 넘길 수 없다.

제11조 태형은 감옥 또는 즉결 관서에서 비밀리에 집행한다.

제13조 본령은 조선인에 한하여 적용한다.

▨ 문화 통치의 실시

1. 귀족, 양반, 유생, 부호, 교육가, 종교가에 침투하여 계급과 사정을 참작하여 각종 친일 단체를 조직케 할 것
3. 친일적 민간 유지들에게 편의와 원조를 주고 수재 교육의 이름 아래 우수한 조선 청년들을 친일 분자로 양성할 것
4. 친일적 민간 유지 속에서 상당한 학식을 가지면서도 유식자가 되어 있는 자를 구제할 것
5. 조선인 부호, 자본가에 대해 '일선 자본가의 유착'을 촉진할 것
　　　　 – 사이토의 '조선 민족 운동에 대한 대책'(1920)

▨ 치안 유지법(1925)

제1조 국체를 변혁하는 것을 목적으로 결사를 조직하는 자 또는 결사의 임원, 그 외 지도자로서 임무에 종사하는 자는 사형, 무기, 또는 5년 이상의 징역 또는 금고에 처한다. 사유 재산 제도를 부인하는 것을 목적으로 결사를 조직하는 자, 결사에 가입하는 자, 또는 결사의 목적 수행을 위한 행위를 돕는 자는 10년 이하의 징역 또는 금고에 처한다.

제7조 본 법은 누구를 막론하고 본법 시행 구역 밖에서 죄를 범한 자에게도 통용한다.

▨ 황국 신민 서사

1. 우리들은 황국 신민이다. 충성으로써 군국에 보답하자
2. 우리들 황국 신민은 서로 신애협력하고 단결을 굳게 하자
3. 우리들 황국 신민은 인고단련의 힘을 길러 황도를 선양하자

▨ 창씨개명

• 창씨하지 않은 사람의 자녀에 대해서는 각급 학교의 입학과 전학을 거부한다.
• 창씨하지 않은 아동에 대해서는 교사가 이유 없이 질책, 구타하는 등 그를 증오함으로써 아동으로 하여금 부모에게 애원해 창씨시킨다.
• 창씨하지 않은 사람은 공사 기관을 불문하고 일체 채용하지 않는다. 또한 현직자도 점차 면직 조치를 취한다.
• 창씨하지 않은 사람은 비국민 또는 불령선인으로 단정하여 … 식료 및 기타 물자 보급 대상에서 제외한다.

▨ 1940년대의 상황

신고산이 우르르 함흥 차 가는 소리에
지원병 보낸 어머니 가슴만 쥐어뜯고요
　　　　　　……
정신대 보낸 어머니 딸이 가엾어 울고요
　　　　　　……
금붙이 쇠붙이 밥그릇마저 모조리 긁어 갔고요
어랑어랑 어허야 이름 석 자 잃고서 족보만 들고
우누나　　　　　　　 – 신고산 타령

49 일제 강점기 시기별 통치 방식의 변화 ②

📂 일제의 경제 수탈★

```
1910          1919        14 (1920 ~ 1934)    1931          30 (1930년대~)    1945
국권 피탈  1 (1912 ~ 1918)  3·1 운동             만주 사변                      광복
                                                          1937      1941
                                                          중·일 전쟁  태평양 전쟁
```

• 명분
- 전근대적인 왕토 사상 혁파, 지세의 공정성 확보
- 근대적인 　　　　　 2 확립

• 실상
　안정적인 지세 확보, 토지 약탈, 지주층 회유 목적

• 방법
- 　　　　 3 설치(4), ┐1914
　토지 조사령 공포(5)(cf. 지세령, 임야 조사령)
- 　　　　 6 (but 짧은 기간, 복잡한 절차) ┘1918
　　└ 7 채택

• 결과
- 미신고 토지, 동중·문중의 토지·역둔토·공공 기관 소유지
　모두 조선 총독부에 귀속시킴 ⇒ 전 국토의 40% 약탈
　⇒ 　　 8 (9)에 위탁·관리
　⇒ 일본 이주민에게 싼값에 불하(→ 조선 소작농이 경작)
- 지주의 권한 강화 → 법적 소유권 인정
　└ 토지 = 재산
　⇒ 일제는 지주들을 식민 통치의 동반자로 포섭
　　→ 지주의 친일화
- 농민의 관습적 10 · 11 ┌ 일부 소유권
　　　　　　　　　　　　　　　　　　12 인정 X
　　　　└ 마을 공유지의 공동 이용권
　⇒ 기한부 계약직 소작농으로 전락(마름의 횡포 증가)
　　└ 3·7제 소작료
　⇒ 지주·전호제확산.농민 경제파탄, 　　 13 확립
- 총독부의 지세 수입 증가

• 배경
　1차 세계 대전 종전 이후 일본 경제의 호황
　⇒ 일본의 급속한 공업화 ⇒ 이촌향도 현상 심화
　⇒ 일본 　　15 하락 ⇒ 쌀값 폭등

• 목적 　　16 의 쌀값 안정화 위해 조선의 쌀 수입

• 방법 ─ **토지 개량**: 화학 비료 사용, 종자 개량 → 쌀 생산량 증대
　　　　　└ **수리 시설 개선**: 17 설립(지역별로)
　　　　　　　→ 농민들이 가입해 돈 납부

```
                      목표량
                      ┌──┐        (증산 목표량 달성 못했어도
              ⓐ의 수탈량 │  │ →증산량만 더    계획대로 쌀 수탈)
                 ┌─┐  │  │  가져가겠다    ⓑ의 실제 수탈량
          쌀 생산량 │ │  │  │               조선에 남은 쌀은 거의×
                 │ │  │  │               - (쌀값 폭등)
                산미 증식 계획 전  산미 증식 계획 목표   실제 결과
```
　　　18 목표량 달성 X / 19 목표량 달성 O
　⇒ 조선 내 20 폭등
　⇒ 1인당쌀 소비량 감소, 21 로부터 22 수입 증가

• 결과
- 　　　23 과다 징수(24 에게 비용 부담 전가)
- 　　　25 : 쌀 중심의 단작형 농업 구조 형성
　(영농의 다각화 X) ⇒ 만성적인 26 초래
- 식민지 지주제 강화, 소작 쟁의 빈발, 농민의 해외 이주 증가

• 회유책 27 (1932)
- **내용**: 조선 28 (1932), 조선 29 (1934)
- **결과**: 농민들의 통제 강화를 위한 미봉책

1930년대 초 | 병참 기지화 정책
• 　　　31 **정책**: 조선을 군수 물자 생산 기지화
　└ 일본보다 우리나라에서 물자를 만들어 나가는 것이 효율적이기 때문
• 　　　32 **정책(공업 원료 증산 정책) 실시**(1934)
　├ 남부 – 33 재배 ┌ 산미 증식 계획
　└ 북부 – 34 사육, 이후 중화학 공업 추가 육성 └ 중단
　⇒ 남 면, 북 중화학

1930s | 전시 동원 체제
• 중일 전쟁 발발 ⇒ 전시 체제 강화 ⇒ 35 (1938)
• 인적 자원 수탈 징병
　┌ **징병**: 36 (1938) → 37 (1943)
　│　　　　→ 38 (1944)
　└ **징용**: 39 (1939), 국민 근로 보국령(1941),
　　　　　　　　　40 (1944)

1938 | 국가 총동원법 제정
• 물적 자원 수탈 " 41 " ⇒ " 42 "
　┌ 산미 증식 계획 재개(1940)
　└ 쇠붙이·금붙이 43 (놋그릇, 농기구), 식량 공출제,
　　식량 배급제 시행 └ 조선 식량 관리령(1943)
• 군수 물자 동원 체제
　┌ 국민(정신 총동원) 조선 연맹(1938)
　└ 국민(총력) 조선 연맹(1940)
　　→ 산하: 44 결성 → 10호 단위, 해방 이후 '반상회'
　　　　　└ 1938

정답 1 토지 조사 사업 2 토지 소유권 제도 3 임시 토지 조사국 4 1910 5 1912 6 기한부 신고제 7 증거주의 8 동양 척식 주식회사 9 동척 10 경작권 11 도지권 12 입회권 13 기생 지주제 14 산미 증식 계획 15 쌀값 16 일본 17 수리 조합 18 산미 증식 계획 19 쌀 수탈 20 쌀값 21 만주 22 잡곡 23 수리 조합비 24 농민 25 쌀 단작화 26 식량 부족 27 농촌 진흥 운동 28 소작 조정령 29 조선 농지령 30 민족 말살 통치 31 병참 기지화 32 남면북양 33 면화 34 양 35 국가 총동원법 36 육군 특별 지원병제 37 학도 지원병제 38 징병제 39 국민 징용령 40 여자 정신 근로령 41 공출 42 배급 43 공출제 44 애국반

49 일제 강점기 시기별 통치 방식의 변화 ③

📁 일제의 산업 침탈

| 1910 국권 피탈 | 1910년대 | 1919 3·1 운동 | 1920년대 | 1931 만주 사변 | 1930년대 이후 | 1945 광복 |

- ___¹___ 제정(1910)
  - ___²___ : 회사 설립 시 ___³___ 의 허가를 받아야 함
  - **목적**: 조선인의 회사 설립 방해
    - → ___⁴___ 억제

- ___⁵___ (1911), ___⁶___ (1911), ___⁷___ (1915),
  ___⁸___ (1918)

- ___⁹___ (___¹⁰___)
  - 허가제 → ___¹¹___ 로 전환
    (일본 기업의 국내 진출을 도움)
  - **결과**: 민족 기업의 설립 ─ ___¹²___
    ─ ___¹³___

- 일본 상품에 대한 ___¹⁴___ (___¹⁵___)
  - → ___¹⁶___ 확산에 영향

- ___¹⁷___ (1928): 한국인 소유의 중소 규모 은행을
  일본 은행에 강제 합병

국가 총동원법 제정 이후 각종 물자 ___¹⁸___ 강행
- **인적 수탈** ─ 지원병령(___¹⁹___) → 학도 지원병령(1943)
  - → 징병령(___²⁰___)
  - 징용령(___²¹___) → 국민 근로 보국령(1941)
  - → 여자 정신대 근무령(___²²___)
- **물적 수탈**: 공출, 배급

📖 사료 읽기 | 일제의 경제 정책

· 토지 조사령(1912)
제조 토지의 조사 및 측량은 본령에 의한다.
제4조 토지 소유자는 조선 총독이 정하는 기간 안에 주소, 씨명, 명칭 및 소유지의 소재, 지목, 자번호(字番號), 사표(四標), 등급, 결수를 임시 토지 조사 국장에게 신고해야 한다. 단, 국유지는 보관 관청이 임시 토지 조사 국장에게 통보해야 한다.
제5조 토지 소유자나 임차인, 기타 관리인은 조선 총독이 정하는 기간 안에 토지의 사방 …… 민유지에서는 소유자의 씨명, 명칭을, 국유지는 보관 관청명을 써야 한다.

· 회사령(1910)
제1조 회사의 설립은 조선 총독의 허가를 받아야 한다.
제2조 조선 외에 있어서 설립한 회사가 조선에 본점 또는 지점을 설치하고자 할 때에도 조선 총독의 허가를 받아야 한다.
제5조 회사가 본령 혹은 본령에 의거하여 발표되는 명령이나 허가의 조건을 위반하거나 또는 공공의 질서, 선량한 풍속에 반하는 행위를 하였을 때에는 조선 총독은 사업의 정지·금지, 지점의 폐쇄 또는 회사의 해산을 명할 수 있다.

· 국가 총동원법(1938. 4.)
제1조 국가 총동원이란 전시에 국방 목적을 달성하기 위해 국가의 전력을 가장 유효하게 발휘하도록 인적 및 물적 자원을 운용하는 것을 말한다.
제4조 정부는 전시에 국가 총동원상 필요할 때는 칙령이 정하는 바에 따라 제국 신민을 징용하여 총동원 임무에 종사하게 할 수 있다. 단, 병역법의 적용을 방해하지 않는다.
제7조 정부는 칙령이 정하는 바에 따라 노동 쟁의의 예방 혹은 해결에 관한 명령, 작업소 폐쇄, 작업 혹은 노무의 중지 …… 등을 명할 수 있다.
제8조 정부는 전시에 국가 총동원상 필요할 때는 칙령이 정하는 바에 따라 물자의 생산·수리·배급·양도 및 기타의 처분, 사용·소비·소지 및 이동에 관하여 필요한 명령을 내릴 수 있다.

50 1910년대 민족 독립운동 ①

📁 1910년대 국내 민족 운동

● 독립 의군부(1912)

- **조직**: [1] 이 [2] 의 밀명을 받아 유림 세력을 규합하여 조직
- **성향**: [3] (왕정 복고 → 고종 복위 주장),
  └ 국민들의 바람이 녹아든 단체
  [4] 계승
- **활동**: [5] 작성 ⇨ 총독부에 보내려다 발각
  ⇨ 해체

● 대한 광복회(1915)

- **조직** ┬ [6] - 1913. 경북 풍기 채기중 의병 조직
  │　　　 +
  └ [7] 일부 - 1915. 윤상태, 이시영, 서상일 등 [8] 인사들이 경북 지역에서 시회로 가장하여 조직
  　　　　　　　　　　　　　　　　　　　　　　　　　　　　　　　　　　　　　└ 詩會
  ⇩
  군대식 조직: [9] (총사령관), [10] (부사령관)

- **활동**: 군자금 모금 ─────────→ 국외 독립 운동 기지 건설
  ┌ [11] 모금　　　　　　　　　　　┌ 북간도 [14] (1911) (cf. 대한 광복회로부터 군자금 지원)
  ├ [12] 습격　　　　　　　　　　　├ [15] 탄생
  └ [13] 습격　　　　　　　　　　　└ [16] 건설

● 기타 국내 단체

- [17] (1913): [18] 교사와 학생으로 구성
- 기성단(1914): 평양 대성 학교 출신 학생
- 선명단(1915)
- 자립단(1915)
- 조선 산직 장려계(1915)
- [19] (1915): [20] (미주)의 국내 지부

🔊 사료 읽기 | 1910년대 국내 비밀 결사

- **독립 의군부의 국권 반환 요구서**
  제가 생각건대 모든 폐해는 모두 한국을 병합하였기 때문입니다. ……
  만약 한국을 돌려주고 정족지세로 서서히 천하에 대의를 펴고 동아의
  백성들을 보전하면 일본의 광명이 클 것입니다.
  　　　　　　　　　　　　　　　　　　　– 임병찬이 총독 데라우치에게 보내는 글

- **대한 광복회 실천 강령**
  1. 부호의 의연금 및 일인이 불법 징수하는 세금을 압수하여 무장을 준비한다.
  2. 남북 만주에 군관 학교를 세워 독립 전사를 양성한다.
  3. 종래의 의병 및 해산 군인과 만주 이주민을 소집하여 훈련한다.
  4. 중국 · 러시아 등 여러 나라에 의뢰하여 무기를 구입한다.
  　　　　　　　　　……
  7. 무력이 완비되는 대로 일본인 섬멸전을 단행하여 최후 목적의 달성을 기한다.

📁 국외의 독립운동 기지

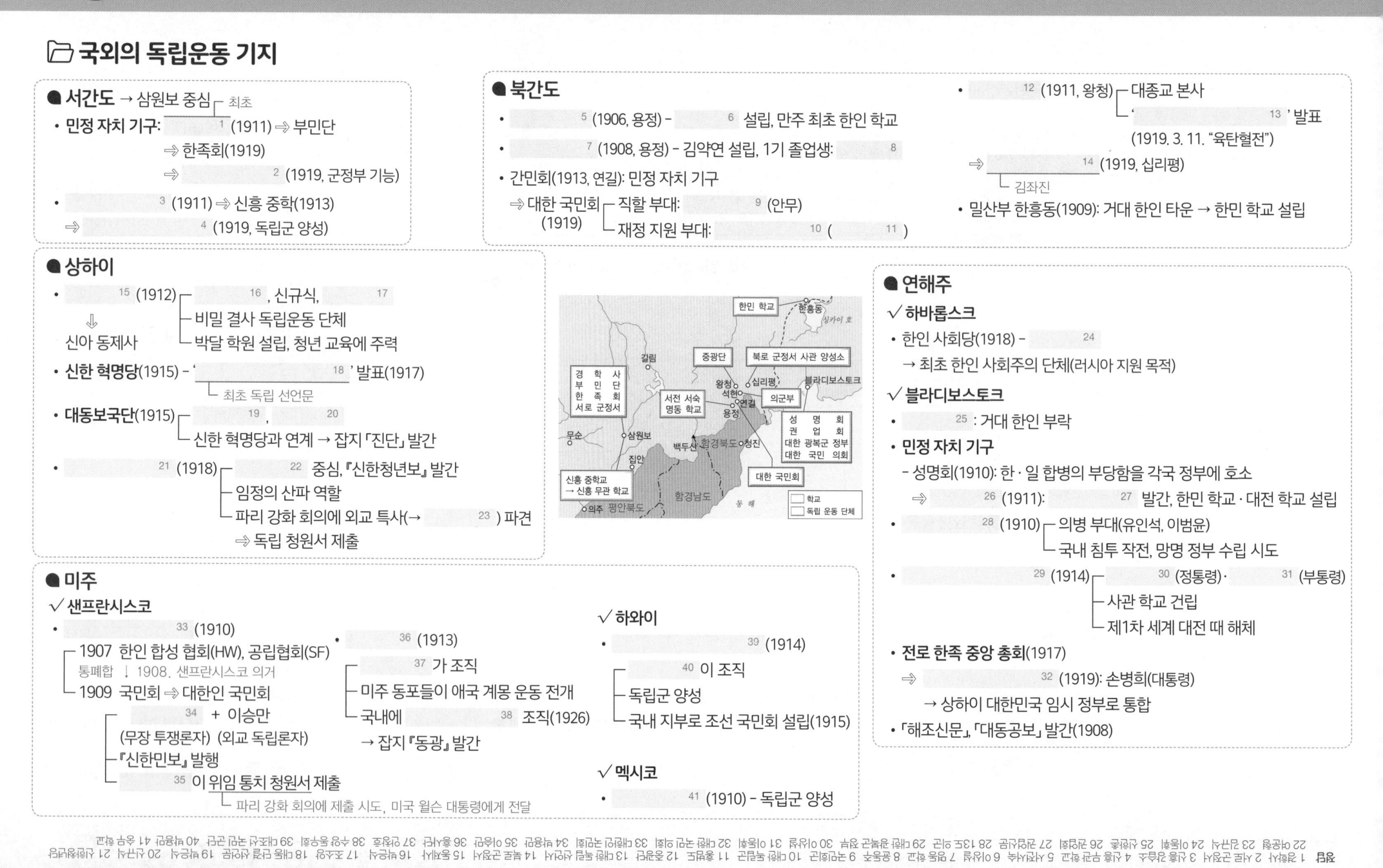

● **서간도** → 삼원보 중심 ─ 최초
- 민정 자치 기구: [　1　] (1911) ⇨ 부민단
  - ⇨ 한족회(1919)
  - ⇨ [　2　] (1919, 군정부 기능)
- [　3　] (1911) ⇨ 신흥 중학(1913)
  - ⇨ [　4　] (1919, 독립군 양성)

● **상하이**
- [　15　] (1912) ┌ [　16　], 신규식, [　17　]
  - │ ├ 비밀 결사 독립운동 단체
  - ⇩ │ └ 박달 학원 설립, 청년 교육에 주력
  - 신아 동제사
- **신한 혁명당**(1915) - '[　18　]' 발표(1917)
  - └ 최초 독립 선언문
- **대동보국단**(1915) ┌ [　19　] [　20　]
  - └ 신한 혁명당과 연계 → 잡지 「진단」 발간
- [　21　] (1918) ┌ [　22　] 중심, 『신한청년보』 발간
  - ├ 임정의 산파 역할
  - └ 파리 강화 회의에 외교 특사(→ [　23　]) 파견
  - ⇨ 독립 청원서 제출

● **북간도**
- [　5　] (1906, 용정) - [　6　] 설립, 만주 최초 한인 학교
- [　7　] (1908, 용정) - 김약연 설립, 1기 졸업생: [　8　]
- 간민회(1913, 연길): 민정 자치 기구
  - ⇨ 대한 국민회 ┌ 직할 부대: [　9　] (안무)
  - (1919) └ 재정 지원 부대: [　10　] ([　11　])

- [　12　] (1911, 왕청) ┬ 대종교 본사
  - │ '[　13　]' 발표
  - │ (1919. 3. 11. "육탄혈전")
  - └→ [　14　] (1919, 십리평)
  - └ 김좌진
- 밀산부 한흥동(1909): 거대 한인 타운 → 한민 학교 설립

● **연해주**
✓ 하바롭스크
- 한인 사회당(1918) - [　24　]
  - → 최초 한인 사회주의 단체(러시아 지원 목적)
✓ 블라디보스토크
- [　25　] : 거대 한인 부락
- **민정 자치 기구**
  - - 성명회(1910): 한·일 합병의 부당함을 각국 정부에 호소
  - ⇨ [　26　] (1911): [　27　] 발간, 한민 학교·대전 학교 설립
  - [　28　] (1910) ┬ 의병 부대(유인석, 이범윤)
    - └ 국내 침투 작전, 망명 정부 수립 시도
  - [　29　] (1914) ┬ [　30　] (정통령)· [　31　] (부통령)
    - ├ 사관 학교 건립
    - └ 제1차 세계 대전 때 해체
- **전로 한족 중앙 총회**(1917)
  - ⇨ [　32　] (1919): 손병희(대통령)
  - → 상하이 대한민국 임시 정부로 통합
- 「해조신문」, 「대동공보」 발간(1908)

● **미주**
✓ 샌프란시스코
- [　33　] (1910)
  - ┌ 1907 한인 합성 협회(HW), 공립협회(SF)
  - │ 통폐합 ↓ 1908. 샌프란시스코 의거
  - ├ 1909 국민회 ⇨ 대한인 국민회
  - │ ┌ [　34　] + 이승만
  - │ │ (무장 투쟁론자) (외교 독립론자)
  - │ ├ 『신한민보』 발행
  - │ └ [　35　] 이 위임 통치 청원서 제출
  - │ └ 파리 강화 회의에 제출 시도, 미국 윌슨 대통령에게 전달

- [　36　] (1913)
  - ┌ [　37　] 가 조직
  - ├ 미주 동포들이 애국 계몽 운동 전개
  - └ 국내에 [　38　] 조직(1926)
  - → 잡지 『동광』 발간

✓ 하와이
- [　39　] (1914)
  - ┌ [　40　] 이 조직
  - ├ 독립군 양성
  - └ 국내 지부로 조선 국민회 설립(1915)

✓ 멕시코
- [　41　] (1910) - 독립군 양성

(51) 3·1 운동과 대한민국 임시 정부 ①

📁 3·1 운동(1919)★

● 배경

√ 국외

- 1917. 러시아 혁명 → ___1___ 의 약소 민족 해방 운동 지원 선언
- 윌슨이 파리 강화 회의에서 '___2___' 주창(1918)
  └ 패전국에만 해당
- ___3___ 이 ___4___ 을 파리 강화 회의에 대표로 파견 → ___5___ 제출(실패)

- **독립 선언 활발**

  ┌ ___6___ (1917, 상하이): ___7___
  └ ___8___ (1919, 도쿄) ┬ ___9___ 집필, ___10___ 조직
                         │ (일본 거주 ___11___ 들이 중심)
                         └ 선언서와 결의문 발표
                            ⇨ ___12___ 의 도화선으로 작용

√ 국내

- ___13___ ⇨ ___14___ 독살설 유포 ⇨ 국민들의 분노 증대, 무단 통치에 대한 반발 증대

- ___15___ 결성 + 학생 단체 대표 ⇨ 3·1 운동 계획
  └ 종교 단체 대표 ┬ 기독교(___16___)
                   ├ 불교(___17___)
                   └ 천도교(___18___)

● 전개

- ___19___ 작성(___20___) + 공약 3장 ⇨ 전국 각지로 배부
- ___21___ 을 기점으로 3·1 운동 발발
  - 민족 대표 33인 중 29명, ___22___ 에서 독립 선언서 낭독 ⇨ 만세 부르고 자진 체포
  - 학생·시민들, ___23___ 에서 독립 선언서 낭독 ⇨ 만세 시위 전개

[1단계] 민족 대표자·학생 중심의 ___24___ 만세 시위

[2단계] 학생 중심, 지방 도시로 확산(노동자들의 호응)

[3단계] 농민 참여, 농촌 각지로 확산, ┌ 토지 조사 사업의 영향
                                    ___25___ 으로 변모 + 국외로 확산
        → 해외 ___26___ in. 필라델피아

- 일제의 탄압 ┬ ___27___ 사건
             └ ___28___ 열사 순국
                ⇨ 일본에 대한 세계 여론의 악화

● 결과

- 일제 통치 방식의 변화(무단 통치 ⇨ ___29___)
- 대한민국 임시 정부 수립 계기(상해 임시 정부로 통합, 1919. 9.)
- 만주 ___30___ 활성화 ⇨ ___31___ 전투, ___32___ 전투
- 독립에 대한 국민들의 의식 전환 – 실력 양성 운동, 학생 운동 ⇑
- 해외 ___33___ 의 신호탄 ┬ 중국의 5·4 운동
                          └ 인도의 비폭력·불복종 운동

정답 1 러시아 2 민족 자결주의 3 신한청년당 4 김규식 5 독립 청원서 6 대동단결 선언 7 공화정 8 2·8 독립 선언 9 이광수 10 조선 청년 독립단 11 유학생 12 3·1 운동 13 고종 14 고종 15 천도교 16 이승훈 17 한용운 18 손병희 19 기미 독립 선언서 20 최남선 21 탑골 공원 22 태화관 23 탑골 공원 24 비폭력적 평화적 25 무력 저항 운동 26 독립 만세 운동 27 제암리 학살 28 유관순 29 문화 통치 30 무장 독립 투쟁 31 봉오동 32 청산리 33 반제국주의 민족 운동

해커스공무원학원·공무원인강·교재 Q&A gosi.Hackers.com **249**

📂 대한민국 임시 정부의 수립

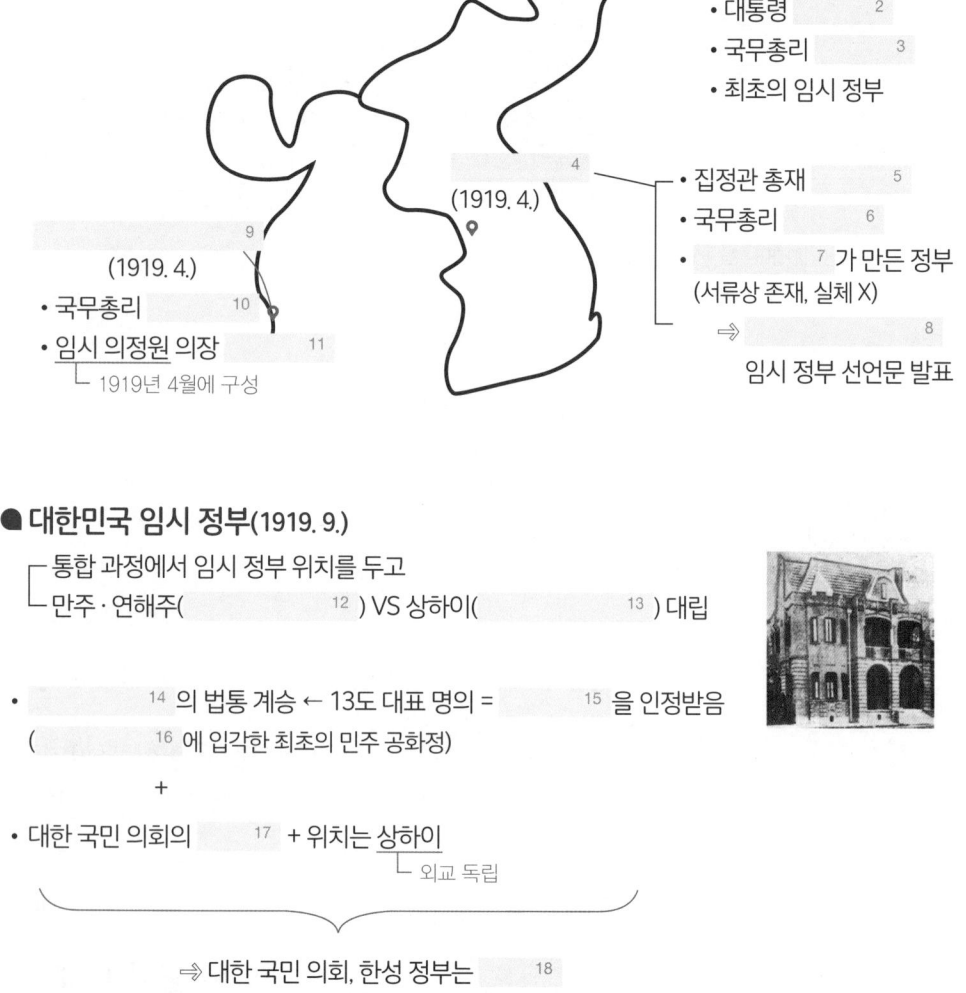

- 1 (1919. 3.)
  - • 대통령 2
  - • 국무총리 3
  - • 최초의 임시 정부

- 4 (1919. 4.)
  - • 집정관 총재 5
  - • 국무총리 6
  - • 7 가 만든 정부
    (서류상 존재, 실체 X)
    ⇒ 8
    임시 정부 선언문 발표

- 9 (1919. 4.)
  - • 국무총리 10
  - • 임시 의정원 의장 11
    └ 1919년 4월에 구성

● 대한민국 임시 정부(1919. 9.)

┌ 통합 과정에서 임시 정부 위치를 두고
└ 만주·연해주(12) VS 상하이(13) 대립

- 14 의 법통 계승 ← 13도 대표 명의 = 15 을 인정받음
  (16 에 입각한 최초의 민주 공화정)

    +

- 대한 국민 의회의 17 + 위치는 상하이
                  └ 외교 독립

⇒ 대한 국민 의회, 한성 정부는 18

📂 대한민국 임시 정부의 활동 ★

● 조직

- 대통령: 19 , 국무총리: 20
- 중앙(상하이): 21 체제 ┬ 입법: 22
                        ├ 행정: 23 → 각 부 설치
                        └ 사법: 법원 → 24 의 헌법 계승

- (비밀)지방 행정 조직망 → 정부 명령서, 군자금 전달
  ┌ 25 : 국내외를 연결하는 비밀 연락 조직
  │   각 도·군·면에 26 · 27 · 28 등의 정부 연락 책임자 임명
  │   29 에 30 설치 ⇒ 설렁탕 집
  └ 31 : 비밀 통신망 ⇒ E마트
      32 (부산)· 33 (만주 단동)
      └ 일종의 무역회사

● 활동

- 군자금 모금 - 34 , 35 발행 ⇒ 운반: 백산 상회(부산)·이륭 양행(만주)
- 군사 활동 - 임정 직할부대로 36 창설 ⇒ 광복군 총영(1920)
           ⇒ 참의부에 흡수 " 37 " 조직(1923)
           ⇒ 38 창설(1940, 충칭)
- 외교 활동 - 파리 위원부(39): 파리 강화 회의에 40 제출(1919)
           - 41 (이승만): 미국에 설치한 대사관
- 문화 활동 ┬ 42 발간(발행인: 이광수)
           ├ 43 설치(소장: 44) ┬ 안창호·이광수가 설치
           │   ├「 45 」
           │   └「 46 」 간행
           └ 학교 설립: 47 , 48

51 3·1 운동과 대한민국 임시 정부 ③

📁 임정의 발자취 ← 개헌史 중심 ★

1919

4月 상하이 임시 정부 출범
7月 통합 임시 정부 ⨯———[1]
9月 **1차 개헌** → ⬚⬚⬚⬚ [2] / 삼권 분립

대한민국 임시 정부 출범 ┈┈┈┈┈┐
  └ 대통령 ⬚⬚⬚ [3]   ↓
    국무총리 ⬚⬚⬚ [4]   **침체**

- ⬚⬚⬚⬚⬚ [5] 의 차이
- ⬚⬚⬚ [6]·⬚⬚ [7] 발각·해체
  ⇨ 자금 단절
- 군자금 모금액 감소
- 이승만이 '⬚⬚⬚⬚⬚⬚ [8]'를 제출(1919)
  → 독립운동가들의 분노 유발
- 외교 독립 운동의 성과 미흡
  → 비판 여론 등장

1923

⬚ [9] **개최:** 무장 투쟁론자들이 제안, 독립운동 과정 평가·반성 나아갈 방향 토론

창조파	VS	개조파	VS	현상유지파
⬚⬚ [10], 박용만		⬚⬚ [11]		김구
임시 정부 해체		임시 정부 개혁		임시 정부 유지
무력 항쟁 강조		⇨ 국민 대표 회의 실패 이후		└ 불참
		의열단과 제휴		

⇨ 결렬, 임시 정부 존속 but, ⬚⬚ [12]·⬚⬚ [13] 대거 이탈 → 비판 수위 ⇧
⇨ 더 침체

🗣️ **사료 읽기 | 국민 대표 회의 주비 위원회 선언서**

우리들은 오직 과거 수년간의 경험에 의하여 '국민의 대단결'이라는 절실한 각오 아래 장래를 준비하고, 운동상 일대 기운을 소집함에 이르렀음은 앞날을 위해 크나큰 행운이라고 생각한다. ······ 이에 본 준비회는 시세의 움직임과 민중의 요구에 따라 과거의 모든 착잡한 문제를 해결하고 미래의 완전하고 확실한 방침을 세워 우리들의 독립운동이 다시 통일되어 조직적으로 진행되도록 하고자 한다.

📁 임정의 발자취 ← 개헌史 중심*

1925

임시 의정원에서 의결

_____ 1

⇒ _____ 2 추대(제 3 대 대통령) → 취임 4개월만에 병사

[2차 개헌]

→ _____ 4 중심의 _____ 5 로 개헌

이상룡 ⇒ 홍진 ⇒ 김구

1927

[3차 개헌]

→ _____ 6 (장관) 중심의 _____ 7 로 개헌

└ _____ 8 을 비롯한 국무 위원 10여 명

⇒ 두 번의 개헌 = 침체에 대한 몸부림

1931

만주 사변

✓ _____ 9

저수지 수로 갈등

⇒ 한·중 유혈 충돌

⇒ 일본이 한·중 분열 정책으로 이용

⇩ 극복 목적

_____ 10 조직(상하이, 김구)

1932

_____ 11 의거 (= _____ 12 사건)

→ 중국 언론의 호의적 보도

→ 중·일 외교 마찰

→ 일본 - 상하이 침공

⇒ ' _____ 13 '의 계기

_____ 14 기념일 (+ 천장절)

_____ 15 의거 (= _____ 16 의거)

⇒ _____ 17 정부의 임정 후원

⇒ 임시 정부의 이동 시작

1940

충칭 도착 → _____ 18 임시 정부

[4차 개헌] → _____ 19 (20) 중심의 _____ 21 체제로 개헌

⇩

• 임정의 여당 설립: _____ 22

• _____ 23 창설 ← 중국 _____ 24 의 지원

└ "행동 준승 9개항"

• 건국 강령 발표(1941) → _____ 25 의 " 26 " 채택

└ 족균, 국균, 인균

└ 정치, 경제, 교육적 균등

1944

[5차 개헌] → _____ 27 · 28

지도 체제로 개헌

📍임시 정부의 이동

📖 맵핑 핵심 자료

▨ 대동 단결 선언

융희 황제(순종)가 삼보(토지·인민·정치)를 포기한 경술년 8월 29일은 즉 우리 동지가 이를 계승한 8월 29일이니, 그동안에 한 순간도 숨을 멈춘 적이 없음이라. 우리 동지는 완전한 상속자니 저 황제권 소멸의 때가 즉 민권 발생의 때요, 구한국의 마지막 날은 즉 신한국의 최초의 날이니, 무슨 까닭인가. 우리 대한은 무시(無始) 이래로 한인의 한이요 비(非)한인의 한이 아니니라. 한인 사이의 주권을 주고받는 것은 역사상 불문법의 국헌이오. 비한인에게 주권 양여는 근본적 무효요, 한국의 국민성이 절대 불허하는 바이라.

▨ 대한 독립 선언서

우리 대한은 완전한 자주 독립과 신성한 평등 복리로 우리 자손 여민(黎民, 백성)에 대대로 전하게 하기 위하여, 여기 이민족 전제의 학대와 억압을 해탈하고 대한 민주의 자립을 선포하노라. …… 정의는 무적의 칼이니 이로써 하늘에 거스르는 악마와 나라를 도적질하는 적을 한 손으로 무찌르라. 일제히 궐기하라 독립군! …… 어찌 일신을 아끼며, 집안 재산을 바쳐 나라를 되찾으면 3천 리 옥토는 자가의 소유이니 어찌 일가(一家)의 희생이 아까우랴. …… 국민의 본령을 자각한 독립임을 기억하고 동양의 평화를 보장하고 인류의 평등을 실시하기 위한 자립임을 명심하여, 황천(皇天)의 명령을 받들고 일체의 못된 굴레에서 해탈하는 건국임을 확신하여 육탄 혈전으로 독립을 완성하라.

▨ 기미 독립 선언서

오등은 이에 아(我) 조선의 독립국임과 조선인의 자유민임을 선언하노라. 이로써 세계 만방에 고하여 인류 평등의 대의를 극명하며, 이로써 자손만대에 고하여 민족 자존의 정권을 영유하게 하노라. 반만 년 역사의 권위를 장하여 이를 선언함이며, 2천만 민중의 충성을 합하여 이를 표명함이며, …… 오늘날 우리의 맡은 바 임무는 다만 자기의 건설이 있을 뿐이요, 결코 타인의 파괴에 있지 아니하도다.

<공약 3장>

1. 금일 오인(吾人)의 차거는 정의, 인도, 생존, 번영을 위한 민족 전체의 요구이니, 오직 자유의 정신을 나타낼 것이며, 남을 배척하는 감정으로 그릇되게 달려 나가지 말라.

2. 마지막 한 사람까지, 마지막 한 순간까지 민족의 정당한 요구를 시원스럽게 발표하라.

3. 모든 행동은 가장 질서를 존중하여 오인의 주장과 태도로 하여금 어디까지든지 밝고 정당하게 하라.

▨ 대한민국 임시 헌장(1919. 4.)

제1조 대한민국은 민주 공화제로 한다.

제2조 대한민국 임시 정부는 임시 의정원의 결의에 의하여 이를 통치한다.

제3조 대한민국의 인민은 남녀 귀천 및 빈부의 계급이 없고 일체 평등하다.

제4조 대한민국의 인민은 종교, 언론, 저작, 출판, 결사, 집회, 통신, 주소 이전, 신체 및 소유의 자유를 향유한다.

제5조 대한민국의 인민으로 공민(公民) 자격이 있는 사람은 선거권 및 피선거권을 가진다.

▨ 한국 독립당 성립(3당 해체 선언)

조선 혁명당, 한국 국민당, 한국 독립당은 이제부터 다시 존재할 조건이 소멸되었을 뿐 아니라 각기 해소될 것을 전제로 하고 신당 창립에 착수하였다. …… 그러므로 신당은 보다 큰 권위, 보다 많은 인원, 보다 광대한 성세, 보다 고급적 지위를 가지고 우리 독립운동을 보다 유력하게 추진케 할 것을 확실히 믿고 바라며 3당 자신은 이에 해소됨을 선언한다.

▨ 대한민국 임시 정부의 건국 강령

삼균 제도를 골자로 한 헌법을 실행하여 정치와 경제와 교육의 민주적 실시로 실제상 균형을 도모하며, 전국의 토지와 대생산 기관의 국유화가 완성되고 전국 학령 아동의 전수가 고급 교육의 무상 교육이 완성되고 보통 선거 제도가 구속 없이 완전히 실시되어 …… 극빈 계급의 물질과 정신상 생활 정도와 문화 수준이 최고 보장되는 과정을 건국의 제2기라 함.

▨ 국내 진공 작전

이번 연합군과의 작전에 모든 운명을 거는 듯하였다. 주석(主席)과 우리 부대의 총사령관이 계속 의논하는 것을 옆에서 들었기 때문에 더욱 일의 중대성을 절감하였다. 드디어 시기가 온 것이다! 독립 투쟁 수십 년에 조국을 탈환하는 결정적 시기가 온 것이다. 이때의 긴장감은 내가 일본 군대를 탈출할 때와는 다른 긴장감이었다. 목적은 같으나 그때는 막연한 미지의 세계에 뛰어드는 것이었지만 이번에는 분명히 조국으로 가는 것이 아닌가?

– 김준엽, 『장정』

📁 국내 항일 무장 투쟁(서북 지역 유격 단체)

- _____ 1 (1919)
- 구월산대(1920)
- 보합단(1920)
- 서로 군정서군 일부 ⇨ _____ 2 으로 개칭(1920)

📁 의열 투쟁 - 의열단(1919)★

- ● **조직** 만주 길림성(지린성)에서 _____ 3 + _____ 4 등이 조직
  └ 의백(단장)
- ● **목표** _____ 5 (기관 파괴), _____ 6 (요인 암살)
  └ 조선 총독부, └ 조선 총독 이하 고관, 매국노,
  동양 척식 주식회사 등 친일파 등
- ● **강령**
  「_____ 7 」(_____ 8) _____ 9 가 김원봉의 요청을 받아 작성
  ├ 무정부주의에 바탕, _____ 10 주장
  └ 외교론·자치론·문화 운동론·준비론(실력 양성론) 등 비판

- ● **활동**

| 초기 '소수 의열사들의 개별 의열 투쟁' ➡ | 1920s 후반 '개별 의열 투쟁의 한계 인식' |

초기 '소수 의열사들의 개별 의열 투쟁' ➡

- _____ 11 : _____ 12 경찰서 투탄(1920)
- _____ 13 : _____ 14 경찰서 투탄(1920)
- _____ 15 : _____ 16 투탄(1921), 상하이 황포탄 의거(1922)
- _____ 17 : _____ 18 경찰서 투탄(1923)
- _____ 19 : 일본 _____ 20 투탄(1924)
- _____ 21 : _____ 22 · _____ 23 투탄(1926)

1920s 후반 '개별 의열 투쟁의 한계 인식'

- 조직적 무장 투쟁 준비
- 단원들이 _____ 24 에 입교(1926): 군사·정치 교육을 받음
  └ 쑨원이 군 지휘관 양성을 위해 세운 학교
- _____ 25 설립(1932, 난징)
  └ 중국 _____ 26 정부의 지원 받음
- _____ 27 결성(1935, 난징) ├ _____ 28 의 독립운동 단체 연합
  └ _____ 29 계열과 _____ 30 계열의 통합

사료 읽기 | 신채호의 「조선혁명선언」

강도 일본이 우리의 국호를 없이 하며, 우리의 정권을 빼앗으며, 우리의 생존적 필요 조건을 다 박탈하였다. …… 이상의 사실에 의거하여 우리는 일본 강도 정치, 곧 이족 통치가 우리 조선 민족 생존의 적임을 선언하노라. …… 내정 독립이나 참정권이나 자치를 운동하는 자 누구이냐? …… 일본 강도 정치하에서 문화 운동을 부르는 자 누구이냐? …… 또 다음과 같은 논자들이 있으니, 첫번째는 외교론이니, …… 최근 3·1운동에 일반 인사의 평화 회의, 국제 연맹에 대한 과신의 선전이 이 천만 민중의 힘 있는 전진의 기운을 없애 버리는 계기가 될 뿐이었도다. …… 둘째는 준비론이니, …… 정미년의 헤이그 특사도 독립 회복의 복음을 안고 오지 못하매, 이에 차차 외교에 대하여 의문이 되고 전쟁이 아니면 안 되겠다는 판단이 생겼다. 그러나 군인도 없고 무기도 없이 무엇으로써 전쟁을 하겠느냐? …… 이상의 이유에 의하여 우리는 외교론, 준비론 등의 미몽을 버리고 민중 직접 혁명의 수단을 취함을 선언하노라. …… 민중은 우리의 대본영(大本營)이다. 폭력은 우리 혁명의 유일한 무기이다. 우리는 민중 속으로 가서 민중과 손을 맞잡아 끊임없는 폭력, 암살, 파괴, 폭동으로써 강도 일제의 통치를 타도하고, 우리 생활의 불합리한 일체의 제도를 개조하여 인류로써 인류를 압박하지 못하며, 사회로써 사회를 약탈하지 못하는 이상적인 조선을 건설할지니라.

52 1920~30년대 국외 민족 독립운동 ②

📁 의열 투쟁 – 한인 애국단(1931)⭐

● **조직** [____]¹ 에서 [____]² 가 조직

● **배경** [____]³ 결렬 이후 임시 정부의 침체, 독립운동 침체
→ 임시 정부의 위상을 높이고 독립운동을 활성화시키기 위해 조직

● **활동**

- [____]⁴ 의거([____]⁵)

  ┌ **내용**: [____]⁶ 에서 일왕 히로히토의 마차에 폭탄 투척 → 실패
  ├ **영향**: 이봉창의 의거 실패에 대해 중국 신문이 안타깝다고 보도
  │   → 중국의 신문 보도를 문제 삼아 일본이 상하이 점령([____]⁷)
  └ **의의**: 침체에 빠져 있던 임시 정부에 새로운 활기를 불어넣음

- [____]⁸ 의거([____]⁹)

  ┌ **내용**: [____]¹⁰ 에서 승리한 일본이 [____]¹¹ 에서 전승 축하식 거행
  │   → 윤봉길의 폭탄 투척 → 일본군 장성과 고관들 살상
  ├ **영향**: 만보산 사건 이후 나빠졌던 중국인과 한국인의 감정 완화
  │   └ 수로 문제를 둘러싼 한국인 농민과 중국인 농민의 충돌
  │   → 일본의 이간질 → 갈등 심화(유혈 사태)
  └ **결과** ┌ [____]¹² 에 대한 일본군의 공격 강화
          │   → 임시 정부가 상하이를 떠나 여러 차례 이동 후 [____]¹³ 에 정착(1940)
          └ 중국 국민당 정부의 임시 정부 지원, 중국 영토 내 무장 독립 투쟁 허용
             (중국 군관 학교 내에 [____]¹⁴ 설치)
             → [____]¹⁵ 창설 계기

※ 의열 투쟁 지사

박재혁

김익상

김상옥

김지섭

나석주

강우규

🗣️ 사료 읽기 | 한인 애국단

아! 난폭한 일본이 중화를 유린함에 그 과정이 우리 한국과 상동하니 중화 정부의 저항 방법과 인민의 구국 운동도 또한 20년 전의 우리 한국과 흡사한 바 있다. …… 지금 한국이 망하고 중화가 동북을 잃어버렸으니, 동북을 잃고는 한국의 광복이 더욱 어렵다는 것도 명백히 증명되는 바이다. …… 그러므로 우리 한국은 한국을 위하여 광복을 꾀하려 해도 반드시 먼저 중국을 구해야 하고, 중국을 위하여 광복을 꾀함에도 한국은 또한 중국을 구해야 할 것이다. 이것이 바로 내가 입이 닳도록 애원하며 우리 한·중 양국 동지에게 다 같이 각성해 새 전장에 목숨을 함께 바치자는 까닭이다.
— 김구, 『도왜실기』

🧑 더 알아보기 | 기타 의열 단체

- [____]¹⁶ ([____]¹⁷): [____]¹⁸ 가 총독 사이토에게 투탄
- 다물단(1925): 김창숙이 친일파 밀정 김달하 암살
- 불령사(1923): 박열이 일본 황태자 폭살 시도(실패)
- 병인 의용대(1926): 나창헌, 이유필, 박창세
- 남화 한인 청년 연맹(1930): 무정부주의 단체
- [____]¹⁹ (1945): [____]²⁰ 결행

정답 1 한인애국단 2 김구(백범) 3 국민대표 회의 4 이봉창 5 1932 6 도쿄 7 상하이 사변 8 윤봉길 9 1932 10 만주사변 11 훙커우 공원 12 임시 정부 13 충칭 14 한인 특별반 15 한국광복군 16 의열단 17 1919 18 강우규 19 대한 애국 청년당 20 경성 부민관 투탄 의거

해커스공무원학원·공무원인강·교재 Q&A gosi.Hackers.com **255**

📂 만주 지역의 항일 무장 투쟁

```
1920                                                        1921
```

무장 투쟁의 승리 ★

　　　　　　　_____[1] 최초 일본 정규군 vs 독립군
(6月)
　　　　　홍범도의 _____[2] 이 주축
　　　　　└ 포수 출신 저격 집단
　　　　　(+ ___[3] 의 국민회군, 최진동의 _____[4] 연합)
　　　　　→ 일본군을 기습 → 독립군의 승리
　　　　　⇒ _____[5] : 만주 지역의 독립군 소탕을 위해 일본이 조작한 사건
　　　　　　└ 일본이 만주 마적대를 매수해 일본 관공서 습격 요청 → 관공서 습격
　　　　　　　→ 독립군 소행으로 조작
　　　　　→ 일본이 ___[6] 로 출병

_____[7] 백운평, 천수평, _____[8], 완루구, 고동하
(10. 21 ~ 26.)
　　┌ ___[9] 의 ___[10] 　　vs 　출병 일본군
　　+ ___[11] 의 ___[12]
　　　최진동의 _____[13]
　　　안무의 _____[14]
　　└ 천주교 _____[15]
　　⇒ 독립군의 대승

_____[16]　┌ 일본의 보복(독립군 소탕 목적)
(경신 참변)　└ 북간도 한민 촌락 습격, 방화, 강간, 학살
　　　　　　　⇒ 한인 부락이 많이 사라짐

독립군 이동 북만주 _____[17] (한흥동)로 이동
통합 부대 결성 밀산부에서 _____[18] 결성(총재: ___[19])

(지도 이미지)
→ 독립군의 이동
● 봉오동 전투 지역
● 청산리 전투 지역
봉오동 전투(1920. 6.)
십리평 서대파
천보산 봉오동
청산리 전투(1920. 10.) 삼둔자 훈춘
어랑촌 청산리
삼둔자 전투(1920. 6.)

독립군의 시련

• 일본군의 추격 → 소련 _____[20] 로 이동
　　　소련 내전 中
　　　적색군 VS 백색군
• _____[21] 의 용병화
　⇒ 독립군 내부의 지휘권 다툼
　　　_____[22] 파 공산당(박일리아) VS _____[23] 파 공산당(오하묵)
　　　(초기 주도권 장악)　　　　　　└ 적색군의 지지:
　　　　　　　　　　　　　　　　　독립군의 _____[24] 요구
　　　　　　　　　　　　　　　　　　→ 독립군의 거부

　⇒ _____[25] (1921. 6.) ⇒ 독립군 세력이 와해됨
　　　= 흑하 사변

사료 읽기 | 봉오동 전투 📍

6월 7일 상오 7시 북간도에 주둔한 아군 7백은 북로 사령부 소재인 왕청현 ○○○을 향하여 행군하다가 뜻하지 않게 같은 곳을 향하는 적군 3백을 발견하였다. 아군을 지휘하던 홍범도, 최명록(최진동) 두 장군은 즉시 적을 공격하였다. 급사격으로 적 1백 20여 명의 사상자를 내게 하고 도주하는 적을 즉시 추격하여 현재 전투 중에 있다.

📂 만주 지역의 항일 무장 투쟁

1922	1925	1926 ~ 1929

독립군의 재정비

대한 독립 군단 재결성
⇩
_____ 1 (1922)
└▶ **3부 결성**

단둥 광복군 사령부
⇨ 광복군 총영 ─흡수→

2 의부 (1923) 압록강 유역 ⇨ _____ 5
3 의부 (1924) 남만주 유역 ⇨ (임시 정부 직할 부대)
4 민부 (1925) 북만주 유역

미쓰야 협정

만주 군벌   조선 총독부
_____ 9   미쓰야
└ cf. 만주국 X
→ _____ 10
⇨ 3부 활동 위축

_____ 11 **운동**
(민족 유일당 운동의 일환)
⇩
2개로 통합
↙   ↘
_____ 12   _____ 13
(1929, ____ 14)   (1928, ____ 15)
____ 16   ____ 17

👷 더 알아보기   **3부의 성격**

• _____ 6 + _____ 7 기관
• 3권 분립 체제(행정·입법·사법부)
• 만주 지역을 나누어 통치한 3개의 _____ 8 정부

👹 **사료 읽기** | 미쓰야 협정

• 한국인이 무기를 가지고 다니거나 한국으로 침입하는 것을 엄금하며, 위반자는 검거하여 일본 경찰에 인도한다.
• 만주에 있는 한인 단체를 해산시키고 무장을 해제하며, 무기와 탄약을 몰수한다.
• 일본이 지명하는 독립운동가를 체포하여 일본 경찰에 인도한다.
• 한국인 취체(법을 지키도록 통제)의 실황을 상호 통보한다.

정답 1 조선 혁명군 2 양세봉 3 한국 독립군 4 지청천 5 중국 의용군 6 중국 호로군 7 한·중 연합 작전 8 영릉가 9 흥경성 10 쌍성보 11 사도하자 12 대전자령 13 동경성 14 지청천 15 민족 혁명당 16 한인 특별반 교관 17 충칭 18 한국광복군 19 지청천 20 추수 투쟁 21 춘황 투쟁
22 유격 투쟁 23 동북 인민 혁명군 24 1933 25 동북 항일 연군 26 보천보 전투 27 조국 광복회 28 1936 29 일제의 소탕 작전 30 소련

📂 중국 관내의 항일 무장 투쟁★

1935

`1` **창당** (1935)

(난징, `2` 중심)

└ 조소앙의 `3`
  지청천의 `4`
  최동오의 조선 혁명당

└ 중국 관내의
  독립운동 단체 연합
  ⇩
  의열단 外 대부분의
  독립운동 세력 이탈

⇨ 後 ┌ 조소앙은 `5` 재건
      └ 지청천은 `6` 창당

`7` **창당**(김구)

민족 혁명당에 불참
→ 임정 유지 · 옹호

조선 민족
혁명당

1937

`8` **연맹** (1937, '민족전선')

⇩

★ `1938` `9` **창설**

• 한커우(중국 관내)
• 중국 관내에서 결성된 최초의
  한인 무장 단체
• **중 · 일 전쟁**
  심리전, 포로 심문, 첩보 활동,
  후방 교란

`10` **연합회** (1937, '광복진선')

조선 의용대
분화(1941)

윤세주의 조선 의용대
- `26` 으로 이동
  → 이동 中 `27`
  (反 소탕 작전 1941)

전국 연합
`11` (1939)
左 `12` + 右 `13`
⇩
통합에 실패

김원봉의 조선 의용대
(1942년에
`28` 에 합류)
↓
`29` 의
군사력 증강

〈임정의 충칭 도착〉(1940)

`14` **창당** (임정의 여당)

└ 민족주의 3개 정당 연합
  └ `15` (`16`)
    한국 독립당 (`17`)
    조선 혁명당 (`18`)

`19` 창설

`20` **발표** (1941)

- 조소앙의 '`21`'

1942

`30` (윤세주)

+

화북 지역 공산주의 세력
(김두봉, 무정)

⇩

`31`

⇩

`32` (1942)

• **건국 준비 활동**: 건국 강령 발표

• `33` 창설(직할 부대)

┌ 중국 팔로군과 연합(`34`)
│ → 항일 전투 수행(反소탕 작전)
├ `35` 참전
└ 해방 후 `36` 에 흡수

1941 대일 · 대독 선전 포고
- 2차 세계 대전(`22`) 참전
  → 非 전투 활동
    └ 포로 심문, 선전 전단 작성 등
- **영국군과 연합**: `23` 전선 참전
- **1944~1945**
  미 `24` 지원 - `25` 계획(1945)
  → 일본의 패망으로 실패

[지도: 광복군의 창설(1940)]
광복군의 창설(1940)
대일 · 대독 선전 포고 (1941)
훈련반 개설 예정지
총사령부
총사령관:지청천
참모장:이범석
인도 · 미얀마 전선 파견
제 1지대 제 2지대
충칭(1940~46)
제 1지대 제 1구대
임시 정부 수립 (1919.9)
대통령:이승만
국무총리:이동휘
임시 정부 활동
연통제 조직
애국 공채 발행
파리 강화 회의 파견
구미 위원부 설치
독립 신문 간행
서울
노하구
상하이
연산
제 2지대 강남분대
타이항
범례: 임시 정부의 활동 / 광복군의 활동

📁 1920s 사회주의 사상의 유입과 확산

+ 민중들의 의식 성장 → 프롤레타리아의 ___1___ 발생

- **사회 · 경제적 민족 운동의 활성화:** 사회·경제적 약자들의 투쟁(___2___ 세력과 ___3___ 에 대항)
  - **사회적 민족 운동:** ___4___ · ___5___ · ___6___ · ___7___ 운동
  - **경제적 민족 운동:** ___8___ · ___9___ 운동
  ⇓
  독립운동의 한 방향이 됨

- **대립과 갈등:** 민족주의 노선과 사회주의 노선 간의 갈등 심화
  ⇨ 독립운동에 방해가 됨
  ⇨ **극복 노력:** ___10___ 운동 대두

> 🧢 **더 알아보기** 근우회(1927, 여성계의 민족 유일당)
> - 결성: ___36___ 의 자매 단체, ___37___ 중심
> - 활동: 기관지인 『___38___』 발행, 강연회 · 토론회 개최,
>   여성 의식 계몽 운동 전개
> - 해체: 신간회 해소와 함께 해체됨

📁 사회적 민족 독립 운동

● 청년 운동
- **특징:** ___11___ (강연회 · 토론회), ___12___ (동맹 휴학 · 시위) 등의 형태로 표출
- **단체:** ___13___ (1920, 물산 장려 운동 참여)
  ___14___ (1921, 사회주의 청년들이 조직)
  ___15___ (1924, 민족주의 + 사회주의)
  └ 청년계의 ___16___ 운동

● 아동 운동 ✰
- **배경:** 아동 노동자 수 증가
- **단체:** ___17___ (1921) 중심 ┌ ___18___ (회장)
  ├ 어린이날 제정(1922. 5. 1.)
  └ 잡지 『___19___』 발간(1923)

● 형평 운동 ✰
- **배경:** ___20___ 에 대한 사회적 차별
  (백정 출신 호적에 '___21___'이라고 기록하거나 붉은 점 표시, 보통학교 입학 통지서에 신분 기재)
- **단체:** ___22___ (___23___)
  ┌ **활동:** ___24___ 에서 ___25___ 이 조직, 전국 회원 수 40만, 전국에 ___26___ 설치,
  │ 사회적 차별 철폐를 요구하는 ___27___ 전개 → 식민지 해방 운동으로 발전
  └ **변질:** 일제의 탄압 심화 → ___28___ 로 개칭(1935, 친일 단체로 변모)

● 여성 운동
- **특징:** 1920년대 초반에는 ___29___ 의 운동
  → 1920년대 후반에는 ___30___ 향상, 여성 노동자의 권익 옹호
  (사회주의 운동과 결합)
- **단체:** ___31___ (1920), ___32___ (1924, ___33___ 여성 단체)
  ___34___ (1927, 여성계의 ___35___)

정답 1 노동계급(임금노동자) 2 가진(유산)자 3 권력 4 소년 5 청년 6 여성 7 형평 8 물산장려 9 노동 10 민족유일당 11 계몽운동 12 학생운동 13 조선청년연합회 14 서울청년회 15 조선청년총동맹 16 서울 17 천도교 18 방정환 19 어린이 20 백정 21 도한(屠漢) 22 조선형평사 23 1923 24 진주 25 이학찬 26 지사 27 형평운동 28 대동사 29 계몽적 30 여성 지위 31 조선여자교육회 32 조선여성동우회 33 사회주의 34 근우회 35 민족유일당 36 신간회 37 여성계 38 근우

해커스공무원학원 · 공무원인강 · 교재 Q&A gosi.Hackers.com 260

53 1920~30년대 국내 민족 독립운동 ②

📁 경제적 민족 독립 운동

- 1910년대에는 사회주의 사상이 들어오지 않아 계급 의식 X
- ___1___ 으로 인하여 ___2___ 감소 → 농민·노동 운동 X

┌ 항일 반제 투쟁 양상 시작

☆ ___16___ (1929)

한 석유 회사의 일본인 감독이
조선인 노동자를 폭행한 사건을 계기로 발생

1920s ●━━━━━━━━━━○━━━━━━━━━●━━━━━▶ **1930s 이후**

1927

___3___ 투쟁
(경제적 성격)

- ___11___ : 전국적 규모 → 각지에 ___12___ 설치
- ___13___ : 기존 소작 쟁의 + ___14___ 참여
  → ___15___ 성격

___17___ 투쟁
(정치적 성격)

(농민) 소작료 인하
___4___ 반대

(노동) 임금 인상
___5___ 개선

(농민) ___18___
일제의 수탈 반대

(노동) ___19___
일제의 수탈 반대
⇓
일제의 탄압 심화
___20___
___21___ , ___22___

1924

조선 ___10___

☆ ___6___ (1923) ◀╌╌╌╌╌
지주 ___7___ 이 고율의 소작료를 받자 농민들이 반발
⇨ 소작료 인하에 ___8___

1920

조선 ___9___

🗣️ **사료 읽기** | 1920~30년대 농민·노동 운동

- **암태도 소작 쟁의**
지주 문재철과 소작 쟁의 중인 전남 무안군 암태도 소작인 남녀 500여 명은 … 광주 지방 법원 목포지청에 몰려들어 왔는데 …… 무엇보다도 두려운 죽음을 불구하고 다시 이 법정에 들어온 것은 사활 문제가 이때에 있다하며, …… 이번 운동의 결과를 얻지 못할 경우면 아사 동맹을 결속하고 자기들의 집에서 떠날 때부터 지금까지 식사를 폐지하였다고 한다. — 동아일보

- **1930년대의 농민 운동**
 - 조선의 당면 과제는 봉건 유제와 잔재의 파괴, 농업 제 관계의 근본적인 변혁, 토지 혁명을 목표로 한 부르주아 민족주의 혁명이다.
— 명천 농민 조합
 - 타도 제국주의, 조선 민족 해방 만세, 전 세계 약소 민족 해방 만세
— 단천 농민 조합 슬로건

- **평원 고무 공장 노동자 파업(1931)**
우리는 49명 우리 파업단의 임금 삭감을 중요하게 생각하는 것이 아닙니다. 이것이 결국은 평양의 2,300명 고무 직공의 임금 삭감의 원인이 될 것이므로 죽기로써 반대하는 것입니다. …… 이래서 나는 죽음을 각오하고 이 지붕 위에 올라왔습니다. 나는 평원 고무 사장이 이 앞에 와서 임금 삭감의 선언을 취소하기까지는 결코 내려가지 않겠습니다.

53 1920~30년대 국내 민족 독립운동 ③

📁 민족주의 계열의 실력 양성 운동 ← 애국 계몽 운동의 영향

근대 산업 육성	근대 교육 육성

근대 산업 육성

● **물산 장려 운동(1920년대 초)**⭐

- **배경**: 1920. ___1___ - 일본 기업의 국내 진출⬆
  - ⇓ - 일부 민족 기업의 설립
  - 1923. ___4___ 철폐 ___2___ ,
  - 1928. ___5___ 제정 ___3___ 공장

- **과정**: 1920. ___6___ 움직임 ⇒ 물산 장려회 조직(___7___ , ___8___)
  - 1923. ___9___ (서울) ⇒ "우리가 만든 것, 우리가 쓰자"
    - +
    - ___10___ (1922, 학생 중심)
    - ___11___ (1923, 여성 중심 조직)
    - 자작 자급회 등

- **결과**
  - ┌ ___12___ → 소비자가 피해, 자본가에게는 이익
  - └ 사회주의 계열의 맹렬한 비판 "자본가 계급만을 위한 운동이다."
    - → ___13___ · ___14___ 의 대립 심화

근대 교육 육성

● **민립 대학 설립 운동(1920년대 초)**

- **배경**: ___15___ 공포(1922)
  - → 조선인의 교육 기회 확대 , but. 초급 · 기술 교육만 실시
- ___16___ 중심(1920. 이상재) (서울) ___17___ 결성(1922)
  - ⇨ "한민족 1천만 한 사람이 1원씩" (but. 잘 안됨)
- 가뭄과 수해로 모금 활동 좌절
- 일제의 방해 → ___18___ 설립(1924, 우리나라 최초 근대식 대학교)
- 사회주의 계열의 비판

● **문맹 퇴치 운동** = 농촌 계몽 운동 ← 사회주의 비판 X

- **배경**: 일제의 우민화 교육으로 한국인의 문맹률 증가
  - ⇨ ___19___ 에 대한 관심 고조
  - ┌ ___20___
  - ├ ___21___ (1929~1934) ___22___ 주도 "아는 것이 힘, 배워야 산다!"
  - │ ┌ 『 ___23___ 』(한글 교재) 간행 · 보급
  - │ └ ___24___ 지원(교정 작업 등)
  - └ ___25___ (1931 ~ 1934) 학생 중심, ___26___ 주도 " ___27___ "
    - 농촌 계몽 운동의 일환
- **중단** : 조선 총독부의 탄압으로 중단(1935)

- **의의**: 자본주의 문명 사회로의 발전 추구
- **한계** ┌ ___28___ 에 입각 → 일제가 허용하는 범위 내에서 전개
  - └ 일부 세력은 ___29___ 주장 → 친일파로 변질

정답 1 회사령 폐지 2 경성 방직 주식회사 설립 3 평양 메리야스 · 고무신 4 관세 5 신은행령 6 조만식 7 평양 8 조선 물산 장려회 9 토산 애용 부인회 10 자작회 11 토산 애용 부인회 12 물가의 상승 13 민족주의 계열 14 사회주의 계열 15 제2차 조선 교육령 16 조선 교육회 17 민립 대학 기성회 18 경성 제국 대학 19 문자 보급 운동 20 문자 보급 운동 21 문자 보급 운동 22 조선일보 23 한글 원본 24 조선어 학회 25 브나로드 운동 26 동아일보 27 배우자, 가르치자, 다 함께 브나로드 28 실력 양성론 29 자치론

해커스공무원학원 · 공무원인강 · 교재 Q&A gosi.Hackers.com   262

54 민족 유일당 운동 ①

📁 민족 유일당 운동의 구조적 이해 ← 신간회를 중심으로
└ 민족 연합 전선, 좌우 합작

우익	좌익
┌─────── 1 ───────┐	┌─────── 2 ───────┐

┌─────── 3 ───────┐ → 1930년대 ___4___ 경향
"독립하지 말자"

___5___ 의 '___6___'

「___7___」(1924, ___8___)
"일본이 ___9___ 에서 정치 운동을 하자"
→ 민주주의, 자본주의 성숙 후에 독립

___10___ : ___11___ 획득 주장
"기둥에 문제가 있어 대한 제국이 무너졌
는데 다시 세워봤자 또 무너짐"

대한 제국

한국 ___16___ 창립
(1926. 10. ___17___)
↓
↑
1926. 11. ___15___
⇑
1926. 7. ___14___ 결성
⇑
1926. 6. ___13___
⇑
1925. ___12___ 제정

사료 읽기 | 민족 유일당 운동

• **정우회 선언**
…… 따라서 민족주의적 세력에 대하여는 그 부르
주아 민주주의적 성질을 명백하게 인식하는 동시
에 또 과정적 동맹자적 성질도 충분히 승인하여 그
것이 타락하는 형태로 출현되지 아니하는 것에 한
하여는 적극적으로 제휴하여 대중의 개량적 이익
을 위하여서도 종래의 소극적 태도를 버리고 분연
히 싸워야 할 것이다.   – 조선일보

• **신간회 강령**
1. 우리는 정치적 · 경제적 각성을 촉진한다.
2. 우리는 단결을 공고히 한다.
3. 우리는 기회주의를 일체 부인한다.

• **신간회의 의의**
 - 사회주의 세력과 민족주의 세력의 연합
 - 일제 강점기 최대 규모의 ___37___ 단체
 - 작은 통일

☆ ___18___ (___19___ ~1931) – **자매 단체: 근우회**

• **주도 세력:** ___20___ (회장), 홍명희(부회장)

• **강령:** ___21___ , ___22___ , 정치 · 경제적 각성
 └ 개량주의, 타협적 민족주의

• **활동**
 ┌ 조선인 본위 교육 주장, ___23___ · ___24___ 개최,
 │ 여성 차별 철폐 주장
 │   ___25___ 폐지 주장
 ├ ___26___ 비판 , 치안 유지법 철폐 주장
 ├ 농민 · 노동 운동 지원(___27___),
 │   ___28___ 요구, 수재민 지원
 └ 학생 운동 지원(___29___)

• ___30___ (___31___)
 ┌   ___32___ 들의 신간회 합류로 조직의 ___33___
 │   → 좌익 세력의 반발로 갈등 심화
 │   ___34___ 의 노선 변화
 │   cf. 기존 노선 '민족주의자들과의 연합 가능'
 ⇒ 신간회 결성 후 사회주의자들의 농민·노동 운동 약화
 ⇒   ___35___ **발표:** '기존 단체를 해산하여 ___36___ 을
            전개하라'고 지령을 내림(1928)
 ⇒ 민족주의자들과의 통일 전선 운동 방침 폐기
 ⇒ 신간회 해소(1931)

정답 1 민족주의 좌익 2 사회주의 좌익 3 타협적 민족주의 계열 4 자치론 5 이광수 6 민족적 경륜 7 민족적 경륜 8 동아일보 9 자치권 범위 10 자치론 11 자치권 12 치안 유지법 13 6·10 만세 운동 14 조선 민흥회 15 정우회 선언 16 한국 독립 유일당 북경 촉성회 17 안창호 18 신간회 19 1927 20 이상재 21 기회주의 배격 22 민족 대단결 23 강연회 24 수양회 25 공창 제도 26 경찰 정치 27 소작 쟁의 28 노동 쟁의 29 광주 학생 항일 운동 30 6·10 해소 31 1931 32 자치론자 33 성격 변질 34 코민테른 35 코민테른 36 적색 노동 조합 운동 37 합법적 사회 운동

264   해커스공무원학원·공무원인강·교재 Q&A gosi.Hackers.com

54 민족 유일당 운동 ②

📁 학생 항일 만세 운동

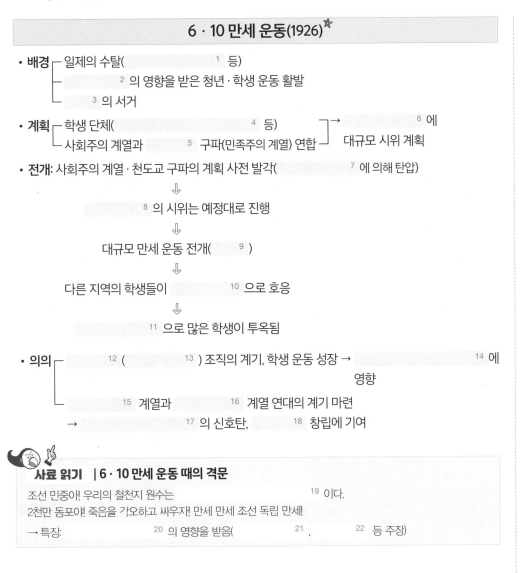

6·10 만세 운동(1926)⭐

- **배경** ┌ 일제의 수탈(___1___ 등)
         ├ ___2___ 의 영향을 받은 청년·학생 운동 활발
         └ ___3___ 의 서거

- **계획** ┌ 학생 단체(___4___ 등) ┐
         └ 사회주의 계열과 ___5___ 구파(민족주의 계열) 연합 ┘ → ___6___ 에 대규모 시위 계획

- **전개**: 사회주의 계열·천도교 구파의 계획 사전 발각(___7___ 에 의해 탄압)
         ⇓
         ___8___ 의 시위는 예정대로 진행
         ⇓
         대규모 만세 운동 전개(___9___)
         ⇓
         다른 지역의 학생들이 ___10___ 으로 호응
         ⇓
         ___11___ 으로 많은 학생이 투옥됨

- **의의** ┌ ___12___ (___13___) 조직의 계기, 학생 운동 성장 → ___14___ 에 영향
         └ ___15___ 계열과 ___16___ 계열 연대의 계기 마련
         → ___17___ 의 신호탄, ___18___ 창립에 기여

🗣️ **사료 읽기 | 6·10 만세 운동 때의 격문**

조선 민중아! 우리의 철천지 원수는 ___19___ 이다.
2천만 동포야! 죽음을 가오하고 싸우자! 만세 만세 조선 독립 만세!
→ 특징: ___20___ 의 영향을 받음(___21___ , ___22___ 등 주장)

광주 학생 항일 운동(1929)⭐

- **배경** ┌ ___23___ 에 대한 학생의 불만
         └ ___24___ · ___25___ 등의 학생 단체 조직, ___26___ 빈발

- **발단**: 통학 열차 안에서 ___27___ 간의 충돌 발생
         ⇒ 일본 경찰의 편파적인 사법 처리(한국인에게 불리하게) ⇒ 한국 학생들의 불만 고조

- **전개**: ___28___ 에서 적극적인 ___29___ 시작(소극적인 동맹 휴학에서 벗어남)
         ⇓
         독서회의 지도 아래 광주· ___30___ 으로 확산
         ⇓
         ___31___ 의 지원
         (진상 조사단 파견, 민중대회 개최 계획)
         ⇓
         ___32___ 인 규모의 항일 투쟁으로 확산

- **의의** ┌ 3·1 운동 이후 ___33___ 의 민족 운동
         └ ___34___ 철폐· ___35___ 확립을 요구하며 시작된 운동이
         식민 통치에 반대하는 ___36___ 으로 발전

🗣️ **사료 읽기 | 광주 학생 항일 운동 때의 격문**

검거된 학생들을 즉시 우리 손으로 탈환하자.
경찰의 교내 침입을 절대 반대한다.
조선인 본위의 교육 제도를 확립하라.
식민지적 노예 교육 제도를 철폐하라.
→ 특징: 초기에는 ___37___ 에 대한 항의 차원으로 시작 → 점차 ___38___ 으로 발전

정답 1 지세 수취 체제 2 사회주의 3 순종 4 조선 학생 과학 연구회 5 천도교 6 순종 인산일 7 치안 유지법 8 학생 9 6·10 만세 운동 10 동맹 휴학 11 치안 유지법 12 신간회 13 근우회 14 광주 학생 항일 운동 15 민족주의 16 사회주의 17 민족 유일당 운동 18 신간회 19 일본 제국주의 이다
20 사회주의 사상 21 토지 혁명 22 8시간 노동제 23 식민지 교육 24 성진회 25 독서회 26 동맹 휴학 빈발 27 한·일 학생 28 광주 29 시위 운동 30 전남 지역 31 신간회 32 전국적 33 최대 규모 34 식민지 차별 교육 35 조선인 본위의 교육 36 반일 항일 운동 37 민족 차별 38 전국적 항일 운동

해커스공무원학원·공무원인강·교재 Q&A gosi.Hackers.com **265**

55 국내외 동포의 생활 모습

📁 국내 생활 모습의 변화

● 의생활

- 1920년대 ─ 대중 문화 형성
  ├ _____1_____ · _____2_____ 의 등장
  ├ 단발머리 유행
  └ 『_____3_____』· 『별건곤』 등의 잡지에서
    새로운 패션 소개

- 1940년대 - 전시 체제 하에서 일제가
    _____4_____ (남성), _____5_____ (여성) 착용 강요

사료 읽기 | 1920년대의 패션

혈색 좋은 흰 피부가 드러날 만큼 반짝거리
는 엷은 양말에, 금방 발목이나 삐지 않을
까 보기에도 조마조마한 구두 뒤로 몸을 고
이고, 스커트 자락이 비칠 듯 말 듯한 정강
이를 지나는 외투에 단발 혹은 미미가쿠시(
당시 유행하던 머리 모양)에다가 모자를 푹
눌러 쓴 모양 … 분길 같은 손에 경복궁 기
둥 같은 단장을 휘두르면서 두툼한 각테 안
경, 펑퍼짐한 모자, 코높은 구두를 신고 …

– 『별건곤』, 모년 12월호

● 주거 생활

- 서울 - _____6_____ 을 경계로 남쪽에 _____7_____ 거주지(남촌), 북쪽에는 _____8_____ 거주지(북촌) 형성
- 도시 외곽 ─ 빈민이 토막집을 짓고 모여 살며 _____9_____ 형성
  └ _____10_____ 이후 토막민 급증

● 주거 생활 - 주택의 변화

- 1920년대 _____11_____ (중류층) ─ 사랑채 생략, 대청 마루에 유리문 설치
  └ 도시형 상품 주택

- 1930년대 _____12_____ (상류층)
  - 2층 양옥, 복도 · 응접실 · 침실 · 아이 방 등 개인 독립 공간 존재

- 1940년대 _____13_____ (도시민 · 서민)
  ├ 서민의 주택난 해결을 위한 _____14_____
  └ 대규모 _____15_____ , 집단 주거 형태
    → 일본식 _____16_____ + 한국식 _____17_____ 등이 혼용

📁 국외 이주 동포의 생활 (디아스포라)

● 만주

- 일제의 _____18_____ 과 _____19_____ 으로 농민의 이주 증가
- 독립운동 기지 건설, 무장 투쟁 전개 (_____20_____ 전투 · _____21_____ 전투)
- 시련: _____22_____ (1920), 만보산 사건(1931)으로 한인들이 탄압을 받음

● 연해주

- 블라디보스토크의 _____23_____ 을 중심으로 독립운동 전개
- 독립운동 단체 조직: _____24_____ , _____25_____
- 시련: _____26_____ (1921), 스탈린의 강제 이주 정책(1937)
  → _____27_____ 로 강제 이주 (까레이스키, 고려인)

📍 중앙아시아 강제 이주

● 미주

- 대한 제국 정부의 공식 해외 이주(1903, 미국의 요청)
  → 하와이 _____28_____ · 파인애플 농장 노동자로 생활
- 직접적인 독립운동 X, 재정 지원 · 외교 활동에 주력 (_____29_____)

📍 자경단(관동 대학살)

● 일본

- 19C 말 유학생 · 정치적 망명자들의 이주
  → 국권 피탈 이후 농민들이 이주하여 산업 노동자로 취업
- 시련: _____30_____ (1923) 당시 일본 당국의 유언비어로 6천여 명의 재일 동포가
  학살 당함(관동 대학살)
    _____31_____ (1937) 이후 한인들이 일본으로 강제 징용 · 징병 당함

정답 1 모던 보이 2 모던 걸 3 신여성 4 국민복 5 몸뻬 6 청계천 7 일본인 8 한국인 9 토막촌 10 대공황 11 개량 한옥 12 문화 주택 13 영단 주택 14 영단 15 공동 주택 16 다다미 17 온돌 18 토지 조사 사업 19 산미 증식 계획 20 봉오동 21 청산리 22 간도 참변
23 신한촌 24 대한 광복군 정부 25 대한 국민 의회 26 자유시 참변 27 중앙아시아 28 사탕수수 29 대한인 국민회 30 관동 대지진(관동 대학살) 31 중 · 일 전쟁

해커스공무원학원 · 공무원인강 · 교재 Q&A gosi.Hackers.com **266**

56 민족 문화 수호 운동 ①

📁 조선 교육령

1910		1919		1931		1945
국권 피탈	1910년대	3·1 운동	1920년대	만주 사변	1930년대	광복
					1940년대	

¹ (1911)
- 한국인 ² 수업 연한 단축
  (6년 → ³)
  └ 일본인은 6년
- ⁴ · ⁵ 만 실시
- 대학 미설치

⁶ (1911)
일제가 사립 학교 교육 통제

⁷ (1918)
일제가 개량 서당 통제

⁸ (1922)
- 보통학교 수업 연한 연장
  (⁹)
- 조선인의 교육 기회 확대(but 실질적으로는
  교육 차별 존재, _____ ¹⁰ 에 치중)
  └ 기술자 양성
- 조선어 · 조선사 ¹¹

¹² (1924)
한국 거주 일본인의 고등 교육 목적

¹³ (1938)
- 보통학교 · 소학교를 ¹⁴ 로 변경 ⟶
- 조선어 · 조선사 ¹⁵ ⟶
  (사실상 ¹⁶)

¹⁷ (1941)
- _____ ¹⁸ 로 변경
  └ ¹⁹

제4차 조선 교육령(1943)
- 수업 연한 ²⁰ 으로 축소
- ²¹ · ²² 과목 폐지
- ²³ 강화
- ²⁴ 강화
  (교육을 전쟁 수행의 도구로 이용)

📁 일제의 한국사 왜곡

● **식민 사관** - 조선 ²⁵ 지배 합리화
- ²⁶ : 한국사는 근대 사회로 이행하기 위해 거쳐야 할 필수 단계인 봉건 사회를 거치지 못하고 고대 사회 단계에 정체되었음
- ²⁷ : 한국사는 외세의 간섭에 의해 타율적으로 전개되었음
- ²⁸ : 한국인은 분열성이 강한 민족이고, 오랜 당파 싸움으로 국력이 약화되어 결국 식민 지배를 받게 되었음

● **단체**
- ²⁹ **조직(1925)**: 총독부 산하 단체, 식민 사관을 토대로 『 ³⁰ 』편찬(1938)
- ³¹ **조직(1930)**: 경성 제국 대학 교수와 조선사 편수회 간부가 중심이 되어 조직,
  한국사 왜곡과 일제의 ³² 에 노력, 『 ³³ 』발간

> **더 알아보기 식민 사관 반박**
> - ³⁴
>   → 한국사는 주체성과 자율성을 바탕으로 발전하였음
> - ³⁵
>   → 조선 후기부터 근대 사회로 이행하기 위한 움직임이 내부
>   적으로 있었음
> ⇒ 새로운 농사법의 보급 (³⁶ 과 ³⁷)
>   광작 및 경영형 부농 등장, 각종 상업적 제도 발달

📁 국사 연구

● 민족주의 사학

한국사
┌─────┬─────┐
│ ⭐신채호 │ ⭐박은식 │
└─────┴─────┘

· 신채호 ◄──────────────

- _____1 강조, _____2 연구에 치중
  └ 단군 신화에 초점을 둔 우리 고유 사상
- 「_____3」(1908): 민족주의 사학의 연구 방향 제시
  _____4 에 연재
- 「_____5」(1929): _____6 을 '조선 역사 1천 년래 제1대 사건'으로 평가
- 「_____7」(1931): 역사는 _____8
  └ 일제 시대의 투쟁을 두려워 말라(투쟁 통해 발전)
- 「_____9」(1923): _____10 강령, 민중 직접 혁명의 중요성 강조

· 박은식 ──────────────►

- 민족정신: '_____11' 강조(혼백사상, 혼이 있어야 _____12 이 발전)
  └ 역사 └ 기술·산업 등
- 『_____13』(1915): 현재사 중심의 연구
  나라는 '_____14'이요, 역사는 '_____15'이다.
  → _____16 를 지키면 나라를 잃어도 다시 만들 수 있음
- 『_____17』(1920): 국혼 강조, _____18 의 과정 서술

● 조선학 연구 → _____19 서거 99주기(1934)에 문일평, 안재홍과 함께 『_____20』를 편찬
_____21 의 정신을 계승 → 우리 역사 연구, 민족정신 부활

· 정인보 '_____22' 강조

- 「_____23」: 우리 민족의 시조를 단군으로 설정
- 『_____24』: 고대사 연구에 주력
- 조선학 운동의 선구적 역할 담당
- _____25 연구 → '도해파'의 해석: 최초 고구려라고 주장
- 『_____26』: 실학 연구 중요시

· 문일평 '_____27' 강조

- 『_____28』 저술: 역사 칼럼
- 조선일보에서 활동

· 안재홍

- 『_____29』: 『_____30』 재정리, 신채호의 고대사 연구 평가
- 「_____31」⇨ 신민족주의 탄생
- _____32 활동

🗣️ 사료 읽기 | 일제 강점기 민족주의 사학자

· 신채호

역사란 무엇이뇨? 인류 사회의 아(我)와 비아(非我)의 투쟁이 시간부터 발전하며 공간부터 확대하는 심적 활동 상태의 기록이니, 세계사라 하면 세계 인류의 그리된 상태의 기록이며, 조선사라면 조선 민족의 그리되어 온 상태의 기록이니라. 무엇을 '아'라 하며 무엇을 '비아'라 하느뇨? …… 그러므로 역사는 아와 비아의 투쟁의 기록이니라.
— 『조선상고사』

· 박은식

옛사람이 말하기를 나라는 멸망할 수 있으나 그 역사는 결코 없어질 수 없다고 했으니, 이는 나라가 형체라면 역사는 정신이기 때문이다. 이제 우리나라의 형체는 없어져 버렸지만, 정신은 살아남아야 할 것이다. 이것이 내가 역사를 쓰는 까닭이다. 정신이 살아서 없어지지 않으면 형체도 부활할 때가 있을 것이다.
— 『한국통사』

· 정인보

누구나 어릿어릿하는 사람을 보면 '얼'이 빠졌다고 하고, '멍'하니 앉은 사람을 보면 '얼'하나 없다고 한다. '얼'이란 이같이 쉬운 것이다. 그런데 '얼' 하나의 있고 없음으로써 그 광대·응맹함이 혹 저렇기도 하고 그 잔루·구차함이 이렇기도 하니, '얼'에 대하여 명찰통조(明察通眺)함은 실로 거론하기 어렵다 할 수도 있다.
— 「5천년간 조선의 얼」

56 민족 문화 수호 운동 ③

📁 국사 연구

● 실증 사학 → _____¹ 사관에 바탕(_____² 강조) 역사적 사실을 실증적 · 객관적으로 밝힘

✓ _____³ (1934)

- _____⁴ 의 한국사 왜곡에 대항하기 위해 결성
- _____⁵ · _____⁶ 중심
- 『_____⁷』 발간
- 민족주의 사관과 사회 · 경제 사학 비판(← 실증성이 결여)
- **한계**: 문헌 고증에 치중, 식민 사학에 소극적 대항
  ⇨ 일제의 탄압을 별로 받지 않음

● 사회 · 경제 사학

- **마르크스의** _____⁸ **사관에 기반**: 역사 발전 5단계설

_____⁹ 사회 ⇨ _____¹⁰ 사회 ⇨ _____¹¹ 사회 ⇨ _____¹² 사회 ⇨ _____¹³ 사회

- 생산력 증대에 따른 역사 발전 강조
- 세계사의 _____¹⁴ 에 한국사를 체계화
- **식민 사학의** _____¹⁵ **비판** : 세계사의 발전 방향에 맞춰 한국사가 발전함을 입증
- 민족주의 사학의 정신 사관 비판
- _____¹⁶ : 『_____¹⁷』, 『_____¹⁸』 저술
- **이청원**: 『_____¹⁹』 저술

● 신민족주의 사학

- _____²⁰ 사학 계승(1940년대 연구 시작)
- _____²¹ 토대 위에 민족주의 사학과 사회·경제 사학의 방법을 수용
- 민족 중심의 단결 도모
- 해방 전후 _____²² 에 기여
  - _____²³ : 『_____²⁴』 저술
  - _____²⁵ : 『_____²⁶』 저술

📢 사료 읽기 | 사회 · 경제 사학과 신민족주의 사학

- **사회 · 경제 사학**

  우리 조선 역사 발전의 전 과정은 가령 지리적 조건 · 인종학적 골상 · 문화 형태의 외형적 특징 등 다소의 차이는 인정되더라도, …… 세계사적 · 일원론적인 역사 법칙에 따라 다른 여러 민족과 거의 같은 발전 과정을 거쳐왔다. 그 발전 과정의 빠름과 느림, 각 문화의 특수한 모습의 짙고 옅음은 결코 본질적인 특수성이 아니다. …… 조선 경제사의 기도는 사회의 경제적 구성을 기축으로 하여 대략 다음과 같은 제 문제를 취급하게 되어 있다.

  제1. 원시 씨족 공산체의 태양
  제2. 삼국의 정립 시대의 노예 경제
  제3. 삼국 시대 말기경에서 최근세에 이르기까지 아시아적 봉건 사회의 특질
  제4. 아시아적 봉건 국가의 붕괴 과정과 자본주의 맹아 형태 ……

  – 백남운, 『조선사회경제사』

- **손진태의 신민족주의 사학**

  계급 투쟁은 민족의 내부 분열을 초래할 것이며, 계급 투쟁의 길은 우리가 반드시 취해야 할 필요는 없고, 민족 균등이 실현되는 날 그것은 자연 해소되는 문제다. …… 이 세계적 기운과 민족적 요청에서 민족 사관은 출발하는 것이며, 민족사는 그 향로와 방법을 명백하게 과학적으로 지시하여야 할 것이다. – 『조선민족사개론』

📁 국어 연구

```
┌─────────── 1 ┐   1907
│                │        2  ,         3
│   계승          │   • _____ 4 『국어문법』
↓                │   • 유길준『      5 』
┌─────────── 6 ┐   1921   임경재, 장지영, 최현배 등
│                │   • _____ 7 (한글날) 제정(1926. 9. 29.)
│   개편          │   • 잡지『    8 』창간(1927)
↓                │   • 강습회·강연회를 통해        9 전개
┌─────────── 10┐   1931   _____ 11 , _____ 12 이극로
│                │   • 잡지『한글』계속 발간
↓                │   • _____ 13 제정(1933)
                 │   • 「외래어 표기법 통일안」발표(1940)
                 │   • 『      14 』편찬 시도(but 실패)
```

해산 조선어 학회 사건(1942) → 1949 _____ 15 로 개편
└ 『우리말 큰사전』완간, 1957

📁 언론 탄압 정책

1910년대
- 언론·출판·결사의 자유 박탈
- _____ 16 를 제외한 대부분의 신문 폐지
  └ 총독부의 기관지

1920년대
- 한글 신문 발간 허용 → _____ 17 · _____ 18 발행
- **실상**: 검열·삭제·정간·폐간 자행

1930년대 손기정 _____ 19 (1936 , 동아일보) ⇒ 동아일보 탄압

1940년대 조선일보·동아일보 폐간(1940)

📁 문학 활동

1910년대 _____ 20 → 2인 문단 시대
┌ 이광수:「   21 」(1917, 최초의 장편 현대 소설)
└ 최남선:「   22 」(1908, 최초의   23)

1920년대
- **초반**: _____ 24 간행(퇴폐적·탐미적 낭만주의)
  → 『   25 』(김동인, 최초의 동인지),『   26 』(이상화),『   27 』(염상섭)
- **중반**┬ _____ 28 **문학 대두**: 문학의 현실 참여 강조, 식민지 현실 고발, 계급 의식 고취 강조
  │   → _____ 29 (조선 프롤레타리아 예술가 동맹) 결성(1925)
  ├ **동반 문학 등장**: 사회주의 사상을 가지지는 않았지만 내용에 사회주의적 요소가 있음
  │   → 현진건의「운수 좋은 날」, 염상섭의「삼대」(1931년에 연재)
  └ **민족 정서 강조**: 김소월의「   30 」(1925), _____ 31 의「빼앗긴 들에도 봄은 오는가」
            (1926), 한용운의「   32 」(1926)

1930년대
- **순수 문학**: 정지용·김영랑 등, 예술성과 작품성 강조
            동인지『   33 』창간
- _____ 34 **문학**: 윤동주(「   35 」)·_____ 36 (「청포도」)·심훈(「   37 」) 등
            작품 활동을 통해 민족의식과 독립 사상을 고취시키고자 함
            (~1940년대 초반)

1940년대
- _____ 38 **문학**: _____ 39 · _____ 40 ·서정주·노천명·김활란 등
            일제의 침략과 _____ 41 찬양, 친일 활동에 동원됨
- **문단의 암흑기**: 절필 문인 등장

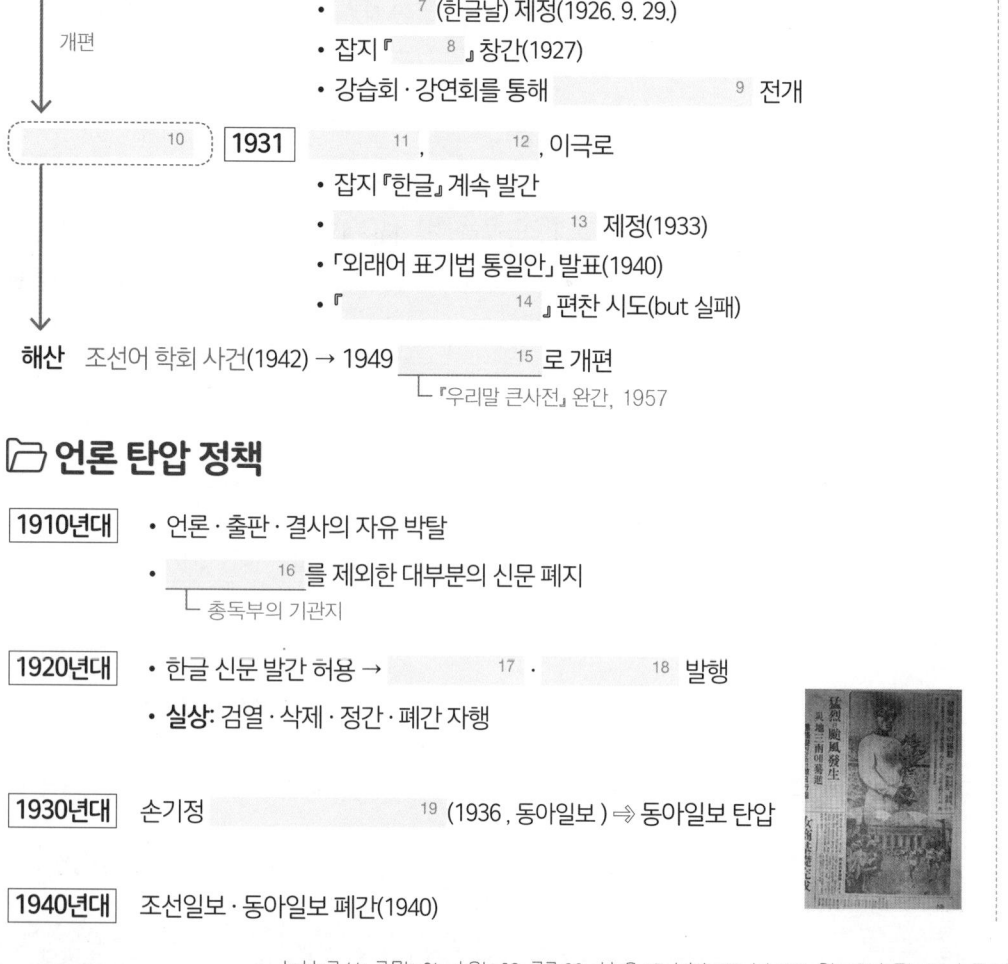

56 민족 문화 수호 운동 ⑤

📁 예술 활동

● 연극
- _____ [1] (1920)
- _____ [2] (1923, 연극 단체)
- _____ [3] (1931, 유치진의 『____ [4] 』)

● 음악
- _____ [5] : 일제에 대한 저항 의식 표현 (『____ [6] 』, 『____ [7] 』 등)
- _____ [8] : 민족의 심정 대변(홍난파의 『봉선화』, ____ [9] 의 『____ [10] 』·『____ [11] 』 등)
  └ 1936
- 동요: ____ [12] 의 『반달』, 홍난파의 『____ [13] 』

● 미술
- **한국화**: ____ [14] 의 제자인 ____ [15] 등이 한국의 전통 회화를 전승·발전시킴
- **서양화**: 최초의 서양 화가인 ____ [16] 이래 ____ [17] 등의 서양 화가가 활약함

● 영화
- ____ [18] 의 '____ [19] '(1926): 민족 정서를 토대로 민족의 비애를 표현
- 일제는 ____ [20] (1940)을 제정해 민족적 영화 탄압

📁 종교 활동

● 개신교
- 교육·의료·____ [21] 운동 전개
- 1930년대 ____ [22] 전개 → 일제의 탄압 심화, 개신교계 학교들이 폐쇄됨

● 천주교
- 고아원·____ [23] 사업 전개
- ____ [24] 조직(만주, 항일 무장 단체, ____ [25] 에 참여)
- 잡지 『____ [26] 』 발간

● 천도교
- 제2의 ____ [27] 계획(1922, 자주 독립 선언문 발표)
- 기관지 『____ [28] 』, 잡지 『____ [29] 』·『____ [30] 』 등 간행
- 민중 계몽 운동 전개(어린이·여성 운동)

● 대종교
- ____ [31] · ____ [32] 가 창시
- 항일 무장 투쟁 전개
- ____ [33] 조직 – 1911, ____ [34]
  → 3·1 운동 직후 북로 군정서로 개편하여 ____ [35] 에 참여)

● 불교
- ____ [36] 의 『____ [37] 』
- ____ [38] (1921, 불교 정화 운동, 불교 교단의 친일화에 대항)
  └ 일제가 ____ [39] (1911)을 제정, 불교를 친일화

● 원불교
- ____ [40] 창시(1916)
- ____ [41] 전개 (개간 사업·저축 운동·허례허식 폐지 등)

57 해방 전후사 ①

📁 건국 준비 활동

```
┌─────────┐    무정부 상태    ┌─────────┐
│  1  단계 │ - - - - - - - → │  2  단계  │
└─────────┘   └→ 방지        └─────────┘
(국토 회복 = 해방)  ⇒    3   활동    (정부 수립)
```

연안
┌─────────────── 8 (1944) ───────────────→ ┌──────────────────────┐
│   │ 조선 건국 준비 위원회   │ - - - - → 18 의 지도부 형성 - - - - → 미군 상륙
│   │   (1945. 8. 15.)   │   (9. 8.)
연안   • 9 중심의   10   └──────────────────────┘   19 의 이탈(안재홍)   인정 X
  4 (1942)   합작 단체(→ 단일 정부 구성)   │   └ (조선)국민당 결성   ⇓
• 건국 강령 발표   • 11 조직,   12 발표   │   ⇓
                        • 13 + 14   ↓   ┌──────────────────────┐   22 실시(9. 9.)
충청   (중도 좌파)(중도 우파)   │   20 선포   │   • 모든 단체 인정 X
  5 (1940)   • 총독부로부터   15 과   │   (9. 6.)   │   • 건준 해체
• 임시 정부의 여당   일부   16 을 인수   └──────────────────────┘
• 건국 강령: 6 의 "   7 "(1941) •   17 를 설치하고, 전국에   ⇕
                        145개의 지부를 설치   조선 인민 공화국에 반발한
                                                                  민족주의 세력이
서울   21 결성(9. 16.)
                                                                  └ 송진우, 김성수

📖 사료 읽기 | 해방 전후 시기의 건국 준비 활동

• 임시 정부의 대한민국 건국 강령

– 삼균 제도의 건국 원칙을 천명하였으니, 이른바 보통 선거 제도를 실시하여 정권을 균(均)히 하고, 국유 제도를 채용하여 이권을 균히 하고, 공비(公費) 교육으로써 학권(學權)을 균히 하며 ……

– 삼균 제도를 골자로 한 헌법을 실시하여 정치·경제·교육의 민주적 시설로 실제상 균형을 도모하며, 전국의 토지와 대생산 기관의 국유가 완성되고 전국의 학령 아동 전체가 고급 교육의 무상 교육이 완성되고 보통 선거 제도가 구속 없이 완전히 실시되어……

• 조선 독립 동맹의 건국 강령

본 동맹은 조선에 대한 일본 제국주의의 지배를 전복하고 독립 자유의 조선 민주주의 공화국을 수립할 목적으로 다음 임무를 실현하기 위해 싸운다.

(1) 전 국민의 보통 선거에 의한 민주 정권의 수립

(6) 조선에 있는 일본 제국주의자의 일체 자산 및 토지를 몰수하고, 일본 제국주의와 밀접한 관계에 있는 대기업을 국영으로 귀속하며, 토지 분배를 실행한다.

(9) 국민 의무 교육 제도를 실시하고, 이에 필요한 경비는 국가가 부담한다.

• 조선 건국 준비 위원회 선언과 강령

우리의 당면 임무는 완전한 독립과 진정한 민주주의 확립을 위하여 노력하는데 있다. …… 국내의 진보적 민주주의적 여러 세력은 통일 전선의 결성을 갈망하고 있나니 이러한 사회적 요구에 의하여 우리의 건국 준비 위원회는 결성된 것이다. 그러므로 본 준비 위원회는 ……

1. 우리는 완전한 독립 국가의 건설을 기함

2. 우리는 전 민족의 정치적, 경제적, 사회적 기본 요구를 실현할 수 있는 민주주의 정권의 수립을 기함

3. 우리는 일시적 과도기에 있어서 국내 질서를 자주적으로 유지하여 대중 생활의 확보를 기함

58 대한민국 수립 ②

1947. 5. ~ 10.

제2차 미·소 공동 위원회

[1] 으로 냉전 격화

⇩

제2차 미·소 공동 위원회 [2]

⇩

미국이 한반도 문제를 [3] 할 것을 주장

⇩

[4] 했으나, 유엔에 이관됨
(1947. 9.)

1947. 11.

유엔 총회 개최

(미국에 유리)

• [5] 로 총선(거) 실시 결의

• 선거 진행 돕기 위해 [6] 파견

⇩

유엔 한국 임시 위원단 입국(1948. 1.)

⇩

[7]

1948. 2.

유엔 소총회 개최

(미국에 유리)

• [8] : 선거 가능한 남한에서만 단독 총선거 실시

⇕

• 김구가 '[9]' 발표(1948. 2.)

• [10] · [11] 이 남북 협상 제의(1948. 2.)

⇩

★ • [12] ([13]) 개최(1948. 4.)

→ 4자 회담 ┌ [남] [14] · [15]
            └ [북] [16] · [17]

⇨ 공동 성명 발표
  ┌ [18]
  ├ 미·소 군대의 철수
  └ 단독 정부 수립 [19]

1948. 5. ~ 8.

남한 단독 총선(거) 실시

(1948. [20])

198명의 국회의원 선출

⇨ [21] (1대 국회)
  └ 의원 임기 [22]

대한민국 정부 출범

(1948. 8. 15.)

대통령 [23] , 부통령 [24]

1948. 12.

유엔 총회에서 [25] 을
한반도에서 [26] 로 승인

🔍 더 알아보기 단독 선거·단독 정부 반대 운동

• [27] (1948. 4.)
  ┌ 배경: 경찰과 [28] (극우 반공 단체)의 횡포에 대한 제주도민의 반감
  ├ 내용: 제주도 사회주의자들이 [29] 하며 일으킴 → 민간인 피해
  └ 결과: 제주도 3개 선거구 중 2개 지역에서 5·10 총선거 미실시

• [30] (1948. 10.)
  ┌ 배경: 정부 수립 이후 제주도 4·3 사건에 대해 진압 명령
  ├ 내용: 여수·순천 주둔군이 명령에 불복 → [31] 의 진압
  │   └ 사회주의자들 多
  └ 결과: 반란군 일부는 지리산 빨치산 활동 시작, [32] 제정(1948. 12.)

정답 1 트루먼 독트린 2 재개 3 국제 연합(유엔)에 이관 4 미국이 이관 5 인구 비례(에 의한) 6 유엔 한국 임시 위원단 7 소련의 위원단 입북 거부 8 유엔 소총회의 결정 9 삼천만 동포에게 읍고함 10 김구 11 김규식 12 남북 협상(전조선 정당 사회 단체 대표자 연석 회의) 13 평양 14 김구 15 김규식 16 김일성 17 김두봉 18 외국 군대 철수 19 반대 20 5·10 총선거 실시 21 제헌 국회 22 2년 23 이승만 24 이시영 25 대한민국 정부 26 한반도의 유일한 합법 정부 27 제주 4·3 사건 28 서북 청년회 29 단독 선거 반대 30 여수·순천 10·19 사건 31 이승만 정부 32 국가 보안법

📖 맵핑 핵심 자료

▨ 카이로 선언

3대 동맹국(미국·영국·중국)은 일본의 침략을 정지시키며 이를 벌하기 위하여 이번 전쟁을 속행하고 있는 것이다. …… 위 동맹국의 목적은 일본이 1914년 제1차 세계 대전 개시 이후에 탈취 또는 점령한 태평양의 도서(島嶼) 일체를 빼앗고 만주, 대만 및 팽호(澎湖) 섬과 같이 일본이 청국으로부터 빼앗은 지역 일체를 중화민국에 반환함에 있다. …… 앞의 3대국(미국·영국·중국)은 한국민의 노예 상태에 유의하여 적당한 시기(in due course)에 한국을 자주 독립시킬 결의를 한다.

▨ 좌·우 합작 7원칙

1. 조선의 민주 독립을 보장한 모스크바 3국 외상 회의 결정에 의하여 남북을 통한 좌·우 합작으로 민주주의 임시 정부를 수립할 것
2. 미·소 공동 위원회의 속개를 요청하는 공동 성명을 발표할 것
3. 토지 개혁에 있어서 몰수, 유조건 몰수, 체감 매상 등으로 토지를 농민에게 무상으로 분여하며, 시가지의 기지 및 대건물을 적정 처리하며, 중요 산업을 국유화하며, …… 민주주의 건국 과업 완수에 매진할 것
4. 친일파 민족 반역자를 처리할 조례를 좌·우 합작 위원회에서 입법 기구에 제안하여 입법 기구로 하여금 심리·결정하여 실시케 할 것
5. 남북을 통하여 현 정권하에 검거된 정치 운동자들의 석방에 노력하고, 아울러 남북 좌우의 테러적 행동을 일체 즉시로 제지하도록 노력할 것
6. 입법 기구에 있어서는 일체 그 기능과 구성 방법, 운영을 본 합작 위원회에서 작성하여 적극적으로 실행할 것
7. 전국적으로 언론·집회·결사·출판·교통·투표 등의 자유가 절대 보장되도록 노력할 것

▨ 모스크바 3국 외상 회의 결정서

1. 조선을 독립 국가로 재건설하며 조선을 민주주의적 원칙하에 발전시키는 조건을 조성하고 …… '조선 민주주의 임시 정부'를 수립한다.
2. 조선 임시 정부 수립을 원조할 목적으로 먼저 그 적절한 방책을 연구·조성하기 위하여 남조선 미국 사령부와 북조선 소련 사령부의 대표자들로 공동 위원회가 설치될 것이다. 위원회는 제안을 작성할 때에 조선의 민주주의 정당들, 사회 단체들과 협의해야 한다.
3. 위 공동 위원회는 …… 조선 임시 정부와 협의하여 미·영·소·중 4개국 정부가 최고 5년 기간의 신탁 통치 협약을 작성하는데 공동으로 참작할 수 있도록 제안을 제출하여야 한다.
4. 남·북조선에 공통된 긴급 문제와 행정·경제 방안의 영구적 조정 방침 강구를 위해 미·소 양국 조선 주둔 사령관 대표는 앞으로 2주일 이내에 회의를 소집할 것이다.

▨ 김구의 단독 정부 수립 반대

한국이 있고야 한국 사람이 있고, 한국 사람이 있고야 민주주의도 공산주의도 또 무슨 단체도 있을 수 있는 것이다. 마음 속의 38도선이 무너지고야 땅 위의 38도선도 철폐될 수 있다. …… 현실에 있어서 나의 유일한 염원은 3천만 동포와 손을 잡고 통일된 조국의 달성을 위하여 공동 분투하는 것뿐이다. 이 육신을 조국이 필요로 한다면 당장에라도 제단에 바치겠다. 나는 통일된 조국을 건설하려다 38도선을 베고 쓰러질지언정 일신의 구차한 안일을 위하여 단독 정부를 세우는 데는 협력하지 아니하겠다.   – 김구, '삼천만 동포에게 읍고함'

▨ 이승만의 정읍 발언

이제 우리는 무기 휴회된 공위(미·소 공동 위원회)가 재개될 기색도 보이지 않으며 통일 정부를 고대하나 여의케 되지 않으니 우리 남방만이라도 임시 정부 혹은 위원회 같은 것을 조직하여 38 이북에서 소련이 철퇴하도록 세계 공론에 호소하여야 될 것이니 여러분도 결심하여야 될 것이다.

▨ 제헌 헌법

유구한 역사와 전통에 빛나는 우리들 대한국민은 기미 삼일 운동으로 대한민국을 건립하여 세계에 선포한 위대한 독립 정신을 계승하여 …… 정당 또 자유로이 선거된 대표로서 구성된 국회에서 단기 4281년 7월 12일 이 헌법을 제정한다.

제1조 대한민국은 민주 공화국이다.
제53조 대통령과 부통령은 국회에서 무기명 투표로써 각각 선거한다.
제55조 대통령과 부통령의 임기는 4년으로 한다. 단, 재선에 의하여 1차 중임할 수 있다.
제102조 이 헌법을 제정한 국회는 이 헌법에 의한 국회로서의 권한을 행하며 그 위원의 임기는 국회 개회일로부터 2년으로 한다.

59 제헌 국회의 활동(1948 ~ 1950) ①

📁 친일파 청산

- _____1 제정(1948. 9.): 친일 행위자 처벌, 공민권 제한
  └ 일제의 잔재 청산, 사회 기강 확립 목적

- ___2 족 행위 ___3 별 조사 ___4 원회 구성: ___5 , ___6 , ___7 , ___8 ,
  ___9 등을 구속

- 한계: ___10 한 이승만 정부는 반민특위 활동에 ___11 태도 보임
  ┌ ___12 사건: 일부 국회의원들(반민특위 소속)이 남조선 노동당과
  │ (1949. 5.~1950. 3.)   내통했다고 조작한 사건
  ├ 반민특위 습격 사건(1949. 6. 6.): ___13 들이 ___14 습격
  └ 반민특위 ___15 단축: 2년 → ___16

- 결과: 반민특위가 시효 만료(1949. 8.)로 해체되자 관련자 대부분이 ___17 됨,
  ___18

📋 더 알아보기 | 남북한 농지 개혁 비교

구분	남한	북한
대상	산림 · 임야 제외	모든 토지
공포 시기	1949년 6월 (→ 실시: 1950년)	1946년 3월
방법	• 토지 상한: 3정보 기준 • 유상 매입, 유상 분배	• 토지 상한: 5정보 기준 • 무상 몰수, 무상 분배

📁 농지 개혁*

- ___19 (1945. 10.): 소작료가 ___20 초과하지 못하도록 규정
- ___21 설립(1946. 2.): _____22 의 재산 · 일본인 소유 농지 관리
  ⇩ 개편
- ___23 (1948. 3.): 일본인 소유 농지의 대부분을 원래 ___24 에게 매각

● 농지 개혁법 - 1949. 6. ⇒ ___25 , 1950. 3. ⇒ ___26
- 배경: _____27 에 자극받아 남한에서 토지 개혁에 대한 요구 증대
  └ ___28 기준, ___29 · ___30
- 대상: ___31 에 한정(___32 · ___33 제외)
- 방법: ___34 - ___35 이상 모두 매입, ___36 지급
  ___37 - ___38 분할 상환

국가가 매입 → ___39 에게 분배
┌ 1년 생산량의 ___40 를 지가로 책정
└ ___41 분할 상환 가능
→ ___42 중 증권을 싸게 처분
→ 지주들이 ___43 로 변신 X

3정보 / 지가 증권 발급 / 지주

- 결과: ___44 의 원칙 실현(___45 → 소작농↓ · 자영농↑)
  6 · 25 전쟁 당시 공산화(___46)를 막는 데 큰 역할
- 한계: 지주들이 미리 땅을 팔거나 농지를 ___47 로 전환
  ⇒ 농지 개혁 대상이 되는 토지가 축소됨, 지주들의 ___48 로의 변신 미흡

📁 귀속 재산 처리

● 미 군정 시기

_____¹ 에서 귀속 재산 처리

└→ 미 군정기에 몰수된 일제 강점기 일본인 소유의 농지, 주택, 기업 등

● 대한민국 수립 후

_____² 제정(1949. 12.)

- 민간인(주로 친일파)에게 저렴한 가격으로 불하

→ 불하 과정에서 _____³ 발생

_____⁴ 로 불하 – 국가가 가진 재산 _____⁵

공장 공시가 10억 → 특혜 ┌ 이자도 싸고 가격도 쌈
                        └ 계약서만 쓰고 공장을 가동하여 이자 납부
                          → _____⁶ 등장(정경 유착)

🔎 더 알아보기 미 군정과 제헌 국회의 활동 비교

구분	미 군정	제헌 국회
친일파 청산	소극적(_____⁷)	소극적(_____⁸)
농지 개혁	• _____⁹ • _____¹⁰ 설치 → _____¹¹ 에서 처리	농지 개혁법 제정 및 실시
귀속 재산	_____¹² 에서 처리	_____¹³ 제정

🐦 사료 읽기 | 제헌 국회의 활동

• 반민족 행위 처벌법

제1조 일본 정부와 통모하여 한·일 합병에 적극 협력한 자, 한국의 주권을 침해하는 조약 또는 문서에 조인한 자와 모의한 자는 사형 또는 무기 징역에 처하고 그 재산과 유산의 전부 혹은 2분의 1 이상을 몰수한다.

제2조 일본 정부에서 작위를 받은 자 또는 일본 제국 의회의 의원이 되었던 자는 무기 또는 5년 이상의 징역에 처하고 그 재산과 유산의 전부 또는 2분의 1 이상을 몰수한다.

제3조 일본 치하 독립운동가나 그 가족을 악의로 살상·박해한 자 또는 이를 지휘한 자는 사형, 무기 또는 5년 이상의 징역에 처하고 그 재산의 전부 혹은 일부를 몰수한다.

…

제5조 일본 치하에 고등관 이상, 훈 5등 이상을 받은 관공리 또는 헌병, 헌병보, 고등경찰의 직에 있던 자는 본법의 공소 시효 경과 전에는 공무원에 임명될 수 없다. 단, 기술관은 제외한다.

• 농지 개혁법

제5조 정부는 다음에 의하여 농지를 취득한다.

　1. 다음의 농지는 정부에 귀속한다.

　　(가) 법령 및 조약에 의하여 몰수 또는 국유로 된 농지

　　(나) 소유권의 명의가 분명하지 않은 농지

　2. 다음의 농지는 본문의 규정에 의하여 정부가 매수한다.

　　(가) 농가 아닌 자의 농지

　　(나) 자경하지 않는 자의 농지. 단, 질병, 공무, 취학 및 기타 부득이한 사유로 일시 이농한 자의 농지는 소유지 위원회의 동의로써 시장, 군수가 일정 기한까지 보류를 인허한다.

　　(다) 본 법 규정의 한도를 초과하는 부분의 농지

　　(라) 과수원, 종묘포, 상전 등 다년성 식물 재배 토지를 3정보 이상 자영하는 자의 소유인 다년성 식물 재배 이외의 농지

제6조 다음의 농지는 본법으로 매수하지 않는다.

　1. 농가로서 자경 또는 자영하는 1가당 총면적 3정보 이내의 소유 농지. 단, 정부가 인정하는 고원, 산간 등 특수 지구에는 예외로 한다.

제12조 농지의 분배는 1가당 총경영 면적 3정보를 초과하지 못한다.

제17조 일체의 농지는 소작, 임대차 또는 위탁경영 등 행위를 금지한다.

• 귀속 재산 처리법

귀속 기업체의 매수 우선순위는 다음과 같다.

① 임차인 및 관리인, ② 그 기업체의 주주, ③ (관리직) 사원, ④ 조합원 및 2년 이상 계속 근무한 종업원, ⑤ 농지 개혁법에 따라 농지를 매수당한 지주 출신으로 한다.

정답 1 신한 공사 2 귀속 재산 처리법 3 공정 유착 4 50% 5 민간인에 불하 6 정경유착 7 폐지기에 개편 8 반민특위 활동 9 농지 개혁 단행 10 토지 행정처 11 중앙 토지 행정처 12 신한 공사 13 귀속 재산 처리법

해커스공무원학원·공무원인강·교재 Q&A gosi.Hackers.com 278

📂 북한 정권 수립 과정

1945. 8.

1945. 10. ~ 11.

1946. 2.

1946. 8.

• _____¹ 결성

해방 직후 조직

_____² (민족주의) 중심

⇩

평남 건국 준비 위원회가 소련군에 의해 해체됨

└ 신탁 통치에 반대했기 때문

• _____³ 설치

- 김일성 중심(1945. 10.)

• _____⁴ 설치

┌ 조만식 중심(1945. 11.)
├ 좌·우 합작 단체
└ 북조선 5도 임시 인민 위원회의 중앙 기구

_____⁵ 구성

• 김일성, 김두봉 중심

• _____⁶ 실시

- _____⁷ : 무상 몰수, 무상 분배

- _____⁸ , 8시간 노동제

- 남녀 평등법, 친일파 청산

_____⁹ (북로당) 결성

- 조선 공산당 북조선 분국(김일성)과 북조선 신민당(김두봉) 통합

1947. 2.

1948. 9.

_____¹⁰ 창설 ⟶ **최고 인민 회의 구성**

┌ 북한 정부 수립을 위한 기구
├ 조선 인민군 창설(1948. 2.)
└ 헌법 초안 제정(1948. 4.)

_____¹¹ 수립

┌ **수상**: 김일성
└ UN의 승인 얻지 못함

⇩

_____¹² (1949. 6.)

- 북로당 + 남로당

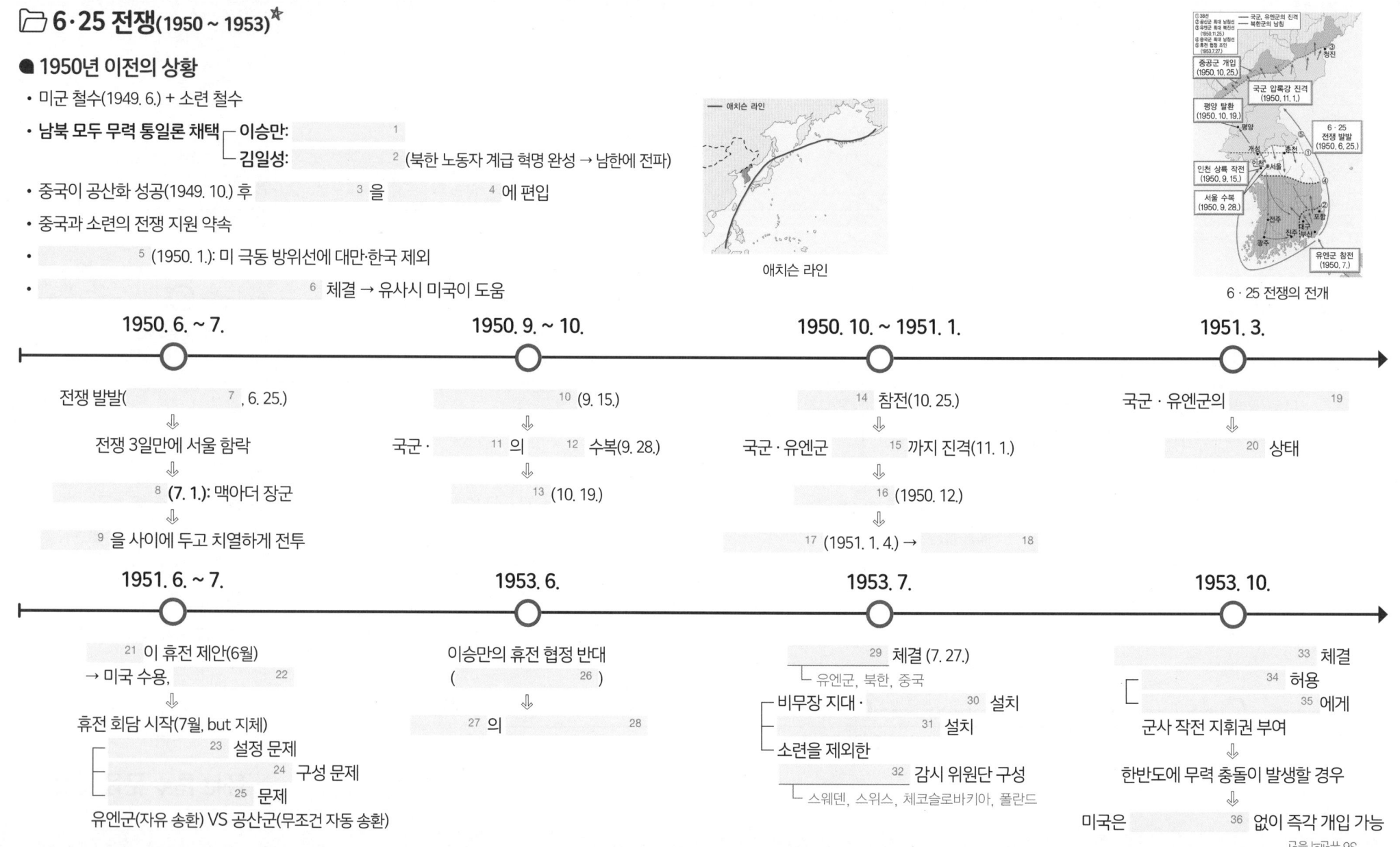

📁 6·25 전쟁(1950 ~ 1953) ★

● 1950년 이전의 상황

- 미군 철수(1949. 6.) + 소련 철수
- 남북 모두 무력 통일론 채택 ─ 이승만: ___1___
  └ 김일성: ___2___ (북한 노동자 계급 혁명 완성 → 남한에 전파)
- 중국이 공산화 성공(1949. 10.) 후 ___3___ 을 ___4___ 에 편입
- 중국과 소련의 전쟁 지원 약속
- ___5___ (1950. 1.): 미 극동 방위선에 대만·한국 제외
- ___6___ 체결 → 유사시 미국이 도움

애치슨 라인

6·25 전쟁의 전개

1950. 6. ~ 7.

전쟁 발발(___7___ , 6. 25.)
⇩
전쟁 3일만에 서울 함락
⇩
___8___ (7. 1.): 맥아더 장군
⇩
___9___ 을 사이에 두고 치열하게 전투

1950. 9. ~ 10.

___10___ (9. 15.)
⇩
국군· ___11___ 의 ___12___ 수복(9. 28.)
⇩
___13___ (10. 19.)

1950. 10. ~ 1951. 1.

___14___ 참전(10. 25.)
⇩
국군·유엔군 ___15___ 까지 진격(11. 1.)
⇩
___16___ (1950. 12.)
⇩
___17___ (1951. 1. 4.) → ___18___

1951. 3.

국군·유엔군의 ___19___
⇩
___20___ 상태

1951. 6. ~ 7.

___21___ 이 휴전 제안(6월)
→ 미국 수용, ___22___
⇩
휴전 회담 시작(7월, but 지체)
├ ___23___ 설정 문제
├ ___24___ 구성 문제
└ ___25___ 문제
유엔군(자유 송환) VS 공산군(무조건 자동 송환)

1953. 6.

이승만의 휴전 협정 반대
(___26___)
⇩
___27___ 의 ___28___

1953. 7.

___29___ 체결 (7. 27.)
└ 유엔군, 북한, 중국
├ 비무장 지대· ___30___ 설치
├ ___31___ 설치
└ 소련을 제외한 ___32___ 감시 위원단 구성
  └ 스웨덴, 스위스, 체코슬로바키아, 폴란드

1953. 10.

___33___ 체결
├ ___34___ 허용
└ ___35___ 에게
군사 작전 지휘권 부여
한반도에 무력 충돌이 발생할 경우
⇩
미국은 ___36___ 없이 즉각 개입 가능

📁 제1공화국(1948~1960)

1948

¹ 에 따라　² 을 대통령으로 선출

- 대통령 임기 ³ , ⁴ 허용, ⁵
- 국회의원 임기 ⁶

- **민심 이반:** ⁷ 에 소홀, ⁸ 에 소극적,
　　　　　 ⁹ , ¹⁰ 사건
　　　→ 국민의 신뢰도 하락

- **제2대 총선(1950):** 남북 협상파 다수 당선
　　　⇩
　　국회 ¹¹ 로는 재선이 어렵다고
　　판단하여 ¹² 시도

1952

⭐ 제1차 개헌 - ¹³

- **내용** ┌ ¹⁴ (4년, 1차 중임 허용)
　　　└ 국회 ¹⁵ (→ 실제로는 ¹⁶)
　　　　　└ 양원 모두 직선제
　　　　　　(¹⁷ 4년제, ¹⁸ 6년제)

- **전개:** 이승만이 ¹⁹ 창당(1951) → 개헌 추진 논의
　　　　　　⇩
　　　　야당 국회의원들의 반발
　　　　　　⇩
　　　　　　　　　²⁰
　(부산에서 폭력배 조직 동원해 ²¹ 탄압)
　　└ ²² 중 임시 수도
　　　　　　⇩
　　기립 표결로 ²³ 통과

- **결과:** ⟮ 제2대 대선 ²⁴ 당선 ⟯

1954

⭐ 제2차 개헌 - ²⁵

- **배경:** 제3대 총선에서 ²⁶ 압승
　- 6·25 전쟁 이후 안보 의식이 높아서 ²⁷ 정당 득세
　　⇩ 이승만 장기 집권 도모
　　　²⁸ 개헌 논의 시작

- **내용:** ²⁹ 에 한해 ³⁰

- **전개:** 개헌 의석수를 넘지 못해 ³¹ (135명 찬성)
　　└ 국회의원 203명 중 2/3 이상인
　　　136명이 찬성해야 가결됨
　　　　⇩
　　³² (반올림)이라는 논리 내세워 개헌안을 통과시킴

- **결과:** 야당이 결집하여 ³³ 창당(1955)

😮 사료 읽기 | 발췌 개헌과 사사오입 개헌

• 발췌 개헌안

제31조 입법권은 국회가 행한다. 국회는 민의원과 참의원으로써 구성한다.
제53조 대통령과 부통령은 국민의 보통, 평등, 직접, 비밀 투표에 의하여
각각 선거한다.

[부칙]
이 헌법은 공포한 날로부터 시행한다. 단, 참의원에 관한 규정과 참의원의
존재를 전제로 한 규정은 참의원이 구성된 날로부터 시행한다.

— 헌법 제2호, 1952. 7. 7.

• 사사오입 개헌안

제31조 입법권은 국회가 행한다. 국회는 민의원과 참의원으로써 구성한다.
제55조 대통령과 부통령의 임기는 4년으로 한다. 단, 재선에 의하여 1차
중임할 수 있다. 대통령이 궐위된 때에는 부통령이 대통령이 되고
잔임 기간 중 재임한다.

[부칙]
이 헌법 공포 당시의 대통령에 대하여는 제55조 제1항 단서의 제한을 적용
하지 아니한다.

— 헌법 제3호, 1954. 11. 29.

📁 제1공화국 – 이승만 정부(1948~1960)

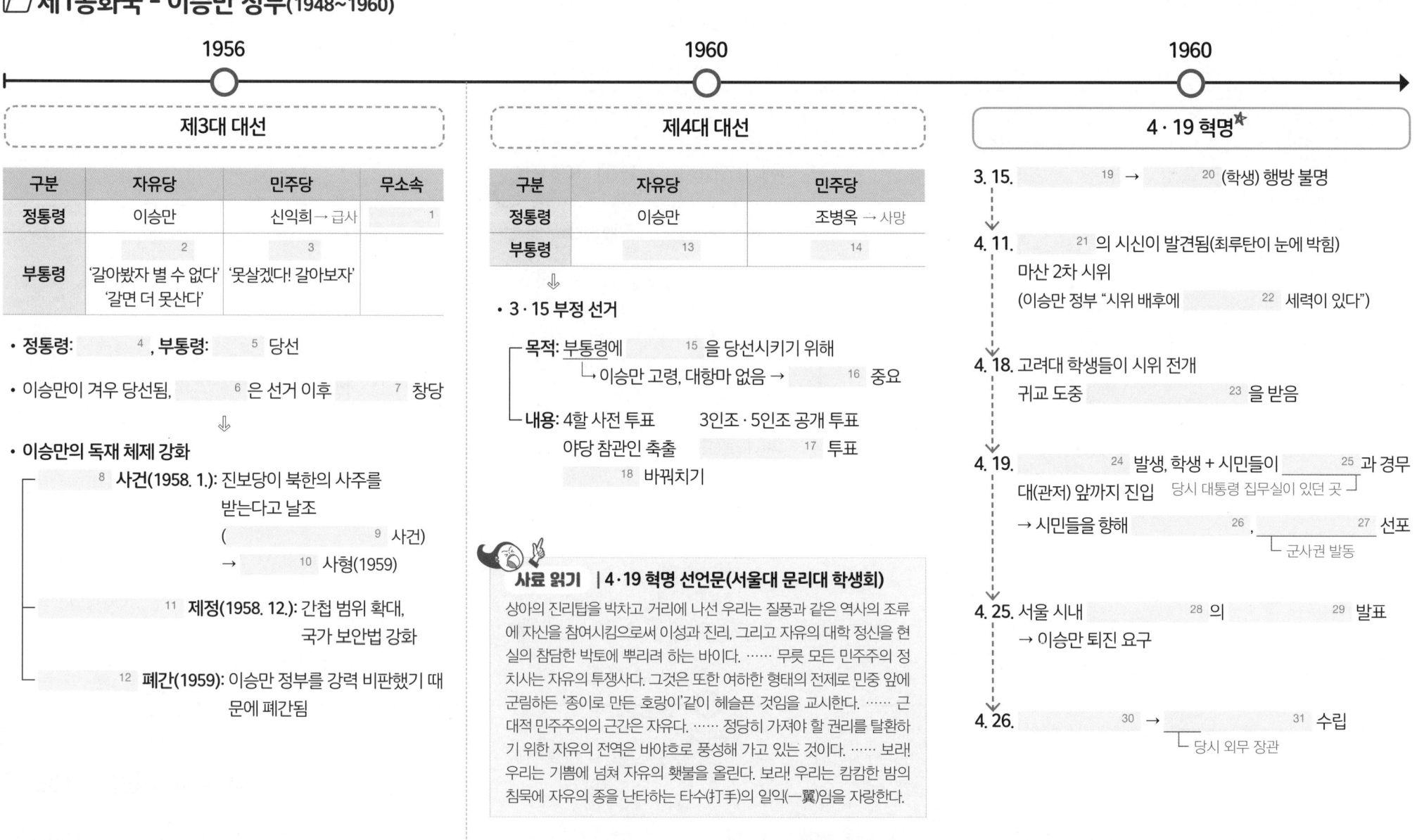

1956 — **1960** — **1960**

제3대 대선

구분	자유당	민주당	무소속
정통령	이승만	신익희 → 급사	___1
부통령	___2 '갈아봤자 별 수 없다' '갈면 더 못산다'	___3 '못살겠다! 갈아보자'	

- 정통령: ___4 , 부통령: ___5 당선

- 이승만이 겨우 당선됨, ___6 은 선거 이후 ___7 창당

⇓

- 이승만의 독재 체제 강화
  - ___8 **사건(1958. 1.):** 진보당이 북한의 사주를 받는다고 날조
    (___9 사건)
    → ___10 사형(1959)
  - ___11 **제정(1958. 12.):** 간첩 범위 확대, 국가 보안법 강화
  - ___12 **폐간(1959):** 이승만 정부를 강력 비판했기 때문에 폐간됨

제4대 대선

구분	자유당	민주당
정통령	이승만	조병옥 → 사망
부통령	___13	___14

⇓

- 3·15 부정 선거
  - 목적: 부통령에 ___15 을 당선시키기 위해
    └ 이승만 고령, 대항마 없음 → ___16 중요
  - 내용: 4할 사전 투표　　3인조·5인조 공개 투표
    야당 참관인 축출　　___17 투표
    ___18 바꿔치기

😮 사료 읽기 | 4·19 혁명 선언문(서울대 문리대 학생회)

상아의 진리탑을 박차고 거리에 나선 우리는 질풍과 같은 역사의 조류에 자신을 참여시킴으로써 이성과 진리, 그리고 자유의 대학 정신을 현실의 참담한 박토에 뿌리려 하는 바이다. …… 무릇 모든 민주주의 정치사는 자유의 투쟁사다. 그것은 또한 여하한 형태의 전제로 민중 앞에 군림하든 '종이로 만든 호랑이'같이 헤슬픈 것임을 교시한다. …… 근대적 민주주의의 근간은 자유다. …… 정당히 가져야 할 권리를 탈환하기 위한 자유의 전역은 바야흐로 풍성해 가고 있는 것이다. …… 보라! 우리는 기쁨에 넘쳐 자유의 횃불을 올린다. 보라! 우리는 캄캄한 밤의 침묵에 자유의 종을 난타하는 타수(打手)의 일익(一翼)임을 자랑한다.

4·19 혁명 ⭐

- **3. 15.** ___19 → ___20 (학생) 행방 불명

- **4. 11.** ___21 의 시신이 발견됨(최루탄이 눈에 박힘)
  마산 2차 시위
  (이승만 정부 "시위 배후에 ___22 세력이 있다")

- **4. 18.** 고려대 학생들이 시위 전개
  귀교 도중 ___23 을 받음

- **4. 19.** ___24 발생, 학생 + 시민들이 ___25 과 경무대(관저) 앞까지 진입　*당시 대통령 집무실이 있던 곳*
  → 시민들을 향해 ___26 , ___27 선포　*군사권 발동*

- **4. 25.** 서울 시내 ___28 의 ___29 발표
  → 이승만 퇴진 요구

- **4. 26.** ___30 → ___31 수립　*당시 외무 장관*

📂 제2공화국 – 장면 내각(1960~1961)

● 성립 과정

허정 과도 정부 수립 ⟹ [제3차 개헌] ┬ _____¹ (의원 내각제)
　　　　　　　　　　　　　　　├ 국회: _____³, _____⁴ 으로 구성
　　　　　　　　　　　　　　　└ 대통령 _____⁵

⟹ 제5대 총선(7. 29.) _____⁶ 압승

⟹ [제4대 대선] ┬ 대통령: _____⁸ ⟹ 장면 내각 (민주당) 출범
(_____⁷ , 8월)└ 국무총리: _____⁹
　　　　　　　　└ 실권 장악

● 활동

• **통일 논의** ┬ 장면 내각: _____¹⁰ 주장, but 남북 대화에 _____¹¹
　　　　　　└ 진보 진영·학생: _____¹² 통일론· _____¹³ 론 제기
　　　　　　　　　　"가자! 북으로, 오라! 남으로, 만나자 판문점에서!"

• [제4차 개헌] _____¹⁴ 제정(1960. 11.)
　　　– _____¹⁵ 관련자 및 _____¹⁶ 들을 소급하여 처벌

• 국토 개발 사업 착수, _____¹⁷ 수립 → but, 실행 X
　　　　　　　　　　　　　　　(_____¹⁸ 으로 중단)

● 문제점

• 민주당 내부 분열 ┬ 구파(윤보선) → _____¹⁹ 창당
　　　　　　　　　└ 신파(_____²⁰) → 실권 장악

• 3·15 부정 선거 관련자 처벌에 _____²¹ → 국민들의 불만 고조

• **사회 혼란 가중**: 자유·인권의 확대에 따른 무질서·데모 빈발 → _____²² 발생

📂 5·16 군사 정변(1961. 5. 16.)

● 발발

• _____²³ 를 중심으로 한 일부 _____²⁴ 이 주도
　→ 사회 혼란과 무질서를 명분으로 쿠데타를 일으킴

• _____²⁵ 조직(최고 권력 기구, 입법·사법·행정권 장악)
　→ 6개 항의 혁명 발표(_____²⁶ 을 국시로 천명, _____²⁷, _____²⁸ 표방

● 군정 실시(1961~1963)

• _____²⁹ 창설(최고 권력 기구, 군사 혁명 위원회가 재편된 것)

• _____³⁰ 창설(_____³¹ 주도)

• **정치 개혁** ┬ 정치 활동 _____³² 제정(구 정치인의 정치 활동 금지)
　　　　　　　└ 반공법 제정

• **경제 개혁** ┬ _____³³ 추진(1962)
　　　　　　　├ 농어촌 _____³⁴ 탕감
　　　　　　　└ 화폐 개혁 시도(10환 → _____³⁵, 화폐 단위 _____³⁶)

• **사회 개혁**: _____³⁷ 제정(부정 축재자 처벌)

● [제5차 개헌] (1962)

• _____³⁸ 중심제(_____³⁹, _____⁴⁰, 1차 중임 허용)

• _____⁴¹ 국회

● _____⁴² 창당(1963)

창당 자금 마련을 위해 4대 의혹 사건을 저지름
→ 민주 공화당 창당 후 박정희가 제5대 대선에서 민주 공화당 후보로 출마함

● [제5대 대선] (1963. 10.)

_____⁴³ (공화당) vs _____⁴⁴ (민정당)
→ 제5대 대통령에 _____⁴⁵ 당선

> ※ **혁명 공약**
> 1. 반공을 국시의 제일로 삼고 지금까지 형식적이고 구호에만 그친 반공 체제를 재정비·강화할 것입니다.
> 　　　……
> 6. 이와 같은 우리의 과업이 성취되면 참신하고도 양심적인 정치인들에게 언제든지 정권을 이양하고 우리들 본연의 임무에 복귀할 준비를 갖추겠습니다.

📁 제3공화국 – 박정희 정부(1963~1972. 10.)

1963 ──────────── **1965** ──────────── **1969**

- _____1 (4년 중임제) · _____2 국회
- _____3 제일주의 정책, 고속 경제 성장
- _____4 산업 육성
  - _____5 · _____6 정책 → 가격 경쟁력 강화
  - 개발 위주로 국가 경쟁력 강화
- **경제 성장에 필요한 자금을** _____7 **으로 충당**
- **민주주의 쇠퇴**: 경제 개발을 구실로 _____8 억압
  - → _____9 전개

🗣️ 사료 읽기 | 한·일 국교 정상화

- **김종필 · 오히라 메모**
  - 일제 35년간의 지배에 대한 보상으로 일본은 3억 달러를 10년간에 걸쳐서 지불하되, 그 명목은 '독립 축하금'으로 한다.
  - 경제 협력의 명분으로 정부 간의 차관 2억 달러를 3.5% ……, 민간 상업 차관으로 1억 달러를 제공한다.
- **한 · 일 협정(한 · 일 기본 조약)**

  제2조 1910년 8월 22일 및 그 이전에 대한 제국과 대 일본 제국 간에 체결된 모든 조약 및 협정이 이미 무효임을 확인한다.

  제3조 대한민국 정부가 국제 연합 총회의 결정에서 명시된 바와 같이 한반도에 있어서 유일한 합법 정부임을 확인한다.

▢ 한일 국교 정상화 ★

● 배경
- 경제 개발을 위한 자금 필요
- _____10 의 압력(한국 원조 부담을 일본과 분담 + 한 · 미 · 일 안보 공동체 마련 목적)

● 전개
- 한 · 일 회담(1962, _____11 · _____12 메모)
  - 경제 개발에 필요한 자금 마련
    - _____13 무상 3억 달러,
    - _____14 2억 달러,
    - _____15 1억 달러 제공
    - _____16 및 _____17 문제 사과 X, 독도 문제 언급 X
- 6 · 3 항쟁 (1964) – 굴욕 외교 반대 시위
  - _____18 을 선포하여 시위 진압
- _____19 체결(1965, 한 · 일 기본 조약)
  - 과거사 청산(사과 대신 _____20 형식)
  - 무상 3억 달러 · 정부 차관 2억 달러 · 상업 차관 3억 달러 제공 합의
    → 경제 개발 자금으로 사용

▢ 베트남 파병(1964~1973) ★

● 목적 – _____21 과의 유대 강화
- 경제 개발 자금의 필요성

● 전개
- 초기에는 _____22 파병
  - → _____23 년 이후 전투 부대 파병
- _____24 체결(1966) _____25 제공
  - 한국 기업의 베트남 진출
  - 군 장비의 _____26

● 문제점 – _____27 피해, 베트남 민간인 살상, _____28 (혼혈) 문제

🗣️ 사료 읽기 | 브라운 각서

1. 한국에 있는 한국군의 현대화 계획을 위해 앞으로 수년 동안에 걸쳐 상당량의 장비를 제공한다.
3. 주월 한국군에 소요되는 보급 물자, 용역 및 장비를 실시할 수 있는 한도까지 한국에서 구매하며, 주월 미군과 월남군을 위한 물자 가운데 선정된 구매 품목을 한국에서 발주한다.
4. 수출을 진흥시키기 위한 모든 분야에서 한국에 대한 기술 원조를 강화한다.
5. 1965년 5월에 대한민국에 대하여 이미 약속한 바 있는 1억 5천만 달러 AID 차관에 추가하여… 대한민국 경제 발전을 지원하기 위하여 추가 AID 차관을 제공한다.

제6차 개헌 – _____29
- 대통령 _____30 허용
- 3선 개헌 반대 운동 전개

정답 | 1 민주공화당 2 단원제 3 경제 4 수출 주도형 5 저임금 6 저곡가 7 외자(차관) 8 노동 운동 9 새마을 운동 10 미국 11 김종필 12 오히라 13 청구권 자금 14 정부 차관 15 민간 상업 차관 16 식민 지배 17 독도 18 계엄령 19 한·일 협정 20 경제 협력 21 미국 22 비전투 부대 23 1965 24 브라운 각서 25 AID 차관 26 현대화 27 고엽제 28 라이따이한 29 3선 개헌 30 3선 연임

해커스공무원학원 · 공무원인강 · 교재 Q&A gosi.Hackers.com **284**

📁 제4공화국 – 유신 체제(1972~1981)

1972   **1979**

● **유신 체제 이전 상황**

- 국내 ┬ 경제 불황·사회적 갈등 심화
  - └ **제7대 대선** (1971)

    박정희(공화당) vs   1   (2   )

    ⇒ 박정희가 겨우 당선됨

    ⇒ 박정희 정부는 위기감을 느끼고 장기 집권 방법을 강구
- 국외 – 닉슨 독트린 (1969)
  - └ 냉전 완화

    ⇒ 박정희 정부의

          3   위기

제7차 개헌 – ★   4   **선포**(한국적 민주주의 토착화 명분)

-     5   제정(제7차 개헌)
  - 대통령 간선제: 6   에서 대통령을 선출

    대통령 임기   7   (중임   8   )

    제8대 대선 대통령에   9   당선(제4공화국)

    ⇒ 장기 집권의 발판 마련
  - 대통령 권한 강화
    - →   10   ·   11   보유
    -    12   유명무실(현대판 대한국 국제)

      국회의원   13   (14   ) 보유
    -    15   (유신 헌법에 반대하면 발동)
      - └ 1974~1975년 동안 1~9호 발동
  - 성격: 16   통치 체제(일종의 총통)
    - └ 강력한 통치권을 모두 대통령에게 부여

★**유신 헌법 반대 투쟁**:   17   납치 사건(1973)이 도화선으로 작용

-    18   (1973):   19   ,   20   등 재야인사 중심으로 개헌 청원 운동 전개
-    21   **사건 (1974)**: 유신 헌법 철폐와 개헌을 요구하는 학생들의 투쟁
  - → 정부는 이를 간첩과 연계 시켜 탄압
-    22   **선언(1976)**:   23   에서 민주 구국 선언 발표
  - (24   철폐·박정희 정권 퇴진·   25   추구)

유신 체제 붕괴

-    26   (1978)으로 경제난 가중

  ⇓
-    27   **사건**
  - ┬ YH 무역 도산(6개월 임금 체불)
  - └ 농성 과정에서 경찰의 강제 진압으로 여성 노동자 사망

    ⇓   28   총재가 국회에서 제명됨
-    29   :   30   에서 유신 체제 반대 시위 확산

  ⇓
-    31   :   32   가 박정희·차지철 살해
  - ┬   33   : 부·마 항쟁 진압에 온건한 입장
  - └   34   : 부·마 항쟁 진압에 강경한 입장
    - → 유신 체제 붕괴

😮 **사료 읽기** | **유신 헌법**

제39조 대통령은 통일 주체 국민회의에서 토론 없이 무기명 투표로 선거한다.

제40조 통일 주체 국민회의는 국회의원 정수의 1/3에 해당하는 수의 국회의원을 선거한다. 이 국회의원 후보는 대통령이 일괄 추천한다.

제53조 2. 대통령은 제항의 경우에 필요하다고 인정할 때에는 …… 국민의 자유와 권리를 잠정적으로 정지하는 긴급 조치를 할 수 있고, 정부나 법원의 권한에 관하여 긴급 조치를 할 수 있다.

제59조 대통령은 국회를 해산할 수 있다.

📁 제5공화국 - 전두환 정부(1981~1988)

1979 ───────────○─────────── **1980** ───────────○─────────── **1981** ○

12·12 사태

(12. 6.) _____¹ 이후 _____² 가 _____³ 를 통해 [제10대 대통령]에 당선됨(최규하 과도 정부 수립)

⇩ 정국은 여전히 불안

(12. 12.) _____⁴ (_____⁵ 세력의 쿠데타)

⇩

신군부(_____⁶ , _____⁷)의 정권 장악

⇩

보안 사령관 _____⁸ 이 계엄 사령관 _____⁹ 를 체포
➡ 전두환이 군권과 정치적 실권 장악

5·18 (광주) 민주화 운동 ✯

(5. 15.) _____¹⁰
- 학생·시민들이 서울역 평화 행진(시위) 전개
- _____¹¹ 와 _____¹² 요구

(5. 17.) 신군부 세력이 _____¹³ 을 _____¹⁴ 으로 확대
└ 국회 폐쇄, 정치 활동 금지, 대학 휴교
_____¹⁵ 등 주요 정치 인사 구속

(5. 18.) _____¹⁶
광주 지역 학생·시민들이 _____¹⁷ 와 _____¹⁸ 을 요구
➡ 신군부의 무력 진압(_____¹⁹)으로 다수의 사상자 발생

(5. 31.) _____²⁰ 설치(국보위)
- 언론 강제 통폐합, _____²¹ 운영
- _____²² (과외 전면 금지, 본고사 폐지), _____²³ 실시

(8月) _____²⁴ 에서 _____²⁵ 을
[제11대 대통령]으로 선출

(10月) [제8차 개헌] - _____²⁶ 에 의한 _____²⁷ , _____²⁸

제12대 대선

(1月) 신군부 세력을 중심으로 민주 정의당 창당

(2月) _____²⁹ 에서 _____³⁰ 을
[제12대 대통령]으로 선출

🗣️ 사료 읽기 | 5·18 광주 민주화 운동

우리는 왜 총을 들 수밖에 없었는가? 그 대답은 너무나 간단합니다. 너무나 무자비한 만행을 더 이상 보고 있을 수만 없어서 너도나도 총을 들고 나섰던 것입니다. 본인이 알기로는 우리 학생들과 시민들은 과도 정부의 중대 발표와 또 자제하고 관망하라는 말을 듣고 학생들은 17일부터 학업에, 시민들은 생업에 종사하고 있습니다. 그러나 정부 당국에서는 17일 야간에 계엄령을 확대 선포하고 일부 학생과 민주 인사, 정치인을 도무지 믿을 수 없는 구실로 불법 연행하였습니다. …… 그러나 아! 이럴 수가 있단 말입니까. 계엄 당국은 18일 오후부터 공수부대를 대량 투입하여 시내 곳곳에서 학생 젊은이들에게 무차별 살상을 자행하였으니! 아! 설마, 설마 했던 일들이 벌어졌으니, 우리 부모 형제들이 무참히 대검에 찔리고, 귀를 잘리고, 연약한 아녀자들의 젖가슴을 잘리고 차마 입으로 말할 수 없는 무자비하고 잔인한 만행이 저질러졌습니다.

정답 1 10·26 사태 2 통일 주체 국민 회의 3 최규하 4 12·12 사태 5 신군부 6 전두환 7 노태우 8 전두환 9 정승화 10 서울의 봄 11 신군부 퇴진 12 비상 계엄 해제 13 비상 계엄 14 전국 15 김대중 16 5·18 (광주) 민주화 운동 17 비상 계엄 해제 18 신군부 퇴진 19 5·18 20 국가 보위 비상 대책 위원회 21 삼청 교육대 22 7·30 교육 개혁 조치 23 대학 졸업 정원제 24 통일 주체 국민 회의 25 전두환 26 대통령 선거인단 27 7년 단임제 28 간선제 29 대통령 선거인단 30 전두환

61 민주주의의 시련과 발전 ⑦

📁 제5공화국 – 전두환 정부(1981~1988)

- **국정 목표:** ¹ 구현, ² 건설
  but. ³ 운동 탄압, 정치인 활동 규제, 언론 탄압, 인권 유린

- **유화 정책** ┬ 교복·두발·해외 여행 자유화
  ├ ⁴ (Screen, Sex, Sports)
  ├ 야간 통행 금지 해제, ⁵ 보급
  └ ⁶ (문화 행사 – 정치적 이벤트)

- **경제:** ⁷ (저유가, 저금리, 저달러)으로 국제 무역 수지 흑자 달성

- **외교:** 1986년 ⁸ 개최, 1988년 ⁹ 유치

6월 민주 항쟁(1987. 6.)

✓ **전개**

- ¹⁰ 전개(1986, ¹¹ 개헌 요구)
  ⇓
- ¹² 사건(1987. 1.)
  ⇓
- 전두환 정부가 _____ ¹³ 발표(현행 헌법 고수)
  └ 헌법수호
  ⇓
- ¹⁴ 사건(1987. 6. 9.)
  ⇓
- ¹⁵ 개최: 전국 각지에서 국민 대회와 시위 전개
  " ¹⁶ · ¹⁷ · ¹⁸ " 요구

✓ **결과**

- ¹⁹ 의 ²⁰ : 대통령 ²¹ 개헌과 ²² 사면 복권, ²³
  실시 등을 약속하는 ' ²⁴ ' 발표

- 제9차 개헌 실현 – 대통령 ²⁵ , 대통령 ²⁶
  ⇓
- 제13대 대선 ²⁷ 당선(야당 세력이 ²⁸ 에 실패했기 때문)
  ⇓
  노태우 정부 수립

📢 사료 읽기 | 6월 민주 항쟁

• 6·10 국민 대회 선언
오늘 우리는 전 세계 이목이 주시하는 가운데 40년 독재 정치를 청산하고 희망찬 민주 국가를 건설하기 위한 거보를 전국민과 함께 내딛는다. 국가의 미래요 소망인 꽃다운 젊은이를 야만적인 고문으로 죽여 놓고 그것도 모자라 뻔뻔스럽게 국민을 속이려 했던 현 정권에게 국민의 분노가 무엇인지를 분명히 보여 주고, 국민적 여망인 개헌을 일방적으로 파기한 4·13 폭거를 철회시키기 위한 민주 장정을 시작한다.

• 국민 대회 행동 요강
1. 당일 10시 각 본부별 종파별로 고문 살인 조작 규탄 및 호헌 철폐 국민 대회를 개최한 후 오후 6시를 기하여 성공회 대성당에 집결, 국민 운동 본부가 주관하는 국민 대회를 개최한다.
2. (1) 오후 6시 국기 하강식을 기하여 전국민은 있는 자리에서 애국가를 제창하고
   (2) 애국가가 끝난 후 자동차는 경적을 울리고 …… 11분간 묵념을 함으로써 민주 쟁취의 결의를 다진다.

• 6·29 민주화 선언
첫째, 여야 합의하에 조속히 대통령 직선제로 개헌하고 새 헌법에 의한 대통령 선거를 통하여 1988년 2월 평화적 정부 이양을 실현하도록 해야겠습니다.
셋째, 자유 민주주의적 기본 질서를 부인한 반국가 사범이나 살상, 방화, 파괴 등으로 국가를 흔들었던 극소수를 제외한 모든 시국 관련 사범들도 석방되어야 합니다.

정답 1 정의 사회 2 복지 사회 4 3S 정책 5 프로 야구 6 국풍 81 7 3저 호황 8 아시안 게임 9 올림픽 개최 10 직선제 개헌 11 대통령 12 박종철 고문 치사 13 4·13 호헌 조치 14 이한열 15 6·10 국민 대회 16 호헌 철폐 17 독재 타도 18 민주 헌법 쟁취 19 노태우 20 6·29 민주화 선언 21 직선제 22 시국 사범 23 지방 자치제 24 6·29 선언 25 직선제 26 5년 단임 27 노태우 28 후보 단일화

해커스공무원학원·공무원인강·교재 Q&A gosi.Hackers.com 287

📁 제6공화국

1988~1993

노태우 정부

- _____ [1] **개최(1988)**: 국제적 지위 상승, 국민의 일체감 증대
- _____ [2] **개최**: 제5공화국 정부 하의 비리와 광주 민주화 운동의 진실 규명
- _____ [3] **(1990)**: 제13대 총선(1988) 결과 _____ [4] 정국 형성
  - → 3당 합당으로 거대 여당 _____ [5] 창당
  - [민주 정의당 + 통일 민주당(김영삼) + 신민주 공화당(김종필)]
- _____ [6] 출범([7])
- _____ [8] 부분 실시(1991)
- _____ [9] **추진**: _____ [10] (1990), _____ [11] (1992) 등 공산권 국가와 수교
- **남북 관계 개선**: _____ [12] · _____ [13]
  - (1991) _____ [14] 선언

1993~1998

김영삼 정부(문민 정부)

- _____ [15] **실시(1993, 금융 거래의 투명성 확보)**, _____ [16] **실시**, _____ [17] **실시**
- **지방 자치제** _____ [18] **실시(1995)**
- _____ [19] **운동**: _____ [20] 건물 철폐, _____ [21] 편찬 시작, 국민 학교를 _____ [22] 로 개칭, _____ [23] 과 _____ [24] 구속·기소
- **북핵 문제 해결 노력**: _____ [25] 합의(1994)
  - → 합의문 이행을 위한 한반도 에너지 개발 기구(_____ [26])설치(1995)
- **시장 개방 정책과 외환 위기**: _____ [27] 체결(1994), _____ [28] (세계 무역 기구) 출범(1995), _____ [29] (경제 협력 개발 기구) 가입(1996) → _____ [30] (1997)
  - ⇒ _____ [31] (국제 통화 기금)에 지원 요청

1998~2003

김대중 정부(국민의 정부)

- **외환 위기 극복 노력**
  - ┌ _____ [32] 운동
  - ├ _____ [33] 설치(1998)
  - └ 기업·공공 부문의 _____ [34], 금융·투자 개방
- **국민** _____ [35] 제정(1999), _____ [36] 신설(2001)
- **남북 관계 개선 노력**(_____ [37])
  - ┌ _____ [38] (2000)
  - └ _____ [39] 발표(2000)
  - ⇒ 제2차 이산가족 상봉, 경의선 복구 기공식, 개성 공단 건설 등에 합의

2003~2008

노무현 정부(참여 정부)

- 한국·칠레 FTA 체결(2004)
- KTX 개통(2004)
- _____ [40] 폐지(2005)
- 국민 참여 재판 채택
- _____ [41] 체결(2007)
- 제2차 남북 정상 회담(2007)
- _____ [42] 선언 발표(2007)

2008~2013

이명박 정부

- 친실용주의, 친기업주의 가치 표방(작은 정부, 큰 시장)
- 한·미 쇠고기 협상 논란(2008)
- 4대강 사업, 저탄소 녹색 성장
- 대북 강경책(천안함 사건, 연평도 포격 사건) 실시

정답 1 서울 올림픽 2 5공 청문회 3 여소 야대 4 4여 다야 6 정부 조직 6 방송 위원회 7 1989 8 지방 자치제 9 북방 외교 10 소련 11 중국 12 남북 기본 13 한반도 비핵화 14 7·7 15 금융 실명제 16 부동산 실명제 17 공직자 재산 등록제 18 전면적 19 역사 바로 세우기 20 조선 총독부 21 국사 교과서 22 초등학교 23 전두환 24 노태우 25 한·미 자유 무역 협정 26 KEDO 27 우루과이 라운드 28 WTO 29 OECD 30 외환 위기 31 IMF 32 금 모으기 33 노사정 위원회 34 구조 조정 35 기초 생활 보장법 36 국가 인권 위원회 37 햇볕 정책 38 제1차 남북 정상 회담 39 6·15 남북 공동 선언 40 호주제 41 한·미 FTA 42 10·4 남북 공동 선언

62 통일로! 통일로! ①

냉전 시기의 통일 정책 ─── 냉전의 완화와 남북 대화의 시작

이승만 정부

• ⎯⎯⎯ [1] : 무력에 의한 북진 · 멸공 통일 주장
• **반대 세력 탄압:** ⎯⎯⎯ [2] (조봉암)의 평화 통일론 탄압
  (1958, 진보당 사건)

장면 내각

• **정부 "소극적"** ┬ UN 감시하의 ⎯⎯⎯ [3]
  └ 평화적 자유 민주 통일 주장
• **혁신 세력 · 학생 "적극적"** ┬ ⎯⎯⎯ [4] 과
  ├ ⎯⎯⎯ [5] 제기
  └ ⎯⎯⎯ [6] 추진
  ('가자 북으로, 오라 남으로')

박정희 정부

• ★ ⎯⎯⎯ [7] (1972)
  ┬ **배경:** ⎯⎯⎯ [8] (1969, 냉전 완화)
  │ 남북 ⎯⎯⎯ [9] 예비 회담 제안
  │ (1971, 분단 이후 최초의 남북 대화)
  ├ **내용:** 통일 3대 원칙([10] · [11] · [12])
  │ 에 합의
  │ ┬ ⎯⎯⎯ [13] 설치
  │ └ 서울 · 평양 간 [14] 개설
  └ **한계:** 남북 독재 체제 강화에 이용
    (남: [15] 단행 / 북: [16] 제정)
• ⎯⎯⎯ [17] 선언(1973): 남북 UN 동시 가입
  제안,
  공산 국가에 대한
  문호 개방 선언

  ⇨ 북한에서 남북 대화 중단 통보(대화 단절)

전두환 정부

• ⎯⎯⎯ [18] (1982)
  – 민족 통일 협의회 구성 제안
• **최초** ⎯⎯⎯ [19] (1985)
• **남 · 북** ⎯⎯⎯ [20] (1985)

탈냉전 시기의 통일 정책

노태우 정부★

- _____ 1 (1988, 민족자존과 통일 번영을 위한 특별 선언)
  - 남북 관계를 선의의 동반자로 인식, 교류 표방
- _____ 2 (1989) ┌ 통일 _____ 3 제시(_____ 4 · _____ 5 · _____ 6)
                     └ 최초로 점진적 통일 방안 제시(3단계)
- _____ 7 (1991. 9. 18.)
- _____ 8 (1991. 12. 13.)
  - 남북 고위급 회담에서 채택, 7 · 4 남북 공동 성명 재확인,
    남과 북의 관계를 잠정적 _____ 9 로 규정(나라와 나라 사이의 관계가 아닌 통일을 향해 나아가는 관계)
  - _____ 10 (상대방을 무력으로 침략 X), 상대방의 체제 인정,
    교류 · 협력 확대, _____ 11 설치
- 한반도 _____ 12 에 관한 공동 선언 채택(1991. 12. 31.)

김영삼 정부

- 3단계 3기조 통일 방안 제안(1993)
  - _____ 13 (화해 · 협력 → 남 · 북 연합 → 통일 정부)
  - _____ 14 (민주적 국민 합의 → 공존 · 공영 → 민족 복리)
  - ⇒ _____ 15 으로 발전(1994)
- 남북 관계 후퇴: 남북 정상 회담 약속
  but, _____ 16 사망으로 무산
  ⇒ 김일성 조문 파동으로 남북 관계 후퇴

김대중 정부★

- 정주영 현대그룹 회장 소떼 방북(1998. 6.) → 금강산 _____ 17 관광 시작(1998. 11.)
- _____ 18 (2000. 6.)
  ┌ 최초의 _____ 19
  └ 남측의 _____ 20 안과 북측의 _____ 21 안의 공통성 인정
- 제2차 이산가족 상봉(2000. 8. 15.)
- _____ 22 복구 기공식(2000. 9.)
- _____ 23 건설 합의(→ 2003년 착공)

노무현 정부

- _____ 24
  (남북 관계 발전과 평화 번영을 위한 선언, 2007)
  - 6 · 15 남북 공동 선언의 적극 구현
  - 한반도의 평화 · 핵문제 해결
  - 남북 경제 협력 사업의 활성화

문재인 정부

- _____ 25 (2018)
  - 핵 없는 한반도 실현
  - 연내 종전선언
  - 남북 공동 연락 사무소를 개성에 설치

정답 1. 7 · 7 선언 2. 한민족 공동체 통일 방안 3. 3원칙 4. 자주 5. 평화 6. 민주 7. 남북한 유엔 동시 가입 8. 남북 기본 합의서 9. 특수 관계 10. 상호 불가침 11. 남북 군사 공동 위원회 12. 비핵화 13. 3단계 통일 방안 14. 3기조 15. 민족 공동체 통일 방안 16. 김일성 17. 해로 18. 6 · 15 남북 공동 선언 19. 남북 정상 회담 20. 연합제 통일 방안 21. 낮은 단계의 연방제 22. 경의선 23. 개성 공단 24. 10 · 4 남북 공동 선언 25. 4 · 27 판문점 선언

📖 맵핑 핵심 자료

▨ 7·4 남북 공동 성명

1. 쌍방은 다음과 같은 조국 통일 원칙들에 합의를 보았다.

   첫째, 통일은 외세에 의존하거나 외세의 간섭을 받음이 없이 자주적으로 해결한다.

   둘째, 통일은 서로 상대방을 반대하는 무력행사에 따르지 않고 평화적으로 실현한다.

   셋째, 사상과 이념·제도의 차이를 초월하여 하나의 민족으로서 민족적 대단결을 도모한다.

2. 쌍방은… 서로 상대방을 중상 비방하지 않으며… 무장 도발을 하지 않으며 불의의 군사적 충돌 사건을 방지하기 위한 적극적인 조치를 취하기로 합의하였다.

3. 쌍방은 지금 온 민족의 거대한 기대 속에 진행되고 있는 남북 적십자 회담이 하루 빨리 성사되도록 적극 협조하는 데 합의하였다.

4. 쌍방은… 남북 사이에 제기되는 문제들을 직접, 신속 정확히 처리하기 위하여 서울과 평양 사이에 상설 직통 전화를 놓기로 합의하였다.

5. 쌍방은 … 남북 조절 위원회를 구성, 운영하기로 합의하였다.

▨ 6·15 남북 공동 선언

1. 남과 북은 나라의 통일 문제를 그 주인인 우리 민족끼리 서로 힘을 합쳐 자주적으로 해결해 나가기로 하였다.

2. 남과 북은 나라의 통일을 위한 남측의 연합제 안과 북측의 낮은 단계의 연방제 안이 서로 공통성이 있다고 인정하고 앞으로 이 방향에서 통일을 지향시켜 나가기로 하였다.

3. 남과 북은 올해 8·15에 즈음하여 흩어진 가족, 친척 방문단을 교환하며, 비전향 장기수 문제를 해결하는 등 인도적 문제를 조속히 풀어 나가기로 하였다.

4. 남과 북은 경제 협력을 통하여 민족 경제를 균형적으로 발전시키고 사회, 문화, 체육, 보건, 환경 등 제반 분야의 협력과 교류를 활성화하여 서로의 신뢰를 다져 나가기로 하였다.

▨ 남북 기본 합의서

남과 북은 … 7·4 남북 공동 성명에서 천명된 조국 통일 3대 원칙을 재확인하고…… 남과 북은…… (남북) 쌍방의 관계가 나라와 나라 사이의 관계가 아닌 통일을 지향하는 과정에서 잠정적으로 형성되는 특수 관계라는 것을 인정하고 평화 통일을 성취하기 위한 공동의 노력을 경주할 것을 다짐하면서 다음과 같이 합의하였다.

제1조 남과 북은 서로 상대방의 체제를 인정하고 존중한다.

제7조 …… 3개월 안에 판문점에 남북 연락 사무소를 설치·운영한다.

제9조 남과 북은 상대방에 대하여 무력을 사용하지 않으며, 상대방을 무력으로 침략하지 아니한다.

제12조 불가침의 이행과 보장을 위하여…… 남북 군사 공동 위원회를 구성·운영한다.

제15조 남과 북은 민족 경제의 통일적이며 균형적인 발전과 민족 전체의 복리 향상을 도모하기 위하여 자원의 공동 개발, 민족 내부의 교류로서의 물자 교류, 합작 투자 등 경제 교류와 협력을 실시한다.

▨ 10·4 남북 공동 선언

제1조 남과 북은 6·15 공동 선언을 고수하고 적극 구현해 나간다.

제2조 남과 북은 사상과 제도의 차이를 초월하여 남북 관계를 상호 존중과 신뢰 관계로 확고히 전환시켜 나가기로 하였다.

제4조 남과 북은 군사적 적대 관계를 종식시키고 한반도에서 긴장 완화와 평화를 보장하기 위해 긴밀히 협력하기로 하였다.

▨ 한반도 비핵화 공동 선언

• 남과 북은 핵 에너지를 오직 평화적 목적에만 이용한다.

• 남과 북은 핵 재처리 시설과 우라늄 농축 시설을 보유하지 아니한다.

• 남과 북은 한반도의 비핵화를 검증하기 위하여 상대 측이 선정하고 쌍방이 합의하는 대상들에 대하여 남북핵 통제 공동 위원회가 규정하는 절차와 방법으로 사찰을 실시한다.

▨ 남북한 통일 방안 비교

구분	남한	북한
명칭	민족 공동체 통일 방안 (1994)	고려 민주 연방 공화국 창립 방안(1980)
통일 과정	화해·협력 단계 → 남북 연합 단계 → 통일 국가 완성 단계	남한의 국가 보안법 폐지, 주한 미군 철수 → 고려 민주 연방 공화국 수립
외교·군사권	남북 연합 단계에서는 남과 북의 각 지역 정부가 보유	연방 정부가 보유
최종 국가 형태	1민족 1국가 1체제 1정부	1민족 1국가 2체제 2정부
특징	민족 사회 우선 건설 (민족 통일 → 국가 통일)	국가 체제 존립 우선 (국가 통일 → 민족 통일)

이승만 정부

- 미국의 원조 경제 체제(1950년대)
  - ___1 발달(___2 , ___3 , ___4)
  - 잉여 농산물 원조(미 공법 480조)
    → 1950년대 후반 원조 방식의 전환
    (___5 → ___6)
- ___7 (1949. 6.)
  - 토지 상한선을 ___8 로 제한
  - ___9 · ___10 원칙(산림, 임야 제외) 적용
    → 지주제 · 소작제 점차 소멸, ___11

박정희 정부

- 경제 개발 계획
  - **1 · 2차(1962~1971)**
    - ___12 육성
    - 시멘트 · 비료 · 정유 사업 육성(1964, ___13)
    - ___14 개통(1970)
    - ___15 등에 힘입어 빠른 경제 성장
  - **3 · 4차(1972~1981)**
    - ___16 육성
    - ___17 준공(1973)
    - 중동 건설로 1차 석유 파동 극복
    - ___18 달성(1977)
- ___19 전개(1970), ___20 보급(1972)

전두환 정부

3저 호황(___21 · ___22 · ___23)으로
국제 무역 수지 흑자 달성

김영삼 정부

- ___24 실시(___25)
- ___26 (UR) 타결(1994)
- 세계 무역 기구(___27) 출범(1995)
- 경제 협력 개발 기구(___28) 가입(1996)
- ___29 (1997)

김대중 정부

- 외환 위기 극복 노력
  - ___30 운동
  - 구조 조정
  - 벤처 기업 육성
  - 금융 · 투자 개방

노무현 정부

- 한국 · 칠레 FTA 체결(2004)
- 한 · 미 FTA 체결(2007)

정답 1 삼백 산업 2 제분 3 제당 4 제면 5 무상 원조 6 유상 차관 7 농지 개혁법 8 3정보 9 유상 매입 10 유상 분배 11 자작농 창설 12 경공업 13 울산 공업 단지 14 경부 고속 국도 15 베트남 특수 16 중화학 공업 17 포항 제철 18 100억 달러 수출 19 새마을 운동 20 통일벼 21 저유가 22 저달러 23 저금리 24 금융 실명제 25 1993 26 우루과이 라운드 27 WTO 28 OECD 29 외환위기 발생 30 금 모으기

📁 인구의 변화

- 6·25 전쟁 이후: 전쟁으로 인한 인구 감소 but, ___¹ 으로 출산율 증가
- 1960~80년대: 정부의 가족계획 사업 → 출산율 감소, ___² 진전
- 1990년대: 낮은 출산율과 낮은 사망률 → 인구 비율 안정
- 2000년대: ___³ · ___⁴ 사회 진입 → 출산 장려 정책, 노인 문제 대두

- 인구 변화에 따른 시기별 표어

1950년대	• 3남 2녀로 5명은 낳아야죠 • 건강한 어머니에 되어 나온 옥동자
1960년대	• 많이 낳아 고생 말고 적게 낳아 잘 키우자 • 덮어 놓고 낳다 보면 거지꼴을 못 면한다.
1970년대	딸 아들 구별 말고 둘만 낳아 잘 기르자.
1980년대	둘도 많다! 잘 키운 딸 하나 열 아들 안 부럽다.
1990년대	선생님! 착한 일 하면 여자 짝꿍 시켜주나요.
2000년대	아빠, 혼자는 싫어요. 엄마, 저도 동생을 갖고 싶어요.

📁 노동 운동의 전개

- 배경: 산업화 초기의 ___⁵ 정책, ___⁶ 의 유명무실화
- 1970년대: ___⁷ (___⁸)으로 노동 운동 본격화, ___⁹ (1979)
- 1980년대: 민주화 운동의 일환으로 전개
  → 6월 민주 항쟁 이후 ___¹⁰ 결성이 확산, ___¹¹ 결성(1989, 합법화: 1999)
- 1990년대: ___¹² (ILO) 가입(1991)
  ___¹³ 결성(1995), ___¹⁴ 설립(1998)

📁 농촌의 변화

- 농촌 경제의 악화
  - 1950·60년대 정부의 ___¹⁵ 정책 등으로 농업 인구 감소
  - 1990년대에 농산물 및 쌀 시장 개방으로 농촌 경제 악화

- ___¹⁶ (1970년부터 시작)
  - 원예·축산 등 ___¹⁷ 시도
  - 1970년대 중반에 ___¹⁸ 와 ___¹⁹ 종자 도입
    → 관련 기록물이 ___²⁰ 에 등재(2013)

📢 사료 읽기 | 1970년대의 노동 운동

- **전태일 근로 기준법 준수 요구**

존경하는 대통령 각하! 저는 서울특별시 성북구 쌍문동 208번지 2통 5반에 거주하는 22살의 청년입니다. …… 저희는 근로 기준법의 혜택을 조금도 못 받으며 종업원의 90% 이상이 평균 연령 18세의 여성입니다. …… 일반 공무원의 평균 근무 시간이 일주일에 45시간인데 비해, 15세의 어린 보조공들은 일주일에 98시간의 고된 작업에 시달립니다. …… 저희들의 요구는 1일 15시간의 작업 시간을 1일 10시간~12시간으로 단축해 주십시오, 1개월 휴일 2일을 늘려서 일요일마다 휴일로 쉬기 원합니다. …… 절대로 무리한 요구가 아님을 맹세합니다. 인간으로서 최소한의 요구입니다.

- **YH 무역 근로자의 호소문**

우리는 뜻하지 않은 지난 3월 30일 폐업 공고에 놀라지 않을 수 없었습니다. …… 저희 근로자들이 신민당에 올 수밖에 없었던 것은 회사, 노동청, 은행이 모두 문제를 해결할 수 없다기에 오갈 데 없었기 때문입니다. 악덕한 기업주가 기숙사를 철폐하여 밥은 물론 전기, 수돗물마저 먹을 수 없었을 뿐 아니라, 6일 새벽 4시경 여자들만 잠자고 있는 기숙사 문을 부수고 우리 근로자들을 끌어내려 하였습니다.

📁 시기별 교육 정책

● **미 군정기**
- _____ ¹ 마련(초등 6년, 중등 3년, 고등 3년, 대학 4년)
- 일제 군국주의 교육을 청산, 민주주의 교육 원리 채택

● **이승만 정부**
- 헌법에 국민학교(초등학교) _____ ² 으로 규정
- 의무 교육 완성 _____ ³ 등으로 아동의 국민 학교 취학률 증가

● **장면 내각**
- _____ ⁴ 폐지
- _____ ⁵ 실시
- 교육의 중립성 확보 · 학원 정상화 등 3대 방침 제시

● **5 · 16 군사 정부**
- _____ ⁶ 운동
- 재건 국민 운동 추진
- 교육 관계 임시 특례법 제정으로 교육 자치제를 폐지함

● **박정희 정부**
- _____ ⁷ 선포(1968)
- 중학교 _____ ⁸ 도입(1969학년도)
- 대학 _____ ⁹ 제도 시행(1969학년도)
- 국사 교육 강화 위원회를 구성(1972)
- _____ ¹⁰ 정책 실시(1974, _____ ¹¹ 도입)

● **신군부 집권 시기**
- **7 · 30 교육 개혁(1980):** _____ ¹² 조치, 대입 본고사 폐지, _____ ¹³ 실시

● **전두환 정부** 대학교 등 고등 교육 기관의 수와 대학 진학률 증가

● **김영삼 정부** _____ ¹⁴ 실시, 국민학교를 _____ ¹⁵ 로 개칭

● **김대중 정부** 학교 정보화 산업을 추진
→ 교실에 멀티미디어 시스템을 구축, _____ ¹⁶ 전면 실시

📁 언론의 발전

● **이승만 정부**
- _____ ¹⁷ 을 통해 언론 통제 강화(1958)
- _____ ¹⁸ 폐간(1959)
- _____ ¹⁹ 이후 민주적 분위기가 확산
- → 언론의 자유가 확대
- → 언론 매체 증가

● **박정희 정부**
- 언론 강제 통폐합
- _____ ²⁰ 실시(1972, 기자 등록제 , 정부에 비판적인 언론인의 행정 부처 출입 통제)
- 언론 자유 수호 투쟁으로 _____ ²¹ 일부 기자 해직(1970년대)
- 동아일보 _____ ²² 사태(1974) → 자유 언론 수호 대회 개최(1974)

● **신군부 집권 시기**
- 언론 기관 통폐합
- 수많은 정기 간행물 폐간
- 언론 규제를 위한 _____ ²³ 제정(1980)

● **전두환 정부**
- _____ ²⁴ 을 통해 신문과 방송 기사에 대한 검열 강화
- 컬러 TV 보급, 프로 야구 · 프로 씨름 출범 → 방송의 탈정치화 유도

● **6월 민주 항쟁 이후**
- _____ ²⁵ 과 _____ ²⁶ 폐지
- → 언론의 자유 확대

65 대중 문화의 발전

● 6 · 25 전쟁 이후

• 미국의 대중 문화가 급속히 들어와 미국식 춤과 노래가 유행하는 동시에 가치관의 혼란과 규범의 혼돈을 가져옴

• 정비석의 소설 『자유부인』(1954년 1월부터 8월까지 서울신문에 연재된 소설)을 둘러싸고 논쟁

● 1960년대

• 대중 전달 매체 보급의 확산으로 대중 문화가 본격적으로 성장하기 시작

• 흑백 텔레비전 방송이 활성화 됨(1956년 5월에 첫 방송)

● 1970년대

• 텔레비전이 급속히 보급됨, 청소년층이 대중 문화 소비의 주인공으로 대두

• 억압적인 유신 체제하에 20대의 젊은 세대를 중심으로 '청년 문화'가 형성됨
  → 당대 청년 문화를 대표하는 요소들로는 통기타 음악과 생맥주, 청바지, 장발 등이 있음

• 무비판적으로 수용하였던 서구 문화에 대한 반동으로 전통 문화를 되살리려는 노력이 펼쳐져 전통 문화 연구가 대학가에서 전개됨

● 1980년대

• 대중가요의 등장

• 컬러 텔레비전 방송이 시작되어 영상 문화가 발전함

• 정치적 민주화와 사회 · 경제적 평등의 확대를 지향하는 민중 문화 활동이 대중 문화에 영향을 끼침

● 1990년대 이후

영화 산업에서 한국적 특성이 담긴 영화를 제작하여 국내는 물론 세계 영화계에서 각광을 받음

해커스공무원
이 중 석
맵핑 한국사
올 인 원
블랭크노트

개정 5판 1쇄 발행 2024년 7월 1일

지은이	이중석
펴낸곳	해커스패스
펴낸이	해커스공무원 출판팀

주소	서울특별시 강남구 강남대로 428 해커스공무원
고객센터	1588-4055
교재 관련 문의	gosi@hackerspass.com
	해커스공무원 사이트(gosi.Hackers.com) 교재 Q&A 게시판
	카카오톡 플러스 친구 [해커스공무원 노량진캠퍼스]
학원 강의 및 동영상강의	gosi.Hackers.com

ISBN	979-11-7244-185-2 (13910)
Serial Number	**05-01-01**

**공무원 교육 1위,
해커스공무원(gosi.Hackers.com)**

🏛 해커스공무원

- 해커스공무원 **7년 연속 한국사 1위 이중석 선생님의 본 교재 인강**(교재 내 할인쿠폰 수록)
- 쉽고 빠르게 정답을 확인하는 **폰 안에 쏙! 블랭크노트 정답**
- 한국사 스타 선생님이 핵심을 짚어주는 **공무원 한국사 무료 특강**